westermann

DIERCKE SPEZIAL

Subsahara-Afrika

Autorinnen und Autoren:
Ursula Brinkmann-Brock
Thilo Girndt
Wilfried Hoppe
Stefan Müller
Silke Weiß

unter Mitwirkung der Verlagsredaktion

AF222846

ⓩ **Zusatzaufgaben:** Die Aufgaben festigen das vorhandene Wissen und können zusätzlich zu den anderen Aufgaben bearbeitet werden.

* Ein* hinter einem Begriff weist darauf hin, dass sich ein erläuternder Text im Glossar am Ende des Buches befindet.

M 1 Bei rot markierten Materialien handelt es sich um Texte zu Entwicklungsprojekten.

Titelbild: Junge Afrikanerin in Daressalam (Tansania)

westermann GRUPPE

© 2023 Westermann Bildungsmedien Verlag GmbH, Georg-Westermann-Allee 66, 38104 Braunschweig
www.westermann.de

Das Werk und seine Teile sind urheberrechtlich geschützt. Jede Nutzung in anderen als den gesetzlich zugelassenen bzw. vertraglich zugestandenen Fällen bedarf der vorherigen schriftlichen Einwilligung des Verlages. Nähere Informationen zur vertraglich gestatteten Anzahl von Kopien finden Sie auf www.schulbuchkopie.de.

Für Verweise (Links) auf Internet-Adressen gilt folgender Haftungshinweis: Trotz sorgfältiger inhaltlicher Kontrolle wird die Haftung für die Inhalte der externen Seiten ausgeschlossen. Für den Inhalt dieser externen Seiten sind ausschließlich deren Betreiber verantwortlich. Sollten Sie daher auf kostenpflichtige, illegale oder anstößige Inhalte treffen, so bedauern wir dies ausdrücklich und bitten Sie, uns umgehend per E-Mail davon in Kenntnis zu setzen, damit beim Nachdruck der Verweis gelöscht wird.

Druck A[1] / Jahr 2023
Alle Drucke der Serie A sind im Unterricht parallel verwendbar.

Redaktion: Thilo Girndt
Druck und Bindung: Westermann Druck GmbH, Georg-Westermann-Allee 66, 38104 Braunschweig

ISBN 978-3-14-**152700**-1

Inhaltsverzeichnis

„Afrika ist ein geographisch, kulturell, politisch, wirtschaftlich und historisch extrem vielfältiger Kontinent. Gemeinsam ist allen afrikanischen Ländern eine enorme Dynamik. Bis Mitte dieses Jahrhunderts könnte Afrika rund zweieinhalb Milliarden Menschen zählen und ein Viertel der Weltbevölkerung stellen. Allein die urbane Bevölkerung wird sich bis Mitte des Jahrhunderts verdreifachen, die Zahl der Megastädte verfünffachen. Die Mittelschichten wachsen und mit ihnen die Erwartungen an wirtschaftliche Entwicklung und politische Teilhabe. Auch an natürlichen Ressourcen ist der Kontinent reich. Er verfügt über ein immenses Potenzial für erneuerbare Energien und landwirtschaftliche Produktion, über strategisch wichtige Rohstoffvorkommen und wachsende Absatzmärkte. Die AU und andere afrikanische Institutionen haben in den letzten Jahren erheblich an Bedeutung gewonnen und zur weiteren Integration des Kontinents beigetragen. Damit wächst Afrikas geopolitisches Gewicht in der Welt.
Afrika wird das 21. Jahrhundert prägen. Welche Perspektiven die größte Jugendgeneration aller Zeiten bekommt, wird mit darüber bestimmen, wie sie ihre Kraft zum Guten entfalten kann. Die Klimaverträglichkeit des Wachstums auf dem Kontinent hat Auswirkungen auf das Ausmaß künftiger Wetterextreme weltweit. Von 193 Mitgliedsstaaten der Ver-einten Nationen sind 54 afrikanisch – welche Allianzen sie eingehen und wie sie regiert werden, wird auch die Zukunft von Demokratie und globaler Zusammenarbeit beeinflussen."

Gemeinsam mit Afrika Zukunft gestalten –
Die Afrika-Strategie des BMZ (2023)

In den Medien und in den Bevölkerungen der Länder des Nordens dominieren weiterhin die negativen Stereotype über Afrika (Hunger, Krankheiten, Kriege, Überbevölkerung). Ein Themenband zu Sub-sahara-Afrika sollte dieser Sichtweise positive Bilder gegenüberstellen und die positiven Entwicklungen aufzeigen, ohne aber die Augen vor den negativen zu verschließen. Zum festgezurrten Bild von Sub-sahara-Afrika gehört auch, es als homogenen Block, als ein einziges großes Land zu betrachten. Dieser Band möchte versuchen, die 48 Staaten Subsahara-Afrikas möglichst differenziert zu beleuchten. Dazu gehören eine kritische Analyse von 70 Jahren Entwicklungszusammenarbeit ebenso wie ein Blick auf afrikanische Lösungen, sich aus eigener Kraft zu entwickeln. Neben der europäischen Außensicht sollen daher immer wieder auch afrikanische Meinungen vorgestellt und erläutert werden.

Gliederung des Bandes

- Der Einstieg in das Buch bietet eine Diskussion über unser Afrikabild. Dann werden im ersten Kapitel die verschiedenen Subregionen, die Geschichte und der Naturraum Subsahara-Afrikas vorgestellt. Nachdem die Frage aufgeworfen wird, ob Afrika ein abgehängter Kontinent ist, werden wichtige Entwicklungshemmnisse betrachtet, die zum Teil auch zu den übrigen Kapiteln des Buches überleiten.
- Die allgemeinen Themen Entwicklung, Entwicklungszusammenarbeit und -politik am Raumbeispiel Subsahara-Afrikas stehen im Fokus des zweiten Kapitels. Nach einer kurzen Betrachtung entwicklungstheoretischer Grundlagen und der Messbarkeit von Entwicklung wird die praktische nationale und internationale Entwicklungszusammenarbeit vorgestellt, ebenso die Kritik an ihr. Neue Entwicklungsakteure wie China und die eigenen Entwicklungsinitiativen Afrikas werden in den abschließenden Unterkapiteln behandelt.
- Im dritten Kapitel bildet die Landwirtschaft den Schwerpunkt. Die Produktion von Food und Cash Crops im Spannungsfeld von Weltmarktproduktion, Nahrungssicherheit und Klimawandel werden diskutiert, wobei wiederholt auch ökologische Fragestellungen angesprochen werden. Schließlich wird auch das Thema Energiegewinnung mittels erneuerbarer Energien vorgestellt.
- Das vierte Kapitel befasst sich mit wirtschaftlichen Fragestellungen: Erleichtert oder erschwert eine Ausstattung mit mineralischen oder energetischen Ressourcen die wirtschaftliche Entwicklung (an den Beispielen Nigeria, D. R. Kongo, Botsuana und Südafrika)? Welchen Beitrag kann der Tourismus leisten und kann dies auf eine nachhaltige Art und Weise geschehen?
- Im fünften Kapitel stehen schließlich bevölkerungs- und stadtgeographische Fragen im Vordergrund. Neben der Bevölkerungsentwicklung und -struktur Subsahara-Afrikas wird ausführlich auf die verschiedenen Wanderungsbewegungen eingegangen. Die Entwicklung der Städte wird am Beispiel Nairobi vertieft.

- Die 17 Ziele einer nachhaltigen Entwicklung (Sustainable Development Goals, SDG) der 2015 von der UN verabschiedeten Agenda 2030 sollen in diesem Buch genutzt werden, um Entwicklung mess- und vergleichbar zu machen (Kap. 2.2). In verschiedenen Kapiteln werden Kreissektorendiagramme des SDG-Indexes für die dort betrachteten Länder eingesetzt.
- Im Buch wird gelegentlich die Abkürzung SSA für Subsahara-Afrika verwendet.
- Die geographische Abgrenzung Subsahara-Afrikas kann nur bedingt auf Staaten übertragen werden. Die Länder Mauretanien, Mali, Niger, Tschad und Sudan liegen teilweise in der Sahara und teilweise südlich von ihr. In diesem Buch werden alle diese Länder mit Ausnahme des Sudan zu Subsahara-Afrika gezählt.

Zur Konzeption der Reihe

Das vorliegende Konzept der Reihe Diercke Spezial stellt das selbstständige, problemorientierte Arbeiten und Lernen in den Vordergrund. Erklärende Autorentexte treten in diesem Konzept hingegen weitgehend zurück. Fertige Antworten wird man vergebens suchen. Es wird eine Vielzahl von Materialien wie Grafiken, Karten, Diagramme und Textquellen eingesetzt. So wird nicht nur Fachwissen vermittelt und räumliche Orientierung ermöglicht, sondern auch Methodenkompetenz angebahnt, Kommunikation angeregt und Beurteilungsfähigkeit gefördert.
Die doppelseitigen, aufgabengeleiteten Arbeitsseiten beginnen jeweils mit einer kurzen Einleitung in die Thematik und der Problematisierung. Die Erschließung des Themas ist an die Bearbeitung der Aufgaben gebunden, die mithilfe der Materialien dann in der Regel individuell oder kooperativ erfolgt. Webcodes führen zum Internetangebot schule.diercke.de bzw. zu den Atlasseiten. Die ersten Doppelseiten eines Kapitels haben zudem die Aufgabe, in das Thema einzuführen und wichtige Fragen aufzuwerfen.
Neben normalen thematischen Doppelseiten gibt es Sonderseiten mit Methodentrainings sowie eine Übungsklausur. Schließlich wird auf der jeweils letzten Seite das Kapitel inhaltlich zusammengefasst. Hinweise auf weiterführende Literatur und Internetlinks runden das Angebot ab. Neu eingeführte Fachbegriffe werden im Glossar im Anhang (Hinweis *) erklärt.
Mithilfe dieser Konzeption wird angestrebt, dass die Thematik des Bandes selbstständig im Sinne des entdeckenden Lernens erschlossen wird.

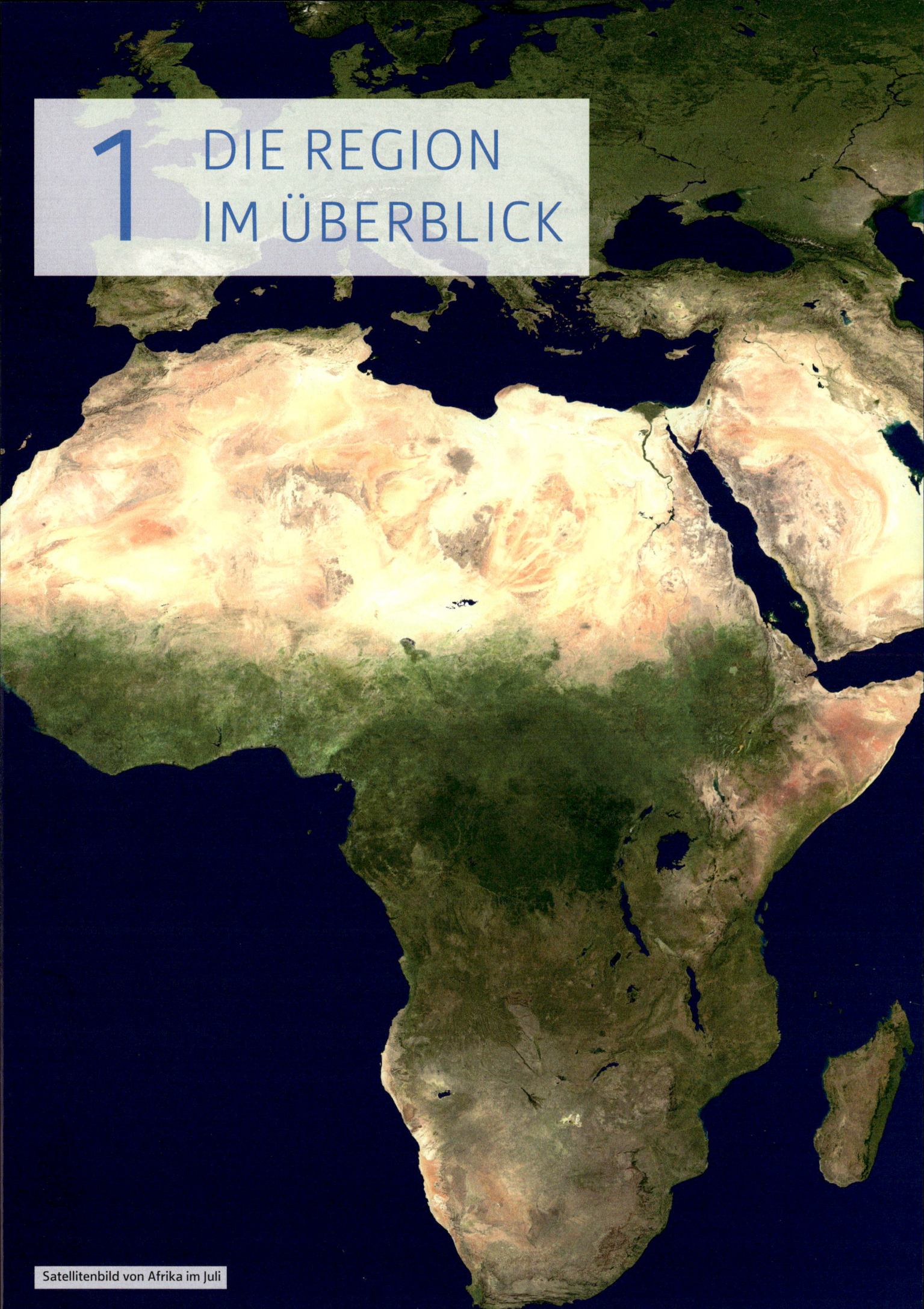

1 DIE REGION IM ÜBERBLICK

Satellitenbild von Afrika im Juli

1.1 Unser Bild von Afrika

M 1 Afrikanische Mädchen essen gemeinsam Reis aus einer Metallschüssel

M 2 Rebellen und Flüchtlinge im Ostkongo

M 3 Zitate zum deutschen/europäischen Afrikabild

„Wir wissen alles darüber, wie Afrikaner sterben, und wir wissen nichts darüber, wie sie leben."

Henning Mankell, schwedischer Krimiautor (2003)

„In der öffentlichen Diskussion, in Medien und Politik werden eigentlich nach wie vor nur zwei Geschichten über Afrika erzählt: Die eine ist eine Geschichte des Leids, die Mitleid hervorruft, also das uns vertraute Afrika des Hungers, der Armut und der Kriege. Die andere ist eine Geschichte der Bedrohung, die Angst hervorruft; im Grunde ist auch dies ein jahrhundertealtes Motiv der Furcht vor dem „schwarzen Mann", der Europa überrennt, ein Motiv, das im Zuge der alles dominierenden Migrationsdebatte wieder stark geworden ist. Beide Diskurse, der des Mitleids und der der Angst, verengen unseren Blick auf die afrikanische Wirklichkeit, und sie produzieren Lösungen, die ebenso verengt und damit irreführend sind."

Horst Köhler, ehemaliger deutscher Bundespräsident (2020)

„Dominante europäische Afrikabilder enthalten kolonialrassistische Elemente und tendieren häufig zu einem exotisierenden und vereinheitlichenden Blick auf den afrikanischen Kontinent."

Inken Castensen-Egwuom, deutsche Geographin (2019)

„Es ist bis heute so, dass Afrika-Korrespondenten gegen die nach wie vor existierenden Klischees ankämpfen müssen. Kriege, Krankheiten, Korruption – die „3 K" – sind mit dem Kontinent verknüpft. Trotz unserer stetigen Bemühungen, an diesem Bild etwas zu ändern, werden doch von den Redaktionen immer noch diese Themenkomplexe abgefragt. [...] Es war regelmäßig der Fall, dass an Welt-Aids-, Welt-Wasser-, Welt-Armuts-, Welt-Dürre-, Welt-Flüchtlings-Tagen die Redaktionen nach Berichten aus Afrika riefen."

Jörg-Hendrik Brase, langjähriger Afrika-Korrespondent (2018)

„Wie man über Afrika schreiben soll: Im Titel müssen Sie immer Afrika oder Finsternis oder Safari unterbringen. Im Untertitel können Worte wie Sansibar und Massai vorkommen oder Zulu, Sambesi, Kongo, Nil, groß, Himmel, Schatten, Trommel, Sonne oder vergangen. Nützlich sind auch die Begriffe Guerilla, zeitlos, ursprünglich, Stamm."

Binyavanga Wainaina, kenianischer Schriftsteller

„Anfangs verwirrte meine Ästhetik viele Menschen. Manche Menschen fragten, „ist das afrikanisch? Es gibt gar keine bunten Muster!" Ich kam zu der Erkenntnis, dass manche Menschen eine sehr begrenzte Definition von Afrika haben, eine, die nur selten über den klischeehaften ‚bunten Kontinent' hinausgeht. Meine Antwort war immer: „Warum möchten Sie meine Kreativität eingrenzen? Meinen Sie etwa, dass meine Mode immer bunt und gemustert sein muss, nur weil ich aus diesem riesigen und unglaublich diversen Kontinent komme?"

Katungulu Mwendwa, kenianische Modemacherin (2017)

„In Büchern und Filmen ist Afrika meistens nur Kulisse: Das bemerkenswerte am Film Black Hawk Down zum Beispiel ist nicht, dass die Somalier die Bösen sind, sondern dass Somalia und seine Menschen im Film nicht vorkommen. Dass er in Marokko gedreht wurde, mag man gerne entschuldigen. In Somalia wäre das unmöglich gewesen. [...] Die Schauspieler sind schwarz, aber das ist schon alles. [...] Würde man in Europa einen Wikingerfilm mit Sizilianern drehen, wäre das Satire."

Arne Perras, deutscher Journalist (2010)

„Der Westen berichtet so über Afrika, als sei es ein Land und kein Kontinent. Aber jedes Land und jede Region in Afrika haben ihre eigenen Themen und Probleme."

Abdulai Awudu, Fernsehjournalist aus Ghana (2013)

„Nach dem Kampf für Unabhängigkeit hat Afrika sich auf die Heilung seiner Wunden konzentriert [...]. Seine Geschichte auf der Weltbühne zu erzählen, stand nicht auf der Tagesordnung. Und es verfügte auch gar nicht über den entsprechenden Propagandaapparat – es hatte keine Filmindustrie, keine internationalen Fernsehsender, keine internationalen Zeitungen oder Radiosender, nicht mal eine Verlagsbranche. Es war unvermeidlich, dass Afrika auf der Weltbühne stumm blieb. Also kam Europa herbei und füllte diese Leere. Mit seiner im Zweiten Weltkrieg perfektionierten Propagandatechnik startete Europa eine orchestrierte Kampagne der Falschinformation, mit Verzerrungen, Lügen und Mythen, die Afrika als den letzten Kontinent darstellten, der zur Menschheit aufschließt."

Jennifer Makumbi, ugandische Schriftstellerin (2023)

Wenn Sie den Begriff „Afrika" hören, woran denken Sie dann?[1]

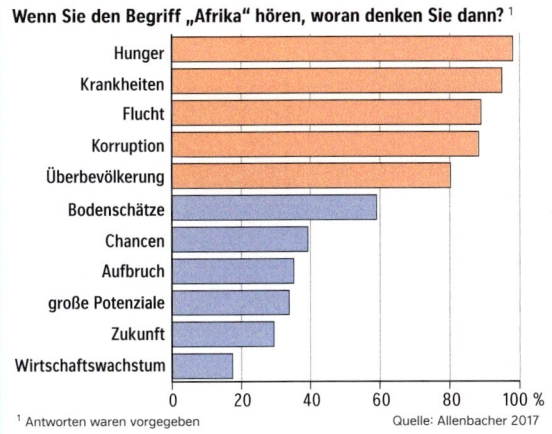

Hunger
Krankheiten
Flucht
Korruption
Überbevölkerung
Bodenschätze
Chancen
Aufbruch
große Potenziale
Zukunft
Wirtschaftswachstum

0   20   40   60   80   100 %

[1] Antworten waren vorgegeben   Quelle: Allenbacher 2017

Woran denken Sie als Erstes, wenn Sie das Stichwort „Afrika" hören?[2]

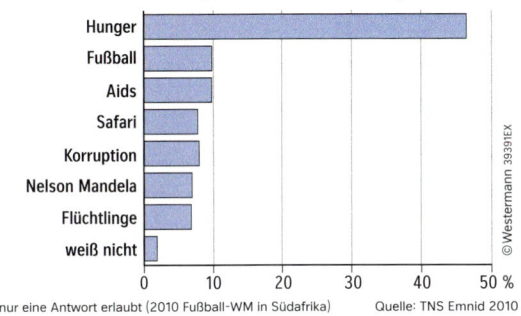

Hunger
Fußball
Aids
Safari
Korruption
Nelson Mandela
Flüchtlinge
weiß nicht

0   10   20   30   40   50 %

© Westermann 39391EX

[2] nur eine Antwort erlaubt (2010 Fußball-WM in Südafrika)   Quelle: TNS Emnid 2010

M 4 Assoziationen zu Afrika: zwei Umfragen aus den Jahren 2017 und 2010

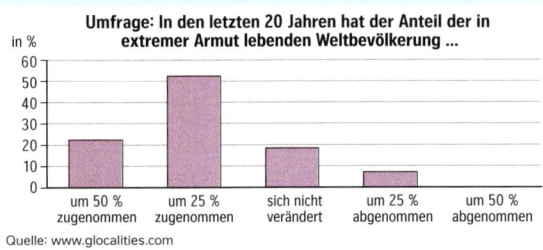

Umfrage: In den letzten 20 Jahren hat der Anteil der in extremer Armut lebenden Weltbevölkerung ...

in %
60
50
40
30
20
10
0

um 50 %   um 25 %   sich nicht   um 25 %   um 50 %
zugenommen   zugenommen   verändert   abgenommen   abgenommen

Quelle: www.glocalities.com

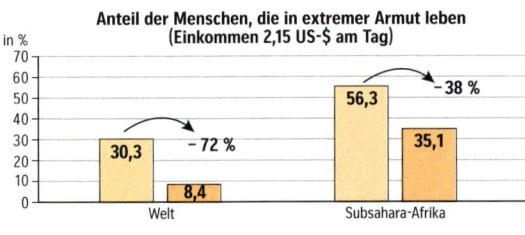

Anteil der Menschen, die in extremer Armut leben (Einkommen 2,15 US-$ am Tag)

in %
70
60
50
40
30
20
10
0

30,3   – 72 %   56,3   – 38 %
          8,4   35,1

Welt   Subsahara-Afrika

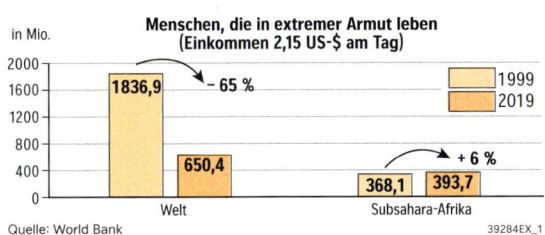

Menschen, die in extremer Armut leben (Einkommen 2,15 US-$ am Tag)

in Mio.
2000
1600
1200
800
400
0

1836,9   – 65 %   ☐ 1999
                                   ☐ 2019
650,4   368,1   393,7   + 6 %

Welt   Subsahara-Afrika

Quelle: World Bank   39284EX_1

M 5 Entwicklung der Armut: Repräsentative Umfrage unter Deutschen und tatsächliche Veränderung der Armut (relativ und absolut) in der Welt und Subsahara-Afrika

Wie schätzen Sie persönlich die Situation in Afrika ein: Überwiegen da eher die Probleme und Schwierigkeiten, oder überwiegen eher die Chancen?

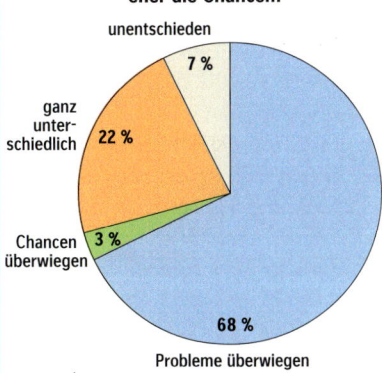

unentschieden
7 %
ganz unter-schiedlich
22 %
Chancen überwiegen
3 %
68 %
Probleme überwiegen
(sehe aber auch beträchtliche Chancen 31 %
glaube nicht an Chancen 36 %)

Quelle: Allenbacher 2017

Wird in den Medien mehr über Probleme und negative Entwicklungen oder mehr über Chancen und positive Entwicklungen berichtet?

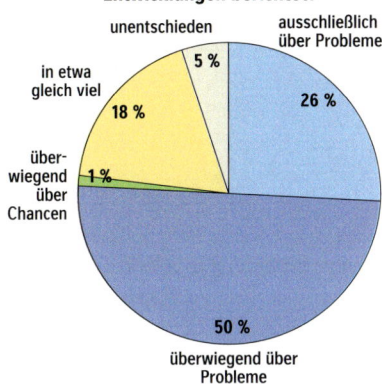

unentschieden   ausschließlich über Probleme
in etwa gleich viel   5 %
18 %   26 %
über-wiegend über Chancen 1 %
50 %
überwiegend über Probleme

© Westermann 39392EX

M 6 Umfragen zur Risiko- und Chancenbewertung von Afrika sowie der Wahrnehmung der Afrika-Medienberichterstattung

M 7 Nairobi Terminus: Endbahnhof des Madaraka Express nach Mombasa (Kenia)

M 8 Restaurant in Johannesburg (Südafrika)

---

1. Führen Sie im Kurs eine Umfrage mit der Fragestellung aus M 4 durch und stellen Sie die Ergebnisse grafisch dar.
2. Fassen Sie die in M 3 kritisierten Afrikabilder und -stereotypen zusammen.
3. Vergleichen Sie die wahrgenommene und die tatsächliche Reduktion der Armut (M 5).
4. Erörtern Sie die Auswirkungen der Afrikabilder und -stereotypen auf Afrika und seine Entwicklung (M 3 – M 6).

1.2 Die Staaten Subsahara-Afrikas

Aufgrund naturräumlicher, historischer und kultureller Kriterien wird Subsahara-Afrika von Nordafrika abgegrenzt. Genau so wenig wie „ein" Afrika gibt es aber auch kein einheitliches subsaharisches Afrika. Allein fast 2000 Sprachen und fast ebenso viele Volksgruppen deuten die Vielfalt dieser Region an. Subsahara-Afrika wird gemeinhin, so auch durch die UN-Statistikbehörden, in vier Regionen unterteilt: Westafrika, Zentralafrika, Ostafrika und Südliches Afrika. Die Zuordnung zu den jeweiligen Regionen ist allerdings nicht immer einheitlich. Zum Beispiel gibt es neben der Afrikanischen Union* eine ganze Reihe von Regionalorganisationen mit einer sich überschneidenden Verteilung von Mitgliedsstaaten (M3).

M2 Holztransporter bei Kika (Kamerun)

Westafrika

Die meisten Staaten Westafrikas waren Kolonien Frankreichs, was sich heute nicht nur in der französischen Sprache als Verwaltungssprache, sondern auch in der gemeinsamen Währung, dem Franc CFA BCEAO*, niederschlägt. Im Gegensatz dazu stehen die anglofon geprägten Staaten, insbesondere Ghana und Nigeria. Teilweise sind die Bindungen der ehemaligen Kolonien zu ihren „Mutterländern" noch immer stärker als zu ihren unmittelbaren Nachbarn. Senegal, Gambia, Mauretanien, Mali, Burkina Faso und Niger gehören zu den sogenannten Sahelländern, deren Staatsgebiete wesentliche Anteile an der semiariden Übergangszone zwischen der nördlich anschließenden Sahara bis zur Trocken- und Feuchtsavanne im Süden haben. Der Sahel ist sowohl Lebensraum mobiler Tierhaltergruppen als auch sesshafter Ackerbauern und entlang des Nigerflusssystems mobiler Fischer. Die Wirtschaft der humideren Küstenstaaten Westafrikas wird durch den Cash-Crop-Anbau von Kakao, Kaffee und Baumwolle sowie die Erdölförderung und den Goldabbau dominiert.

Zentralafrika

Das Ökosystem des Kongobeckens prägt den Großteil der zentralafrikanischen Länder. Es umfasst das zweitgrößte zusammenhängende Regenwaldgebiet der Erde, in dem neben kommerziellem Anbau von Dauerkulturen* auch Landwechselwirtschaft* betrieben wird. Etwa 80 Prozent der Wälder sind aufgrund des wirtschaftlich wichtigen Holzexports nicht mehr in unberührtem Zustand. Der Kongo ist mit circa 3000 schiffbaren Kilometern (Gesamtlänge: 4370 km) eine der wichtigsten Schifffahrtsstraßen Afrikas und aufgrund fehlender Straßeninfrastruktur einer der Haupttransportwege für Waren, Güter und Rohstoffe aus dem Innern Afrikas hin zum Atlantik. Alle Staaten Zentralafrikas besitzen schwache staatliche Strukturen, die in immer wiederkehrenden Krisen und Konflikten sichtbar werden. Zwar verfügen die zentralafrikanischen Staaten über wertvolle Bodenschätze, vor allem Erdöl und einige begehrte Metalle wie Kobalt und Coltan*. Doch zählen insbesondere die Zentralafrikanische Republik, die D.R. Kongo und der Tschad zu den am wenigsten entwickelten Staaten weltweit.

M1   Rinderhirte bei Ouangolodougou (Norden der Côte d'Ivoire)

Ostafrika

Ostafrika gliedert sich in die Länder am Horn von Afrika (Eritrea, Äthiopien, Dschibuti und Somalia) sowie im südlichen Verlauf in die Staaten an den großen Seen und entlang der Küste des Indischen Ozeans. Erstere zeichnen sich durch ihre geographische und kulturelle Nähe zur Arabischen Halbinsel aus. Es ist die Region mit der weltweit größten Konfliktdichte, da fast alle Länder aktuell von innerstaatlichen Auseinandersetzungen betroffen sind. Somalia, das seit 1991 keine funktionierende Zentralregierung mehr hat, gilt als typisches Beispiel eines *failed state**. Agrarwirtschaftliche Bedeutung haben die Hochländer Ostafrikas entlang des Rift Valley, wobei insbesondere Kaffee und Tee die größten Devisenbringer* darstellen. In den ariden Tälern und Halbwüsten am Horn von Afrika ist hingegen nur Weidewirtschaft möglich. Eine weitere wichtige Einkommensquelle Ostafrikas ist der Tourismus, seien es die typischen Safaris in den Savannenebenen der Nationalparks in Kenia und Tansania, der Trekking-Tourismus am Kilimandscharo oder der Badetourismus an den Küsten und vorgelagerten Inseln des Indischen Ozeans (z. B. Sansibar), auf Mauritius oder den Seychellen.

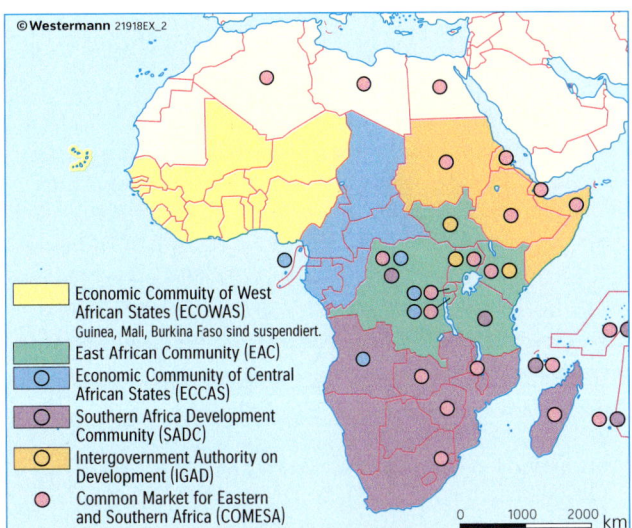

Economic Commuity of West African States (ECOWAS)
Guinea, Mali, Burkina Faso sind suspendiert.

East African Community (EAC)

Economic Community of Central African States (ECCAS)

Southern Africa Development Community (SADC)

Intergovernment Authority on Development (IGAD)

Common Market for Eastern and Southern Africa (COMESA)

0   1000   2000 km

M 3   Regionale Wirtschaftsgemeinschaften in Subsahara-Afrika

M 4   Kaffeeernte in einer Kooperative am Kivu-See (Ruanda)

M 5   Bergleute in einer Platinmine in Südafrika

Südliches Afrika

Die Besiedlung des Südlichen Afrikas seit dem 17. Jahrhundert durch Europäer – vor allem Niederländer und Briten, aber auch Deutsche und Franzosen – führte in Südafrika und Namibia zu Apartheidsystemen*, die in Namibia bis 1989 und in Südafrika bis 1994 andauerten. Trotz Bemühungen des seitdem regierenden ANC* bestehen noch immer große soziale Disparitäten* zwischen der schwarzen und weißen Bevölkerung Südafrikas (höchster Gini-Index* weltweit). Der größte Teil des Südlichen Afrikas ist Hochland, das zum Teil sehr gute Bedingungen für den Getreideanbau bietet. Außerdem finden sich hier eine große Menge mineralischer Rohstoffe. Namibia und Botsuana verdanken ihr vergleichsweise hohes Einkommen dem Export von Diamanten. Südafrika besitzt die im afrikanischen Vergleich fortschrittlichste und am meisten diversifizierte* Wirtschaft, wenn auch hier der Rohstoffsektor bestimmend ist. Global gesehen ist das Südliche Afrika die am stärksten von HIV/Aids-Infektionen betroffene Region mit verheerenden Folgen für Gesellschaft und Wirtschaft.

  100900-168-01
schule.diercke.de   100900-287-03
schule.diercke.de

1.3 Ein Kontinent mit Vergangenheit

Noch immer wird Afrika südlich der Sahara als ein Raum betrachtet, der von Europäern (und Arabern) ab dem Mittelalter „entdeckt" wurde. Dabei ist die eigenständige Historie des Kontinents lang. Vor 150 000 Jahren nahm in Ostafrika die Menschheitsgeschichte ihren Anfang. Außerdem existierten vor dem Auftauchen der europäischen Entdecker große Reiche. Zunächst mit dem transatlantischen Sklavenhandel und später mit der Gründung zahlreicher Kolonialstaaten begann die Ausbeutung Afrikas. Es wurden auch Strukturen etabliert, die den in den 1950er/60er-Jahren unabhängig werdenden Staaten schlechte Startbedingungen mitgaben.

1. Lokalisieren Sie die afrikanischen Reiche südlich der Sahara zwischen dem 15. und 17. Jahrhundert (Atlas, S. 152.1).
2. Erklären Sie die „Lücken" auf der Atlaskarte (M 1).
3. Beschreiben Sie den transatlantischen Dreieckshandel (M 5).
4. Erläutern Sie die kurz- und langfristigen Folgen des Sklavenhandels für Afrika (M 1, M 5).
5. Erläutern Sie Probleme, die sich aus der Übernahme der kolonialen Grenzen und der Handelsstrukturen ergaben (M 4, M 7).
6. Erörtern Sie die Startbedingungen für die neuen unabhängigen Staaten (M 7, M 1, M 4).
7. Nehmen Sie Stellung zu dem Zitat von Julius Nyerere (M 2).

„Sometimes Europeans talk as if we should be ashamed of our own heritage. We are not. On the other hand sometimes they talk as if we should put aside everything which is not ‚traditionally African' and live forever as though the Europeans had never come into contact with us. But this too would demand that we deny our own history; we cannot do it. We are what all our past, known and unknown, has made us."

Julius K. Nyerere, tansanischer Politiker (1922 – 1999)

M 2   Zitat

M 3   Ruinen des königlichen Palastes von Groß-Simbabwe (12.–15. Jh.)

M 1   Interview mit Kirsten Rüther, Professorin am Institut für Afrikawissenschaften der Universität Wien

Lange Zeit galt Afrika südlich der Sahara fälschlicherweise als ein Kontinent ohne Geschichte. Worauf ist das zurückzuführen?
Die Europäer haben sich irgendwann einmal entschieden, Geschichte mit Schriftlichkeit einsetzen zu lassen. Epochen und Perioden, zu denen es keine schriftlichen Zeugnisse gab, galten als „Vorgeschichte" oder „Frühgeschichte", aber eben nicht als „richtige Geschichte" – salopp formuliert. Da auf dem afrikanischen Kontinent historische Überlieferung mündlich erfolgte, galt Afrika also als ein Kontinent ohne Geschichte. Darum dachte man, dort gäbe es keinen gesellschaftlichen Wandel, alle gesellschaftliche Ordnung sei von „Tradition" und „Brauchtum" bestimmt.

Was charakterisiert die Gemeinwesen in Afrika in dieser Zeit?
In erster Linie: Durchlässigkeit und Flexibilität. Auf dem afrikanischen Kontinent gab es stets viel Land und relativ wenig Menschen. Menschen waren daher kostbar. Wollten Herrscher ihre Macht ausbauen, mussten sie Zugriff auf Menschen organisieren, die arbeiten konnten. Das wurde oft durch Heiratsbeziehungen, aber auch durch Raubzüge bewerkstelligt. Das Prestige eines großen Familienverbandes lag in der Anzahl der Frauen und Kinder, die man hatte, verheiraten konnte, arbeiten lassen konnte, Nachwuchs gebären lassen konnte. Umgekehrt hieß die Verfügbarkeit

von Land und schwach ausgeprägten politisch zentralisierten Funktionen aber auch, dass sich diejenigen absetzen konnten, die keine Steuern, keinen Tribut zahlen wollten, oder mit dem Herrscher nicht zufrieden waren. Es war ziemlich leicht, sich in unwegsames Gelände zurückzuziehen, zum Beispiel in Berg- und Hügelregionen. So verabschiedeten sich „Abtrünnige" recht einfach oder schlossen sich einem anderen Gemeinwesen an. Ein solches Sichanschließen oder Weggehen stellte in einem ökologisch fragilen System außerdem eine wichtige Strategie dar, mit Dürren, Missernten oder gar Hunger umzugehen.

Grenzen gab es daher nicht?
Grenz- und Übergangsräume ja – fixe Grenzen nein. Diese Grundstruktur veränderte sich während des kolonialen Zeitalters. Grenzen wurden zum Teil wichtiger. Eine Vielzahl von Wissenschaftlern hielt schriftlich fest, wer zu welchem Stammbaum gehörte, wer welcher Ethnie zugehörte, wo er lebte usw. Kartographierung und Vermessung waren zentrale Instrumente der Kontrolle – sie wirkten nicht immer und nicht immer sofort. Aber sie entfalteten langfristig ihre Deutungsmacht.

Gab es in der vorkolonialen Zeit in Afrika größere Reiche und Staaten, vergleichbar denen in Europa?
Natürlich gab es auch große Reiche, nicht nur personal organisierte „Gemeinwesen". Diese Reiche erlebten Aufstieg und Niedergang ganz ähnlich wie in der europäischen Geschichte.

Das Königreich Kongo war ein solcher Fall. Im 15. Jahrhundert zog der dortige Herrscher, der Mani-Kongo, die Macht an sich, indem er die Bedeutung religiöser Schreine herabsetzte. Damit war er recht erfolgreich. Erst der transatlantische Sklavenhandel setzte weite Regionen seines Herrschaftsgebietes so unter Druck, dass sich die Bevölkerung gegen die Herrschenden erhob. Im heutigen Westafrika gab es zahlreiche vom mystischen Islam beeinflusste Reiche, die sich weit ausdehnten. Ein Staat ist aber grundsätzlich etwas anderes als ein Reich. Staaten entstanden in Europa zu einem bestimmten Zeitpunkt, als einheitliche Sprachen definiert wurden, Institutionen ausgebildet wurden, die Recht und Herrschaftsgewalt verkörperten. All dies gab es in Afrika auch, sicher mit einer weniger ausgeprägten Tendenz zur Territorialisierung, also zur Gleichsetzung von herrscherlicher Macht und einem Territorium, wo diese galt.

Welche Art von Wirtschaftsbeziehungen hatten die subsaharischen Reiche?
Ist es nicht erstaunlich, dass uns bei „Gütern", die vor 1800 exportiert wurden, zunächst immer die Sklaven einfallen? Dabei gab es auf dem afrikanischen Kontinent auch andere Waren und Güter, die über große Entfernungen, etwa durch die Sahara, gehandelt wurden. Bekannt ist zum Beispiel das Salz aus Westafrika. Auch sudanesisches Gold zählte zu den kostbaren Rohstoffen. Vielfach stellte der Handel mit Textilien einen wichtigen Handelszweig dar. In Städten gab es florierende Handwerksbranchen, die

Erst ab Mitte des 18. Jahrhunderts begannen die Europäer das innere Afrika zu erkunden. Insbesondere um die Entdeckung der Quellen und Verläufe der großen Flüsse Nil und Niger begann ein grotesker Wettlauf. Nach den Missionaren und Entdeckern drangen zunehmend Händler in bislang unbekannte Gebiete Afrikas vor und versuchten, mit den Herrschern vor Ort Handelsabkommen zu schließen, um sich eine wirtschaftliche Vormachtstellung zu sichern. Je größer der Wettbewerb unter den Händlern der verschiedenen europäischen Länder wurde, umso stärker versuchten sie ihre Heimatstaaten zu Schutzabkommen und zur Übernahme von Verantwortung in Afrika zu drängen.

Die Aufteilung Afrikas unter den europäischen Kolonialmächten erfolgte zunächst bei der Berliner Kongokonferenz (1884–85), die von Bismarck einberufen wurde, um die Besitzansprüche im Kongo zu klären. Der belgische König Leopold setzte sich durch und bewirkte, den Kongo zu seinem Privatbesitz erklären zu lassen und konnte so mit der brutalen Gewaltherrschaft und dem Raubbau an Kautschuk, Elfenbein, Gold und Kupfer fortfahren. Nach verschiedenen Arrondierungen und Verschiebungen wurden die Grenzen der afrikanischen Kolonien bis 1914 weitgehend festgelegt (44 % folgen Längen- oder Breitengraden).

Die Motive für die aufwendige und politisch riskante Kolonialisierung Afrikas (administrative Kontrolle über weiträumige unwegsame Territorien) waren vielfältig:

- Ausbeutung agrarischer und mineralischer Rohstoffe,
- Absatzmärkte, um die industrielle Revolution voranzutreiben,
- nationalistisches Expansionsdenken, Rivalität der europäischen Mächte (Aufbau von Militärstützpunkten),
- militärischer Schutz der Handelskompanien, Befriedung,
- Besiedlung (außer in Kenia und Rhodesien eher untergeordnetes Motiv)
- Missionstätigkeiten und „humanitäre Gründe" (sog. „Zivilisierung")

Quelle: Beate Lohnert: Subsaharisches Afrika. Braunschweig: Westermann 2014, S. 9

M 4 Quellentext zum Kolonialismus in Afrika

M 6 Berliner Kongokonferenz 1884

„Afrikas Rolle in der Welt hat Geschichte: seit dem 16. Jahrhundert Lieferant von Millionen Sklaven; Aufteilung unter Europa am Grünen Tisch bei der Berliner Kongo-Konferenz 1884/85; fortan Nutzung als Rohstoffquelle und imperialistische* „Spielwiese"; Anfang der 1960er-Jahre in die Unabhängigkeit entlassen. Zu diesem Zeitpunkt waren die neuen Staaten unerfahren beim Regieren und Verwalten, arm an Bildungs- und Gesundheitseinrichtungen. Es fehlte an einer leistungsfähigen Landwirtschaft und Industrie, die über den lokalen Bedarf hinaus zu produzieren und ihre Erzeugnisse landesweit oder sogar international zu vermarkten vermochten. Die technische Infrastruktur (z. B. Straßen, Eisenbahnen, Städte) und die Wirtschaftsausrichtung dienten kolonialen Bedürfnissen und waren einzig extern orientiert. Die recht willkürlich gezogenen Grenzen nahmen keine Rücksicht auf Stammesgebiete und traditionelle Reiche [...]. Die Bevölkerungen waren auch nicht vorbereitet worden, in nationalen Kategorien zu denken oder politisch über Stammesinteressen hinaus zu handeln. Auch hatten die Kolonialherren ihnen nicht vorgeführt, Konflikte friedlich zu lösen."

Quelle: Fred Scholz: Länder des Südens. Braunschweig: Westermann 2017, S. 85–86

M 7 Quellentext zu den Startbedingungen der Staaten Afrikas

mit Stoffen ein gutes Geschäft machten. Im Handelsnetzwerk des Indischen Ozeans wurden Nelken, Gewürze und auch Elfenbein gehandelt. So gab es schon damals ein Ungleichgewicht: Kostbare Ressourcen wurden ausgeführt, teure verarbeitete Produkte eingeführt.

Wie veränderte der im 16. Jahrhundert einsetzende Sklavenhandel die Gesellschaften?

Der transatlantische Sklavenhandel führte zu dramatischen Aufstiegen von Reichen, etwa dem Königreich Dahomey im heutigen Benin und der Vernichtung anderer Reiche. Die Zentren der Macht verlagerten sich an die Küste, wo mit europäischen Sklavenhändlern gute Geschäfte zu machen waren. All dies führte dazu, dass sich Rechtsinstitutionen nicht dauerhaft ausbilden konnten, dass religiöse Autoritäten ihre Legitimität verloren und legitimierte Herrscher als schwach galten. Denn sie konnten die Bevölkerung vor Ort nicht schützen. Wo sich in der europäischen Geschichte langsam und langfristig Institutionen für Staatlichkeit herausbilden konnten, kam es in afrikanischen Gesellschaften immer wieder zur Entmachtung solcher Einrichtungen oder zu Zwangsunterbrechungen in der Entwicklung. Die Gesellschaften

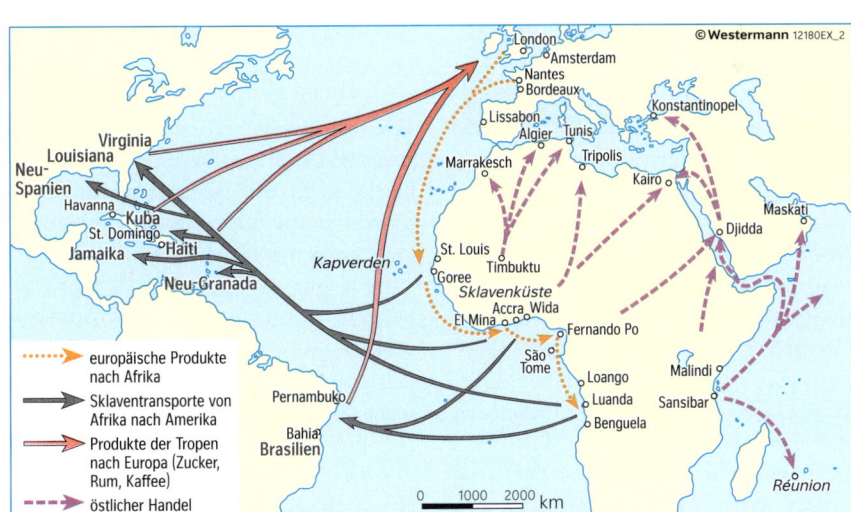

M 5 Transatlantischer Dreieckshandel (17.–19. Jh.)

kamen praktisch kaum zur Ruhe, um eigene Institutionen auszubilden und zu festigen, die in so etwas wie „Staaten" hätten münden können. Zudem kam es bevölkerungsmäßig zur Entleerung ganzer Landstriche.

Während in der innerafrikanischen Sklaverei Frauen wertvoll waren, wurden über den Atlantik viel mehr Männer gehandelt. In den karibischen Plantagen brauchte man mehr Männer als Frau-

en. „Männermangel" hat zum Teil dazu geführt, dass die Polygamie zunahm: weniger Männer mussten „überschüssige" Frauen heiraten, damit diese in einer Familie leben konnten. Die permanente Angst vor Versklavung hat aber auch zur Militarisierung mancher Gesellschaften geführt, die versuchten, an europäische Waffen zu gelangen, um sich zu schützen oder um Jagd auf Sklaven zu machen.

1.4 Deutsche in Afrika

Von 1884 bis 1918 gehörte das Deutsche Kaiserreich zu den europäischen Staaten, die sich in Afrika Kolonien aneigneten. Bei der Gründung „Deutscher Schutzgebiete" ging man vor allem auf die wirtschaftlichen Interessen deutscher Kaufleute ein, die mit dem Absatz von Waren und dem Zugang zu Rohstoffen beträchtliche Vermögen erwirtschafteten. Trotz der relativ kurzen Periode der deutschen Kolonialzeit hat die Periode bis heute Spuren vor allem in den ehemaligen Kolonien und aber auch in Deutschland hinterlassen.

1. Vergleichen Sie die Fläche des Deutschen Kaiserreiches und seiner (afrikanischen) Kolonien (M 3, Internet).
2. Erläutern Sie die Motive des Deutschen Kaiserreichs für die Gründung von Kolonien in Afrika (M 2, M 4, S. 11: M 4).
3. Analysieren Sie die wirtschaftlichen und politischen Erfolge der (afrikanischen) Kolonien im Deutschen Kaiserreich (M 2, M 4, M 10).
4. Beurteilen Sie den Begriff „Kolonialität*" am Beispiel Deutsch-Südwestafrika (M 5, M 9).
5. In vielen (nord)deutschen Städten gibt es Initiativen, die sich vor Ort kritisch mit der kolonialen Vergangenheit auseinandersetzen und etwa die Umbenennung von Straßen und öffentlichen Einrichtungen fordern. Nehmen Sie Stellung dazu.

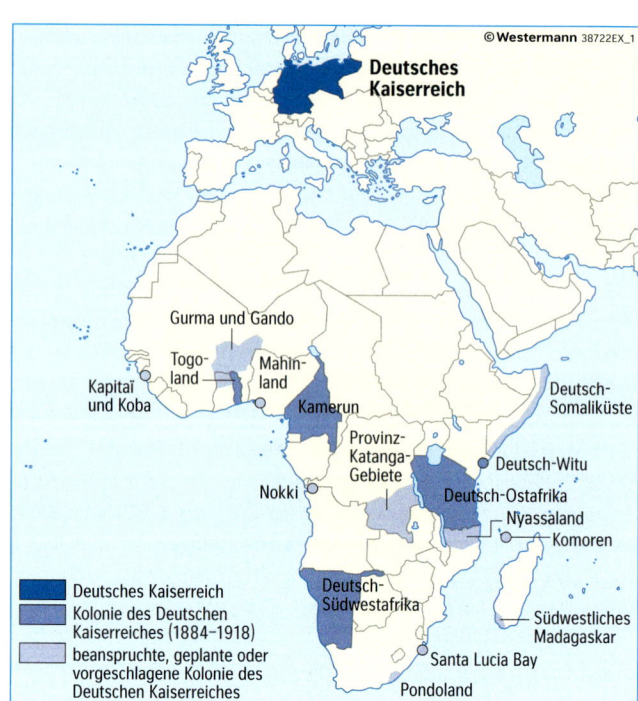

M 3   Deutsche Kolonien und beanspruchte Territorien

M 1   Straßenschild in München

Die Phase eines formellen deutschen Kolonialismus [von 1884 und 1918] fiel mit einem Globalisierungsschub zusammen. Technologische Innovationen wie Dampfschifffahrt und Telegrafie begünstigten einen beschleunigten Informationsaustausch und Transport von Gütern und Menschen. Die zunehmenden globalen Wirtschaftsverflechtungen, der enorme Rohstoffbedarf der industriellen Revolution und die Suche nach neuen Absatzmärkten für Industrieprodukte prägten den deutschen Kolonialismus. Außerdem betrachteten viele Deutsche nach der Reichsgründung von 1871 den Besitz von Kolonien als ein Prestigeprojekt für den neuen Weltgeltungsanspruch. Die imperialen* Kolonialmächte Frankreich und Großbritannien waren nicht nur Konkurrenten, sondern auch identitätsstiftende Vorbilder. Schließlich lud Reichskanzler Otto von Bismarck 1884 die führenden europäischen Mächte zur sogenannten Afrika-Konferenz nach Berlin ein. In monatelangen Verhandlungen teilten diese dort den afrikanischen Kontinent unter sich auf und garantierten sich gegenseitig freie Schifffahrt

auf den zentralen Wasserwegen Kongo und Niger – ohne Rücksicht auf die Interessen der dortigen Bevölkerung und der afrikanischen Königreiche. Ein bis heute folgenreiches Ereignis für alle Regionen Afrikas.

Die Handelsstützpunkte zu formellen Kolonien des Deutschen Reichs zu erklären und unter militärischen Schutz zu stellen, wurde vor allem von Handelshäusern gefordert, die hiervon wirtschaftlich profitierten, wie der Hamburger Reeder Adolph Woermann oder der Bremer Kaufmann Adolf Lüderitz. Sie fürchteten, dass ihre Plantagen und Handelsstützpunkte ohne staatlichen Schutz zur leichten Beute anderer Kolonialmächte werden könnten.

In der Anfangszeit setzten sich die deutschen Kolonien noch aus vereinzelten „Herrschaftsinseln" zusammen. Anders als z. B. in der Kolonie Britisch-Indien hatte der Aufbau einer umfassenden Kolonialverwaltung und Plantagenwirtschaft für die deutsche Regierung keine Priorität. Hierfür hätte umfangreich deutsches Personal ausgebildet und ein entsprechendes Steuer- und Rechtssystem eingeführt werden müssen. In den beiden größten Kolonien überließ die Reichsregierung die erworbenen Gebiete quasi den „regierenden Kaufleuten" aus Bremen und Hamburg, d. h. der „Deutschen Colonial-Gesellschaft für Südwestafrika" und der „Deutsch-Ostafrikanischen Gesellschaft". Die Aktivitäten dieser Kolonialgesellschaften waren auf maximalen Profit ausgerichtet und

die Aufgabe des Militärs galt dem Schutz dieser Ausbeutungs- und Handelsstrukturen. Der Rohstoffexport aus Ostafrika konzentrierte sich auf Sisal (wichtiger Grundstoff u. a. für Schiffstaue) und Kautschuk für die Gummiproduktion. In Togo und Kamerun standen Baumwolle und Kakao im Vordergrund, in Südwestafrika der Kupferabbau.

In den Jahren 1890 bis 1906 folgte eine Eroberungsphase, die zu einer ausgeprägteren Territorialherrschaft führte. Die Reichsregierung hatte Gouverneure in die Kolonien entsandt, die für Erschließungsmaßnahmen zuständig waren und Eroberungs- und Strafexpeditionen durchführten. Kolonialgesellschaften verbreiteten diese Eroberungsberichte als Erfolg der kolonialen Idee. [...]

[In den Jahren] ab 1907 bis zum Ersten Weltkrieg wurden [...] der Ausbau von Eisenbahnstrecken und Telegrafie vorangetrieben und das Reichskolonialamt gegründet. [...] Das Ende der deutschen Fremdherrschaft in Kolonien konnte nicht durch Befreiungsbewegungen erreicht werden, sondern war ein Ergebnis des Ersten Weltkriegs. Die Fremdherrschaft ging direkt an andere Kolonialmächte über. Das koloniale Projekt war in Deutschland damit jedoch nicht beendet. Auch nach 1918 bestanden die rund 500 Lokalabteilungen der Deutschen Kolonialgesellschaft weiter.

Quelle: Sybille Bauriedl: Deutscher Kolonialismus. Geographische Rundschau 5/2019, S. 5-7

M 2   Quellentext zum deutschen Kolonialismus

Deutsch-Südwestafrika wurde von 1884 bis 1915 als „Schutzgebiet" zu einer Siedlungskolonie ausgebaut. Schon nach wenigen Jahren führten umfassende Landnahmen, ungleiche Handelsbeziehungen und Gewaltherrschaft zu einer Verschärfung der Spannungen mit den Einheimischen. Im Januar 1904 begann nach Unruhen im ganzen Land ein offener Aufstand der Herero gegen die Kolonialisten. Nach seiner militärischen Niederschlagung erteilte der Oberkommandierende der deutschen Truppen, General Lothar von Trotha, den Befehl zu einer grausamen Strafaktion: Im ersten systematischen Völkermord* des 20. Jahrhunderts trieben deutsche Soldaten Zehntausende von Menschen in die Omaheke-Wüste und ließen sie dort verdursten. In den folgenden Jahren errichteten die Deutschen zudem Konzentrationslager, in denen die Hälfte der inhaftierten Herero und Nama zu Tode kam. Der Erste Weltkrieg beendete zwar die deutsche Kolonialherrschaft, führte aber in Südwestafrika so wie in anderen Kolonien nur zum Wechsel der Kolonialmacht, nicht zur Befreiung. Das Gebiet wurde 1915 von der Südafrikanischen Union erobert und ab 1919 mit einem Mandat des Völkerbunds* unter deren Verwaltung gestellt. Damit fiel das Land seit den 1940er-Jahren auch unter die rassistische Segregationspolitik des südafrikanischen Apartheidregimes, was de facto auf eine Verschärfung der bereits unter der deutschen Kolonialherrschaft angelegten Strukturen hinauslief. Erst nach einem langen Unabhängigkeitskrieg [...] erlangte Namibia schließlich 1990 die Unabhängigkeit.

Quelle: Detlef Müller-Mahn, Johannes Dittmann: Die Schatten der Geschichte. Geographische Rundschau 5/2019, S.30-31

M 4   Quellentext zu Deutsch-Südwestafrika

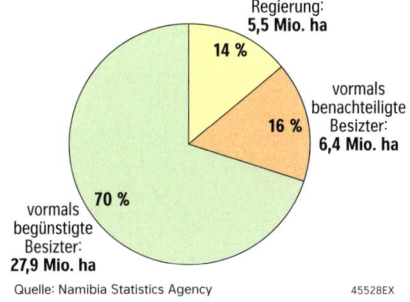

M 8   Deutsch-Südwestafrika

[Die Karte M 8] zeigt drei charakteristische und bis heute raumprägende Merkmale der kolonialen Herrschaft. Erstens verlaufen die Grenzen über weite Strecken wie mit dem Lineal gezogen. Genauso waren sie auch festgelegt worden, mit dem Lineal auf einer Landkarte, aber ohne Rücksicht auf die einheimische Bevölkerung. Zweitens ragt im Nordosten Namibias eine schmale Ausbuchtung 500 km weit bis an den Sambesi und die Grenze Simbabwes. Diese merkwürdig erscheinende Grenzziehung geht zurück auf den Helgoland-Sansibar-Vertrag, in dem 1890 das Deutsche Reich und Großbritannien ihre Besitzansprüche regelten. Das strategische Ziel des nach dem damaligen Reichskanzler benannten „Caprivi-Zipfels" war es, über den Zugang zum Sambesi eine Verbindung zwischen den deutschen Kolonien Südwest- und Ostafrika

herzustellen. [...] Das dritte auf die Kolonialzeit zurückgehende Raummuster wird von den Hauptverkehrsachsen und insbesondere den Bahnlinien gebildet, die die beiden namibischen Hafenstädte mit dem Hinterland verbinden. Diese nach außen gerichteten Verbindungslinien finden in der Gegenwart eine Entsprechung im Walvis-Bay-Ndola-Lubumbashi-Entwicklungskorridor, der ähnlich wie in der Kolonialzeit die binnenorientierte Landeserschließung mit einer außenorientierten Anbindung an den Weltmarkt verknüpft.

Auch Landwirtschaft und Agrarsozialstruktur Namibias zeigen bis heute Spuren des Siedlerkolonialismus. Vor allem im Süden und Zentrum befindet sich ein Großteil der Agrarflächen in der Hand weißer Farmer [M 9]. [...] Auch an der kolonialen Managementstruktur der Farmen mit weißen Besit-

zern und schwarzen Arbeitern hat sich bis heute kaum etwas geändert. Im Rahmen des Landreform Act (1995) soll zwar Land von begünstigten an benachteiligte Bevölkerungsgruppen übertragen werden, jedoch vermied man bei seiner Umsetzung eine radikale Enteignungspolitik.

Quelle: Detlef Müller-Mahn, Johannes Dittmann: Die Schatten der Geschichte. Geographische Rundschau 5/2019, S.32–33

M 5   Quellentext zum Bestehenbleiben kolonial-räumlicher Strukturen

M 9   Anteile des Grundbesitzes in der Landwirtschaft Namibias (2016)

M 6   Gefangene Herero mit deutschem Offizier (1904)

M 7   Häuser aus der Kolonialzeit in der Altstadt von Lüderitz

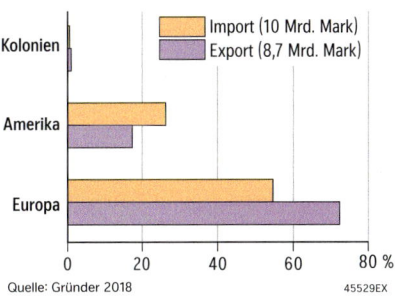

M 10   Handel des Deutschen Reichs mit Kolonien (1910/1913)

1.5 Die Ökozonen des tropischen Afrikas

„Apricum" – lateinisch für „Sonnenlicht" und „tropein" – altgriechisch für „wenden": In der Namensgebung spiegeln sich die Wesenszüge der wichtigsten Klimazone Afrikas wider. Es ist strahlungsklimatisch die Zone zwischen den Wendekreisen, an welchen der Zenitstand der Sonne auf seiner jahreszeitlichen Wanderung wendet. Damit gehen einerseits ganzjährig hohe Temperaturen einher, andererseits aber auch stete Verlagerungen von Luftdruck- und Windgürteln mit einer Differenzierung in immerfeuchte innere Tropen mit einem klaren Tageszeitenklima und den Randtropen mit ihren primär hygrisch geprägten Jahreszeiten. Die Ausprägung der zonalen Vegetation in der Tropenzone korrespondiert mit dieser klimageographischen Differenzierung. Eine ökozonale Gliederung berücksichtigt neben Klima, Böden und Vegetation auch die menschliche Inwertsetzung.

1. Beschreiben Sie die Abfolge von Klima- und Vegetationszonen in den afrikanischen Tropen (M1, M3, M6).
2. Charakterisieren Sie das Klima der fünf Stationen (M6).
3. Erklären Sie das Modell der Niederschlagsverteilung (M4).
4. Erklären Sie in Grundzügen die Entstehung von Ökozonen in den Tropen (M1 – M4, M6; Atlas).
5. Erörtern Sie den in M7 dargestelllten Konflikt.

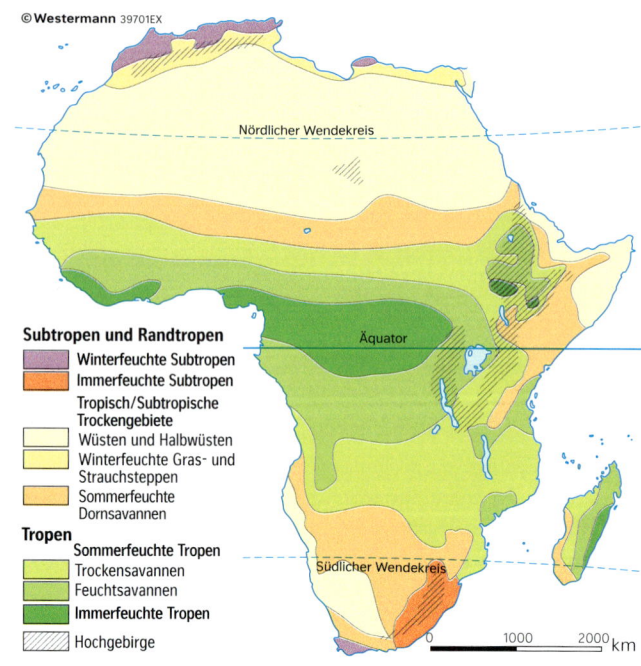

© Westermann 39701EX

Subtropen und Randtropen
- Winterfeuchte Subtropen
- Immerfeuchte Subtropen

Tropisch/Subtropische Trockengebiete
- Wüsten und Halbwüsten
- Winterfeuchte Gras- und Strauchsteppen
- Sommerfeuchte Dornsavannen

Tropen
- Sommerfeuchte Tropen
- Trockensavannen
- Feuchtsavannen
- Immerfeuchte Tropen
- Hochgebirge

0   1000   2000 km

M3 Ökozonale Gliederung Afrikas

ungefähre Lage im Gradnetz	hygrisches Klima		durchschnittl. Jahres-niederschlag	Anzahl der humiden Monate	Vegetations-formation
0° – 5°	humid (feucht)	vollhumid	> 1500 mm	10 – 12	Regenwald
5° – 10°		semihumid	1000 -1500 mm	7 – 10	Feuchtsavanne
			klimatische Trockengrenze		
10° – 15°	arid (trocken)	semiarid	500 -1000 mm	4 – 7	Trockensavanne
			agronomische Trockengrenze		
15° – 20°		arid	200 - 500 mm	2 – 4	Dornsavanne
20° – 23°		vollarid	< 200 mm	0 – 2	Halbwüste und Wüste

Grenze der Tropen: Jahreszeitliche Temperaturschwankungen = Tagesschwankungen   © Westermann 7774HX_1

M1 Zonale Gliederung der Tropen

Wetter, Witterung und Klima werden in den Tropen grundsätzlich bestimmt durch die Passatzirkulation*. Der Nordostpassat der Nordhalbkugel und der Südostpassat der Südhalbkugel wehen bodennah gen Äquator. Die Luftmassen beider Passatströmungen treffen in einer gegebenenfalls mehrere Hundert Kilometer breiten Zone zusammen (konvergieren), die als Innertropische Konvergenzzone (ITCZ) bezeichnet wird. Hier kommt es zu einem Luftmassenaufstieg (Konvektion). Besitzen die Luftmassen der Passate eine hohe Luftfeuchte, dann bilden sich Gewitter und heftige Schauer.

Die ITCZ ist gekennzeichnet durch tiefen Luftdruck am Boden (Hitzetief). Sie verlagert sich jahresperiodisch mit dem Sonnenstand um bis zu 20 Breitenkreise nördlich bzw. südlich des Äquators. Zu den Zenitständen am Äquator (23. September, 20. März) liegt die ITCZ äquatornah. Zu den Zenitständen an den Wendekreisen (21. Juni: nördlicher Wendekreis, 21. Dezember: südlicher Wendekreis) liegt die ITCZ nahe des jeweiligen Wendekreises.

Idealtypisch herrschen nahe der Wendekreise aufgrund der zweimaligen, kurz hintereinander auftretenden Zenitstände kurze sommerliche Regenzeiten und längere Trockenzeiten vor, während der Bereich des Äquators fast ganzjährig im Einflussbereich der ITC-Zone liegt,

M2 Klima- und Ökozonen der Tropen

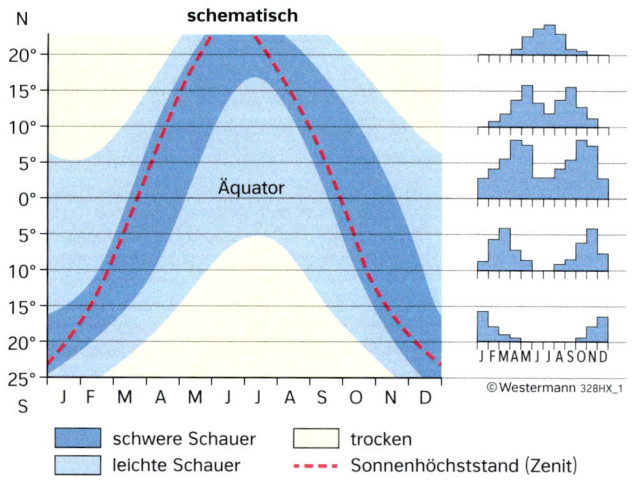

schematisch

M4 Idealtypische Ausprägung von Niederschlagsbereichen in Abhängigkeit vom Sonnenhöchststand im tropischen Afrika

- schwere Schauer
- leichte Schauer
- trocken
- --- Sonnenhöchststand (Zenit)

© Westermann 328HX_1

sodass ein Klima mit zehn bis zwölf humiden Monaten vorherrscht. Als natürliche Vegetationsformation herrschen in der inneren Tropenzone aufgrund der ganzjährigen Humidität und Wärme immergrüne bzw. halbimmergrüne Regenwälder vor. Diese gehen polwärts mit zunehmender Aridität in trockenere Waldformationen und schließlich tropische Grasländer über. Feuer – ob nun natürlich durch Blitzschlag entstanden oder vom wirtschaftenden Menschen gelegt, um Ackerland zu schaffen – haben dazu geführt, dass anstelle der trockenen Waldformationen Feucht-, Trocken- und Dorn(busch)-savannen entstanden sind. Die polwärts zunehmende Aridität erklärt diese Differenzierung. Dem Offenlandcharakter der Savannen mit ihrer Mischung aus Grasflächen und einzelstehenden Bäumen und Sträuchern sind Großtiere wie Elefanten, Giraffen, Zebras, Büffel, Antilopen oder Gnus bestens angepasst, die dann auch in Herden auftreten und wiederum eine Nahrungsgrundlage für Raubtiere wie Löwen, Geparde und Leoparde bieten.

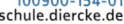

M 5   Okavango-Delta (Botsuana)

M 8   Kabwoya Wildlife Reserve (Uganda)

M 9   Kongobecken

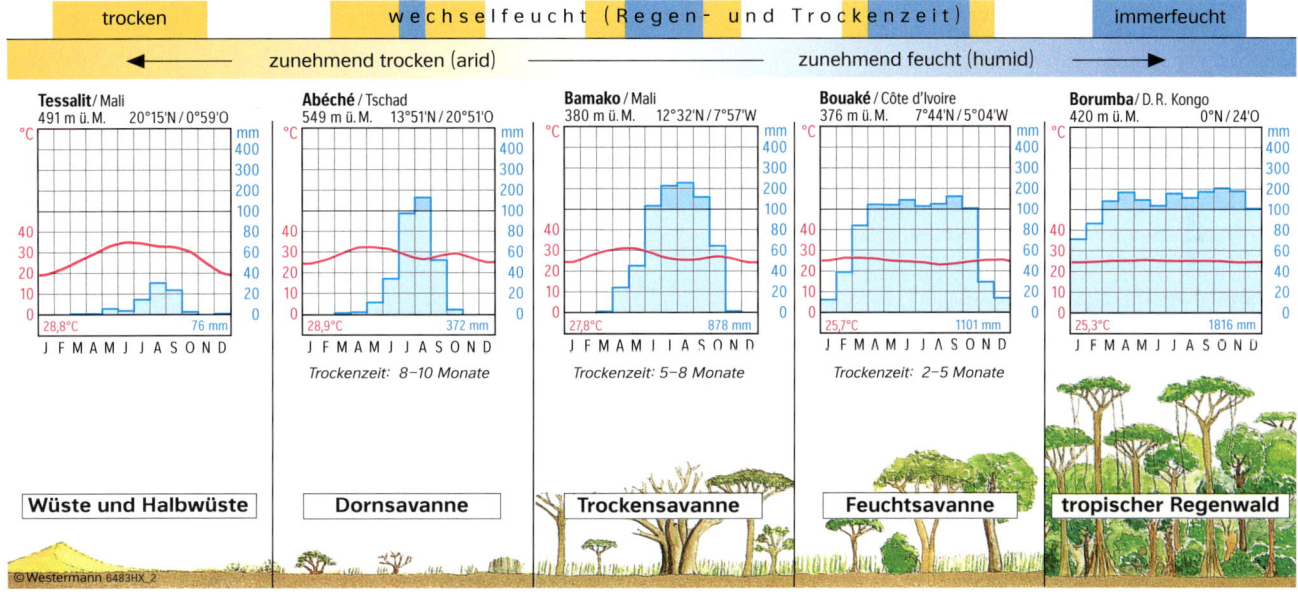

M 6   Gliederung von Klima und Vegetation in den Tropen

Uganda, das zu den Ländern mit dem größten Artenreichtum weltweit gehört, ist bekannt für seine Wildtiere in zehn Nationalparks und zahlreichen Reservaten. Diese Gebiete wurden aufgrund ihrer biologischen Vielfalt, spektakulären Landschaften und Bedeutung als Naturerbe unter Schutz gestellt. Die Schaffung solcher Schutzgebiete – die vorherrschende Strategie zur Erhaltung wildlebender Arten in Uganda und weltweit – hat die weitgehende Reduzierung menschlicher Präsenz und Einflussnahme in Lebensräumen für Wildtiere zum Ziel. [...] In Uganda spielen Elefanten nicht nur im Zusammenhang mit dem Artenschutz, sondern auch für den Tourismus als den am schnellsten wachsenden Wirtschaftszweig des Landes eine wichtige Rolle. Sie locken Besucher ins Land, die Geld bringen, das wiederum in Artenschutz und Tourismus investiert wird. [...] Entgegen dem generellen Populationsrückgang von Elefanten in Afrika hat sich die Elefantenpopulation in Uganda seit den späten 1990er-Jahren deutlich erholt. Diese positive Entwicklung wird verbesserten Natur- und Wildtierschutzmaßnahmen sowie andauerndem Frieden und Stabilität nach jahrzehntelangem Bürgerkrieg zugeschrieben. [...] Obschon die Elefantenpopulation von weniger als 800 Elefanten, die den Höhepunkt der Wilderei in den 1970er- und frühen 1980er-Jahren überlebten, auf mehr als 5 500 Elefanten in 2016 angewachsen ist, sind Elefanten in Uganda noch immer durch Wilderei bedroht. [...]

Die Bevölkerung in der Nachbarschaft von Nationalparks und Wildtierreservaten hat mit Problemen infolge von Artenschutz und Entwicklung von Wildtierbeständen zu kämpfen. Elefanten und andere Wildtiere verlassen regelmäßig die Schutzgebiete, verursachen Ernteschäden, beschädigen Häuser, Hütten und Getreidespeicher. Außerdem attackieren, verletzen und töten sie Menschen. Jedoch gibt es in Uganda kein Gesetz, das eine Entschädigung für erlittene Verluste vorsieht. [...] Die Hauptursache für Mensch-Elefanten-Konflikte liegt in der Populationsentwicklung von Menschen und Elefanten und der damit einhergehenden Konkurrenz um Land und Ressourcen. Uganda hat eine der am schnellsten wachsenden Bevölkerungen weltweit. [...] Das rasante Bevölkerungswachstum geht mit einem hohen Bedarf an Land für Siedlungen und zur landwirtschaftlichen Nutzung einher. Jedoch hat auch die Elefantenpopulation in den letzten beiden Jahrzehnten wieder zugenommen. Die Bevölkerungs- und Siedlungsdichte führt dazu, dass die Lebensräume von Elefanten, die in der Vergangenheit durch Migrationskorridore in ganz Uganda und über Ugandas Grenzen hinaus wanderten, immer stärker eingeschränkt werden. [...] Elefanten finden sich heute vor allem in Schutzgebieten oder unmittelbar angrenzenden Gebieten.

Quelle: Lioba Lenhart: Der Murchison-Falls-Nationalpark und Mensch-Elefanten-Konflikte in Uganda. Geographische Rundschau 12/2018, S. 24 – 25

M 7   Quellentext über Elefanten in ugandischen Nationalparks

1.6 Afrika – der abgehängte Kontinent?

Zwar gibt es immer wieder Stimmen, die sich positiv über die wirtschaftliche und soziale Entwicklung in Afrika südlich der Sahara äußern und die Erfolge bei der Bekämpfung von Armut und Hunger sowie innovative afrikanische Ansätze herausstellen. Gerne wird in diesem Zusammenhang vom Chancenkontinent Afrika gesprochen. Doch der allgemeine Tenor ist auch weiterhin, dass Afrika in den letzten Jahrzehnten immer mehr abgehängt wurde, und zwar nicht allein gegenüber den Industrieländern, sondern vielmehr auch gegenüber anderen Entwicklungsregionen, allen voran den Staaten Ost- und Südostasiens. Um dies zu erklären, werden auf den folgenden Seiten verschiedene natürliche und intern angelegte sowie extern gesteuerte Entwicklungsfaktoren diskutiert, die sich für Subsahara-Afrika bislang oft als Entwicklungshindernisse darstellen (Kap. 1.6 – 1.12).

1. Fassen Sie die Argumente einer negativen und positiven Entwicklung Subsahara-Afrikas zusammen (M1, M5).
2. Vergleichen Sie die wirtschaftliche und soziale Entwicklung Subsahara-Afrikas und Ost-/Südostasiens (M4).
3. Begründen Sie, inwieweit die Entwicklungshemmnisse in M3 eher intern oder extern angelegt/gesteuert sind (M2).
4. Erörtern Sie die These des abgehängten Kontinents.
5. Ein Indikator für die positive Entwicklung Afrikas ist eine zunehmende Mittelschicht. Erörtern Sie die Bedeutung dieser Entwicklung (M1, M5).

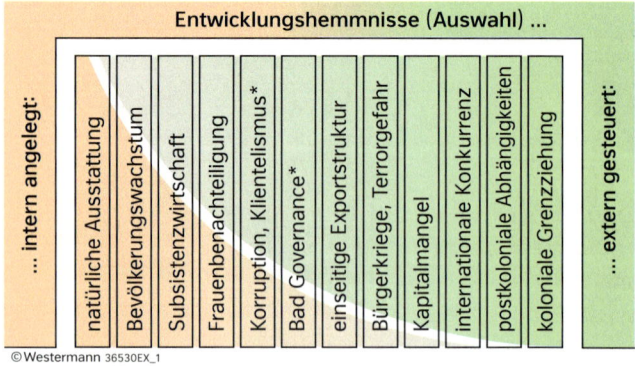

M 2   Intern angelegte und extern gesteuerte Entwicklungshemmnisse

• ungünstige landwirtschaftliche Bedingungen • Binnenlage • Rohstoffknappheit • schlechte Verkehrs-, Bildungs- und Gesundheitsinfrastruktur • extreme regionale und soziale Disparitäten* schwankende Weltmarktpreise für Rohstoffe	• Übernahme kolonialer Verwaltungsstruktur und Arbeitsteilung • Handelsbeschränkungen • ungenügende Rechtssicherheit • Kapitalflucht • niedrige Sparbereitschaft • Aids, Covid-19 • Malaria • traditionsorientierte Kultur und Wertordnung • ethnische Vielfalt

M 3   Weitere Entwicklungshemmnisse

„Ende der 1990er-Jahre, als den Ländern des Südens Wachstum durch Globalisierung verheißen wurde, verkündeten skeptische Stimmen, Afrika sei ein Verlierer, Asien hingegen ein Gewinner. Langjährige Beobachter waren davon überzeugt, dass es einen wirtschaftlichen Aufholprozess in Afrika auf absehbare Zeit nicht geben werde. Vielmehr würde der Kontinent auch in Zukunft von der weltweiten Entwicklung abgekoppelt bleiben, solange seine grundlegenden strukturellen Schwächen weiterbestünden. Verwiesen wurde darauf, dass sich beispielsweise die Lebenserwartung ebenso wie das Pro-Kopf-Einkommen vergleichsweise stagnierend entwickeln und politische Unruhen fortbestehen. In der Afrika-Agenda des G8-Gipfels von 2005 wurde die Situation des Kontinents sogar als „eine Wunde im Gewissen der Welt", sowie seine Armut und sein wirtschaftlicher Stillstand als ‚die größte Tragödie unserer Zeit' bezeichnet. Auch sehen zahlreiche Entwicklungspolitiker Afrika in der Armutsfalle."
Fred Scholz, deutscher Geograph (2017)

„Man kann den Aufschwung Afrikas an vielen Indikatoren festmachen: an den neuen Highways, der zunehmenden Autodichte und den endlosen Verkehrsstaus in den wachsenden Metropolen; an den Bankpalästen und Industrieparks, die an vielen Orten hochgezogen werden; an den steigenden Preisen für Bau- und Agrarland in vielen Städten; an den Luxushotels, in denen kein Zimmer unter dreihundert US-Dollar zu haben ist; an den modernen Shopping-Malls, die keine Konsumentenwünsche offenlassen, sofern man über eine gut gefüllte Brieftasche verfügt, und an der wachsenden Zahl der Internetnutzer. Die Hoffnungen der nationalen und internationalen Unternehmen in Afrika ruhen besonders auf der sich entwickelnden Mittelschicht, die als Motor des Fortschritts gilt. McKinsey zählte 2010 bereits 15,7 Millionen Menschen zur afrikanischen Mittelschicht. [...] Die African Development Bank (AfDB) kommt zu einer noch viel optimistischeren Einschätzung. Sie rechnet heute bereits 350 Millionen Menschen in Afrika zur Mittelschicht – ein Drittel der Bevölkerung."
Asfa-Wossen Asserate, äthiopischer Unternehmensberater (2016)

M 1   Positive und negative Stimmen zur Entwicklung Afrikas

„Obwohl die afrikanischen Länder in den letzten zwei Jahrzehnten ein passables Wirtschaftswachstum von über 4 Prozent pro Jahr erzielt haben, ist es vielen von ihnen nicht gelungen, ihre Volkswirtschaften zu transformieren und den Lebensstandard der Bevölkerung wesentlich zu verbessern. Mangelnde oder nur begrenzte Fortschritte bei der wirtschaftlichen Transformation haben viele afrikanische Länder anfällig für externe Krisen wie die Preisschwankungen bei Rohstoffen und in jüngster Zeit die Covid-19-Pandemie gemacht. Bereits vor der Covid-Epidemie verzeichnete der Kontinent insgesamt eine Verlangsamung des Wachstums und der Armutsbekämpfung, wenn auch mit großen Unterschieden zwischen den einzelnen Ländern. [...] Das Wachstum in Afrika hat nicht genügend produktive Beschäftigungsmöglichkeiten für die wachsende Zahl der Arbeitskräfte geschaffen. Und die Covid-19-Pandemie hat die Beschäftigungsprobleme noch verschärft."
John Asafu-Adjaye, Edward K. Brown, ghanaische Ökonomen (2021)

„Keine andere Region der Welt hat sich in den vergangenen Jahren schneller und dynamischer entwickelt als der afrikanische Kontinent. [...] Afrika ist – trotz der auch hier dramatischen gesundheitlichen, wirtschaftlichen und sozialen Folgen – verglichen mit anderen vergleichbaren Regionen besser durch die Corona-Pandemie gekommen. [...] Der afrikanische Kontinent verfügt zudem über ein außerordentlich hohes Innovationspotenzial. Die Digitalisierung hat in Verbindung mit immer stärker arbeitsteiligen Wertschöpfungsketten in vielen Ländern Afrikas dazu geführt, dass wirtschaftliche Entwicklung ermöglicht und beschleunigt wurde. Dabei werden Technologien übersprungen und neue Produkte und Lösungen entwickelt. Besonders während der Corona-Pandemie hat sich der Einfallsreichtum der afrikanischen Bevölkerung bewiesen: Apps zur Kontaktverfolgung, Drohnen, KI-gesteuerte Chatbots für das Gesundheitswesen oder Roboter für den Einsatz in Gesundheitseinrichtungen wurden entwickelt."
Afrika-Verein der deutschen Wirtschaft (2022)

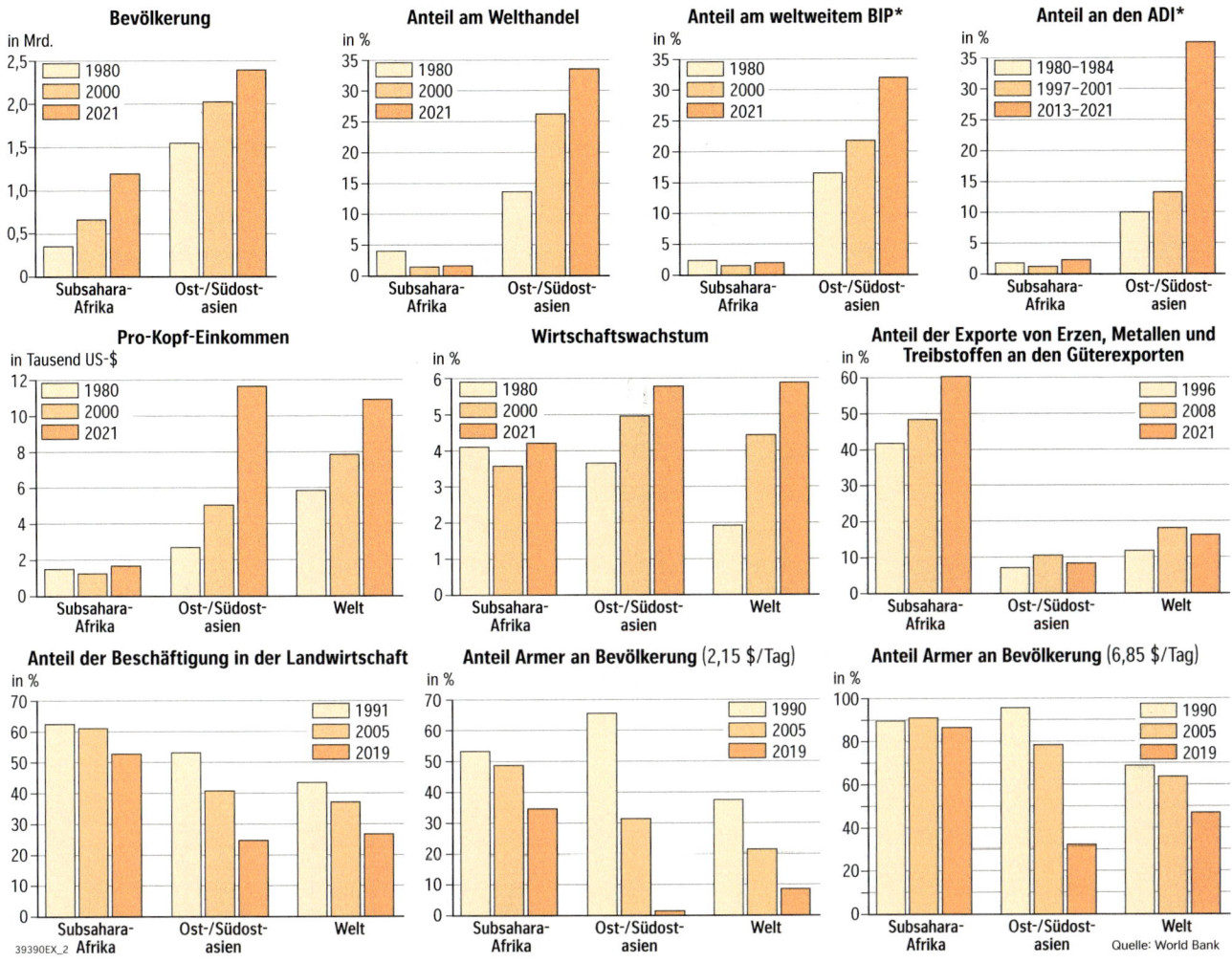

M 4 Vergleich der Entwicklungsregion Subsahara-Afrika mit der Entwicklungsregion Ost-/Südostasien

Seit Jahrzehnten streiten Afro-Optimisten mit Afro-Pessimisten ... hier wie dort ... über Afrikas Entwicklung. Die Optimisten erklären das 21. Jahrhundert zum „afrikanischen Jahrhundert" und sprechen von der „Wirtschaftsmacht Afrika". Die Pessimisten sehen in Afrika den Verlierer der Globalisierung und für die Mehrzahl der weiterhin stark wachsenden afrikanischen Bevölkerung eine Zukunft in materieller Not und Bürgerkriegen. Beide Seiten können empirische Fakten präsentieren. Die Optimisten verweisen auf Wachstumsraten der Wirtschaft im vergangenen Jahrzehnt, die mit etwa sechs bis sieben Prozent doppelt so hoch sind wie jene in Europa. Sie berichten über die zunehmende Zahl der Länder, die friedliche demokratische Machtwechsel vollzogen haben. Auch der Rückgang des Anteils der absolut Armen und der Hungernden an der Gesamtbevölkerung wird in ihren Erfolgsbilanzen hervorgehoben. Dem halten die Pessimisten entgegen, dass das hohe Wirtschaftswachstum nichts weiter widerspiegelt als die gestiegenen Rohstoffeinnahmen während einer Phase hoher Weltmarktpreise für Rohstoffe. Sie verweisen auf die extrem ungleiche Verteilung des Einkommens aus diesem Wachstum, darauf, dass die demokratischen Regierungswechsel noch zu keiner besseren Politik und keinem Rückgang der Korruption geführt hätten und dass die absolute Anzahl der extrem Armen und Hungernden trotz sinkender Anteile weiter gestiegen ist. Die Fakten geben beiden Seiten recht. [...] Afrika sei – anders als einige ostasiatische Länder – nicht aus der kolonialen Struktur des Rohstofflieferanten und Fertigwaren-Importeurs herausgewachsen. Sind die Rohstoffpreise hoch, geht es den Menschen etwas besser; sinken diese, brechen Krisen aus.

Die afrikanischen Kleinbauern, die immer noch über 60 Prozent der Bevölkerung ausmachen, können die seit der Unabhängigkeit 1960 um das Vierfache gewachsene Bevölkerung immer noch leidlich ernähren. Dies ist zumindest dort der Fall, wo kein Bürgerkrieg herrscht, keine große Dürre ausbrach und die Hauptstädte nicht von subventionierten* europäischen oder amerikanischen Nahrungsmitteln überschwemmt werden.

Ein großer Teil der kleinbäuerlichen Familien muss aber immer noch mit einem kärglichen Auskommen aus der mit einfachen Techniken betriebenen Landwirtschaft überleben, weil es kaum (industrielle) Jobs außerhalb des Agrarsektors gibt.

Die Menschen können zwar inzwischen in den meisten Ländern frei und ohne Angst vor Verfolgung ihren Ärger über schlechte Regierungsführung äußern; doch wenn sie die Oppositionspartei wählen, ändert dies wenig am Machtmissbrauch durch die Eliten.

Insgesamt ergibt sich bei Beobachtern, die die Entwicklung des Kontinents seit Jahrzehnten verfolgen, der Gesamteindruck „no change", wenig Veränderung, weder zum Guten noch zum Schlechten. So äußern sich oft auch afrikanische Kollegen, wenn man sie nach Jahren fragt, was sich geändert habe: Ja, die Autos in den Städten und die Hochhäuser seien mehr geworden, die Regale in den Läden voller, die meisten hätten nun ein Mobiltelefon, aber für den Großteil der Menschen bestehe das Leben immer noch aus einem Existenzkampf auf niedrigstem Niveau.

Quelle: Theo Rauch: Afrika: Entwicklungssituation aus Expertensicht. In: Fred Scholz: Länder des Südens. Braunschweig: Westermann 2017, S. 103 – 104

M 5 Quellentext zur Entwicklung Afrikas

1.7 Entwicklungsfaktor: geoökologische Ausstattung

Der Geograph Wolfgang Weischet stellte 1980 mit seiner These der ökologischen Benachteiligung der Tropen die Nahrungssicherheit* einer wachsenden Bevölkerung in den Inneren Tropen vehement in Frage. Hintergrund ist die geringe und im Rahmen der Landwechselwirtschaft* (shifting cultivation) nachlassende Fruchtbarkeit der Böden. Ein Ecofarming bzw. eine Nahrungsmittelproduktion in agroforstwirtschaftlichen Anbausystemen kann das Produktionspotenzial erhöhen.

M 3 Landwechselwirtschaft in der D. R. Kongo (Maniokanbau)

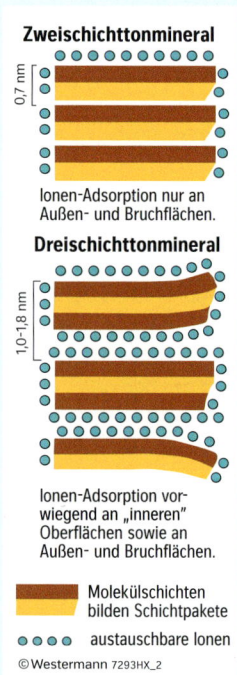

M 1 Maniokernte auf tropischem Ferrasol in den immerfeuchten Tropen

Die Ernährung der lokalen Bevölkerung [des westlichen Kongos] besteht für gewöhnlich aus zwei Mahlzeiten pro Tag. Morgens wird lediglich gesüßter Tee getrunken, während die Hauptmahlzeit am frühen Abend aus fufu, einem Brei aus mit Wasser eingekochtem Mehl der Maniok-Knolle besteht. Als Beilage gegessen werden außerdem die gekochten Blätter der Maniok-Pflanze als Gemüse (pundu, pondu oder nsaki) sowie eine scharfe Gewürzsoße (mbuengi). Je nach Verfügbarkeit und finanziellen Möglichkeiten wird zusätzlich Fisch oder Fleisch (hauptsächlich Ziege, Geflügel und Kleintiere wie Kaninchen und Buschratten) gereicht. Neben fufu ist auch chikwangue weit verbreitet, ein geräuchertes Maniokbrot etwas festerer, elastischer Konsistenz, das traditionell in Bananenblätter eingewickelt wird und so bis zu 20 Tage haltbar ist. Die Maniok-Pflanze [wurde] erst im 16. Jh. von portugiesischen Händlern aus Brasilien eingeführt, verbreitete sich dann jedoch erstaunlich schnell von den Küsten bis tief ins Landesinnere und verdrängte trotz der relativ aufwendigen Zubereitung Yams [...] als primäre Kohlenhydratquelle.
Quelle: Ferdinand Paesler: Regionalentwicklung und Mensch-Umwelt-Interaktion. Würzburger Geographische Arbeiten 113/2014, S. 121

M 6 Quellentext zur Ernährung im Kongo

Die D.R. Kongo ist zu etwa 60 Prozent von tropischem Regenwald bedeckt (Kongobecken). Vorherrschend ist hier eine Landwechselwirtschaft*. Wolfgang Weischet bezeichnet diese Wirtschaftsform als die hier ökologisch optimale Möglichkeit agrarischer Nutzung, aber auch als Hemmnis allen Fortschritts. Sie ist flächenaufwendig, aber ertragsarm und erklärt eine nur mögliche dünne Besiedlungsdichte. Jedes Mitglied der Gesellschaft muss seine ganze Arbeitskraft für die Erarbeitung der täglichen Nahrung bereitstellen.
Maniok ist in der D.R. Kongo die am weitesten verbreitete Kulturpflanze und Hauptnahrungsmittel (2/3 der nationalen Agrarproduktion). Maniok hat eine hohe Toleranz gegenüber niedriger Bodenfruchtbarkeit oder tropischen Regengüssen und lässt sich relativ einfach anbauen und lagern.

M 4 Landwirtschaft in der D. R. Kongo

M 7 Kongolesische Frauen bei der Maniokzubereitung

M 2 Zwei- und Dreischichttonminerale

(Bildunterschriften Grafik M2:)
Zweischichttonmineral
0,7 nm
Ionen-Adsorption nur an Außen- und Bruchflächen.

Dreischichttonmineral
1,0–1,8 nm
Ionen-Adsorption vorwiegend an „inneren" Oberflächen sowie an Außen- und Bruchflächen.

Molekülschichten bilden Schichtpakete
austauschbare Ionen
© Westermann 7293HX_2

In den inneren Tropen herrschen aufgrund der hohen Niederschläge und der ganzjährig hohen Temperaturen stark verwitterte Bodentypen, sogenannte Ferrasole (tropische Roterden) vor. Die Klimabedingungen führen zu einer sehr intensiven chemischen Verwitterung der Böden und zur Ausbildung sogenannter Zweischichttonminerale (z.B. Kaolinit) und Eisenoxiden. Letztere verursachen die rote bis braungelbliche Farbe der Böden. Die Zweischichttonminerale können kaum Pflanzennährstoffe (z.B. Kationen wie K^+, Na^+, Ca^{2+}) anlagern. Ihre Kationenaustauschkapazität* (KAK) ist sehr niedrig. Die Bodenfruchtbarkeit in den inneren Tropen ist deshalb im Gegensatz zu Böden der gemäßigten Breiten – hier führt die weniger intensive Verwitterung zu Dreischichttonminerale mit deutlich höherer KAK – grundsätzlich gering. Um trotz der schlechten Bodenbedingungen Ackerbau zu betreiben, hat sich in den feuchten Tropen die Anbaumethode der Brandrodung entwickelt, bei der (kleinere) Waldflächen gerodet und verbrannt werden. Hauptziel ist dabei, aus dem oberirdischen Vegetationsmaterial Mineralasche herzustellen, die Nährstoffe liefert und den pH-Wert der eher sauren Böden hebt. Zudem werden durch den Brand Unkraut und Schädlinge vernichtet. Aller-

	KAK (mval/100g)	Vorkommen
Zweischichttonminerale: z.B. Kaolinite	3 – 15	feuchte Tropen
Dreischichttonminerale: z.B. Illit	90 – 150	trockene und Außertropen
organisches Bodenmaterial (Humus)	150 – 300	

M 8 Kationenaustauschkapazität (KAK)*

dings führen die starken Regenfälle dazu, dass die Nährstoffe schnell wieder ausgewaschen werden. Die Kleinbauern, die Brandrodungsfeldbau für ihre Subsistenz* betreiben, müssen deshalb nach einigen Jahren des Anbaus auf andere Flächen „wechseln" (Shifting Cultivation, Landwechselwirtschaft*). Die Brachezeiten müssen mindestens 15 Jahre betragen, damit sich die Sekundärwälder ausreichend regenerieren können, um sie wieder ackerbaulich zu nutzen. Shifting Cultivation gilt als ertragsarm und flächenaufwendig, aber – solange die Brachezeiten eingehalten werden – als ökologisch nachhaltig.

M 5 Ertragsarme Böden und Shifting Cultivation in den feuchten Tropen

  100900-155-05 schule.diercke.de
 100900-156-04 schule.diercke.de
  100900-270-01 schule.diercke.de
  100900-272-01 schule.diercke.de
 100900-276-02 schule.diercke.de

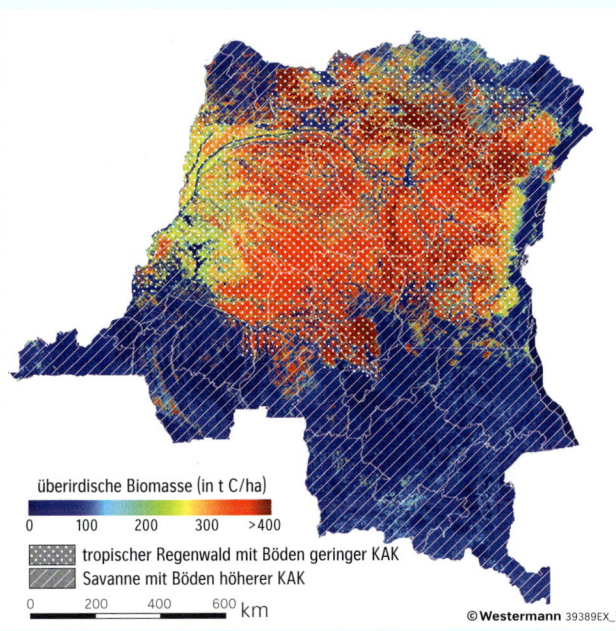

M 9 Biomassedichte (in t Kohlenstoff/ha) in der D. R. Kongo

Legende zur Karte:
überirdische Biomasse (in t C/ha)
0 100 200 300 >400
tropischer Regenwald mit Böden geringer KAK
Savanne mit Böden höherer KAK
0 200 400 600 km
© Westermann 39389EX_1

Das Ecofarming stellt eine Weiterentwicklung auch traditionell bekannter Anbausysteme dar. Dabei wird der Primär- oder Sekundärwald nicht gerodet, sondern in eine stationäre ackerbauliche Nutzung integriert. Brenn- und Nutzholz für den Hausgebrauch können in nachhaltiger Weise entnommen werden und geerntete Baumfrüchte ergänzen die Ernährung. Vor allem bleibt ein dem ursprünglichen Ökosystem des tropischen Regenwaldes vergleichbarer kurzer Nährstoffkreislauf erhalten. Die Wurzelpilze sterben nicht wie bei der Brandrodung ab, sondern können weiter als „Nährstofffallen" – ähnlich die Dreischichttonminerale der Außentropen – fungieren. Der Stockwerkanbau mindert die Erosionsgefahr bei Starkregen, und die hohen Bäume sorgen für den notwendigen Schatten für die darunter befindlichen Anbaukulturen. Auch der landwirtschaftliche Anbau selber erfolgt in einer Stockwerkgliederung: z. B. niedrig wüchsige Kaffeesträucher beschatten das Gemüse und verhindern eine Bodenaustrocknung der Wurzelfrüchte wie Maniok. Gedüngt werden kann „natürlich" mit dem Dung von gehaltenen Klein- und Großtieren oder auch durch den Anbau von Hülsenfrüchten (Luftstickstoffbindung).

In einer Studie zur Übernahme von Ecofarming/Agroforstwirtschaft befragte eine Forschergruppe im Jahr 2021 in einem von der UNESCO als Biosphärenreservat ausgewiesenen Areals tropischen Regenwalds in der Demokratischen Republik Kongo (Lage: 5°S/ 13° Ost) 390 Bauern in 26 Dörfern nach ihren Anbaumethoden. 302 Bauern praktizieren – nach der Einführung der Methode im Jahr 2006 – ein Ecofarming. Es sind interessanterweise häufig die älteren Farmer (älter als 40 Jahre), die auch eine Schulausbildung abgeschlossen haben. Die Forscher schlagen vor „to inform and train as many people as possible across all villages with respect to the socio-economic and environmental benefits of agroforestry", um doch mehr und flächenhaft die Subsistenzfarmer im Kongo von einer nachhaltigeren und effizienten Anbaumethode zu überzeugen.

M 12 Ecofarming in der D. R. Kongo

Ackerland (in % der Landesfläche)	5,9 %
Dauerkulturen (in % der Landesfläche)	0,8 %
Beschäftigte in der Landwirtschaft	43,5 %
Bevölkerung 2018 (Bevölkerungsd.)	95,9 Mio (42 Ew./km²)[1]
Bevölkerung 2030 (Bevölkerungsd.)	127,6 Mio. (56 Ew./km²)
Bevölkerung 2050 (Bevölkerungsd.)	217,5 Mio. (96 Ew./km²)
Bevölkerungsanteil in absoluter Armut	62 %
Von Unterernährung betroffene Einwohner	37,0 Mio. (39,8 %)
Anteil von schwerer Ernährungsunsicherheit betroffener Einwohner	39,2%
Akut unterernährte Kinder bis 5 Jahre	6,5 Mio.
Höhe der Lebensmittelhilfe im Rahmen des World Food Programme	97 000 t Lebensmittel
Durchschnittlicher Getreideertrag	0,9 t/ha[2]

[1] z. Vgl. Deutschland: 83,4 Mio. (2021); Bevölkerungsdichte: 239 Ew./km² (Schätzungen für 2030 unverändert; bis 2050 leicht abnehmend) [2] z. Vgl. Deutschland: 7,0 t/ha
Quellen: FAO, SDGI, UN, Worldbank, World Food Programme

M 10 Landwirtschaft, Bevölkerungsentwicklung, Armuts- und Ernährungssituation in der D. R. Kongo (2021)

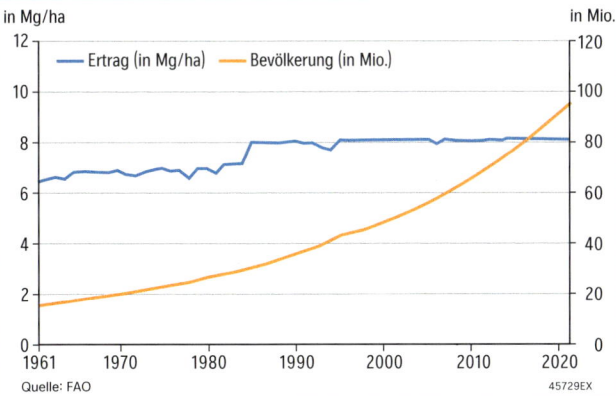

in Mg/ha — in Mio.
Ertrag (in Mg/ha) Bevölkerung (in Mio.)
Quelle: FAO
45729EX

M 11 D. R. Kongo: Bevölkerung, Maniokertrag

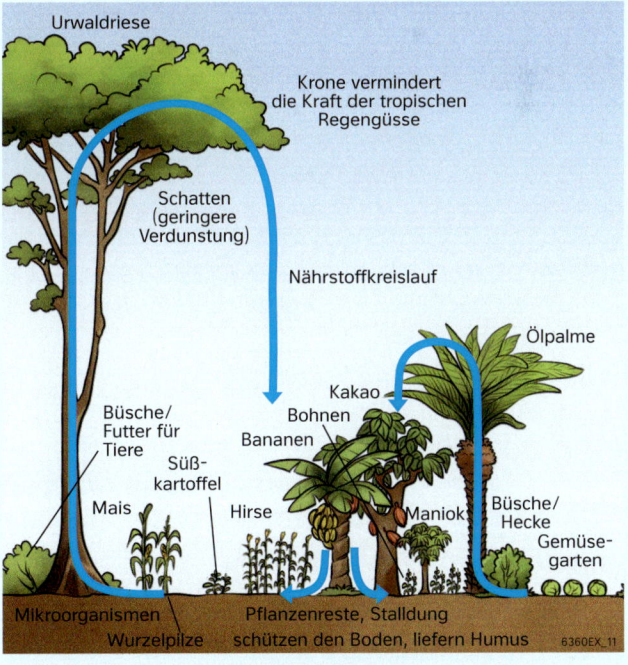

Urwaldriese
Krone vermindert die Kraft der tropischen Regengüsse
Schatten (geringere Verdunstung)
Nährstoffkreislauf
Ölpalme
Kakao
Bohnen
Bananen
Büsche/ Futter für Tiere
Süßkartoffel
Mais
Hirse
Maniok
Büsche/ Hecke
Gemüsegarten
Mikroorganismen
Wurzelpilze
Pflanzenreste, Stalldung schützen den Boden, liefern Humus
6360EX_11

M 13 Schema Ecofarming/Agroforstwirtschaft

1. Analysieren Sie die Strukturen der landwirtschaftlichen Nutzung in der D. R. Kongo (M 1, M 3, M 4, M 10).
2. Erklären Sie die geringe Bodenfruchtbarkeit bei hoher Biomassendichte in den Inneren Tropen (M 2, M 5, M 8, M 9).
3. Nehmen Sie Stellung zur These von Wolfgang Weischet unter Berücksichtigung von „Ecofarming" (Einleitung, M 12, M 4).
4. Beurteilen Sie die Nahrungssicherheit* in der D.R. Kongo aktuell und für die Zukunft (M 6, M 10, M 11, M 12).

1.8 Entwicklungsfaktor: Bevölkerungswachstum

Mit rund 1,3 Milliarden Einwohnern leben auf dem gesamten afrikanischen Kontinent heute fast so viele Menschen wie in China, dem bevölkerungsreichsten Land der Welt. Angesichts seiner enormen Fläche ist Afrika im Vergleich zu Asien dünn besiedelt. Das wird sich ändern, denn die afrikanische Bevölkerung wächst – und zwar rasant. Bis zur Mitte des Jahrhunderts dürfte die Hälfte des weltweiten Bevölkerungszuwachses auf Afrika entfallen – der größte Teil davon in den Ländern südlich der Sahara. [...]

Der Hauptgrund für das rasante Bevölkerungswachstum in Afrika sind die anhaltend hohen Kinderzahlen. Während Frauen in Ländern wie China und Indien heute im Schnitt nur noch 1,6 respektive 2,3 Kinder zur Welt bringen, liegt die durchschnittliche Nachwuchszahl in den afrikanischen Ländern mit 4,4 Kindern pro Frau etwa doppelt so hoch. Gleichzeitig überleben Kinder immer häufiger, da sich die Gesundheitsversorgung auf dem afrikanischen Kontinent in den letzten Jahrzehnten deutlich verbessert hat. In Niger, einem der ärmsten und am wenigsten entwickelten Länder weltweit, ist die Wahrscheinlichkeit, dass ein Kind seinen fünften Geburtstag erlebt, heute mehr als doppelt so hoch wie noch 1960. Mit einer durchschnittlichen Kinderzahl von 7,2 bringen nigrische Frauen heute allerdings noch etwa genauso viele Kinder zur Welt wie vor 60 Jahren.

Dank der verbesserten gesundheitlichen Versorgung überleben nicht nur Kinder häufiger ihre ersten Lebensjahre, sondern die Menschen werden auch insgesamt älter. Im Schnitt werden die Afrikaner heute 62 Jahre alt. Das sind rund 20 Jahre mehr als noch in den 1960ern. Die höhere Lebenserwartung trägt ebenfalls dazu bei, dass die Zahl der Menschen auf dem Kontinent wächst. Der dritte Faktor für das starke Wachstum ist die Altersstruktur der afrikanischen Bevölkerung: Mehr als die Hälfte der Menschen in Afrika ist unter 20 Jahre alt. Sie stehen entsprechend noch vor oder erst am Anfang ihrer Familiengründungsphase. Heute leben rund 300 Mio. Frauen im sogenannten gebärfähigen Alter zwischen 15 und 49 Jahren in Afrika – viereinhalbmal so viele wie noch 1960. Bis 2050 dürfte ihre Zahl auf über 640 Millionen anwachsen und sich damit noch einmal mehr als verdoppeln. Die afrikanische Bevölkerung wird in den nächsten Jahrzehnten also weiter deutlich wachsen – selbst wenn die Kinderzahl pro Frau sinkt.

Ein hohes Bevölkerungswachstum macht es vor allem den Staaten südlich der Sahara immer schwerer, die Menschen mit den notwendigen Schulen, Gesundheitseinrichtungen und Arbeitsplätzen zu versorgen. Im Schnitt wurde dort 2015 etwa ein Fünftel der Kinder im Grundschulalter nicht eingeschult, [...]. Jährlich wachsen zwischen 10 und 12 Millionen Afrikaner ins Erwerbsalter hinein, während auf dem gesamten Kontinent pro Jahr nur rund 3 Millionen neue Arbeitsplätze geschaffen werden.

Quelle: Alisa Kaps: Der Faktor Kind. In: Atlas der Globalisierung. Berlin: Le Monde diplomatique 2019, S. 50

M 2 Quellentext zur Bevölkerungsentwicklung in Afrika

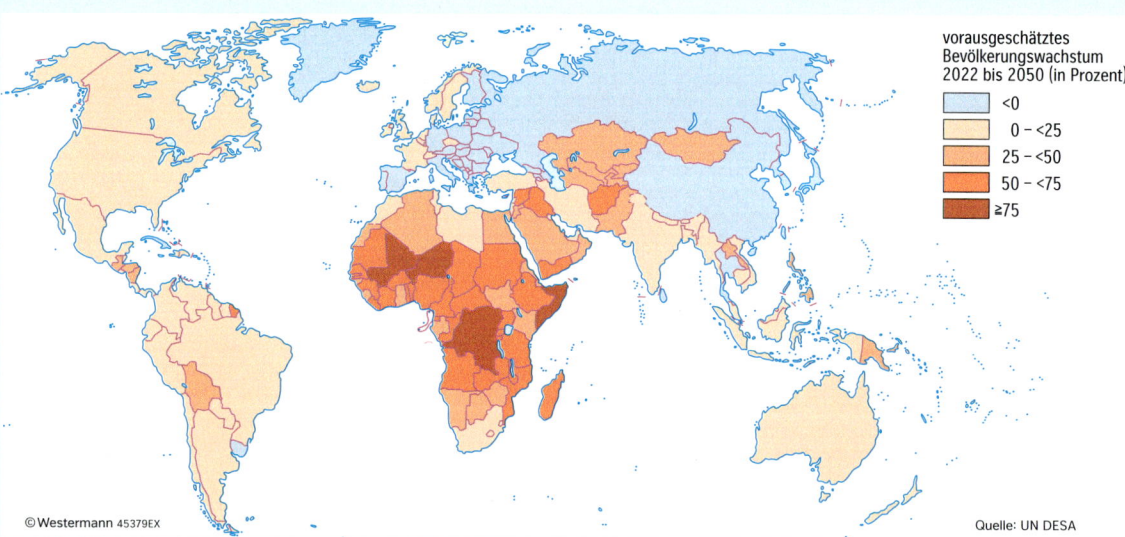

© Westermann 45379EX

Quelle: UN DESA

vorausgeschätztes Bevölkerungswachstum 2022 bis 2050 (in Prozent)
- <0
- 0 – <25
- 25 – <50
- 50 – <75
- ≥75

M 3 Geschätztes Bevölkerungswachstum (2022 bis 2050)

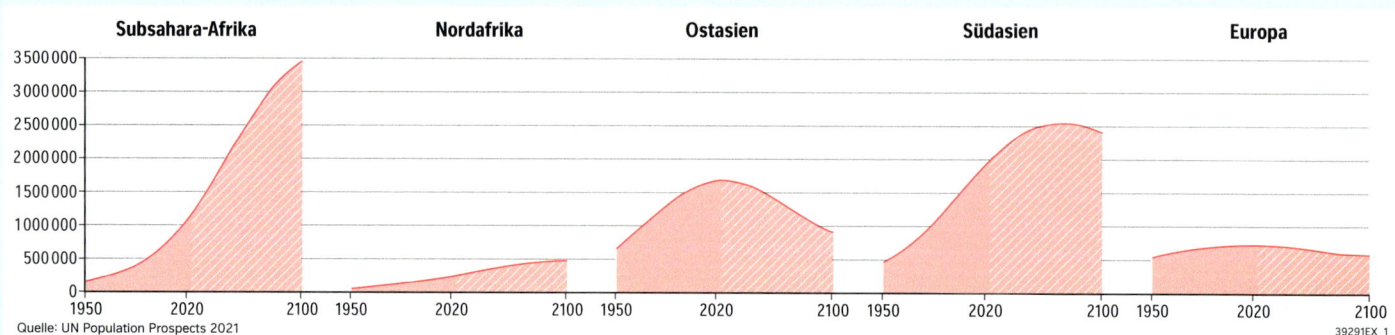

Quelle: UN Population Prospects 2021

39291EX_1

M 1 Bevölkerungsentwicklung ausgewählter Großräume (1950 – 2100, nach 2021 Bevölkerungsprognose: mittlere Variante der UN)

 100900-152-03 schule.diercke.de
 100900-289-03 schule.diercke.de
 100900-292-02 schule.diercke.de
 100900-292-03 schule.diercke.de

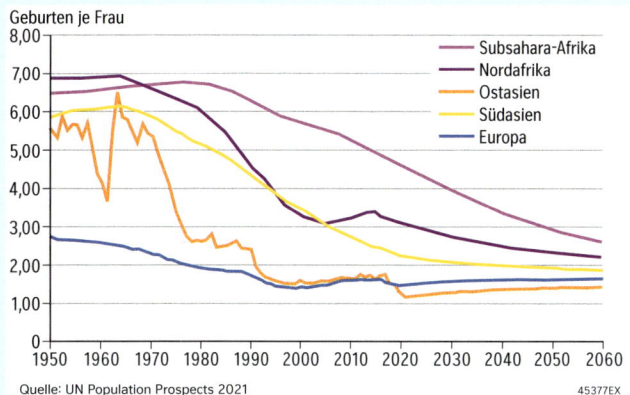

M4   Fertilitätsrate in ausgewählten Großräumen (1950–2060)

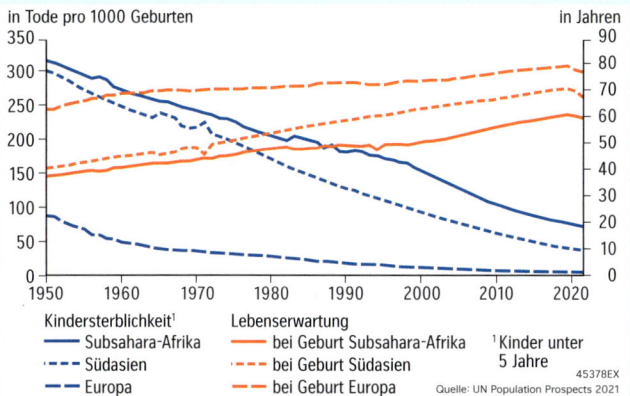

M5   Lebenserwartung und Kindersterblichkeit (1950–2021)

M6   Elemente einer Conceptmap „Senkung der Fertilitätsrate"

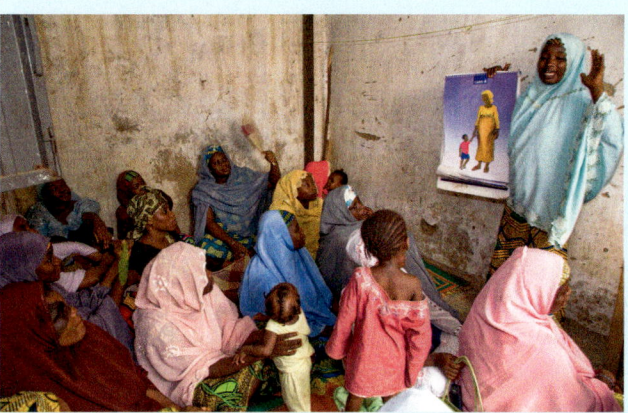

M7   Informationstreffen für Frauen in Nigeria über Gesundheitsvorteile von größeren Abständen zwischen den Geburten

Ghana ist in mancherlei Hinsicht ein Ausnahmeland in Westafrika. Der knapp 30-Millionen-Einwohner-Staat ist seit über zwei Jahrzehnten eine stabile Demokratie und kann wirtschaftliche Erfolge vermelden. Und auch aus demografischer Sicht ist Ghana ein Vorreiter in der Region: In keinem anderen Land Westafrikas – ausgenommen der Inselnation Kap Verde – bekommen Frauen im Schnitt weniger Nachwuchs. Die Geburtenziffer liegt mit 3,9 Kindern je Frau weit unter dem regionalen Schnitt von 5,2. [...] Ein Grund für diesen Vorsprung ist die positive wirtschaftliche Entwicklung. Zwischen 1990 und 2015 lag die jährliche Wachstumsrate des Bruttoinlandsprodukts im Schnitt bei 5,5 Prozent. Damit liegt Ghana unter den Höchstwerten auf dem Kontinent und die Wirtschaft hängt nicht nur am Export von Bodenschätzen wie Gold und Rohöl, den wichtigsten Ausfuhrgütern des Landes, sondern auch an der Landwirtschaft. [Durch Produktivitätsverbesserungen] veränderten sich die Lebensbedingungen der ghanaischen Kleinbauern: Bessere Ernten brachten ihnen höhere Einkommen und gaben vielen Familien die Möglichkeit, sich aus der Armut zu befreien. [...] Gleichzeitig stieg die Ernährungssicherheit*, was mit dazu beitrug, dass sich die Gesundheitswerte der Ghanaer verbesserten. [...] Die Urbanisierung trägt auf ihre Weise zu sinkenden Kinderzahlen bei: Studien belegen, dass Zuwanderinnen vom Land sich in Ghana schnell an ihre städtische Umgebung anpassen und dort vorherrschende Normen zur Familiengröße übernehmen. Sie bekommen im Schnitt weniger Nachwuchs als ihre Altersgenossinnen in ländlichen Regionen. [...] Bildung ist ein wesentlicher Einflussfaktor, der Ghanas positive demografische Entwicklung befördert hat. Auch bei den Bildungswerten sticht Ghana unter den westafrikanischen Ländern heraus: Im Jahr 2015 hatte im Schnitt über die Hälfte der Ghanaer zwischen 20 und 64 Jahren eine Sekundarschulbildung erhalten. [...] Vor allem bei den Frauen ist der Bildungsstand in Ghana deutlich besser als in vielen anderen westafrikanischen Staaten. [...] Dass die Ghanaer heute zumindest formal einen hohen Bildungsstand haben, hängt mit den hohen Bildungsinvestitionen zusammen: Seit Mitte der 2000er-Jahre gab Ghanas Regierung zwischen 20 und 38 Prozent des nationalen Haushalts für Bildung aus.

Quelle: Alisa Kaps, Ann-Kathrin Schewe, Reiner Klingholz: Afrikas demografische Vorreiter. Berlin-Institut für Bevölkerung und Entwicklung 2019, S. 25–26

M8   Quellentext zur Bevölkerungsentwicklung in Ghana

---

1. Vergleichen Sie die Bevölkerungsentwicklung von Subsahara-Afrika mit anderen Großräumen (M1–M3).
2. Erläutern Sie die Ursachen dieser Entwicklung (M2, M4, M5).
3. Erstellen Sie eine Conceptmap zum Thema „Senkung der Fertilitätsrate" (M6).
4. Erklären Sie die Erfolge Ghanas bei der Reduktion des Bevölkerungswachstums (M8).

1.9 Entwicklungsfaktor: Handelsbeziehungen

1990

Einfuhr
1 Traktor (Preis 40 000 US-$)

Ausfuhr
30,7 t Kakao (Preis 1,30 US-$/kg)

2000

Einfuhr
1 Traktor (Preis 45 000 US-$)

Ausfuhr
48,4 t Kakao (Preis 0,93 US-$/kg)

2010

Einfuhr
1 Traktor (Preis 50 000 US-$)

Ausfuhr
15,5 t Kakao (Preis 3,23 US-$/kg)

2020

Einfuhr
1 Traktor (Preis 55 000 US-$)

Ausfuhr
23,2 t Kakao (Preis 2,37 US-$/kg)

39393EX_1

M1   Beispiel der Entwicklung der Terms of Trade* eines Kakao exportierenden Landes (1990 – 2020)

Seit Jahrzehnten gibt es heftige Kontroversen darüber, ob die Einbindung der Länder des Globalen Südens in die Weltwirtschaft die Unterentwicklung noch weiter verstärkt oder Entwicklung dadurch erst möglich wird. Tatsächlich hat sich vor allem für die ärmsten Entwicklungsländer seit der Kolonialzeit in der Struktur des Außenhandels nur wenig geändert: Sie exportieren – wenn überhaupt – landwirtschaftliche oder mineralische Rohstoffe und importieren aus den weiter entwickelten Ländern Fertigwaren. [...]

Durch diese Exportstruktur ist ihre Wirtschaft krisenanfällig. Zum einen können bei agrarischen Rohstoffen Naturkatastrophen oder Seuchen zu Einbußen führen. Zum zweiten schwanken die Rohstoffpreise auf dem Weltmarkt. So können die Preise z.B. durch Überproduktion in den Erzeugerländern oder Konsumveränderungen in den Käuferländern sinken und durch Missernten oder Börsenspekulationen steigen. Der Trend bei den meisten Rohstoffpreisen war dabei bis zu Beginn des neuen Jahrtausends stagnierend oder gar fallend, während die Preise für Fertigwaren stiegen. Dies bedeutete für zahlreiche Länder eine Verschlechterung der Terms of Trade*. Das heißt – vereinfacht ausgedrückt –, sie erhielten für dieselbe Menge an exportierten Rohstoffen auf dem Weltmarkt weniger Fertigwaren wie Maschinen oder Lizenzen. Diese benötigen sie jedoch zur Modernisierung der Wirtschaft, zur Produktivitätssteigerung in der Landwirtschaft, zum Aufbau und Ausbau eigener verarbeitender Industrien, letztendlich zur Konkurrenzfähigkeit auf dem Weltmarkt. Folglich investierten viele Länder zunächst in die Modernisierung des primären Sektors, um die Rohstoffexporte erhöhen und dadurch die Deviseneinnahmen* steigern zu können. Dies führte jedoch wiederum zu einem höheren Angebot auf dem Weltmarkt und damit zu sinkenden Preisen. Die sich bis zu Beginn des Jahrtausends stetig verschlechternden Terms of Trade waren eine wesentliche Ursache für die heute noch andauernde Verschuldung der Entwicklungsländer. [...]

Als eine sinnvolle Strategie zur Veränderung der problematischen Außenhandelsstruktur wird der Aufbau eigener Industrien gesehen, um so vom Import der Fertigwaren unabhängiger zu werden und eventuell auch eigene Industriegüter exportieren zu können. Damit wird die Exportstruktur diversifiziert und weniger anfällig für Schwankungen von Rohstoffpreisen auf dem Weltmarkt.

Quelle: Wolfgang Latz: Entwicklungsländer in der Weltwirtschaft. In: Diercke Geographie. Braunschweig: Westermann 2023, S. 422 – 424

M2   Quellentext zur Einbindung in den Welthandel

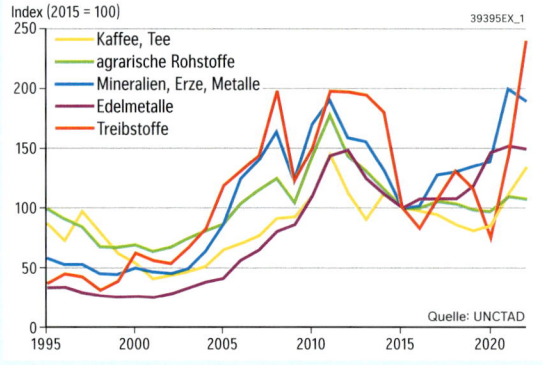

M3   Preisentwicklung von Rohstoffen (1995 – 2022)

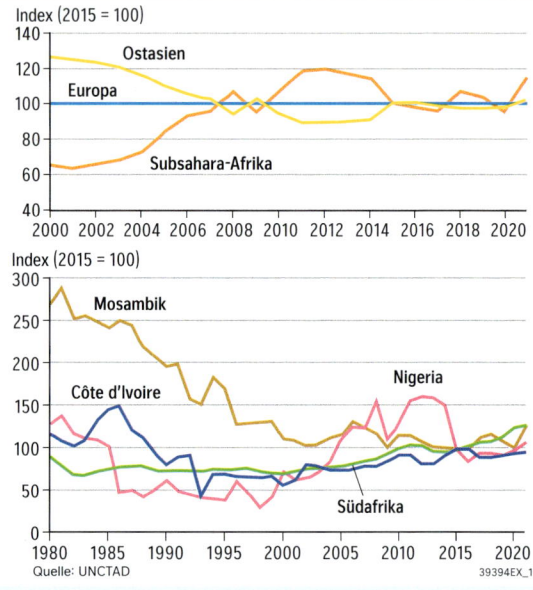

M4   Verladen von Kakao im Hafen von Abidjan (Côte d'Ivoire)

M5   Terms of Trade* ausgewählter Regionen und Länder

Nach der Jahrtausendwende hat sich der Trend der [Terms of Trade (ToT)] durch den starken Anstieg der Rohstoffpreise auf dem Weltmarkt deutlich verändert. Die steigende Nachfrage nach Rohstoffen in Schwellenländern wie China und Indien sowie die weltweite Verknappung an leicht ausbeutbaren Rohstoffvorkommen hatten diese Trendumkehr bewirkt. Beispielsweise verfünffachten sich zwischen 2000 und 2011 die Weltmarktpreise für Kupfer. [...] Erst danach gaben die Preise vorübergehend wieder etwas nach und brachten viele derjenigen Länder in Schwierigkeiten, die sich in der Phase extrem hoher Rohstoffpreise zu einseitig von deren Exporten abhängig gemacht hatten. Zudem verbilligten sich viele einfache Industriewaren (z.B. Bekleidung, Spielwaren, Laptops, Handys) durch den massiven Ausbau der Produktionskapazitäten in China und anderen „emerging economies". Nach 2019 zogen die Weltmarktpreise für viele Rohstoffe jedoch wieder deutlich an. [...] Während sich die Austauschrelationen vor allem für Länder verbessert haben, die Bergbauprodukte und Energierohstoffe exportieren, macht sich der positive Trend für Agrarexporteure weniger bemerkbar.

Quelle: Boris Braun: Globalisierung – Wirtschaft weltweit. In: Diercke Geographie. Braunschweig: Westermann 2023, S. 294

M6   Quellentext zur Entwicklung der Terms of Trade*

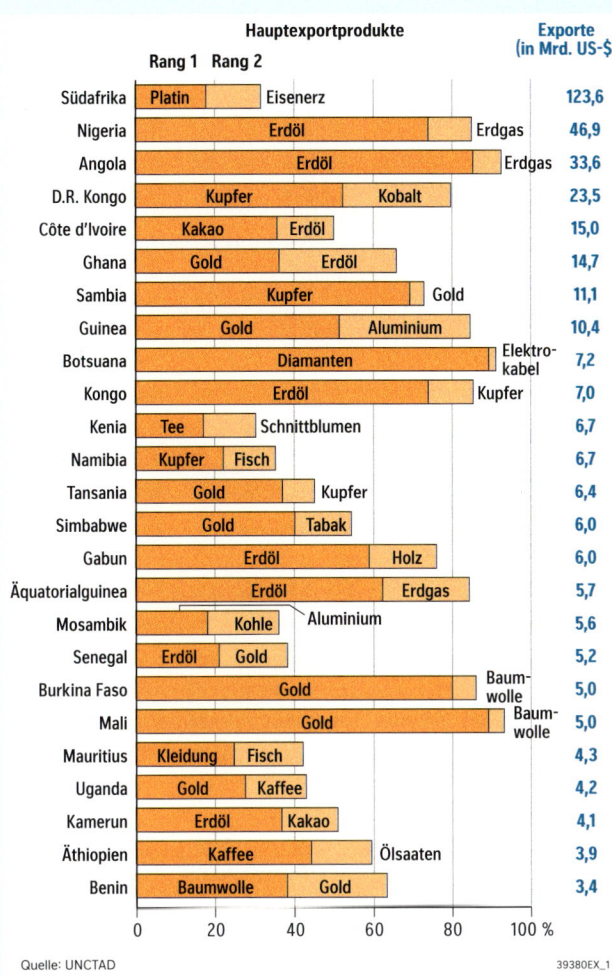

Quelle: UNCTAD   39380EX_1

M 7 Exportstruktur der 25 exportstärksten Volkswirtschaften in Subsahara-Afrika (2021)

„Als geographische Nachbarn haben Europa und Afrika eine lange Handelsgeschichte. Die EU ist mit einem Anteil von 26 Prozent an den Gesamteinfuhren Afrikas wichtigste Importquelle, gefolgt von China (16 Prozent) und dem innerafrikanischen Handel (15 Prozent). [...] Die EU ist auch Afrikas wichtigstes Ziel für Ausfuhren. Die EU-Einfuhren [konzentrieren sich] stark auf Produkte mit geringer Wertschöpfung, was die schwache industrielle Basis Afrikas widerspiegelt, die sich seit Jahrzehnten nicht verändert hat. Im Gegensatz dazu werden die Einfuhren Afrikas aus der EU stark von Industriegütern dominiert.
Es liegt auf der Hand, dass die Handelsbeziehungen zwischen Afrika und Europa stark asymmetrisch sind – ein Muster, das sich seit der Unabhängigkeit in den 1960er-Jahren hartnäckig hält. Doch dieses Muster wiederholt sich auch im Handel Afrikas mit Partnern wie China, den USA, dem Vereinigten Königreich und Schwellenländern wie Indien und der Türkei. [...]
Der innerafrikanische Handel zeigt jedoch ein anderes Bild und ist in der Regel diversifizierter und weist eine relativ höhere Wertschöpfung auf als Afrikas Ausfuhren an Handelspartner außerhalb des Kontinents."

David Luke, afrikanischer Wirtschaftswissenschaftler (2022)

M 8 Zitat zu den europäisch-afrikanischen Handelsbeziehungen

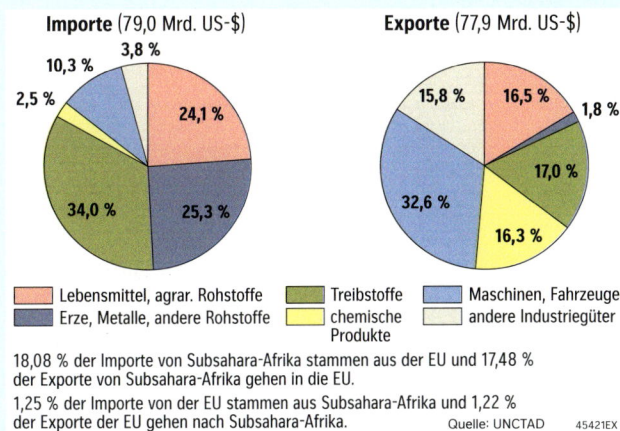

18,08 % der Importe von Subsahara-Afrika stammen aus der EU und 17,48 % der Exporte von Subsahara-Afrika gehen in die EU.
1,25 % der Importe von der EU stammen aus Subsahara-Afrika und 1,22 % der Exporte der EU gehen nach Subsahara-Afrika.   Quelle: UNCTAD   45421EX

M 9 Handel zwischen der EU und Subsahara-Afrika (2021)

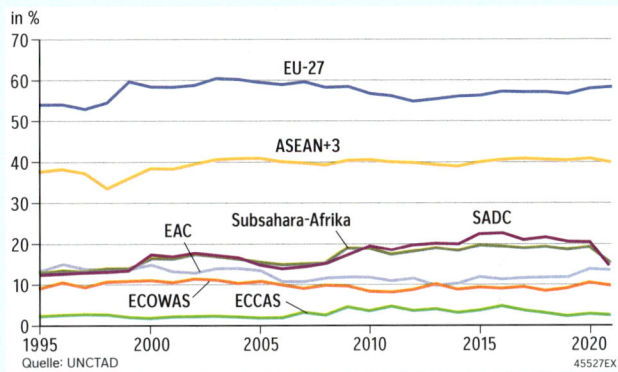

Quelle: UNCTAD   45527EX

M 10 Handel innerhalb von SSA und Wirtschaftsgemeinschaften

Afrikas Freihandel beginnt langsam, in kleinen Schritten: Mehrere afrikanische Nationen haben bereits begonnen, Waren im Rahmen des Abkommens über die Afrikanische Kontinentale Freihandelszone (AfCFTA*) zu handeln. [...] Die größte Freihandelszone der Welt existiert formell seit dem 1. Januar 2021. Die Umsetzung des kontinentalen Binnenmarktes hat sich jedoch aus mehreren Gründen verzögert, so zum Beispiel durch die COVID-Pandemie [...]. Zölle sind nur eines der vielen Hindernisse für den Handel in Afrika. Eine weitere große Hürde ist die Logistik. Das Problem ist, es gibt nicht genug Handel, damit sich große Schiffe für den Transport von einem afrikanischen Hafen direkt zum nächsten lohnen. [...] Drei Viertel der afrikanischen Waren werden auf Straßen transportiert, die oft schlecht ausgebaut sind. Nach Angaben der Afrikanischen Entwicklungsbank erhöhe dies die Logistikkosten auf dem Kontinent, was den Preis afrikanischer Waren um 75 Prozent steigen lassen könne. [Afrikanische Unternehmer hoffen] , dass AfCFTA durch die Öffnung des interregionalen Handels mehr afrikanischen Unternehmen einen Anreiz geben wird, die reichlich vorhandenen natürlichen Ressourcen und Rohstoffe des Kontinents aufzuwerten, anstatt sie nach Übersee zu verkaufen. Nur 37 Prozent der von Afrika auf den Weltmarkt gebrachten Produkte sind teilweise oder komplett verarbeitet.

Quelle: Kate Hairsine: Afrikas Freihandelszone kommt allmählich ins Rollen. Deutsche Welle 6.12.2022 (Übersetzung: Martina Schwikowski)

M 11 Quellentext zur Freihandelszone der Afrikanischen Union*

---

1. Beschreiben Sie die Exportstruktur der größten Volkswirtschaften Subsahara-Afrikas (M 7).
2. Erläutern Sie die Entwicklung der Terms of Trade* für die Länder Subsahara-Afrikas nach 2000 (M 1 – M 6).
3. Die Handelsbeziehungen zwischen Europa und Subsahara-Afrika sind postkolonial. Erörtern Sie diese Aussage (M 7, M 8, M 9).
4. Erklären Sie den niedrigen Anteil des Handels innerhalb Subsahara-Afrikas (M 10, M 11).

1.10 Entwicklungsfaktor: Governance

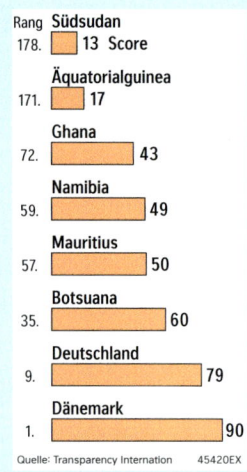

Rang
178. Südsudan — 13 Score
171. Äquatorialguinea — 17
72. Ghana — 43
59. Namibia — 49
57. Mauritius — 50
35. Botsuana — 60
9. Deutschland — 79
1. Dänemark — 90

Quelle: Transparency Internation   45420EX

**M 1   Korruptionswahr-
nehmungsindex
in ausgewählten
Ländern (2022)**

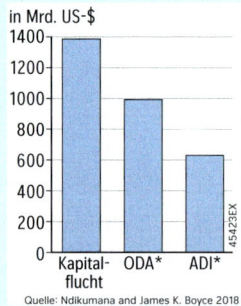

in Mrd. US-$
1400, 1200, 1000, 800, 600, 400, 200, 0
Kapital-flucht   ODA*   ADI*

Quelle: Ndikumana and James K. Boyce 2018

**M 2   Kapitalflucht aus 30
afrikanischen Län-
dern im Vergleich
zu Entwicklungshil-
fezahlungen (ODA)
und ausländischen
Direktinvestionen
(ADI) (1975 – 2015)**

Er ist der Staatschef, der weltweit am längsten regiert. Und er möchte seine Herrschaft gerne weiter ausdehnen – auch nach 43 Jahren im Amt, auch noch mit 80 Lebensjahren: Teodoro Obiang Nguema kandidierte [...] erneut für die Präsidentschaft in Äquatorialguinea, dem kleinen spanischsprachigen Land am Golf von Guinea. Fernab der Weltöffentlichkeit brachte jede vergangene Wahl Obiang mehr als 90 Prozent der Stimmen ein, seine „Demokratische Partei Äquatorialguineas (PDGE)" regiert quasi ohne Opposition. Und es scheint, als könne niemand etwas dagegen tun: Denn über die Jahrzehnte seit seinem Militärputsch 1979 konnte der Langzeitherrscher sein Regime so fest verankern, dass seine Wiederwahl gar nicht mehr in Frage gestellt wird. [...] [Präsidentensohn und Vizepräsident] Teodoro Nguema Obi-ang, genannt Teodorín, hatte kürzlich per Twitter angekündigt, dass sein Vater „aufgrund seines Charismas, seiner Füh-rungsqualitäten und seiner politischen Erfahrung" für eine erneute Kandidatur nominiert worden sei. Das klingt zynisch, gemessen an einer brutalen Herrschaft, die von Folter an po-litischen Gegnern, Scheinwahlen und Korruption geprägt ist. „Aufgrund von Beschränkungen der Presse-, Meinungs- und Versammlungsfreiheit sowie der Verfolgung von Opposi-tionellen und Menschenrechtsverteidigern wird das Land im Menschenrechtsrat der Vereinten Nationen regelmäßig kritisiert", lautet die nüchterne Einschätzung auf der Webseite des Auswärtigen Amtes. [...] Die Menschen werden unter-drückt, Obiang lässt Oppositionelle einsperren und foltern. In Äquatorialguinea regiert die Angst – also werden sie ihn wählen. Und warten auf seinen Tod.

„Äquatorialguinea ist ein Beispiel für die Vereinnahmung eines Staates. Eine Familie hat alle staatlichen Institutionen unterwan-dert, es gibt keine funktionierende Justiz, keinen Gesetzgeber und keine Zivilgesellschaft", so der [Menschenrechtsaktivist Tutu Alicante]. Das System basiere auf Vetternwirtschaft, Lo-yalität werde mit hohen Posten belohnt. [...] Derweil teilt eine kleine politische Clique rund um Vater und Sohn die Einkünfte aus den lukrativen Öl-, Gas- und Holzgeschäften des Landes unter sich auf. Sie zählen zu den reichsten Menschen Afrikas.
Quelle: Martina Schwikowski: Äquatorialguinea: Langzeitherrscher Obiang Nguema vor der Wiederwahl. Deutsche Welle 20.11.2022

M 3   Quellentext zu Äquatorialguinea

**M 4   Teodoro Obiang Nguema Mbasogo, Präsident von
Äquatorialguinea (seit 1979), nach der Stimmabgabe
am 20.11.2922. Die Präsidentenwahl gewann er laut
Wahlkommision mit 94,9 % der Stimmen.**

Bad Governance: Das staatliche Handeln ist durch Korrupti-on, Günstlingswirtschaft (Klientelismus), Personenkult und Opportunismus geprägt. Die Bürokratie ist überwiegend in-effizient, schwerfällig und korrupt. Den Herrschenden fehlt es an Verantwortungsgefühl für das Allgemeinwohl. Armutsbe-kämpfung und Entwicklungsorientierung spielen gegenüber einem möglichst lange andauernden Machterhalt nur eine untergeordnete Rolle. Repressalien gegenüber Minderheiten und Menschenrechtsverletzungen sind an der Tagesordnung. Die finanziellen Mittel fließen häufig in den Ausbau des Macht-apparates und der Machtzentren, kaum in die Entwicklung der Peripherie. So ist von den wirtschaftlichen und politischen Eliten zahlreicher Entwicklungsländer kein großes Engagement im Inland zu erwarten. [...] Öffentlich zur Schau gestellter Nationalismus ist meist nur vordergründig. Die bei der Oberschicht vorhandenen Mittel (Rohstoffe, Land, Kapital, Arbeit, Kreativität) werden nicht im Sinne einer Weiterentwicklung des Landes eingesetzt, sondern ausschließlich zur eigenen Gewinnmaximierung. Etwaige Kapi-talanlagen finden oft in den Industrieländern statt, weil man sich dort höhere Renditen verspricht und das eigene Kapital sicher vor Inflation und politischen Wechseln weiß.
Quelle: Wolfgang Latz: Entwicklungsländer in der Weltwirtschaft. In Diercke Geographie. Braunschweig: Westermann 2023, S. 438

M 5   Quellentext zu Bad Governance*

1. Rechtsstaatlichkeit und Rechtssicherheit: Hierzu gehören die Unabhängigkeit der Justiz, Gleichheit vor dem Recht, die Mög-lichkeit für alle, ihr Recht (auch gegenüber staatlichen Organen) geltend zu machen; verlässliche institutionelle Bedingungen.
2. Partizipation: Diese umfasst Elemente repräsentativer und direkter Demokratie und Vereinigungsfreiheit.
3. Rechenschaftslegung: Die Politik muss gegenüber der Öffent-lichkeit, die Verwaltung gegenüber den Nutzern öffentlicher Leistungen Rechenschaft ablegen für ihre Entscheidungen und deren Umsetzung. Dies gilt insbesondere für die Verwendung öffentlicher Mittel.
4. Transparenz: Dies betrifft sowohl staatliche Entscheidungspro-zesse als auch die Ausführung von Entscheidungen; staatliches Handeln muss berechenbar sein; Bürger und Medien müssen informiert werden und frei recherchieren und berichten dürfen.
5. Gleichberechtigung und Inklusivität: Gleichbehandlung aller Mitglieder der Gesellschaft (Geschlechter, Rassen, Minderhei-ten); dies ist eine wichtige Voraussetzung für Armutsminderung.
6. Effektivität und Effizienz: Orientierung an den gesellschaft-lichen Bedürfnissen bei möglichst sparsamer Verwendung natürlicher, personeller und finanzieller Ressourcen. Dazu gehört auch die Entwicklungsorientierung staatlichen Handelns.
7. Bürgerorientierte Verwaltung: Offenheit für und zügige Reaktion auf Anliegen der Bürger.
8. Konsensorientierung: Suche nach Interessenausgleich und Vermittlung zwischen Interessengruppen. Orientierung als Grundsatz friedlicher Konfliktaustragung.
Quelle: Theo Rauch: Entwicklungspolitik. Braunschweig: Westermann 2012, S. 274

M 6   Charakteristika von Good Governance*

1. Geben Sie Merkmale von Bad und Good Governance wieder, die sich in Äquatorialguinea finden (M3–M6).
2. Vergleichen Sie die Entwicklung der Governance in Namibia, Ghana und Äquatorialguinea (M3, M7–M10).
3. Beurteilen Sie die Bedeutung von Korruption und Kapitalflucht für die Entwicklung eines Landes (M1, M2).

M9 5 Einzelfaktoren des Demokratieindex für ausgewählte Länder (2022)

Governance, gemessen auf einer Skala von 0–10. Höhere Werte entsprechen einer besseren Governance. In Klammern: weltweiter Rang. Quelle: Economist

	Wahlprozess und Pluralismus	Funktionsweise der Regierung	Politische Teilhabe	Politische Kultur	Bürgerrechte	Demokratieindex 2022	2018	2013	2006
Deutschland	9,58	8,57	8,33	8,13	9,41	8,80 (14.)	8,68	8,31	8,07
Äquatorialguinea	0,00	0,43	3,33	4,38	1,47	1,92 (158.)	1,92	1,77	2,09
Ghana	8,33	5,00	6,67	6,25	5,88	6,43 (63.)	6,63	6,33	5,35
Namibia	7,00	5,36	6,67	5,63	7,94	6,52 (58.)	6,25	6,24	6,54
Botsuana	9,17	6,79	6,67	7,50	8,53	7,73 (32.)	7,81	7,98	7,60
Mauritius	9,17	7,86	6,11	8,75	8,82	8,14 (21.)	8,22	8,17	8,04

M8 Quellentext zu Namibia

Namibia ist eine stabile Demokratie; seit der Unabhängigkeit werden freie und faire Wahlen abgehalten. Regiert wird das Land seit 1990 von der SWAPO, die als Partei aus der Unabhängigkeitsbewegung „South West Africa People's Organisation" hervorgegangen ist. Bei den Parlaments- und Präsidentschaftswahlen 2019 sowie den Kommunal- und Regionalratswahlen 2020 erlitt die SWAPO große Stimmenverluste. Sie blieb zwar insgesamt stärkste Partei, doch die Opposition ging aus den Wahlen deutlich gestärkt hervor. [...]

Die Menschenrechte werden in Namibia weitgehend geachtet, die Unabhängigkeit der Justiz ist garantiert. Auf der Rangliste der Pressefreiheit 2021 der Nichtregierungsorganisation Reporter ohne Grenzen liegt Namibia auf Platz 24 von 180 bewerteten Staaten und damit an der Spitze der afrikanischen Staaten. Auch das Korruptionsniveau ist vergleichsweise niedrig. [...]

In ihrer langfristigen Entwicklungsstrategie Vision 2030 und ihren nationalen Entwicklungsplänen hat sich die namibische Regierung das Ziel gesetzt, bis zum Jahr 2030 den Lebensstandard eines Industrielandes zu erreichen. Der aktuelle Entwicklungsplan konzentriert sich auf wirtschaftliche Entwicklung und Modernisierung und beruht auf vier Säulen: wirtschaftliche Entwicklung, soziale Transformation, ökologische Nachhaltigkeit und Good Governance.

Quelle: www.bmz.de/de/laender/namibia/politische-situation-117748

M10 Quellentext zu Ghana

Ghana ist demokratisch gefestigt und wirkt als wichtiger Stabilitätsanker in Westafrika. Das Land betreibt seit Jahrzehnten erfolgreich eine Politik guter Nachbarschaft und regionaler Integration. [...] Im Dezember 2020 fanden Präsidentschafts- und Parlamentswahlen statt, die von internationalen Beobachtern als frei, transparent, überwiegend fair und weitgehend friedlich bewertet wurden. [...]

Die Menschenrechtslage ist im regionalen Vergleich gut, die Meinungsfreiheit ist weitgehend gewährleistet. Allerdings hat Ghana sich in der Rangliste der Pressefreiheit 2022 der Organisation Reporter ohne Grenzen im Vergleich zum Vorjahr um 30 Plätze verschlechtert und nimmt nun Platz 60 von 180 Ländern ein. [...] Die Gleichberechtigung der Frau ist verfassungsmäßig garantiert, aber nicht umfassend verwirklicht. Das herrschende traditionelle Wertesystem zieht Diskriminierungen von Frauen nach sich, vor allem in Eigentums- und Erbangelegenheiten. Viele Mädchen werden vor ihrer Volljährigkeit verheiratet.

Ein großes Problem stellt die Korruption dar, insbesondere in Verwaltung, Polizei und Justiz. [...] Die Regierung hat sich zwar ausdrücklich dem Kampf gegen Korruption verpflichtet und unter anderem das Strafmaß erheblich angehoben. [Im Rahmen einer Studie 2022 gaben] 26,7 Prozent der Befragten an, im vorangegangenen Jahr von Beamten und Beamtinnen aufgefordert worden zu sein, Bestechungsgelder zu zahlen.

Quelle: www.bmz.de/de/laender/ghana/politische-situation-9870

M7 Demokratieindex (2022)

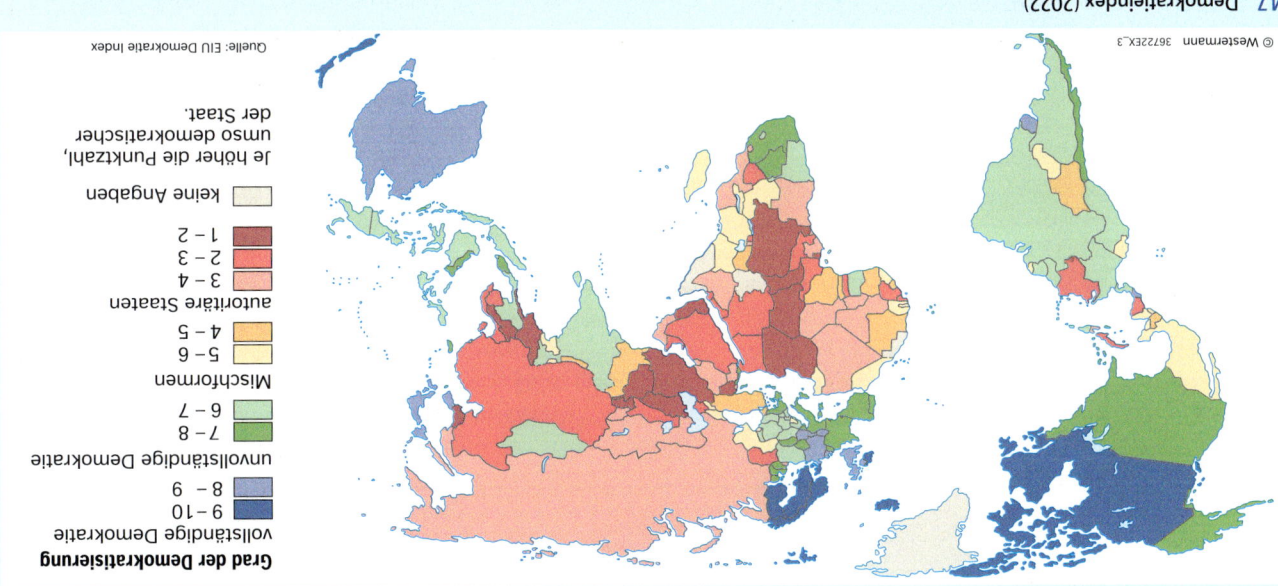

Grad der Demokratisierung

vollständige Demokratie
- 9–10
- 8–9

unvollständige Demokratie
- 7–8
- 6–7

Mischformen
- 5–6
- 4–5

autoritäre Staaten
- 3–4
- 2–3
- 1–2

keine Angaben

Je höher die Punktzahl, umso demokratischer der Staat.

Quelle: EIU Demokratie Index

© Westermann 36722EX_3

1.11 Entwicklungsfaktor: Konflikte

- somalischer Bürgerkrieg (seit 1988, 0,5 bis 1 Mio. Tote)
- diverse Konflikte in der D.R. Kongo (seit 1996, siehe Kap. 4.3)
- Darfur-Konflikt in Sudan (seit 2003, 300000 Tote)
- bewaffnete Konflikte gegen islamistische Gruppen (Boko Haram, Islamischer Staat, seit 2009) in Nigeria
- Konflikt in Nord-Mali (seit 2012, siehe S. 27)
- Bürgerkrieg in der Zentralafrikanischen Republik (seit 2012, 13 600 Tote)
- Bürgerkrieg im Südsudan (seit 2013, ca. 380 000 Tote)
- islamistischer Aufstand in Burkina Faso und Niger (seit 2015)
- Bürgerkrieg in Kamerun (seit 2016)
- islamistischer Aufstand in der Provinz Cabo Delgado von Mosambik (seit 2017, mehrere 1000 Tote)
- Bürgerkrieg in Äthiopien (seit 2018, vor allem in der Tigray-Region, Hunderttausende Tote)
- Kämpfe verschiedener militärischer Gruppen im Sudan (seit 2023)

M1 Aktuelle Konflikte in Subsahara-Afrika (Stand Mai 2023)

An dem bisherigen kolonialen Abhängigkeitsstatus änderte sich nach 1960 für die neuen Länder [Subsahara-Afrikas] mit ihrer formalen Unabhängigkeit faktisch wenig. Da die jungen Staaten ohne externe Hilfe kaum lebensfähig waren, konnten die ehemaligen Kolonialmächte Frankreich und Großbritannien, aber auch Belgien und Portugal ihren politischen und ökonomischen Einfluss fast ungemindert weiter ausüben. Bald gesellten sich zu den traditionellen und überkommenen Netzwerken die widerstrebenden US-amerikanischen und sowjetischen Hegemonieinteressen. In Zeiten des Kalten Krieges waren die Supermächte nämlich darauf aus, auch in Afrika ihren politischen, ideologischen und ökonomischen Einfluss auszudehnen und zu sichern. Nicht zuletzt trugen sie dazu bei, die jungen Staaten – durch interne tribale und religiöse Spannungen und persönliche Feindschaften sowieso schon aufgeheizt – in Militärputsche, Bürger- und zwischenstaatliche Kriege zu stürzen. Viele Auseinandersetzungen begannen in den 1960er-Jahren, wiederholten sich oder dauern – wiederkehrend auflodernd – bis in die Gegenwart an. Sie haben die politische, soziale und ökonomische Entwicklung dieser Länder quasi paralysiert. Wie keine andere Entwicklungsregion ist Afrika durch fortwährende inner- und zwischenstaatliche Konflikte und Kriege erschüttert sowie von Regierungsumstürzen und Militärregierungen heimgesucht worden.

Quelle: Fred Scholz: Länder des Südens. Braunschweig: Westermann 2017, S. 86–87.

Im Jahr 2021 gab es in Afrika südlich der Sahara mindestens 18 Staaten (von insgesamt 49) mit aktiven bewaffneten Konflikten. Hochintensive bewaffnete Konflikte waren wegen der Beteiligung externer staatlicher Akteure und/oder der grenzüberschreitenden Aktivitäten bewaffneter Gruppen und krimineller Netzwerke internationalisiert. Die Konfliktdynamik und die ethnischen und religiösen Spannungen wurzelten häufig in einer Kombination aus staatlicher Schwäche, Korruption, unzureichender Bereitstellung von Grundversorgungsleistungen, Wettbewerb um natürliche Ressourcen, Ungleichheit und einem Gefühl der Marginalisierung. Das Sicherheitsdilemma in den afrikanischen Ländern südlich der Sahara wurde im Jahr 2021 auch durch die Präsenz bewaffneter Gruppen und krimineller Netzwerke, Gewalt im Zusammenhang mit Wahlen, unsichere Wasserversorgung und die zunehmenden Auswirkungen des Klimawandels geprägt. Es gab vier erfolgreiche Militärputsche [...] und drei gescheiterte Putsche. [...] Im Jahr 2021 gab es in keinem der Friedensprozesse der Region wesentliche Fortschritte, obwohl die afrikanischen Staaten südlich der Sahara weiterhin mehr multilaterale Friedensoperationen (22) beherbergen als jede andere Region der Welt.

Quelle: Ian Davis: Armed conflict and peace processes in sub-Saharan Africa Africa SIPRI Yearbook 2022 (Übersetzung: Thilo Girndt)

M3 Quellentexte zu Konflikten in Subsahara-Afrika

M4 Flüchtlingslager Um Rakuba im Sudan für Flüchtlinge aus der äthiopischen Tigray-Region (2021)

Warum Krieg?

Kriege zwischen Staaten

Territorialansprüche
Konkurrenz um Grenzen und Gebiete

Herrschaftssicherung
Furcht vor einer Bedrohung von außen

Herrschaftsinteressen
Durchsetzung politischer und ökonomischer Interessen durch Eliten

Rohstoffbedarf
Konkurrenz um knappe Ressourcen

Machtkonkurrenz
Kampf um Vormachtstellungen in der Region

Ablenkung
Ablenkung von Konflikten innerhalb des Staates

Fehlwahrnehmung
Falsche Beurteilung der Stärke und Absichten anderer Staaten

Kriege innerhalb von Staaten

ethnisch-kulturelle Heterogenität
kein Interessenausgleich angesichts unterschiedlicher Bevölkerungsgruppen, die keine „einheitliche Nation" bilden

interner Kolonialismus
ökonomische Ausbeutung und politische Unterdrückung von Bevölkerungsgruppen und Regionen

sozioökonomische Heterogenität
auf ausgeprägter sozialer Ungerechtigkeit beruhende Gesellschaftssysteme

© Westermann 21358EX_2

M2 Gründe für Kriege

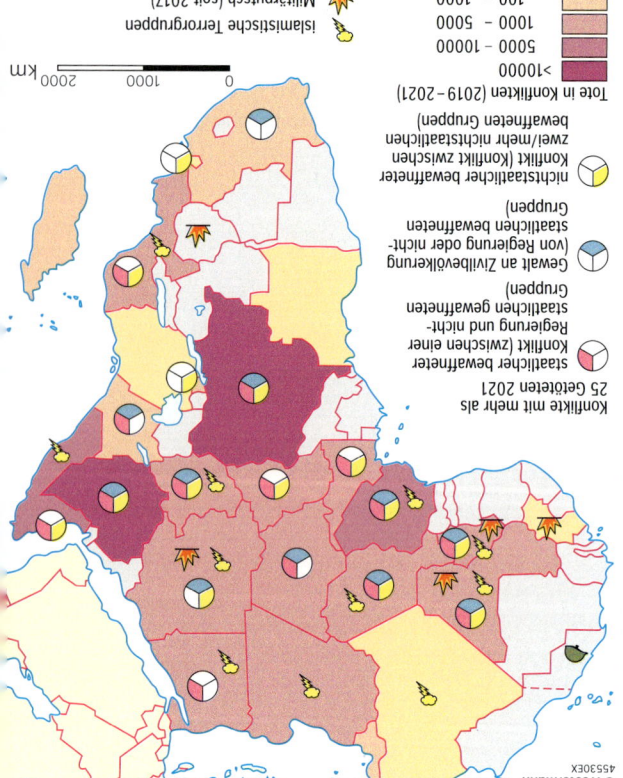

M5 Afrika: Konflikte

Tote in Konflikten (2019–2021)
- <10000
- 5000–10000
- 1000–5000
- 100–1000
- 25–100

Konflikte mit mehr als 25 Getöteten 2021
- staatlicher bewaffneter Konflikt (zwischen einer Regierung und nicht-staatlichen gewaltbereiten Gruppen)
- nichtstaatlicher bewaffneter Konflikt (Konflikt zwischen zwei/mehr nichtstaatlichen bewaffneten Gruppen)
- Gewalt an Zivilbevölkerung (von Regierung oder nicht-staatlichen Gruppen)
- islamistische Terrorgruppen
- Militärputsch (seit 2017)
- militärische Besetzung

Quelle: UCDP

© Westermann 45530EX

0 1000 2000 km

Mali ist, wie viele afrikanische Staaten, in seiner heutigen Form erst aufgrund kolonialer Grenzziehungen entstanden. 1883 drangen französische Kolonialtruppen auf das Gebiet des heutigen Mali vor und besetzten Bamako. Nach den Kolonialkriegen gliederte Frankreich das Territorium 1904 der Kolonie Französisch-Sudan an. Diese war Teil von Französisch-Westafrika. [...] 1960 wurde Mali in einer Föderation mit dem Senegal unabhängig. Kurz darauf zerbrach die Föderation durch den Austritt des Senegal, sodass das heutige Staatsgebiet Malis seit dem Herbst 1960 besteht. Die Grenzziehung orientierte sich nicht an Traditionen, Ethnien und Sprachen, sondern war durch die französische Kolonialmacht vorgegeben. Dies führt bis heute immer wieder zu Konflikten.
Quelle: Kolonialgeschichte Malis. In Diercke Praxis. Braunschweig: Westermann 2015, S. 108

In Mali leben über 20 verschiedene ethnische Gruppen, die bedingt durch die koloniale Grenzziehung Angehörige eines gemeinsamen Staates wurden. Nach ihren traditionellen Lebensformen sind Ethnien mit sesshafter und voll- oder halbnomadischer Lebensweise zu unterscheiden. [...] Die koloniale Wirtschaftspolitik begünstigte eine Verschiebung der Machtverhältnisse auf die südlichen Landesteile, in denen die Hauptanbaugebiete für die Cash Crops* lagen. Dort wurde auch die Infrastruktur ausgebaut. Angehörige der ethnischen Gruppen des Südens – vor allem Bambara – erhielten eine europäische Schulbildung, übernahmen nach dem Ende der Kolonialzeit

die Macht und weiteten sie auf Kosten der im Norden lebenden Nomadenvölker aus. Bereits in der Kolonialzeit wurden die Nomaden durch den Verlust ihrer Weiderechte gegenüber den Ackerbauern diskriminiert.
Quelle: Beate Lohnert: Subsahara-Afrika. Braunschweig: Westermann 2014, S. 13

Versuche, in Nordmali einen unabhängigen, von den Tuareg kontrollierten Staat (Azawad) zu errichten, hatte es schon mehrfach gegeben. Doch im Gegensatz zu 1963/64, 1990 bis 1996 und 2006 eroberten die Kämpfer der „Nationalen Bewegung für die Befreiung von Azawad" (MNLA) [2012] in kurzer Zeit alle größeren Städte des Nordens. Ein Militärputsch frustrierter Offiziere stürzte daraufhin die Regierung in der Hauptstadt Bamako, der Präsident floh ins Exil. Im Norden zersplitterte in den darauffolgenden Monaten die Rebellenbewegung in einen politischen und einen radikal-religiösen Flügel. Verschiedene Dschihadisten-Milizen [...] vertrieben die MNLA aus den Bevölkerungszentren Kidal, Gao und Timbuktu und errichteten dort einen islamistischen Protostaat auf Grundlage der Scharia. [...] Im Januar 2013 rückten [...] starke islamistische Verbände bis ins Zentrum des Landes vor und bedrohten Bamako. Die Aussicht auf ein radikales, expansionistisches Kalifat inmitten der Sahelzone rief nun die ehemalige Kolonialmacht Frankreich auf den Plan, die umfassende politische und wirtschaftliche Interessen in der Region hat [...]. Die französischen Truppen der Operation Serval besiegten in wenigen Wochen die Dschihadisten und erober-

ten alle Städte in Zentral- und Nordmali zurück. Zur Absicherung dieser Erfolge und zur weiteren Stabilisierung des Landes entsandten die Vereinten Nationen im Sommer 2013 die Mission MINUSMA, [mit Einheiten der Bundeswehr].
Quelle: Tobias von Gienanth: Krisenherd Mali. Internationale Politik, 1.3.2019, S. 80

[Nach dem seit 2012 mittlerweile dritten Militärputsch im Mai 2021 wird das Land von einer militärischen Übergangsregierung geführt.] Der malische Staat ist heute nicht in der Lage, Präsenz außerhalb der Hauptstadt zu zeigen. Die Dschihadisten nutzen dieses Vakuum aus und haben sich bis ins Zentrum des Landes sowie in die Nachbarstaaten Niger und Burkina Faso ausgebreitet. Von dort aus verüben sie Anschläge in den politisch bislang noch stabilen Küstenländern wie Togo und Benin. Nach dem Abzug der französischen Armee im August 2022 haben dschihadistische Gruppen in Nord-Mali mehr Territorium erobert.
Quelle: Ulf Laessing: Zeit für einen Strategiewechsel. bpb 19.12.2022

M8 Bundeswehrsoldat der MINUSMA in Mali

M6 Quellentexte zur Kolonialgeschichte, ethnischen Gliederung und zu aktuellen Konflikten in Mali

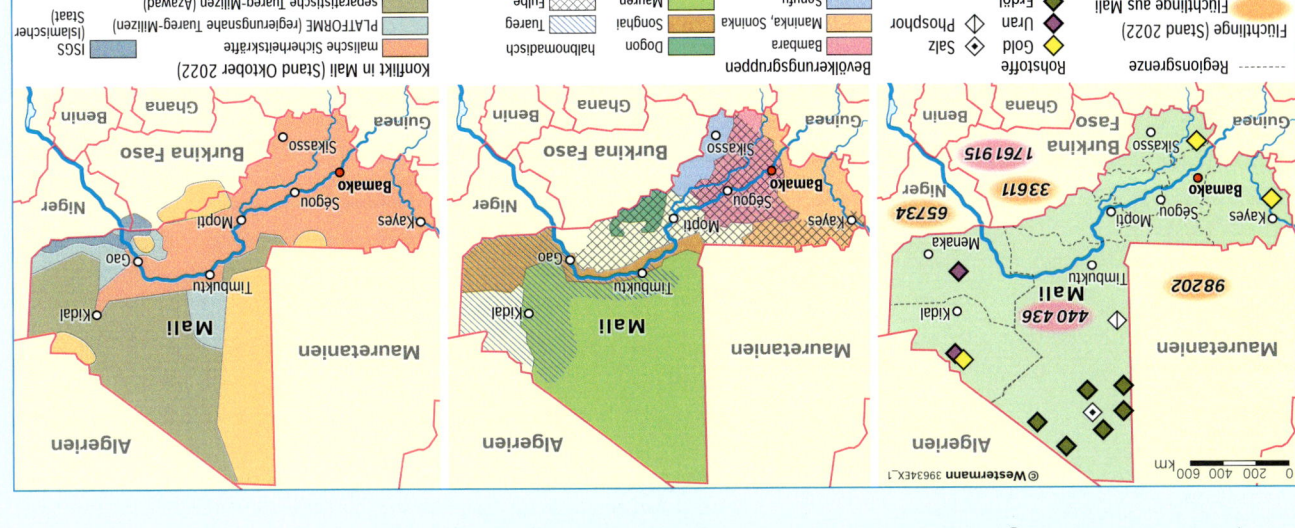

M7 Mali: Rohstoffe, Flüchtlinge, ethnische Gruppen und Konfliktlage (2022)

Rohstoffe: Gold, Salz, Phosphor, Uran, Erdöl

Flüchtlinge (Stand 2022): Flüchtlinge aus Mali, Binnenflüchtlinge — Regionsgrenze

Bevölkerungsgruppen: Bambara, Dogon, Maninka, Soninka, Songhai, Tuareg, Mauren, Fulbe, Senufo, halbnomadisch

Konflikt in Mali (Stand Oktober 2022): malische Sicherheitskräfte, PLATFORME (regierungsnahe Tuareg-Milizen), separatistische Tuareg-Milizen (Azawad), ISGS (Islamischer Staat), JNMA (Al-Qaida nahe Organisation)

© Westermann 3964EX.1

1. Ordnen Sie den aktuellen Konflikten in Subsahara-Afrika Ursachen zu (M1, M2, M3, M5, Internet-Recherche).

2. Analysieren Sie die Ursachen der verschiedenen Konflikte in Mali (M2, M5, M6).

3. Beurteilen Sie die Bedeutung der Ursachen, die sich aus der Kolonialzeit ableiten (M3, M6, Atlas).

1.12 Entwicklungsfaktor: Klimawandel

100900-264-01 schule.dierke.de
100900-264-03 schule.dierke.de
100900-265-02 schule.dierke.de
100900-280-02 schule.dierke.de

M3 Von Dürren, Überschwemmungen und Stürmen betroffene Menschen in Afrika (2010–2020)

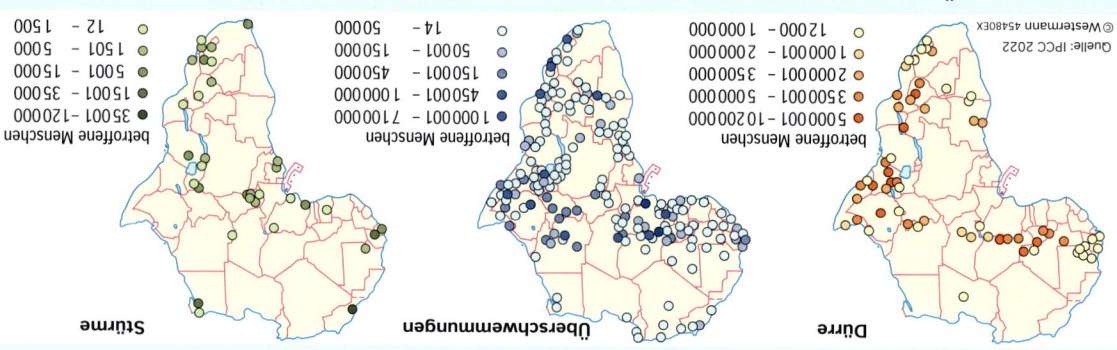

Dürre — betroffene Menschen
- 5 000 001 – 10 200 000
- 3 500 001 – 5 000 000
- 2 000 001 – 3 500 000
- 1 000 001 – 2 000 000
- 500 001 – 1 000 000

Überschwemmungen — betroffene Menschen
- 1 000 001 – 7 100 000
- 450 001 – 1 000 000
- 150 001 – 450 000
- 50 001 – 150 000
- 14 – 50 000

Stürme — betroffene Menschen
- 35 001 – 120 000
- 15 001 – 35 000
- 5 001 – 15 000
- 1 501 – 5 000
- 12 – 1 500

© Westermann 454806X　Quelle: IPCC 2022

M1 Besonders besorgniserregende Gefahren, die in den 53 afrikanischen NDCs (Nationale Klimaschutzziele) für den Zeitraum 2016 – 2022 genannt werden

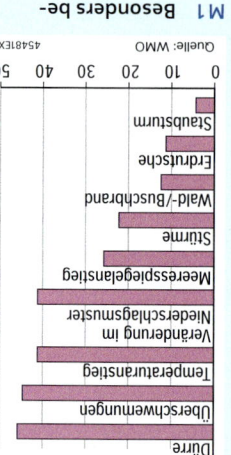

Dürre
Überschwemmungen
Temperaturanstieg
Veränderung im Niederschlagsmuster
Meeresspiegelanstieg
Stürme
Wald-/Buschbrand
Erdrutsche
Staubsturm

Quelle: WMO　454818X

M2 Quellentext zu Extremwetterereignissen in Ostafrika

[Im südlichen Äthiopien und nördlichen Kenia, aber auch in Somalia und Uganda dauert seit 2020 eine verheerende Dürre an, aufgrund derer Millionen Menschen in der Region hungern müssen.] Rund 2,5 Millionen Menschen waren in Ostafrika, v. a. in Äthiopien, Sudan und Südsudan, 2020 durch Überschwemmungen betroffen. Auch Kenia, Somalia, Ruanda und Uganda wurden durch Hochwasser und Erdrutsche heimgesucht. Damit trifft es eine Region, die zudem mit einer außergewöhnlich großen Heuschreckenplage und der Corona-Pandemie zeitgleich gefordert ist. [...] Die Überschwemmungen entstanden durch außergewöhnlich heftige Regenfälle. [...] Das Wetter ist in Ostafrika und der Sahelregion unberechenbar geworden, denn extreme Wetterereignisse haben sich seit Anfang der 1990er-Jahre verdoppelt. Der Regen kommt immer häufiger zu früh, zu spät, gar nicht oder in zu großen Mengen. [...]

Heute existiert in Afrika eine räumliche und zeitliche hohe Variabilität an Niederschlägen. Dürren gehören zur Normalität. [...] Zwischen 1998 und 2017 wurden insgesamt 7255 große Katastrophen in Subsahara-Afrika gezählt. 90 % davon waren klimabedingt und es handelte sich zum größten Teil um Überschwemmungen und Stürme. Überschwemmungen treten regelmäßig auf und haben massiven Einfluss auf die Lebensgrundlage der Menschen, gefährden Leben und das wirtschaftliche Eigentum. Doch die Handlungsmöglichkeiten in Afrika sind beschränkt. Es ist der durch Klimawandel und Klimavariabilität am stärksten verwundbare Kontinent. Zwischen 1961 und 2000 gab es eine Zunahme von Warmperioden im südlichen und westlichen Afrika. Im südlichen Afrika konnte hinsichtlich des Niederschlags kein Langzeittrend festgestellt werden, obwohl sich die Variabilität zwischen den Jahren intensiviert hat. Immer intensivere Dürren wechseln sich mit starken Niederschlagsereignissen ab. Im Norden Ostafrikas ist eine Zunahme der Niederschläge zu beobachten, während sie im Süden Ostafrikas eher abnimmt. Zugleich lässt sich eine Erwärmung des Indischen Ozeans beobachten, was in Ostafrika vor allem zu Niederschlagsextremen infolge des Landfalls von Zyklonen an der Ostküste führt. Alarmierend ist, dass Temperaturen von 30 °C immer öfter im Indischen Ozean auftreten und sich auch länger halten. Wärmere Wassertemperaturen führen zur Bildung stärkerer Stürme.

Quelle: Sarah Franz: Überschwemmungen und Stürme. Praxis Geographie 1/2021, S. 42–43

M4 Junge an einer Wasserstelle in Makueni (Kenia) 2022

M5 Überschwemmung in Addis Abeba (Äthiopien) 2021

M6 Folgen des Klimawandels für Afrika

© Westermann 393225X_2

Risiko von Desertifikation
Zunahme von Niederschlägen
Abnahme von Niederschlägen
Korallenbleiche
Bedrohung von Städten durch Anstieg des Meeresspiegels
negative Auswirkungen auf die Landwirtschaft
Wandel eines Ökosystems
Rückgang der Fischbestände
Intensivierung von Wirbelstürmen
Auswirkung auf Bergregionen
Gletscherschmelze

Alexandria, Kairo, Dakar, Massawa, Khartum, Lagos, Abidjan, Lomé, Cotonou, Kinshasa, Nairobi, Johannesburg

0　1000　2000 km

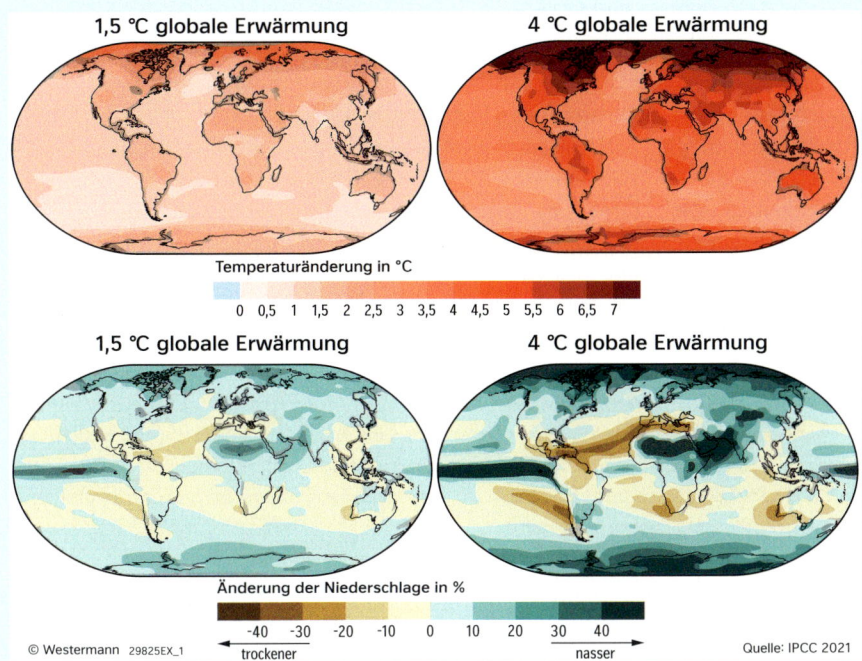

M 7 Prognose Temperatur- und Niederschlagsänderungen gegenüber 1850 – 1900

„Wie der verstorbene Kofi Annan treffend formulierte, sitzen alle Kontinente in einem Boot, wenn es um die Bewältigung des Klimawandels geht. [...] Der Grundsatz der gemeinsamen, aber differenzierten Verantwortung und der jeweiligen Kapazitäten ist der Kern der Klimagerechtigkeit und der gerechten Energiewende. [...] Afrika ist aber die am wenigsten klimaschädliche Region der Welt, wird aber durch die Auswirkungen des Klimawandels unverhältnismäßig stark belastet. Das von den Industrieländern seit 2009 auf der [Klimakonferenz] in Kopenhagen gegebene Versprechen von jährlich 100 Mrd. US-$ zum Klimaschutz wurde noch immer nicht erfüllt. Nach Angaben der OECD erreichten die von den Industrieländern bereitgestellten Klimafinanzierungsmittel im Jahr 2020 83,3 Mrd. US-$. [...] Der Zustrom von Klimafinanzierungsmitteln nach Afrika wird durch den enormen Finanzbedarf [...] in den Schatten gestellt, der zwischen 2020 und 2030 schätzungsweise zwischen 1,3 und 1,6 Bio. US-$ liegen wird."
Kevin C . Urama, Adamon Mukasa, Antony Simpasa
(Afrikanische Entwicklungsbank, 2022)

M 9 Zitat

[In Afrika] haben wichtige Entwicklungssektoren bereits weitreichende Verluste und Schäden erlitten, die auf den vom Menschen verursachten Klimawandel zurückzuführen sind, darunter der Verlust der biologischen Vielfalt, Wasserknappheit, eine geringere Nahrungsmittelproduktion, der Verlust von Menschenleben und ein geringeres Wirtschaftswachstum. Es wird erwartet, dass die Begrenzung der globalen Erwärmung auf 1,5°C die Schäden für die afrikanische Wirtschaft, die Landwirtschaft, die menschliche Gesundheit und die Ökosysteme im Vergleich zu einem höheren Niveau der globalen Erwärmung erheblich reduzieren würde.

Landwirtschaft

In Afrika ist das Wachstum der landwirtschaftlichen Produktivität seit 1961 aufgrund des Klimawandels um 34 % zurückgegangen, mehr als in jeder anderen Region. Die künftige Erwärmung wird sich negativ auf die Nahrungsmittelsysteme in Afrika auswirken, indem sie die Vegetationsperioden verkürzt und den Wasserstress erhöht. Eine globale Erwärmung von mehr als 2°C wird in den meisten Teilen Afrikas zu Ertragseinbußen bei Grundnahrungsmitteln im Vergleich zu den Erträgen von 2005 führen. [....]

Wirtschaft

Der Klimawandel hat das Wirtschaftswachstum in ganz Afrika verringert und die Einkommensungleichheit zwischen den afrikanischen Ländern und den Ländern in den gemäßigten Klimazonen der nördlichen Hemisphäre verstärkt. In fast allen afrikanischen Ländern wird das Bruttoinlandsprodukt (BIP) pro Kopf bis 2050 voraussichtlich um mindestens 5 % und bis 2100 um 10 bis 20 % höher sein, wenn die globale Erwärmung auf 1,5 °C gegenüber 2 °C begrenzt wird. Die Sterblichkeits- und Krankheitsrate wird bei weiterer globaler Erwärmung eskalieren, was eine zusätzliche Belastung für die Gesundheits- und Wirtschaftssysteme darstellt. [...]

Migration*

Die meisten der derzeit beobachteten klimabedingten Migrationsbewegungen finden innerhalb von Ländern oder zwischen Nachbarländern statt. In den Jahren 2018 und 2019 kam es in Afrika südlich der Sahara zu über 2,6 Mio. bzw. 3,4 Mio. neuen wetterbedingten Vertreibungen. Der Klimawandel wird die Migration voraussichtlich verstärken. Bei einer globalen Erwärmung von 1,7°C bis 2050 könnten 17 – 40 Millionen Menschen in Subsahara-Afrika intern migrieren, was bei 2,5°C auf 56 – 86 Millionen ansteigen würde (>60% in Westafrika).

Quelle: Fact sheet Africa: Climate Change Impacts and Risks IPCC 10/2022 (Übersetzung: Thilo Girndt)

M 8 Quellentext zu den Auswirkungen des Klimawandels in Afrika

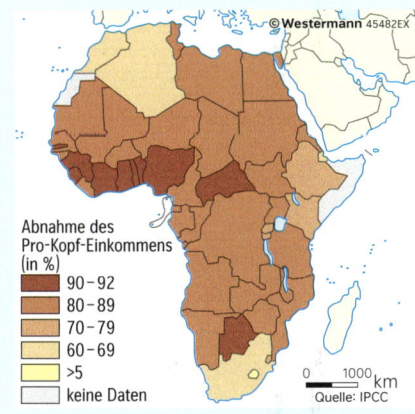

M 10 Prognostizierte Auswirkungen einer globalen Erwärmung um 4 °C bis 2100 auf das Pro-Kopf-Einkommen

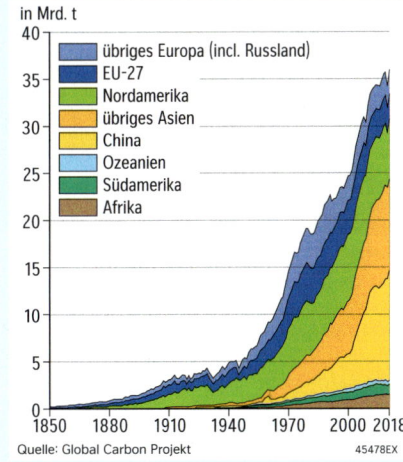

M 11 Jährliche CO_2-Emissionen (1850 – 2018)

---

1. Fassen Sie die Folgen und die Auswirkungen des Klimawandels in Afrika zusammen (M 1 – M 8) .
2. Erläutern Sie den negativen Einfluss des Klimawandels auf die wirtschaftliche Entwicklung afrikanischer Staaten (M 8, M 10).
3. Nehmen Sie Stellung zur Verpflichtung der Industrieländer, die afrikanischen Staaten bei der Klimawandelanpassung zu unterstützen.

Zusammenfassung

Afrikas Geschichte und der Einfluss der Europäer

In Subsahara-Afrika gab es – lange bevor die ersten europäischen Entdecker über den Kontinent berichteten – große Reiche und funktionierende Gemeinwesen. Nach den Entdeckern kamen europäische Handelskompanien und begannen, im Zuge des transatlantischen Dreieckshandels mindestens zwölf Millionen Menschen als Sklaven aus Afrika zu deportieren. Später teilten die Kolonialmächte, zu denen auch das Deutsche Kaiserreich gehörte, den Kontinent unter sich auf, wobei die Grenzen von damals häufig bis heute erhalten geblieben sind. Eine Zeit der Ausbeutung der Ressourcen, aber auch der Missionierung und Besiedelung begann, die bis zur Dekolonisation ab dem Ende der 1950er-Jahre andauerte.

Die neuen Staaten waren schlecht gerüstet für die Unabhängigkeit, da die bestehende Infrastruktur nur der Ausfuhr unverarbeiteter Rohstoffe diente und Industrien ebenso fehlten wie eine eigenständige Verwaltungsstruktur. Im Laufe der folgenden Jahrzehnte wurden viele Staaten von autokratischen Machthabern geführt, deren Macht vor allem auf einem klientelistischen System basierte. Wirtschaftliche Abhängigkeiten von den ehemaligen Kolonialmächten bestanden fort.

Die Staaten Afrikas heute

Afrika südlich der Sahara wird von Nordafrika aufgrund naturräumlicher, historischer und kultureller Kriterien abgegrenzt. Subsahara-Afrika ist allerdings so vielfältig und heterogen, dass es schwierig ist, allgemeingültige Aussagen zu treffen. Gemeinhin wird es in Westafrika, Zentralafrika, Ostafrika und das Südliche Afrika unterteilt. Die westafrikanischen Staaten, vormals vor allem französische Kolonien, sind geprägt durch eine Vielzahl von Ethnien und den Konflikt zwischen Viehhaltern und Ackerbauern. Für Zentralafrika ist der Naturraum des Kongobeckens mit all seinen Bodenschätzen charakteristisch. Ostafrika wird weiter unterteilt in das Horn von Afrika sowie die weiter südlich gelegenen ostafrikanischen Staaten wie Kenia, Tansania und Sambia. Das Südliche Afrika wird wirtschaftlich durch den Staat Südafrika dominiert. Die afrikanischen Staaten schlossen sich zu einer Reihe von regionalen Organisationen zusammen, die sowohl wirtschaftliche als auch politische Ziele verfolgen.

Naturräume Subsahara-Afrikas

Betrachtet man Klima, Böden, Wasser und Vegetation, lässt sich das subsaharische Afrika in drei große Ökozonen aufteilen: in Äquatornähe die tropischen Regenwälder vor allem im Kongobecken, in den Sommerfeuchten Tropen die feuchten und trockenen Savannen und Wüsten und Halbwüsten mit der Sahara im Norden und der Namib im Süden. Hinzu kommt an den Küsten im Südlichen Afrika ein schmaler Streifen Winter- und Immerfeuchter Subtropen. Die Hochländer in Ostafrika und die Drakensberge im Süden zählen zu den Hochgebirgen. Während in den Wüsten und Trockensavannen das Wasserangebot den begrenzenden Faktor für die Vegetation oder eine agrarische Nutzung darstellt, ist dies in den Feuchtsavannen und den tropischen Regenwäldern die Bodenfruchtbarkeit.

Entwicklungshemmnisse

Insbesondere auch im Vergleich mit anderen Entwicklungsregionen ist Subsahara-Afrika in vielen Bereichen ins Hintertreffen geraten. Während etwa in Ost- und Südostasien Pro-Kopf-Einkommen, Handel und Ausländische Direktinvestitionen stetig steigen beziehungsweise Armut und Bevölkerungswachstum sinken, ist die entsprechende Entwicklung in den Ländern Subsahara-Afrikas meist stagnierend oder gar negativ. Verantwortlich hierfür werden sowohl intern angelegte und extern gesteuerte Entwicklungshemmnisse gemacht. Zu den eher internen Hemmnissen zählt eine gewisse ökologische Benachteiligung der Tropen und das weiterhin hohe Bevölkerungswachstum bei nur langsam fallender Fertilität. Auch zahlreiche Kriege und interne Konflikte sowie schlechte Staatsführung (Bad Governance) verbunden mit Korruption und Vetternwirtschaft behindert in vielen Staaten eine wirtschaftliche und soziale Entwicklung. Postkoloniale Abhängigkeiten und damit verbundene einseitige Handelsbeziehungen sind Beispiele für von außen beeinflusste Hemmnisse. Die Folgen des anthropogenen Klimawandels, zu dem die afrikanischen Länder nur wenig beigetragen haben, sind besonders stark in Afrika zu spüren. In immer mehr Ländern sind aber auch positive Entwicklungen zu beobachten, betreffen sie Demokratisierung, Good Governance und eine forcierte Bildungspolitik, sowie eigenständige wirtschaftliche Initiativen und innerafrikanische Zusammenarbeit.

Weiterführende Literatur und Internetlinks

Geographische Rundschau
- Afrikanische Zükünfte: Akteure – Trends – Visionen Heft 10/2023
- Schutzgebiete Heft 3/2022
- Transformationen in Subsahara-Afrika Heft 11/2019
- Neue Macht aus dem Globalen Süden Heft 7-8/2019
- Deutscher Kolonialismus Heft 5/2019
- Zentralafrika und die Great-Lakes-Region Heft 6/2015
- Westafrika Heft 9/2013
- Südliches Afrika 6/2010

Beate Lohnert: Subsaharisches Afrika. Braunschweig: Westermann 2014

Theo Rauch: Afrika im Prozess der Globalisierung. Braunschweig: Westermann 2007

Maria Tekülve, Theo Rauch: Alles neu, neu, neu. Berlin: Schiller 2017

Rainer Tetzlaff: Afrika: Eine Einführung in Geschichte, Politik und Gesellschaft. Berlin: Springer 2018

Rüdiger Glaser, Klaus Kremb, Axel Drescher: Afrika. Darmstadt: WBG 2012

Informationen zur politischen Bildung
- Afrika Schwerpunktthemen – Band 303
- Afrika Länder und Regionen – Band 302

Bundeszentrale für politische Bildung: Dossier Afrika
- www.bpb.de/internationales/afrika/afrika

Afrobarometer
- www.afrobarometer.org

Afrikanische Union
- au.int/en

Länderinformationen des BMZ
- www.bmz.de/de/laender_regionen/subsahara

Auswärtiges Amt
- www.auswaertiges-amt.de/de/aussen-politik/afrika

Giga Focus Afrika
- www.giga-hamburg.de/de/giga-institut-für-afrika-studien

Informationen zu Governance

Worldwide Governance Indicators (WGI)
- info.worldbank.org/governance/wgi

Demokratieindex (The Economist)
- www.eiu.com/n/campaigns/democracy-index-2022

Transparency International (Korruption)
- www.transparency.de

Freedom House Report
- freedomhouse.org/reports

Informationen zu Konflikten
- www.rulac.org/browse/map
- ucdp.uu.se/encyclopedia

Informationen zum Klimawandel
- www.de-ipcc.de
- bildungsserver.hamburg.de/klimawandel

WMO: State of the Climate in Africa 2021
- public.wmo.int/en/our-mandate/climate/wmo-statement-state-of-global-climate/Africa

2 ENTWICKLUNG UND ZUSAMMENARBEIT

Softwareentwickler arbeiten in einer Co-Working Space in Kapstadt (Südafrika)

2.1 Ziele und Konzepte von „Entwicklung"

Seit den 1960er-Jahren gibt es staatliche Programme in den Ländern des Nordens, mit denen die politische, wirtschaftliche und soziale Situation in den sogenannten Entwicklungsländern im Süden verbessert werden sollen. Die Methoden und die Motive dafür unterlagen Schwankungen: Letztere variieren zwischen Menschenfreundlichkeit und Wiedergutmachung für die koloniale Ausbeutung bis hin zu knallharten wirtschafts- und geopolitischen Interessen. Nach 2015 war Fluchtursachenbekämpfung Anlass einer „Renaissance" der deutschen Entwicklungspolitik (EP). Neben internationalen sowie staatlichen und privaten Organisationen der westlichen Welt (Kap. 2.3) agieren seit einiger Zeit neue Akteure wie China im „Entwicklungsbusiness" (Kap. 2.7). Wichtig ist auch zu betrachten, welche Bemühungen aus den Entwicklungsregionen wie Afrika selbst kommen (Kap. 2.8).

Doch was ist Entwicklung eigentlich? Früher hatten verschiedene politische Lager unterschiedliche Vorstellungen, Konzepte und Theorien dazu und auch, wie Entwicklung praktisch umzusetzen sei (Kap. 2.6). Schon vor einiger Zeit wurde in der Entwicklungspolitik die Begrifflichkeit gewechselt: Aus Entwicklungshilfe wurde Entwicklungszusammenarbeit (EZ), um zu verdeutlichen, dass gleichberechtigte Partner auf Augenhöhe kooperieren. Doch schon der Begriff „Entwicklung" wird heute problematisch gesehen (M2) und die bisherige Entwicklungshilfe in Frage gestellt (Kap. 2.4). Trotzdem werden immer wieder Entwicklungsziele von nationalen und internationalen Organisationen ausgegeben (Kap. 2.5), zuletzt die Ziele zur nachhaltigen Entwicklung der UN (Kap. 2.2).

1. Fassen Sie die Kritik am Entwicklungsbegriff zusammen (M2).
2. Stellen Sie den Wandel der Entwicklungsstrategien seit den 1950er-Jahren dar (M3, M5).
3. Ordnen Sie den Entwicklungstheorien praktische Entwicklungsstrategien zu (M1, M3).
4. Erklären Sie die Modelle Entwicklung von oben und unten (M4).
Ⓩ 5. Strukturanpassungsprogramme stehen heute stark in der Kritik. Recherchieren Sie Kritikpunkte und erörtern Sie die Maßnahmen (M5, Internet).

Zu Beginn der geographischen Entwicklungsforschung in den 1970er-Jahren war diese in zwei Lager gespalten: Die Modernisierungstheoretiker sahen in Unterentwicklung eine gesellschaftliche, wirtschaftliche und kulturelle Rückständigkeit, betonten also interne Faktoren (z.B. politische Unerfahrenheit, Festhalten an traditionellen Normen, Bevölkerungsexplosion). Sie gingen davon aus, dass alle Länder eine allmähliche Entwicklung von Agrar- zu Industriegesellschaften durchlaufen. Eine nachholende Entwicklung der weniger entwickelten Länder bedürfe nur einer Übernahme moderner Ideen und technischer und wirtschaftlicher Hilfe aus den Industrieländern, so die Modernisierungstheorie. Auch die Ressourcenfluch- (Kap. 4.1) und die Geodeterminismus-Theorie (Kap. 1.6, Benachteiligung durch geographische Faktoren) stellen interne Ursachen in den Mittelpunkt. Die Abhängigkeitstheoretiker hingegen bewerteten externe Ursachen als maßgeblich, vor allem die koloniale Ausbeutung und die bis heute bestehenden Fremdbestimmungen und Abhängigkeiten der Länder. Eine ebenfalls nachholende Entwicklung sei nur möglich, wenn man die weniger entwickelten Länder von den Mechanismen des Weltmarkts vorübergehend abkoppelt und diese intensiv zusammenarbeiten. Beide Entwicklungsmodelle werden heute meist als zu einseitig kritisiert. So entstanden weitere Ansätze, die nicht mehr globale Zusammenhänge erklären wollten, sondern regionale oder spezifische Phänomene. So stellt der Verflechtungsansatz die Subsistenz- und informelle Wirt-

M1   Theorien zur Entwicklung

Geographische Entwicklungsforschung hat ein Problem: [...] Ihre zentralen Begriffe „Entwicklung" und „Entwicklungsländer" werden meist nur noch in Anführungszeichen gesetzt, um sie dann gleich zu relativieren. Damit wird zum Ausdruck gebracht, dass diese Begriffe nicht unschuldig sind, dass sie eine problematische politische Geschichte besitzen – sie sind Teil eines mittlerweile kritisch hinterfragten Denkmusters geworden. Es ist heutzutage erstens politisch unkorrekt, von „Entwicklungsländern" zu sprechen, denn damit wird eine Art Hierarchisierung zwischen schon entwickelten und noch zu entwickelnden Ländern und Gesellschaften hergestellt. [Der deutsche Philosoph] Peter Sloterdijk formuliert dies so: „Entwicklung ist evidentermaßen nicht ohne Kränkung des zu Entwickelnden zu haben, denn wer entwickeln will, lässt sich zum Nicht-Entwickelten herab." Es ist zweitens empirisch problematisch, mit dem Begriff „Entwicklungsländer" eine Art Sammelbegriff für so unterschiedliche Gesellschaften oder Länder wie etwa Somalia, Brasilien und Indien zu verwenden. Diese Gesellschaften durchlaufen eine Vielzahl unterschiedlicher Entwicklungspfade: Manche sind zu *emerging economies** geworden, andere zu *failed states** zerfallen, manche werden durch demokratische, andere durch autokratische politische Systeme regiert, manche haben den Durchbruch zu einer (teilweisen) Integration in den Weltmarkt geschafft, andere eher den Anschluss verpasst. Außerdem ist es drittens theoretisch fragwürdig, den Begriff „Entwicklung" im Sinne eines teleologischen – das bedeutet, auf einen historischen Endzustand ausgerichteten – Pfades gesellschaftlichen Fortschritts zu gebrauchen. Eine solche Teleologie sieht meistens den Westen als Maßstab für die Beurteilung und Einteilung in fortgeschrittene und rückständige Gesellschaften an. Unterschiedliche Gesellschaften werden so auf einem normativen Zeithorizont eingeordnet. Damit wird das Entwicklungsmodell des Westens jedoch unhinterfragt akzeptiert.
Quelle: Benedikt Korf, Eberhard Rothfuß: Nach der Entwicklungsgeographie. In Humangeographie Kompakt. Berlin: Springer 2016, S. 164 – 165

M2   Quellentext zum Entwicklungsbegriff

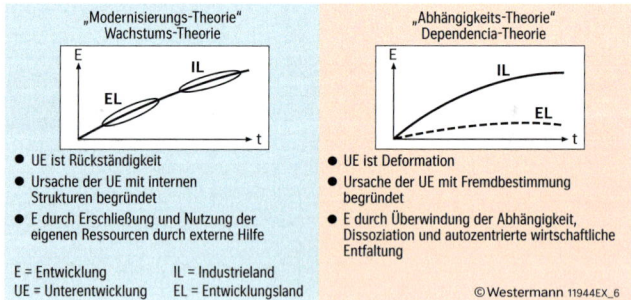

schaft* und ihre Verflechtung mit anderen Wirtschaftsformen als Überlebensstrategie in den Mittelpunkt. Der Verwundbarkeitsansatz betrachtet die Anfälligkeit von Gesellschaften gegenüber sozialen (z. B. Hunger, Armut) und ökologischen (z. B. Dürren, Erdbeben) Gefahren sowie die Möglichkeiten zu deren Bewältigung.

Die Theorie der fragmentierenden Entwicklung ist wiederum global angelegt, besagt aber, dass eine umfassende, nachholende Entwicklung für Länder als Ganzes nicht möglich ist. Vielmehr profitieren von der wirtschaftlichen Globalisierung nur Länder als Fragmente, also bestimmte Regionen und Gruppen, während andere in Armut verharren. Erhoffte Entwicklungen für die gesamte Region und eine breite Bevölkerung (Trickle-Down-Effekte*) bleiben meist aus.

	Phase	Ziele und Kennzeichen
ab 1950	EP als Sicherheits-/ Außenpolitik	Motiv vor allem Eindämmung der Ausbreitung des Kommunismus, aber auch Fluchtursachenbekämpfung
ab 1960	Wachstumspolitische Phase	Nachholende Entwicklung nach westlichem Vorbild durch wirtschaftliches Wachstum, ausgelöst durch Kapitaltransfer und Einbindung in die Weltwirtschaft, dadurch Durchsickern des Wohlstands (Trickle-Down-Effekt*)
ab 1970	Grundbedürfnis- und Armutsorientierung	Kehrtwende durch Scheitern entwicklungspolitischer Bemühungen. Nun ökonomisches Wachstum durch Befriedigung der Grundbedürfnisse* der Menschen vor Ort (z.B. Hilfen zur Grundsicherung, Slumsanierung oder Alphabetisierungskampagnen)
ab 1980	Neoliberale* Strukturanpassungspolitik*	Folge hoher Staatsverschuldung vieler EL. Wichtigste Strategieziele: Marktwirtschaft* und die Öffnung der Märkte. Entschuldungen durch Weltbank und IWF, allerdings an Bedingungen gekoppelt (z.B. Privatisierung, Abbau der Staatsausgaben)
	Stärkung der Frauen	Gleichberechtigte Integration der Frauen in allen wirtschaftlichen Prozessen
ab 1990	Basispartizipation	Förderung der Beteiligung (dörflicher) Gemeinschaften (z.B. durch Workshops und Beratung), Konzept: Hilfe zur Selbsthilfe
	Nachhaltige Entwicklung	Nachhaltigkeit neues Leitbild der EP. Projekte sollten ökologisch und sozialverträglich sein und dauerhaft Bestand haben.
	Institutionalistische Phase	Stärkung der Leistung von staatlichen Institutionen. Entwicklungsprogramme an Forderung nach demokratischen Strukturen gekoppelt (= Good Governance)
ab 2000	Globale Strukturpolitik	Veränderung entwicklungshemmender Rahmenbedingungen (z.B. besserer Zugang zum Weltmarkt)
	Entschuldungsinitiative	Entschuldung und Schuldenerleichterungen für hoch verschuldete Länder
	Public Private Partnership*	Kooperation von öffentlicher Hand und Privatwirtschaft
	Wiederentdeckung der Armutsminderung	Wieder stärkere Fokussierung auf Armutsbekämpfung in der EP. Formulierung von acht Millennium Development Goals 2000 und 17 Sustainable Development Goals 2015 (Kap. 2.2)
ab 2015	Fluchtursachenbekämpfung	Infolge der Fluchtmigration in Europa 2015 Wiederaufleben klassischer EZ, um Fluchtursachen vor Ort zu bekämpfen

M 3 Wandel der Entwicklungsstrategien

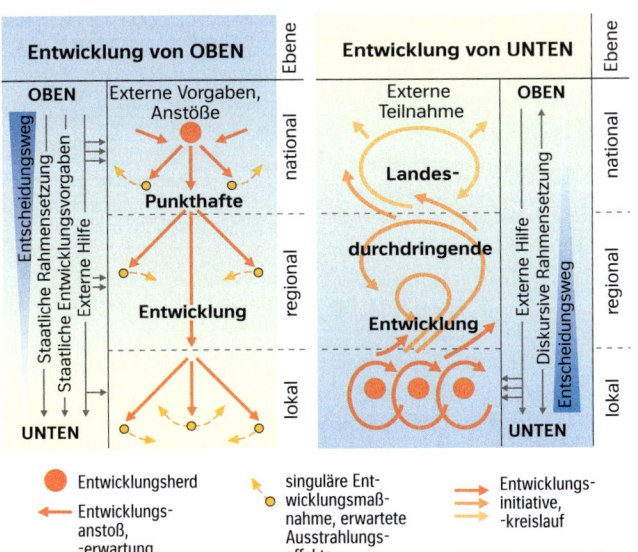

M 4 Modell der Entwicklung von „oben" und von „unten"

Die „Erfindung" des Entwicklungsgedankens geht zurück auf die Zeit des Wiederaufbaus in Europa nach dem Zweiten Weltkrieg. Damals unternahmen die USA im Rahmen des Marshall-Plans massive Anstrengungen zur Sanierung der kriegszerstörten Volkswirtschaften Westeuropas. [...] Die positiven Erfahrungen des erfolgreichen Wiederaufbaus in Westeuropa wurden in das Konzept einer nachholenden Entwicklung und Modernisierung nach europäisch-transatlantischem Vorbild übersetzt, das die wechselvolle Geschichte der internationalen Entwicklungspolitik prägte. Die erste Phase in den 1960er-Jahren war noch stark geprägt von den Erfahrungen der Dekolonisierung und der zum Teil gewaltsamen Überwindung der Fremdherrschaft in den jungen Staaten in Afrika und Asien. Im Mittelpunkt stand der Aufbau eigenständiger Verwaltungen, die Schaffung von Infrastruktur wie Straßen, Schulen und Krankenhäusern, die Förderung der Landwirtschaft und in einigen Ländern auch die Errichtung neuer Hauptstädte. Ende 1961 wurde in der Bundesrepublik Deutschland das Bundesministerium für wirtschaftliche Zusammenarbeit gegründet. Die deutsche Entwicklungspolitik mag im Rückblick widersprüchlich und sprunghaft erscheinen, aber dies ist letztlich Ausdruck davon, dass das BMZ neben seinen originär entwicklungsorientierten Aufgaben immer wieder auch anderen politischen Direktiven der verschiedenen Bundesregierungen folgen musste. [...] Während in den 1970er-Jahren emanzipatorische und grundbedürfnisorientierte Ansätze eine prominente Rolle in der Projektpraxis spielten, setzte um 1980 mit der globalen Verschuldungskrise eine Phase ein, die nachträglich als ein „verlorenes Jahrzehnt" der Entwicklungszusammenarbeit bezeichnet wurde. Prägend waren zu dieser Zeit die sogenannten Strukturanpassungsprogramme*, mit denen die Ökonomien der hoch verschuldeten Entwicklungsländer radikalen Restrukturierungen unterzogen wurden. Tonangebend bei der Durchsetzung dieser neoliberalen* Wende in der internationalen Entwicklungszusammenarbeit waren der Internationale Währungsfonds (IWF) und die Weltbank (WB), die dafür 1990 mit dem Washington Consensus* die Zustimmung aller großen Geberländer erhielten. Die Ergebnisse dieser Politik fielen äußerst zwiespältig aus. Während einige Staaten unter der Zwangsverwaltung des IWF eine gewisse Konsolidierung ihrer Volkswirtschaften erreichen konnten, litten die Armutsbevölkerungen in den betroffenen Ländern unter den damit einhergehenden Sparmaßnahmen. Die Folge waren die Verschärfung sozialer Disparitäten, zunehmende Massenarmut und „Brotunruhen" mit Hunderten von Toten.
Nach der Überwindung der Ost-West-Konfrontation und mit der deutschen Wiedervereinigung 1990 wurde der Begriff der „Dritten Welt" obsolet, aber die globalen Ungleichgewichte zwischen Reich und Arm bestanden weiter. Kurzzeitig kam in der Nach-Wende-Zeit die Hoffnung auf, die eigentlichen Entwicklungsziele könnten nun endlich in den Mittelpunkt gestellt werden, insbesondere die Überwindung der extremen Armut. Auch Umweltfragen gewannen an Bedeutung, ebenso der Gedanke der Nachhaltigkeit, die Konzepte der menschlichen Sicherheit und das Verständnis von Entwicklung als Emanzipation und Befähigung. Doch letztlich bereitete die wirtschaftliche Strukturanpassung den Weg für einen nahtlosen Übergang der Entwicklungsländer aus der Phase des Kalten Krieges in eine Phase des grenzenlosen wirtschaftlichen Wettbewerbs unter dem Zeichen der Globalisierung. Heute werden die Transformationsprozesse im Globalen Süden im Wesentlichen von der Neoliberalisierung der Weltwirtschaft bestimmt. Angesichts der überragenden Macht des globalen Kapitals bleiben grundbedürfnisorientierten oder emanzipatorischen Bestrebungen nur eingeschränkte Wirkungsmöglichkeiten.

Quelle: Detlef-Müller-Mahn, Johannes Dittmann: Entwicklungspraxis – eine geographische Perspektive. In Humangeographie. Braunschweig: Westermann 2022, S. 563 – 564

M 5 Quellentext zur Geschichte der Entwicklungspolitik

2.2 Methode: Messung von nachhaltiger Entwicklung: SDG-Index

Am 25.9.2015 beschlossen 193 Staaten die Agenda 2030 für nachhaltige Entwicklung auf einer Generalversammlung der UN in New York. Grundlage der Agenda 2030 sind 17 Ziele für nachhaltige Entwicklung. Diese Ziele sind gleichermaßen gültig sowohl für Entwicklungsländer als auch für (Post-) Industrieländer. Der Zeithorizont für die Umsetzung der Ziele ist auf 15 Jahre festgesetzt. Aus einer Vielzahl von Indikatoren kann für die einzelnen Ziele der jeweilige Status der Entwicklung angegeben werden. Die Fortschritte bei der Erfüllung dieser Ziele lassen sich dafür heranziehen, differenziert den Entwicklungsstatus von Ländern zu kennzeichnen. Der SDG-Index (dashboards.sdgindex.org) hat daher gegenüber anderen Methoden zur Messung des Entwicklungsstandes von Ländern ein anderes Konzept (z. B. HDI*, hdr.undp.org).

1. a) Fassen Sie die Berechnung des SDG-Index zusammen (M3).
   Ⓩ b) Erörtern Sie die Komplexität des SDG-Index mit seinen Unterzielen und Indikatoren (M3, M8, Internet).
2. Erläutern Sie die nachhaltige Entwicklung in Subsahara-Afrika im Vergleich zu anderen Großräumen (M5, M2).
3. Analysieren Sie den Entwicklungsstand von Deutschland und Südsudan auf Basis des SDG-Index (M1, M2, M6, M7).
4. a) Vergleichen Sie die Ergebnisse des SDG-Index und des Human Development Index sowie des Pro-Kopf-Einkommens der Länder Subsahara-Afrikas (M6).
   b) Erörtern Sie die Konzepte des SDG- und des HD-Index (M9).

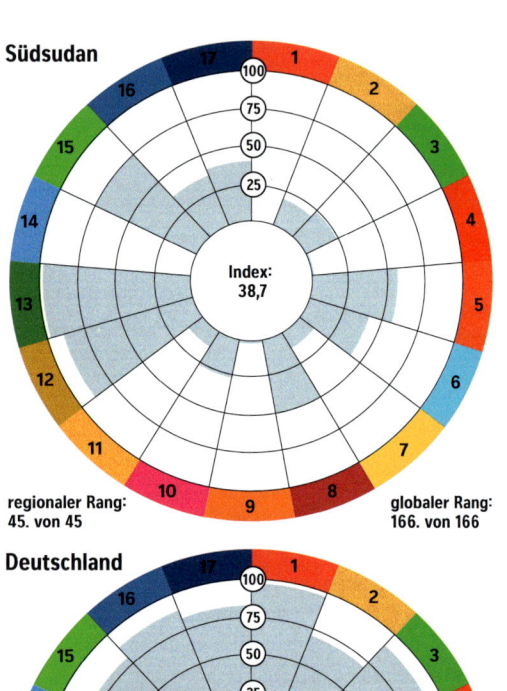

Südsudan

Index: 38,7

regionaler Rang: 45. von 45

globaler Rang: 166. von 166

Deutschland

Index: 83,4

regionaler Rang: 4. von 45

globaler Rang: 4. von 166

Quelle: Sustainable Development Report 2023   45689EX

M1   SDG-Index Südsudan und Deutschland (2022)

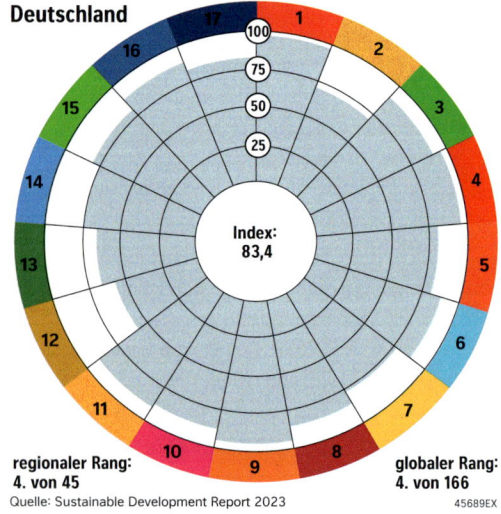

SDG-Index-Score (in %)

Deutschland

Welt

Subsahara-Afrika

Südsudan

Quelle: Sustainable Development Report 2023   45704EX

M2   SDG-Index (2000–2022)

Die Bertelsmann Stiftung entwickelte in Zusammenarbeit mit den Vereinten Nationen den Sustainable Development Goal Index (SDGI), der den Status der nachhaltigen Entwicklung einzelner Staaten sowohl komprimiert anzeigt als auch im Detail aufschlüsselt. Der SDG-Index kann maximal einen Wert von 100 – entsprechend einer einhundertprozentig abgeschlossenen nachhaltigen Entwicklung – einnehmen. Er stellt das arithmetische Mittel von 17 Einzelwerten dar, die den Stand der Entwicklung zu jedem der 17 Ziele einer nachhaltigen Entwicklung (Sustainable Development Goals, M4) für ein Land anzeigen.

Die Berechnung der 17 mit den Sustainable Development Goals jeweils korrespondierenden Einzelwerten basiert auf jeweils mehreren statistischen Größen mit der Intention, eine möglichst große Zahl der 169 Zielvorgaben der SDG-Unterziele abzubilden. Beispielsweise fließen bei der Berechnung des Einzelwertes für das Nachhaltigkeitsziel Nr. 2 „Ernährungssicherheit" mit seinen sechs Unterzielen auch sieben statistische Größen (Indikatoren) in den SDGI ein (M8). Der SDG-Indexeinzelwert für jedes Nachhaltigkeitsziel ergibt sich aus dem arithmetischen Mittel des Zielerfüllungsgrades in Prozent zu jedem dieser statistischen Einzelgrößen. Der SDG-Index zeigt also auf Länderebene und für Ländergruppen, welche Erfolge erzielt wurden bzw. welche Notwendigkeiten und Herausforderungen bezogen auf eine nachhaltige Entwicklung bestehen.

M3   Sustainable Development Goal Index

1. Armut in allen ihren Formen und überall beenden.
2. Den Hunger beenden, Ernährungssicherheit* und eine bessere Ernährung erreichen.
3. Ein gesundes Leben für alle Menschen jeden Alters gewährleisten und ihr Wohlergehen fördern.
4. Inklusive, gleichberechtigte und hochwertige Bildung gewährleisten und Möglichkeiten lebenslangen Lernens für alle fördern.
5. Geschlechtergleichstellung erreichen und alle Frauen und Mädchen zur Selbstbestimmung befähigen.
6. Verfügbarkeit und nachhaltige Bewirtschaftung von Wasser und Sanitärversorgung für alle gewährleisten.
7. Zugang zu bezahlbarer, verlässlicher, nachhaltiger und moderner Energie für alle sichern.
8. Dauerhaftes, breitenwirksames und nachhaltiges Wirtschaftswachstum, produktive Vollbeschäftigung und menschenwürdige Arbeit für alle fördern.
9. Eine widerstandsfähige Infrastruktur aufbauen, breitenwirksame und nachhaltige Industrialisierung fördern und Innovationen unterstützen.
10. Ungleichheit in und zwischen Ländern verringern.
11. Städte und Siedlungen inklusiv, sicher, widerstandsfähig und nachhaltig gestalten.
12. Nachhaltige Konsum- und Produktionsmuster sicherstellen.
13. Umgehend Maßnahmen zur Bekämpfung des Klimawandels und seiner Auswirkungen ergreifen.
14. Ozeane, Meere und Meeresressourcen im Sinne nachhaltiger Entwicklung erhalten und nachhaltig nutzen.
15. Landökosysteme schützen, wiederherstellen und ihre nachhaltige Nutzung fördern, Wälder nachhaltig bewirtschaften, Wüstenbildung bekämpfen, Bodendegradation beenden und umkehren und dem Verlust der biologischen Vielfalt ein Ende setzen.
16. Friedliche und inklusive Gesellschaften für eine nachhaltige Entwicklung fördern, allen Menschen Zugang zur Justiz ermöglichen und leistungsfähige, rechenschaftspflichtige und inklusive Institutionen auf allen Ebenen aufbauen.
17. Umsetzungsmittel stärken und die globale Partnerschaft für nachhaltige Entwicklung mit neuem Leben erfüllen.

M4   Sustainable Development Goals (SDG) der Agenda 2030

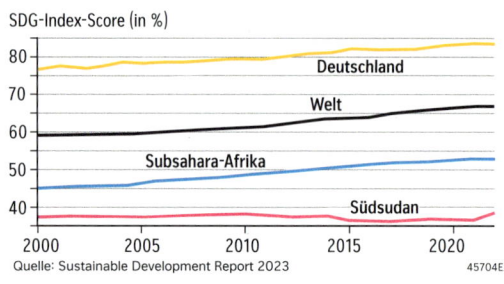

100900-288-01   schule.diercke.de

100900-290-02   schule.diercke.de

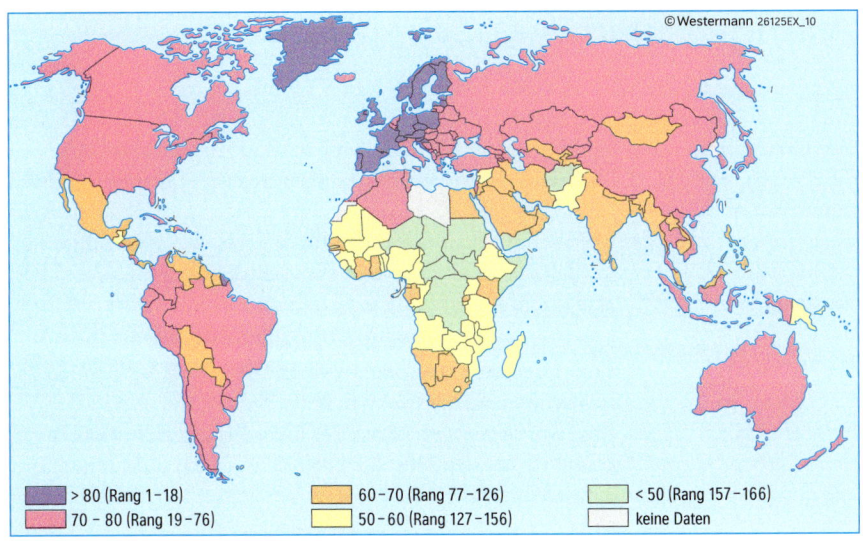

Legende:
- ■ > 80 (Rang 1–18)
- ■ 70–80 (Rang 19–76)
- ■ 60–70 (Rang 77–126)
- ■ 50–60 (Rang 127–156)
- ■ < 50 (Rang 157–166)
- □ keine Daten

M5 SDG-Index (2022, Zielerfüllungsgrad in %)

Unterziel	Indikator
• Hungerbekämpfung • Beendigung der Mangelernährung • Verdoppelung der landwirtschaftlichen Produktivität • sicherer Zugang zu Grund und Boden • resiliente landwirtschaftliche Anbausysteme • genetische Vielfalt bei Saatgut und Nutztieren	• Unterernährung (in % der Bevölkerung) • Wachstumsstörungen von Kindern (in %) • Untergewicht bei Kindern • Adipositashäufigkeit bei Erwachsenen (in %) • Human-Trophy-Index[1] • Getreideertrag (in t/ha) • nachhaltiger Stickstoffmanagement-Index[2] • Yield Gap Closure[3] • Exporte gefährlicher Pestizide (in t/Ew.)

[1] Maß für die Energieintensität der Nahrungszusammensetzung (Verhältnis tierischer/pflanzlicher Nahrung)
[2] Maß, das Stickstoffnutzungseffizienz und Flächennutzungseffizienz (Ernteertrag) bei Pflanzenproduktion kombiniert
[3] Maß zur Darstellung ungenutzten Potenzials für die Pflanzenprodukton auf bestehendem Ackerland

M8 Unterziele und Indikatoren für das SDG 2

	SDG-Index			Human Development Index			Rang BIP[1]/ Ew. (Welt)
	Wert	Rang SSA	Rang Welt	Wert	Rang SSA	Rang Welt	
Finnland	86,8		1. v. 166	0,940		11. v. 191	21. v. 192
Schweiz	80,5		15. v. 166	0,962		1. v. 191	6. v. 192
Irland	80,1		17. v. 166	0,945		8. v. 191	1. v. 192
Deutschland	83,4		4. v. 166	0,942		9. v. 191	17. v. 192
Kap Verde	68,8	1. v. 45	89. v. 166	0,662	6. v. 48	54. v. 191	126. v. 192
Mauritius	68,0	2. v. 45	92. v. 166	0,802	1. v. 48	63. v. 191	62. v. 192
Südafrika	64,0	4. v. 45	110. v. 166	0,713	3. v. 48	109. v. 191	97. v. 192
Botsuana	62,7	6. v. 45	118. v. 166	0,693	5. v. 48	117. v. 191	83. v. 192
Ghana	61,8	10. v. 45	122. v. 166	0,632	7. v. 48	133. v. 191	136. v. 192
Mali	58,0	14. v. 45	131. v. 166	0,428	43. v. 48	186. v. 191	174. v. 192
Äthiopien	54,5	27. v. 45	144. v. 166	0,498	34. v. 48	175. v. 191	159. v. 192
Nigeria	54,3	29. v. 45	146. v. 166	0,535	23. v. 48	163. v. 191	143. v. 192
D. R. Kongo	48,6	39. v. 45	159. v. 166	0,479	38. v. 48	179. v. 191	188. v. 192
Südsudan	38,7	45. v. 45	166. v. 166	0,385	48. v. 48	189. v. 191	192. v. 192

[1] nach Kaufkraftparitäten Quelle: SDG Report 2023, UNDP, IWF

M6 Wert und Ranking ausgewählter Länder beim Sustainable Development Goal Index (2022) und dem Human Development Index* (2021) sowie Rang Pro-Kopf-Einkommen (2022)

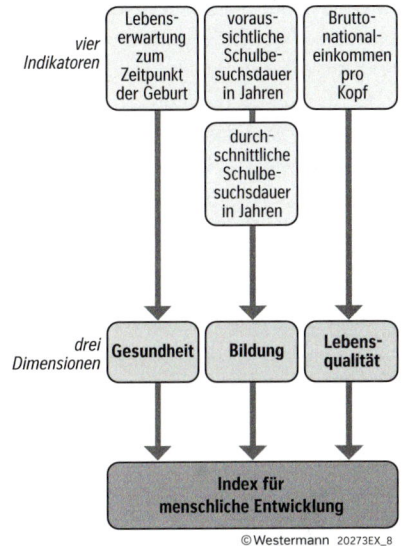

M9 Human Development Index*

M7 Zielerfüllung und Trends für die 17 SDG im SDG-Index 2022 für die Region und ausgewählte Länder Nordafrikas und Vorderasiens

Zielerreichung:
- ■ Ziel erreicht
- ■ erhebliche Herausforderungen
- ■ Herausforderungen bleiben bestehen
- ■ große Herausforderungen

Trend:
- ↑ auf Kurs
- → stagnierend
- ● keine Daten
- ↗ mäßig ansteigend
- ↓ abnehmend

Quelle: Sachs, J., Schmidt-Traub, G., Kroll, C., Lafortune, G., Fuller, G., Woelm, F. 2023. Sustainable Development Report 2023

2.3 Formen der Entwicklungszusammenarbeit

Die Entwicklungszusammenarbeit wird heute getragen von einem komplexen Konglomerat aus Akteuren. Auf der Geberseite stehen dabei die internationalen und nationalen staatlichen Organisationen. Inzwischen in ihrer Bedeutung und Finanzausstattung kaum weniger wichtig sind nicht-staatliche, private Organisationen. Auch die Palette der Formen der Entwicklungszusammenarbeit ist groß. Sie reicht von Katastrophenhilfe und Güterhilfe (z.B. Nahrung) über technische Hilfe und Zusammenarbeit (Beratung, Bildung etc.) und Kapitalhilfe (z. B. Kredite) bis hin zu handelspolitischer Zusammenarbeit (Stabilisierung von Preisen, Abbau von Zöllen etc.). Die Hilfe ist in der Regel mit bestimmten (politischen) Auflagen verbunden und hat generell das Ziel der Nachhaltigkeit, das heißt, die begünstigten Länder so zu fördern, dass sie auf lange Sicht auf Entwicklungszusammenarbeit verzichten können (Hilfe zur Selbsthilfe).

1. Beschreiben Sie die Aufteilung des Budgets des BMZ (M1).
2. Charakterisieren Sie die Arbeit von zwei in M3 aufgeführten Organisationen (Internet).
3. Vergleichen Sie die beiden Projekte in Gambia und ordnen Sie diese in den Kontext der Entwicklungszusammenarbeit ein (M7, M12, M13).
4. Erörtern Sie die Stärken und Schwächen staatlicher und privater Entwicklungszusammenarbeit (M1, M4).
5. Analysieren Sie die ODA* an Subsahara-Afrika (M4, M8).
6. 1970 wurde vor der UN das Ziel formuliert, dass Industriestaaten 0,7 % des BNE* für Entwicklungshilfe aufwenden. Beurteilen Sie die ODA-Quote* der Länder (M9, M10).

Die deutsche und internationale Entwicklungszusammenarbeit lässt sich in verschiedene Bereiche unterteilen. Von der **bilateralen** staatlichen Entwicklungszusammenarbeit spricht man, wenn Deutschland mit einem anderen Land direkt vertraglich vereinbarte Programme durchführt. Damit werden oft die sogenannten Durchführungsorganisationen beauftragt – für die deutsche Entwicklungszusammenarbeit sind das vor allem die Deutsche Gesellschaft für Internationale Zusammenarbeit (GIZ) oder die Entwicklungsbank der Kreditanstalt für Wiederaufbau (KfW), zum Beispiel in Tansania zur Beratung von Gemeinden beim Aufbau eines gerechten und transparenten Steuersystems oder in Benin zur Verbesserung der Trinkwasserversorgung.
Ebenso bedeutend für die Entwicklungszusammenarbeit ist die **multilaterale** Zusammenarbeit: Partner hierfür sind z. B. die Europäische Union sowie multilaterale Organisationen, etwa die Vereinten Nationen, die Weltbank oder die Regionalbanken, darunter die Afrikanische Entwicklungsbank. Diese Organisationen stützen sich auf eine breite Mitgliedschaft und genießen daher eine besondere Anerkennung und Legitimation, verfügen durch die Einzahlungen vieler über hohes Kapital und besonderes Know-how. Multilaterale Organisationen besitzen komparative Vorteile bei groß angelegten nationalen, regionalen und global wirkenden Programmen (z. B. Solarkraftwerke, grenzüberschreitende Straßen oder Tropenwaldprogramme).

M1 Unterteilung der Entwicklungszusammenarbeit

Sie koordinieren zugleich die Unterstützungen verschiedener Geber und können auch in solchen Ländern Hilfe leisten, wo Deutschland aus politischen oder anderen Gründen bilateral nicht aktiv ist (z.B. in Krisengebieten).

	Official Development Assistance (ODA)*		
	in Mio. US-$	in US-$/Ew.	in % der Staatsausgaben
Äthiopien	5302	45,2	5,0
Gambia	301	116,8	16,8
D. R. Kongo	3377	36,4	7,1
Kenia	3988	76,7	4,0
Mauritius	335	264,6	2,9
Nigeria	3375	16,2	0,8
São Tomé u. Principe	92	420,1	19,2
Somalia	3040	183,8	44,4
Zentralafrik. Republik	830	155,3	33,8

Quelle: World Bank

M4 Internationale ODA*-Zahlungen für ausgewählte Länder (2020)

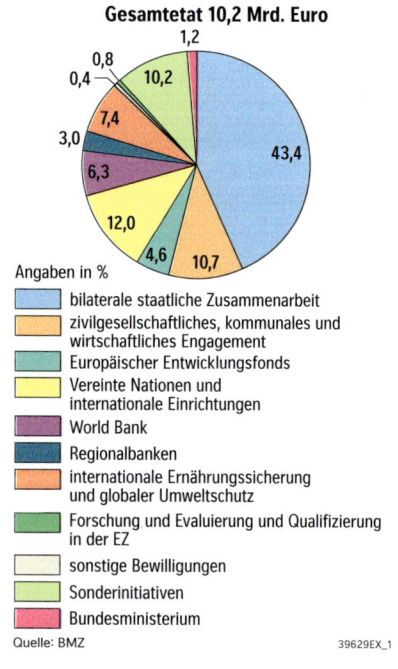

Gesamtetat 10,2 Mrd. Euro

1,2
0,8
0,4
10,2
7,4
3,0
6,3
12,0
4,6
10,7
43,4

Angaben in %

- ▉ bilaterale staatliche Zusammenarbeit
- ▉ zivilgesellschaftliches, kommunales und wirtschaftliches Engagement
- ▉ Europäischer Entwicklungsfonds
- ▉ Vereinte Nationen und internationale Einrichtungen
- ▉ World Bank
- ▉ Regionalbanken
- ▉ internationale Ernährungssicherung und globaler Umweltschutz
- ▉ Forschung und Evaluierung und Qualifizierung in der EZ
- ▉ sonstige Bewilligungen
- ▉ Sonderinitiativen
- ▉ Bundesministerium

Quelle: BMZ   39629EX_1

M2 Aufteilung des Etats des Bundesministeriums für wirtschaftliche Zusammenarbeit und Entwicklung (2022)

Nationale Ministerien: BMZ, DFID (UK), US-Aid, DEZA (Schweiz), SIDA (Schweden)

Untergeordnete nationale Organisationen (z.B. in Deutschland): GIZ, KfW

Supranationale Organisationen und ihre Entwicklungsprogramme: EU, EEF (Europa), AU, NEPAD (Afrika)

Multilaterale Organisationen der UN: Programme, Fonds: UNCTAD, UNDP, UNEP, UNHCR, UNAIDS
Sonderorganisationen: FAO, ILO, WHO, UNICEF
Regionale Wirtschaftskommissionen: UNECA (Afrika), UNECLAC (Lateinamerika) UNESCAP (Asien)

Entwicklungsbanken: World Bank, IMF regionale Entwicklungsbanken: AfDB (Afrika), ADB (Asien), IBD (Amerika)

Nichtstaatliche Organisationen: Politische Stiftungen der Parteien, Kirchliche Institutionen (Brot für die Welt, Misereor), zivilgesellschaftliche Gruppen (Deutsche Welthungerhilfe, Terre des Hommes, Kindernothilfe, OXFAM, Amnesty International, Transparency International, Bill & Melinda Gates Foundation, Mo Ibrahim Foundation)

M3 Akteure nationaler und internationaler Entwicklungszusammenarbeit (Ausw.)

„In der Entwicklungszusammenarbeit sind […] auch zivilgesellschaftliche Gruppen (ZG), Nicht-Regierungs-Organisationen tätig und ist auch die Wirtschaft beteiligt. In Deutschland zählen zu den privaten Trägern politische Stiftungen, kirchliche Einrichtungen und eine große Zahl von NGOs und ZG, die sich aus Spenden, Beiträgen, Stiftungen und auch aus Mitteln des BMZ-Haushalts finanzieren. Alle diese Organisationen sind staatlich ungebunden, agieren im öffentlichen Raum und vertreten freiwillig und selbstentscheidend Interessen von allgemeiner politischer, sozialer, ökonomischer, ökologischer und/oder kultureller Relevanz. Es handelt sich um Einzelne oder um Zusammenschlüsse von Menschen, die sich für gerechte und humane Lösungen einsetzen. Im Süden sind sie zu den Hauptträgern der praktischen Entwicklungshilfe geworden, da sie wegen ihrer Basisnähe und Vertrautheit mit den individuellen Bedürfnissen Hilfsmaßnahmen direkter, bedarfskonformer und kostengünstiger umzusetzen vermögen."
Quelle: Fred Scholz: Länder des Südens. 2017, S. 164

M5 Quellentext zu privaten Organisationen

M 6 Senegambia Bridge

M 11 Jahaly Health Centre (Gambia)

Nach vier Jahren Bauzeit wurde im Januar 2019 die 942 m lange Senegambia-Bridge über den Gambia von den Präsidenten Adama Barrow (Gambia) und Macky Sall (Senegal) eröffnet. Die Staatsoberhäupter erhoffen sich zahlreiche Vorteile für die Menschen in beiden Ländern und neue Impulse für die Entwicklung der Region. Die Brücke ist eine sicherere und schnellere Alternative zur riskanten Fährüberfahrt oder zum langen Umweg zwischen dem nördlichen und dem südlichen Teil beider Länder. Die Brücke wird nicht nur die Reisezeit verkürzen, sondern auch den regionalen Handel ankurbeln und die ländlichen Gebiete in Gambia erschließen.

Finanziert wurde das 94 Mio. US-$ teure Projekt von der Afrikanischen Entwicklungsbank (AfDB, Sitz Abidjan/Côte d'Ivoire, ca. 2000 Mitarbeiter). Die Bank finanziert Projekte in den Bereichen Energie, Landwirtschaft, Industrialisierung, regionale Integration sowie zur Verbesserung der Lebensqualität der Menschen. Deutschland ist mit rund 4,2% am Kapital der AfDB beteiligt und damit größter europäischer Anteilseigner.

M 7 Projekt: Senegambia Bridge

Fast eine Million Menschen wurden seit Gründung des Jahaly Health Centres im Jahr 1991 behandelt (2020: 32 284 Patienten). Sie gilt mittlerweile als Modellklinik des Landes. Die Behandlungskosten sind für die Menschen erschwinglich. Dieses gilt auch für Labortests und Medikamente, die in den staatlichen Gesundheitszentren rar und verhältnismäßig teuer sind. Die Ausstattung der Klinik deckt zentrale medizinische Bereiche ab (Geburtshilfe, Infektionen, innere Krankheiten, Zahnheilkunde, Kinder). Für schwerkranke Patienten stehen 27 Betten zur Verfügung. In der Klinik, die von einer examinierten Krankenpflegerin geleitet wird, arbeiten knapp 30 Personen. Das Jahaly Health Centre wurde auf Initiative der Projekthilfe Gambia e. V. mit Sitz in Hattingen (NRW) gegründet. Der Verein ist seit 1985 in zwei gambischen Orten mit verschiedenen Projekten aktiv (Kindergarten, Gartenbauprojekte, Behandlung von schwerkranken Kindern in Deutschland). Die Projektarbeit in Gambia wird von einer Partnerorganisation mit 70 Mitarbeitern geleistet (Budget 2021: 145 000 Euro).

M 12 Projekt: Jahaly Health Centre

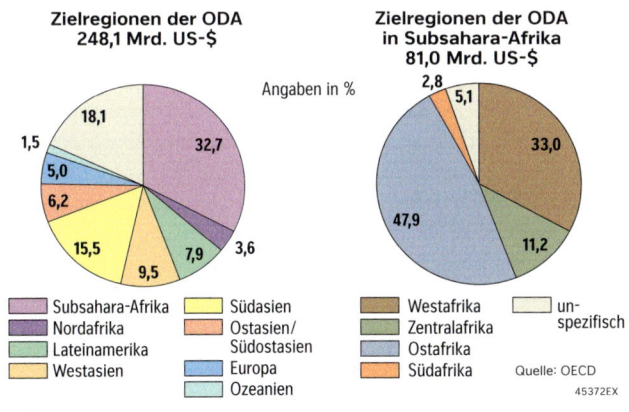

M 8 Zielregionen der ODA* (2020)

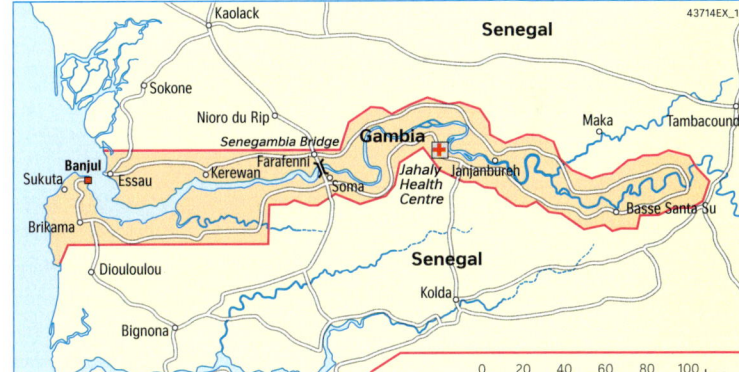

M 13 Gambia

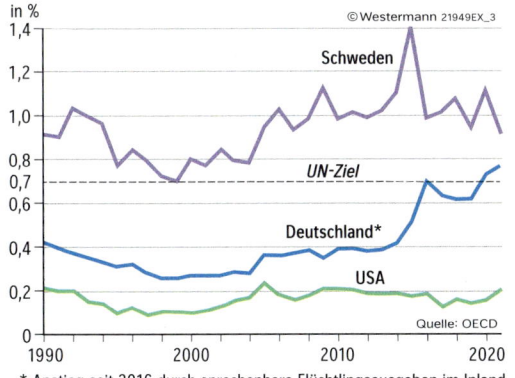

M 9 Entwicklung der ODA*-Quote (ODA/BNE) im Vergleich zur 0,7 %-Forderung der UN (1990 – 2021)

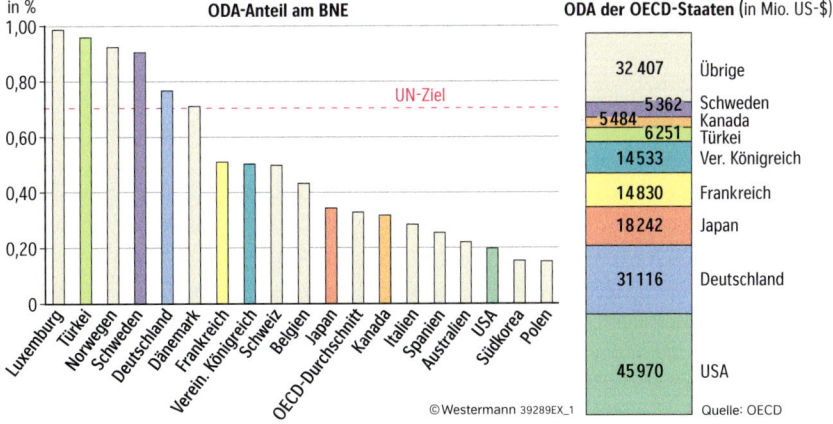

M 10 ODA*-Quote ausgewählter OECD-Länder und Gesamt-ODA der OECD (2021)

2.4 Kritik an der Entwicklungszusammenarbeit

Die Bilanz von 60 Jahren Entwicklungshilfe für Afrika sieht mager aus. Während sich in Asien zahlreiche Länder ohne große Hilfsgaben aus dem Ausland „entwickelten", blieben die Entwicklungserfolge in vielen Ländern Subsahara-Afrikas überschaubar. Die Kritik an der bisherigen Entwicklungszusammenarbeit ist breit gefächert, kommt aus den unterschiedlichsten Lagern und betrifft sowohl die Geber- als auch die Nehmerseite. Die Vorschläge, die von den Kritikern daraus entwickelt werden, reichen in den Extremen von einer vollständigen Abschaffung von Hilfen bis zu einer massiven Aufstockung der Entwicklungsbudgets der entwickelten Länder.

1. Fassen Sie die Positionen und Argumente der verschiedenen Kritiker zusammen (M1, M3).
2. Ordnen Sie die Kritikpunkte den Stichworten in M2 zu.
3. a) Beschreiben Sie die öffentliche Wahrnehmung der Entwicklungshilfe in Deutschland (M4).
   b) Stellen Sie Vermutungen über mögliche Ursachen hierfür an.
4. Erörtern Sie einen selbstgewählten Kritikpunkt an der Entwicklungszusammenarbeit.

„Radikal versagt hat vor allem die Entwicklungshilfe für Afrika. Ihre Ergebnisse sind weit hinter den Erwartungen zurückgeblieben. Drei Annahmen, die sich als falsch erwiesen haben, sind dafür ursächlich. Die erste Annahme lautet: Der „Norden" könne den „Süden", also Afrika, entwickeln. Genauso falsch ist zweite Annahme: Der Norden könne sein Ziel der Armutsüberwindung durch Umverteilung erreichen. Die dritte Annahme, dass Geld gleichbedeutend mit mehr Entwicklung sei, hat sich ebenfalls nicht bewahrheitet. Letztere Gleichung geht nicht auf. Obwohl man das schon seit mehr als einem Jahrzehnt weiß, beherrscht sie bis heute die Entwicklungspolitik. Schlimmer noch: Geld hat der Entwicklung sogar häufig geschadet, weil es die Eigeninitiative lähmt."

Rupert Neudeck, deutscher Journalist und Mitgründer der Organisation Cap Anamur/ Deutsche Not-Ärzte (2008)

„Ich bin dagegen, weiterhin automatisch jedes Jahr Milliarden Dollar in Form von Billigkrediten oder Budgethilfen* nach Afrika zu pumpen. Dieses Geld hat Abhängigkeit und Inflation erzeugt, es lässt die Menschen gar nicht erst produktiv werden. Seit 40 Jahren zahlt der Westen zuverlässig Hilfe, und trotzdem gibt es in Afrika noch immer eine miese Infrastruktur, schlechte Ausbildung und ein lausiges Gesundheitssystem. Die Armut hat sogar zugenommen, [...] weil die Hilfe eben kaum an Auflagen gebunden war. Die Geberländer lassen es zu, dass Afrikas Führer dieses Geld in die Schweiz schaffen und später damit auf den Champs-Élysées shoppen gehen."

Dambiso Moyo, sambische Ökonomin (2011)

„Die Entwicklungspolitik [wurde] durch eine ständige Erweiterung ihres Aufgabenkatalogs überfordert – mit der Folge, dass sie immer weniger in der Lage war, die in sie gesteckten Erwartungen zu erfüllen. [...] Die Messlatte für ihre Erfolge wurde zu hoch gelegt. Sie soll [...] mit einer Mittelausstattung, die nur wenig über dem Umfang des EU-Agrarhaushaltes liegt, die Massenarmut überwinden, [...] den Frieden sichern [...]; den Planeten vor dem ökologischen Kollaps bewahren; weltweit der Marktwirtschaft*, der Demokratie, den Menschenrechten zum Durchbruch verhelfen. [...]
Ohne Reform der Finanz- und Handelsbeziehungen, die dem Recht und der Macht des Stärkeren das Prinzip des fairen Interessenausgleichs

M1   Kritik an der Entwicklungszusammenarbeit

entgegensetzt; ohne Aufbau einer internationalen Sozialordnung, die der sozialen Blindheit eines globalisierten Turbo-Kapitalismus die Prinzipien einer internationalen sozialen Marktwirtschaft entgegensetzt; ohne eine Friedensordnung, die stärker auf Konfliktprävention setzt; ohne eine globale Umweltpolitik [...] müsste die Entwicklungspolitik bleiben, was sie bisher war: der sprichwörtliche Tropfen auf dem heißen Stein."

Franz Nuscheler, deutscher Politikwissenschaftler (2005)

„[Afrika] ist vor allem ein Ziel für Hilfe, während andere Kontinente Orte für Investments sind. Aber wenn Afrika stets nur als Ort für Hilfe wahrgenommen wird, dann reduziert das die Möglichkeit, dass Afrika den Umgang mit seinen Ressourcen optimiert. Gedacht wird so: Wir, der Westen, gehen nach Afrika, um die Dinge dort in Ordnung zu bringen. Wenn man aber immer nur von Hilfe spricht, dann impliziert das, dass die eine Seite nur gibt, dass sie alle Antworten hat und dass die andere Seite nichts zurückgeben muss. Das aber ist nicht normal. [...] Für potenzielle Investoren sind wir ein Kontinent, der in die Kategorie Hilfe fällt [...] Wenn es ums Geschäft und um Rendite geht, wenden sich die Investoren aber lieber Asien zu."

James Shikwati, kenianischer Ökonom (2019)

„Soll Hilfe zur Selbsthilfe funktionieren, müssten die ‚Helfer' und ihre Organisationen bereit sein, sich überflüssig zu machen. Alle Organisationen aber und auch deren Mitglieder haben ein ‚Selbstverewigkeitsinteresse'. Mitarbeiter wollen ihren Job nicht verlieren, Organisationen [...] wollen ungern schrumpfen, wollen lieber expandieren. [...] Hier stehen die Eigeninteressen der Organisationen also im Gegensatz zu ihren Zielen. [...] Das Problem wird dadurch verschärft, dass auf der Empfängerseite ebenfalls Organisationen (seien es Ämter oder lokale NGO) wirken, deren Fortbestehen, Mitarbeiterzahl und Umsatz von der EZ abhängt. [...]"

„EZ wurde in den vergangenen Jahrzehnten (bis heute) überwiegend in Form von Entwicklungsprojekten durchgeführt. Jede Geberorganisation, jede NGO führt in jedem ihrer Partnerländer Dutzende von mehr oder weniger großen Einzelprojekten durch. Für jedes dieser Projekte müssen, meist gemeinsam mit den zuständigen Behörden des Partnerlandes, eigene Planungen durchgeführt, eigene Projektabkommen geschlossen werden. [...] Zu der Inanspruchnahme des gesamten Staatsapparates von Partnerländern durch das Management von EZ-Projekten kommt das Problem der Nachhaltigkeit des Projektansatzes hinzu. Dieses Problem stellt sich dann, wenn durch EZ-Projekte die Durchführung normaler öffentlicher Dienstleistungen finanziell und personell unterstützt wird mit der Erwartung, dass diese Services nach Abschluss des Projektes von der Partnerorganisation eigenständig weitergeführt werden. Oft aber ist diese damit überfordert. Dann sind die positiven Wirkungen der Projekte nicht von Dauer. Es bleibt in solchen Fällen bei den berüchtigten zeitlich befristeten und räumlich begrenzten Insellösungen."

Theo Rauch, deutscher Geograph (2012)

„Es ist eine weit verbreitete Annahme, dass Entwicklungspolitik für globale soziale Gerechtigkeit sorgen soll. Ich denke, dass das ein verkürztes Verständnis ist. Der Entstehungskontext der Entwicklungszusammenarbeit zeigt, dass es nicht nur darum geht, den ‚armen Menschen im globalen Süden zu helfen'. Geopolitische und außenwirtschaftliche Motive waren und sind immer präsent. [...] Die Entwicklungspolitik versucht seit Langem, Armutsbekämpfung zu betreiben, ohne den Reichen auf die Füße zu treten."

Aram Ziai, deutscher Politikwissenschaftler (2021)

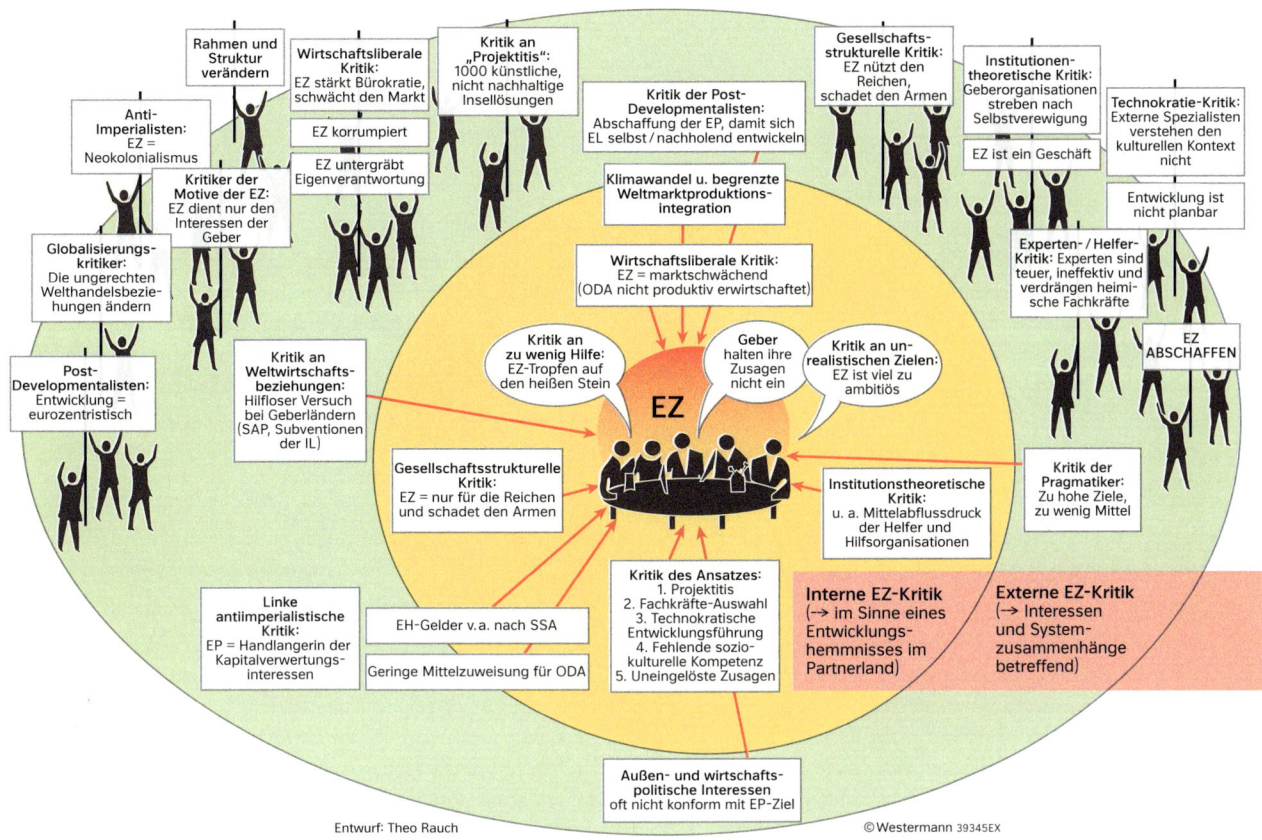

Entwurf: Theo Rauch © Westermann 39345EX

M2 Kritik an der Entwicklungszusammenarbeit (EZ) im Überblick

---

Entwicklungspolitik und -zusammenarbeit spielen seit mehr als einem halben Jahrhundert eine wichtige Rolle im Verhältnis zwischen Nord und Süd, also zwischen höchst ungleichen Partnern. Trotz vielfältiger Bemühungen bestehen die globalen Asymmetrien von Macht, Wohlstand und Wissen bis heute weiter. [...] [EZ und EP] stoßen seit ihren Anfängen auf Kritik von verschiedenen Seiten. Drei Debattenstränge lassen sich dabei unterscheiden:

- Eine Kritiklinie zielt auf die Wirksamkeit der EZ und konstatiert Mängel in der Ausführung von EZ-Maßnahmen. Unter Verweis auf zahlreiche gescheiterte Projekte und verfehlte Planung wird eine Verbesserung des Projektmanagements gefordert, beispielsweise durch genauere Verfahren zur Messung und Bewertung von Entwicklung.
- In ähnlicher Richtung wird argumentiert, dass die für die EZ bereitgestellten öffentlichen Mittel nicht ausreichen, um die umfassenden globalen Probleme und die Sustainable Development Goals (SDG) wirklich erreichen zu können. Daraus ergibt sich die Forderung nach einer substanziellen finanziellen Aufstockung der Hilfe. In diesem Zusammenhang wird immer wieder auf das von den Vereinten Nationen verabschiedete Ziel verwiesen, die Mittel für die EZ auf 0,7 % des BIP anzuheben. [...]
- Die Fundamentalkritik des „Post-Development" richtet sich grundsätzlich gegen das Entwicklungsdenken, das nicht als Lösung, sondern im Gegenteil als Teil der Problematik zu betrachten sei. EZ trage dazu bei, die asymmetrischen Macht- und Abhängigkeitsbeziehungen zwischen Globalem Norden und Globalem Süden zu stabilisieren, statt sie zu überwinden. Gleichzeitig ernähre sie eine globale „Entwicklungsindustrie", die gar kein Interesse daran habe, sich selbst überflüssig zu machen.

Quelle: Detlef-Müller-Mahn, Johannes Dittmann: Entwicklungspraxis – eine geographische Perspektive. In Humangeographie. Braunschweig: Westermann 2022, S. 561, 568 – 569

M3 Quellentext zur Kritik an Entwicklungszusammenarbeit

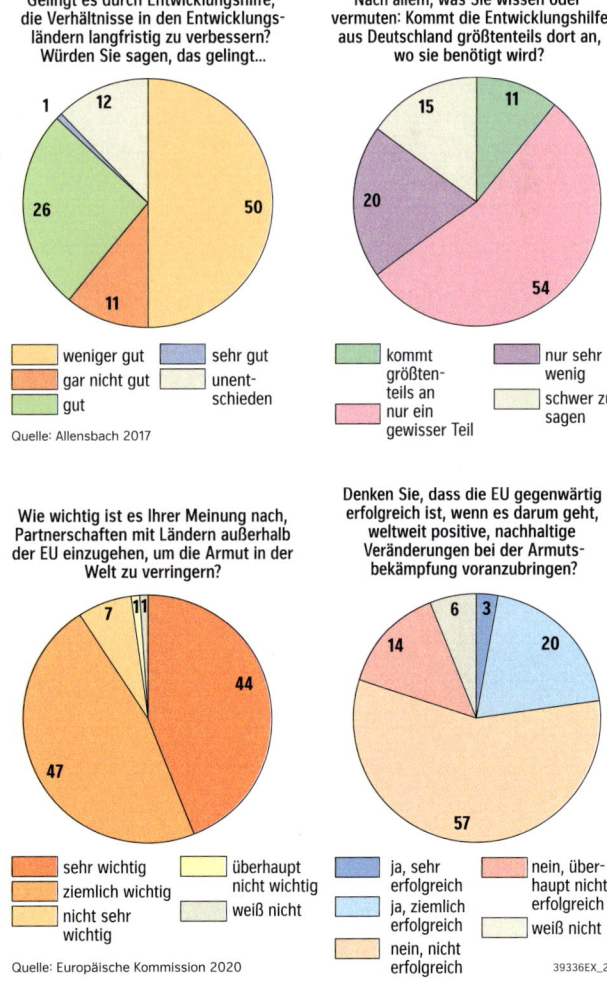

Gelingt es durch Entwicklungshilfe, die Verhältnisse in den Entwicklungsländern langfristig zu verbessern? Würden Sie sagen, das gelingt...

1, 12, 50, 11, 26

- weniger gut
- gar nicht gut
- gut
- sehr gut
- unentschieden

Quelle: Allensbach 2017

Nach allem, was Sie wissen oder vermuten: Kommt die Entwicklungshilfe aus Deutschland größtenteils dort an, wo sie benötigt wird?

11, 15, 20, 54

- kommt größtenteils an
- nur ein gewisser Teil
- nur sehr wenig
- schwer zu sagen

Wie wichtig ist es Ihrer Meinung nach, Partnerschaften mit Ländern außerhalb der EU einzugehen, um die Armut in der Welt zu verringern?

11, 7, 44, 47

- sehr wichtig
- ziemlich wichtig
- nicht sehr wichtig
- überhaupt nicht wichtig
- weiß nicht

Denken Sie, dass die EU gegenwärtig erfolgreich ist, wenn es darum geht, weltweit positive, nachhaltige Veränderungen bei der Armutsbekämpfung voranzubringen?

3, 6, 20, 14, 57

- ja, sehr erfolgreich
- ja, ziemlich erfolgreich
- nein, nicht erfolgreich
- nein, überhaupt nicht erfolgreich
- weiß nicht

Quelle: Europäische Kommission 2020

39336EX_2

M4 Repräsentative Umfragen in Deutschland

2.5 Neue Entwicklungsinitiativen und -programme

Als Reaktion auf die Kritik und die geringen Erfolge der Entwicklungszu-sammenarbeit (EZ), aber auch aufgrund wechselnder Zielsetzungen und politischer Ausrichtung der Verantwortlichen haben sich die entwicklungs-politischen Strategien stetig geändert (M3, S. 33). In letzter Zeit versuchen nationale und internationale Organisationen verstärkt, die Hilfe effektiver zu gestalten und entwicklungshemmende Rahmenbedingungen auf globa-ler Ebene zu beseitigen. Das Bundesministerium für wirtschatliche Zusam-menarbeit und Entwicklung (BMZ) hat nach der Neuausrichtung mit dem Konzept „BMZ 2030" auch erneut ein spezielles Afrikaprogramm aufgelegt.

1. Gliedern Sie die Partner/Kooperationsländer der deutschen Entwick-lungszusammenarbeit in Afrika (M2, M3).

2. Begründen Sie die Auswahl der Reformpartner.
3. Erläutern Sie die Neuerungen im Reformkonzept des BMZ (M1).
4. Erläutern Sie die Ziele der Pariser Erklärung und das Konzept der Budgethilfe (M4).
5. EZ sollte an bestimmte Voraussetzungen geknüpft werden (z.B. Good Governance). Erörtern Sie diese Aussage.
6. Fassen Sie die neue Afrika-Strategie des BMZ in drei Kernaus-sagen zusammen (M6, M7).
Ⓩ 7. Erläutern Sie die Unterziele von einem der sechs Schwer-punkte der Afrika-Strategie (siehe Internetlinks, S. 50).
Ⓩ 8. Nehmen Sie Stellung zu einer feministischen Entwicklungs-politik (M5, M6, M7).

---

1. Kern des Reformkonzeptes ist eine neue Qualität der Zusammenar-beit. Wir fordern von unseren Partnerländern noch stärker als bisher messbare Fortschritte bei guter Regierungsführung, der Einhaltung der Menschenrechte und im Kampf gegen die Korruption. Eigeniniti-ative ist der Schlüssel für Entwicklung. Unsere Partnerländer können und müssen selbst mehr leisten. Dazu entwickeln wir gemeinsam Reformprogramme und Schwerpunktansätze und verringern dafür viele Einzelprojekte. [...]

2. Wir konzentrieren mit „BMZ 2030" die Themen und geben dabei neue Antworten auf Zukunftsthemen wie den Klimaschutz, eine Ge-sundheits- und Familienpolitik, nachhaltige Lieferketten, die Nutzung der Digitalisierung und des Technologietransfers sowie die Stärkung von Privatinvestitionen. Wichtigstes Ziel bleibt aber nach wie vor die Überwindung von Hunger und Armut.

3. Wir führen neue Partnerschaftskategorien ein [M3].

4. Um diese Themen so wirksam wie möglich umzusetzen, steuern wir die Art der Zusammenarbeit um. Einige Länder haben sich erfreu-licherweise so entwickelt, dass sie unsere direkte Unterstützung nicht mehr benötigen. Andere zeigen keine Fortschritte bei der Umsetzung von Reformen. Deswegen verringern wir die Zahl der Partnerländer, mit denen wir direkt staatlich zusammenarbeiten von 85 auf jetzt 60 [...]

6. Wir setzen mit der staatlichen Entwicklungszusammenarbeit stär-ker auf Reformpartnerschaften: Wer reformiert, dem bieten wir eine vertiefte Partnerschaft und zusätzliche finanzielle Unterstützung an. Diese Reformpartnerschaften werden wir weiter ausbauen.

7. Wir werden gezielt Privatinvestitionen, insbesondere von Mit-telständlern, in Entwicklungsländern fördern, denn Beschäftigung schafft vor allem die Wirtschaft. [...] Dazu bauen wir unter anderem unseren Entwicklungsinvestitionsfonds aus.

8. Wir müssen fairen Handel ermöglichen. Damit lösen wir die größten Entwicklungssprünge aus. Deswegen setzen wir uns dafür ein, soziale und ökologische Nachhaltigkeitsstandards in globalen Lieferketten und in allen EU-Freihandelsabkommen* zu verankern und durchzusetzen.
Quelle: Reformkonzept „BMZ 2030". Berlin: BMZ 2020, S. 5

M1   Quellentext zur Reform der deutschen Entwicklungszusammenarbeit

M2   Kooperationspartner der deutschen Entwicklungszusammen-arbeit in Afrika

- **Bilaterale Partnerschaften**: Mit unseren bilateralen Partnerländern verfolgen wir langfristig gemeinsame Entwicklungsziele. Dazu setzen wir alle entwicklungspolitischen Instrumente ein. Bei den bilateralen Partnern gibt es zwei besondere Formen:
  - **Reformpartnerschaften**: Besonders reformorientierte Länder unterstützen wir noch stärker, unter anderem mit dem neuen Instrument der Reformfinanzierung.
  - **Transformationspartnerschaften**: Damit unterstützen wir gezielt die politischen und ökonomischen Transformationsprozesse in der EU-Nachbarschaft.
- **Globale Partnerschaften**: Mit diesen neuen Partnerschaften arbeiten wir strategisch an der Lösung globaler Zukunftsfragen und dem Schutz globaler Güter wie dem Umwelt- und dem Klimaschutz. Dabei setzen wir grundsätzlich auf Kredite und die Hebelung zusätzlicher Marktmittel.
- **Nexus- und Friedenspartnerschaften**: Wir verstärken unsere Unter-stützung von Menschen in Krisen- und Flüchtlingsregionen, arbeiten an den Ursachen und unterstützen bei der Stabilisierung. Dazu setzen wir vor allem unsere flexiblen Instrumente wie die Sonderinitiative „Flucht" ein und unterstützen verstärkt internationale Hilfsorganisationen.
Quelle: Reformkonzept „BMZ 2030". Berlin: BMZ 2020, S. 5

M3   Neue Partnerschaftskategorien des BMZ

Als Reaktion auf die Kritik an der Entwicklungszusammenarbeit (EZ) gab es seit Ende der 1990er-Jahre Reformbemühungen in Deutschland und anderen Geberländern. Der deutsche Geograph Theo Rauch sieht darin zwei grundlegende Veränderungen: Zum einen soll Entwicklungspolitik zu einer globalen Strukturpolitik werden, bei der „der Fokus auf die Veränderung entwicklungshemmender Rahmenbedingungen auf globaler und nationaler Ebene gelegt werden soll, anstatt weiterhin mit Projekten punktuelle Verbesserungen bei fortbestehenden widrigen Rahmenbedingungen anzustreben." Zu dieser neuen EZ gehören zum Beispiel gemeinsame, international vereinbarte Ziele wie die Sustainable Development Goals* oder umfassende handelspolitische Vereinbarungen. Zum anderen soll die Art und Weise, wie Leistungen transferiert werden, effektiver gestaltet werden. „Damit reagiert die Gebergemeinschaft auf die Kritik an der ‚Projektitis' und der Umgehung bzw. Entmündigung der Regierenden und Parlamente der Partnerländer durch Tausende von ‚Helfern' bzw. ‚Experten'."

Um die Effektivität der EZ zu erhöhen, haben sich die in der OECD organisierten Industrieländer zusammen mit der Mehrzahl der Partnerländer und multilateralen Organisationen in der Pariser Deklaration von März 2005 auf folgende fünf Prinzipien geeinigt:

- **Ownership** (Stärkung der Verantwortlichkeit des Partnerlandes für seine Entwicklungspolitik)
- **Alignment** (Ausrichtung der EZ an den Zielen, Strategien und Verfahren des Partnerlandes)
- **Harmonisierung** (Koordinierung der Geber untereinander, auch in unterschiedlichen sektoralen Schwerpunkten)
- **Ergebnis- bzw. Wirkungsorientierung** (Ausrichtung der EZ auf messbare Verbesserungen für die Lebensumstände der Menschen)
- **Rechenschaftspflicht** (zwischen Partnerländern und Gebern, aber auch gegenüber Parlamenten und Öffentlichkeit des Partnerlandes)

Im Zusammenhang der Paris-Deklaration entstand ein neues Konzept in der bilateralen EZ, die **Budgethilfe**. Statt einzelner selbstständiger Projekte finanziert das Geberland umfassende Entwicklungsprogramme (Armutsminderung, Klimawandelanpassung etc.) oder auch den Ausbau eines bestimmten Sektors (Industrie, Landwirtschaft, Gesundheit). Die Zahlungen kommen direkt dem Staatshaushalt des Empfängerlandes zugute, das auch die Hauptverantwortung (Ownership) für die Verwendung bekommt. Die Nehmerländer verpflichten sich zur sachgerechten Verwendung der Mittel und gehen weitere Verpflichtungen ein, etwa zur guten Regierungsführung oder zu makroökonomischer Stabilität. Nach anfänglicher Euphorie in den 2010er-Jahren schränkten die meisten Geber die Budgethilfe im Anschluss wieder ein, weil sich auch hier Entwicklungsfortschritte nicht einstellten und sie zum Teil Korruption und Misswirtschaft förderte. Zugenommen hat hingegen die Finanzierung größer Reformprogramme durch Darlehen (z. B. der Weltbank). Auch das BMZ unterstützt Partnerländer mit guter Regierungsführung mittlerweile mit Reformfinanzierungen, bei denen die selbst gesteckten Reformschritte politisch auf den Weg gebracht sind („Erst die Reformen, dann das Geld!").

M4   Neuen Formen der Entwicklungszusammenarbeit

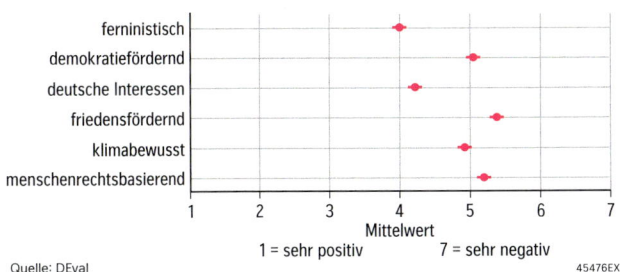

1 = sehr positiv   7 = sehr negativ

Quelle: DEval

45476EX

M5   Einstellung der Deutschen zu verschiedenen Ausrichtungen von Entwicklungspolitik (repräsentative Umfrage 2023)

„Europa und Afrika stehen vor großen Herausforderungen: Beide müssen angesichts der geopolitischen Verschiebungen durch den russischen Angriffskrieg auf die Ukraine ihre Rolle in der Welt neu definieren. Afrika wird dabei immer mehr zu einem […] globalen Gravitationszentrum. Beide stehen vor der enormen Aufgabe, ihre Gesellschaften im Zeichen der Klimakrise nachhaltiger zu machen.
Beide müssen soziale Fragen lösen. Beide sind im Umbau: Hier in Europa ein alternder Kontinent, dort in Afrika ein junger wachsender Kontinent. Mit kluger Strukturpolitik können daraus gemeinsame Chancen werden: für ausreichend gute und bezahlbare Nahrung für alle, für eine sichere und zukunftsfähige Energieversorgung, für Bildung, für eine nachhaltige Wirtschaft und für menschenwürdige Arbeit. Ich bin überzeugt: Wenn wir afrikanische und europäische Interessen langfristig miteinander verbinden, dann können wir die Zukunft zu unser aller Gunsten gestalten."
„Wenn Frauen mitbestimmen und mitprofitieren, dann werden Gesellschaften gerechter, wirtschaftlich erfolgreicher und damit widerstandsfähiger. In Krisenzeiten ist das umso wichtiger, denn nur widerstandsfähige Gesellschaften können die großen Herausforderungen unserer Zeit meistern."

Svenja Schulze, deutsche Ministerin, 23.1.2023

M6   Zitate

Das [BMZ] stellt seine Arbeit in den Dienst einer engen, auf gemeinsamen Werten und Interessen beruhenden wirtschaftlichen und politischen Partnerschaft zwischen Europa und Afrika. Es wird – als Teil einer deutschen und europäischen Afrika-Politik – mit seiner Afrika-Strategie drei übergeordnete Ziele verfolgen:

1. die von der AU* und ihren Mitgliedstaaten selbst gesetzten Entwicklungsziele mit struktur-politischen Ansätzen flankieren, damit der Kontinent seine enormen Potenziale entfalten und widerstandsfähiger werden kann;
2. gemeinsam mit afrikanischen Partner*innen an der globalen Transformation hin zu einem würdevollen und sicheren Leben für alle in einer intakten Umwelt arbeiten;
3. mit dem Nachbarkontinent in Krisen solidarisch und sichtbar zusammenarbeiten. […]

Es versteht seine Zusammenarbeit mit Afrika als Teil des Auftrags, die von den Mitgliedstaaten der Vereinten Nationen unterzeichnete Agenda 2030 mit ihren 17 Zielen für Nachhaltige Entwicklung voranzutreiben und dabei niemanden zurückzulassen (Leave No One Behind). […]

Die Zusammenarbeit mit afrikanischen Ländern ist auch ein wesentlicher Beitrag zu einer Politik der integrierten Sicherheit. Sie schafft Netzwerke und Bündnisse und stärkt die multilaterale Kooperation in Zeiten einer sich verschärfenden Auseinandersetzung um Werte und Einflusssphären. […]

Darüber hinaus leistet diese Zusammenarbeit einen Beitrag zur Agenda 2063* der AU* und deren Visionen (The Africa we want), zur EU-Afrika-Partnerschaft und zu den Zielen des Pariser Klimaabkommens. Das BMZ wird vorrangig in den folgenden sechs thematischen Schwerpunkten arbeiten:

- Nachhaltige wirtschaftliche Entwicklung, Beschäftigung und Wohlstand
  - Just Transition: sozial-ökologische Transformation der Wirtschaft, Erhalt der natürlichen Lebensgrundlagen, Energie und Infrastruktur
  - Beschäftigung, fairer Handel, Migration und digitale Transformation
- Überwindung von Armut und Hunger und Aufbau sozialer Sicherung
- Gesundheit und Pandemieprävention
- feministische Entwicklungspolitik und Geschlechtergerechtigkeit
- Rechtsstaatlichkeit, Demokratie, Menschenrechte und gute Regierungsführung
- Frieden und Sicherheit

Quelle: Gemeinsam mit Afrika Zukunft gestalten. Berlin: BMZ 2023, S. 4, 5, 8

M7   Quellentext zur neuen Afrika-Strategie des BMZ

2.6 Elektrifizierung auf dem Land

Noch immer leben auf dem afrikanischen Kontinent mehr als 583 Mio. Menschen ohne elektrischen Strom (Stand 2020). Um die Armut zu vermindern und wirtschaftliche Entwicklung gerade im ländlichen Raum zu ermöglichen, muss die Energieversorgung auf- und ausgebaut werden. So wurde die ländliche Elektrifizierung zu einem Thema, das auch viele Entwicklungsprojekte aufgreifen. Neben klassischer bilateraler Entwicklungshilfe haben sich dabei auch eine Reihe kleiner Unternehmen etabliert, die vor Ort Lösungen für Dörfer und Haushalte anbieten.

1. Beschreiben Sie den Stand und die Entwicklung der ländlichen Elektrifizierung in Subsahara-Afrika sowie die Bedeutung der erneuerbaren Energien (M1, M2, M5, M6).
2. Erklären Sie die verschiedenen Möglichkeiten der Stromversorgung (M9).
3. Vergleichen Sie die verschiedenen Entwicklungsprojekte zur ländlichen Elektrifizierung in verschiedenen Staaten Subsahara-Afrikas (M7, M10, M11).
4. Erörtern Sie die Konzepte zur ländlichen Elektrifizierung (M7, M9, M10, M11).
5. Ohne ländliche Elektrifizierung wird sich die Landflucht beschleunigen. Nehmen Sie Stellung zu dieser Aussage (M4).

M 3   Solar Home System in Ruanda

Energiearmut und mangelnde Stromversorgung haben entscheidende Folgen für die wirtschaftliche Entwicklung und Lebensqualität. Sie behindern Produktivität und Mobilität, beeinträchtigen Bildung, gesundheitliche Versorgung und andere wichtige soziale Dienstleistungen. Nicht nur Haushalte, sondern auch viele Schulen und Krankenhäuser in Subsahara-Afrika müssen ohne Strom auskommen. Wichtige Medikamente können nicht gekühlt, lebensrettende medizinische Technik nicht betrieben werden. Ohne Licht im Haus fällt das abendliche Lernen schwer. Die Abhängigkeit der Haushalte von konventionellen Brennstoffen beim Kochen führt durch das Einatmen von Rauch zu schwerwiegenden gesundheitlichen Folgen. Armut und Energieknappheit gehen meist Hand in Hand. [...] Betriebe leiden derweil unter Produktionsausfällen und hohen Kosten für Strom, insbesondere beim oft erforderlichen Einsatz eigener Dieselgeneratoren. Das Energiedefizit hat negative Auswirkungen auf Produktionskosten und Wettbewerbsfähigkeit und behindert somit Wirtschaftswachstum, Innovation sowie die Schaffung von Arbeitsplätzen. Ein Blick in die Statistiken offenbart, dass die ärmsten Länder in der Regel auch diejenigen mit der schlechtesten Energieversorgung sind.
Quelle: Mathias Kamp: Der große Sprung zur grünen Energie. KAS – Auslandsinformationen 4/2018, S. 95

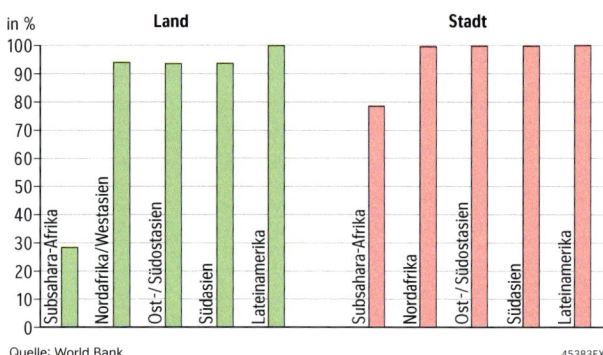

M 1   Zugang zu Elektrizität in ausgewählten Großräumen (in % der Bevölkerung, 2020)

M 4   Quellentext zur Bedeutung von Elektrizität für Entwicklung

	2000	2005	2010	2015	2020
Äthiopien	1,7	0,6	12,8	15,5	39,4
Benin	5,4	8,7	10,6	11,1	18,2
Mali	2,0	3,9	k. A.	7,3	16,5
Subsahara-Afrika	11,9	13,1	17,0	18,6	28,5

Quelle: World Bank

M 5   Elektrifizierung auf dem Land in ausgewählten Ländern (in %)

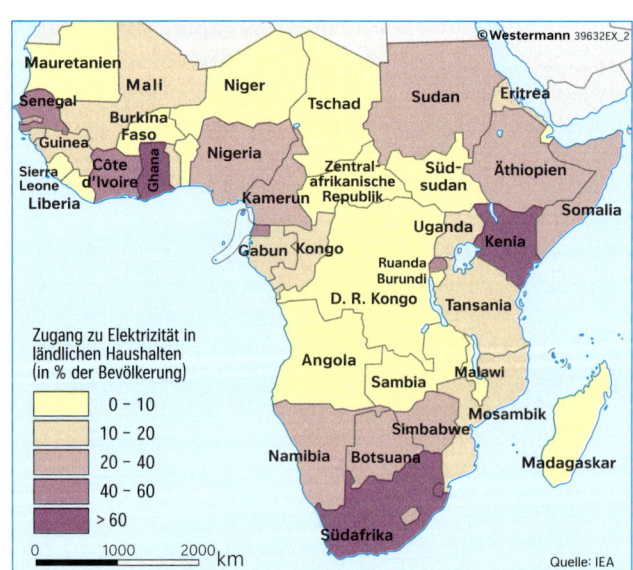

M 2   Zugang zu Elektrizität im ländlichen Raum in Subsahara-Afrika (in % der ländlichen Bevölkerung, 2020)

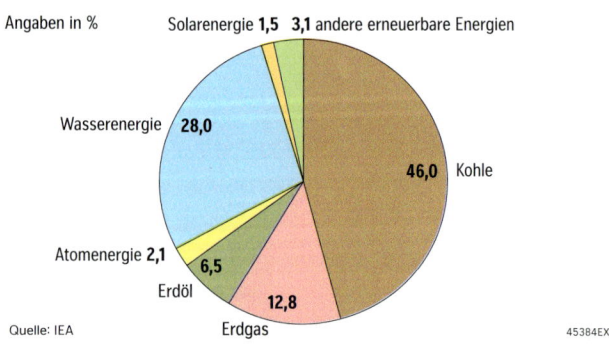

M 6   Elektrizitätserzeugungskapazitäten nach Energieträgern in Subsahara-Afrika (2020)

    100900-280-01
schule.diercke.de   100900-280-02
schule.diercke.de

Das Programm Energising Development (EnDev) Äthiopien unterstützt die nachhaltige Versorgung von Haushalten mit geringen Einkommen, sozialen Einrichtungen und kleinen bis mittleren Unternehmen mit Energiedienstleistungen. [...] EnDev ist eine Energiezugangspartnerschaft, die multilateral finanziert und umgesetzt wird. [...] Der Schwerpunkt liegt dabei auf drei verschiedenen Arten von Technologien: energieeffiziente Kochherde, Fotovoltaiksysteme und die Entwicklung unabhängiger Stromversorgungssysteme (Mini-Grids) für abgelegene Gemeinden. Dadurch wird die öffentliche Leistungserbringung für die ländliche Bevölkerung qualitativ und quantitativ verbessert und das lokale Privatunternehmertum gestärkt. [...]

- In mehr als 300 netzfernen öffentlichen sozialen Einrichtungen, etwa in Gesundheitseinrichtungen und Gemeindezentren, wurden Fotovoltaikanlagen installiert, die mit einer installierten Gesamtleistung von über 344 Kilowatt peak (kWp) Zugang zu Strom bieten.
- Mehr als 13 800 solare Heimsysteme, die ausreichend Strom für mehrere Lampen oder das Aufladen von Mobiltelefonen liefern, und über 436 000 Solarlampen wurden von durch EnDev Äthiopien ausgebildeten Händlern verkauft. Über 566 000 Menschen konnten so mit elektrischem Licht versorgt werden.
- Mehr als 800 kleine Hersteller von energieeffizienten Kochstellen haben sich in 330 Bezirken in sieben Regionen niedergelassen. Sie haben seit 2006 über 1194 000 verbesserte Kochstellen verkauft, hauptsächlich zum Backen und Kochen. Etwa 1388 456 Menschen profitieren von den im Rahmen des Programms verkauften energieeffizienten Kochherden. Diese Öfen haben jährlich fast 400 000 Tonnen CO_2 und mehr als 370 000 Tonnen Brennholz eingespart.
- Rund 2 000 000 Menschen haben derzeit durch die Unterstützung von EnDev Äthiopien Zugang zu modernen Energiedienstleistungen.
- In fünf Dörfern im Süden von Äthiopien und in Oromia wurden fünf Pilot-Mikro-Wasserkraftwerke errichtet.

Quelle: GIZ: Energising Development Äthiopien. www.giz.de

M 7 Quellentext zu einem Entwicklungsprojekt zur Elektrifizierung

M 8 Solartainer in einem Dorf in Mali

In einem fensterlosen Schuppen [in Kai, einem Dorf im Südosten von Mali] brüllt ein ölig-rußiges Dieselaggregat. [...] „Bis vor kurzem hatte ich, um schweißen zu können, einen Dynamo an den Dieselgenerator der Mühle angeschlossen. Da musste ich für Diesel umgerechnet mehr als 40 Euro im Monat ausgeben. [...] Vor drei Monaten habe ich dann zum ersten Mal Solarstrom gekauft – von dem neuen Ungetüm dort drüben. Nun zahle ich pro Monat gerade noch ein Drittel dessen, was mich der Dieselstrom gekostet hat." [...] Das Ungetüm, von dem der Schmied [Nuhun Traoré] spricht, steht mitten im Dorf: ein Container voller Elektronik. Über dem Container weit ausladende Dächer aus Solarpaneelen. [...] [Die meisten Dorfbewohner in Mali] können ihre Nahrungsmittel und Medikamente nicht kühlen; Schulkinder machen Hausaufgaben im Qualm von Kerosinlampen; sie kennen weder Fernseher noch Computer. [...] Doch es gibt Hoffnung für Malis Dörfer. [...] Torsten und Aida Schreiber verabschieden sich gerade von den Dorfältesten. Sie haben einen Deal mit ihnen abgeschlossen. Africa Greentec wird bald auch hier, im Dorf Fanidiama, eines seiner gelb-grün-rot-lackierten [...] mobilen Solaranlagen [aufstellen], die sie Solartainer nennen. [...] Noch vor einem halben Jahr wollte er in die Stadt ziehen, sagt Dramane Traoré. Auch dank des Solartainers ist er geblieben – wie sein Cousin, der Schmied Nuhun Traoré. Der hat mittlerweile zwei Mitarbeiter eingestellt. Und mit ihnen flickt er neuerdings nicht nur zerbrochene Felgen; er schmiedet auch Ackergerät, repariert Türen, baut Sesselgestelle. [26 Solartainer hat das Unternehmen bis März 2023 gebaut. Die Container stehen im Senegal, Mali, Niger, Gambia und Madagaskar.]

Quelle: Thomas Kruchem: Die Lichtbringer. Deutschlandfunk 19.4.2019

M 10 Quellentext über eine Mini-Grid-Lösung in Mali und Niger

Nur 10 % der Haushalte nutzen [in Benin] derzeit netzunabhängige Solarprodukte. [...] Saubere und nachhaltige Energiequellen wie Solaranlagen und Solar Home Systems für netzunabhängige Haushalte haben hohe Vorlaufkosten, die für Haushalte mit niedrigem und mittlerem Einkommen eine Herausforderung darstellen. ENGIE Energy Access, der führende Anbieter von Umlage- und Mini-Netzen in Afrika, bietet eine Lösung an. [...] Mit Pay-as-you-go können Kunden kleine Zahlungen leisten, um das System jeweils für einen Tag oder eine Woche freizuschalten, bis sie den vollen Preis bezahlt haben und die Systeme dauerhaft freigeschaltet sind. [...] Die Kunden müssen nicht im Voraus die vollen Kosten für das Solarsystem tragen, einschließlich der Solarmodule, des Batteriespeichers, der Beleuchtung und anderer optionaler Geräte. [Die Europäische Investitionsbank gab ENGIE Benin ein Darlehen von 10 Mio. Euro, mit dem 107 000 Solar Home Systems für 643 000 Menschen eingerichtet wurden.]

Quelle: Andreia Nuno: Solar power for rural Africa. European Investment Bank 14.11.2022 (Übersetzung: Thilo Girndt)

M 11 Quellentext zu Solar Home Systems in Benin

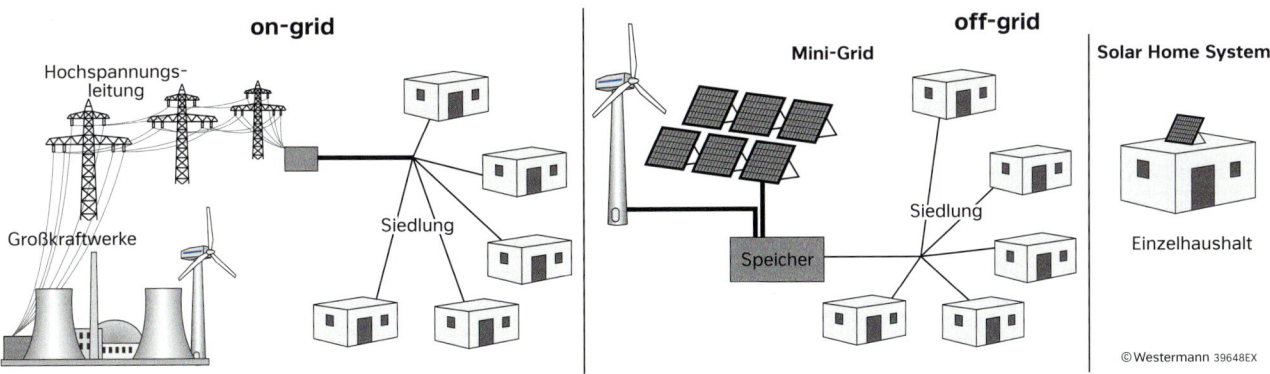

M 9 Stromversorgung per on-grid, Mini-Grid und Solar Home System (engl. grid = Stromnetz)

2.7 China: ein neuer Akteur der Entwicklungspolitik

Ein Staat, der bis vor kurzem selbst noch als „Entwicklungsland" galt, ist seit einiger Zeit selbst als wichtiger Entwicklungsakteur in fast allen Ländern Afrikas aktiv. China ist zum wichtigen Investor und Handelspartner Subsahara-Afrikas aufgestiegen. Im großen Stil werden im Rahmen der Seidenstraßen-Initiative* (Belt and Road Initiative, BRI) Projekte in den Bereichen Verkehr, Energie, Telekommunikation, Rohstoffe und Landwirtschaft umgesetzt. Das Entwicklungsengagement des ostasiatischen Landes unterscheidet sich dabei erheblich vom westlichen Modell.

1. Analysieren Sie den Handel zwischen Subsahara-Afrika und China und die ADI* von China in Afrika (M5, M7 – M10).
2. Charakterisieren Sie die chinesischen Projekte in Kenia und Angola (M3, M4).
3. Erläutern Sie die Unterschiede im Engagement von China und der EU in Subsahara-Afrika (M1, M2).
4. Beurteilen Sie das chinesische Entwicklungsmodell.
5. Nehmen Sie Stellung zu dem Zitat von Hu Jintao (M6).

	China[1]	EU[1]
offene Verhandlungen	56,0 %	66,9 %
schnelle Entscheidungen	73,4 %	48,7 %
schnelle Projektabwicklung	77,5 %	64,5 %
Beschäftigung einheimischer Arbeitskräfte	61,0 %	81,4 %
Einhaltung von Arbeitsnormen	46,4 %	66,5 %
Einhaltung von Umweltstandards	45,3 %	79,8 %
Eintreten für Klimaschutz	43,1 %	75,1 %
Nichteinmischung in innere Angelegenheiten	64,4 %	50,1 %
Eintreten für Menschenrechte	27,0 %	59,9 %
weniger Skrupel vor Korruption	55,2 %	32,5 %
Behandlung der Afrikaner als Gleichberechtigte	36,3 %	50,4 %
langfristige Strategie	64,8 %	76,5 %
Infrastrukturentwicklung	85,5 %	64,2 %
Hineintreiben in Schuldenfalle	66,4 %	58,9 %
Tranzparenz bei Geschäften	45,5 %	65,5 %
Erleichterung des Marktzugang China/EU	58,0 %	65,6 %

[1]Anteil der positiven Antworten der Befragten Quelle: Friedrich-Naumann-Stiftung

M1   Umfrage unter 1600 afrikanischen Entscheidungsträgern zum Engagement der EU und China in Afrika (Auswahl)

„Die Aspekte der Zusammenarbeit, bei denen China führend ist, haben für die afrikanischen Partner eine besonders hohe Relevanz. China setzt auf große, materielle Projekte, während sich Europa in Afrika auf kleinteilige und oft abstraktere Vorhaben konzentriert."

James Shikwati, Gründer des kenianischen Think Tanks IREN
„Eine Straße, die nach kurzer Bauzeit durch die Chinesen fertiggestellt wird, ist in der Wahrnehmung der Afrikaner auch ein Wert – und konkreter als manch europäisches Projekt zur Förderung von Demokratie, Menschenrechten oder Nachhaltigkeit."

Stefan Schott, Friedrich-Naumann-Stiftung
Westliche Entwicklungshilfe gleicht mit all ihren Konditionen und Bedingungen der Geldspende an den Alkoholiker auf der Straße, die nur gezahlt wird, wenn der Mann davon Brot statt Schnaps kauft. Chinesische Entwicklungshilfe verzichtet zumindest nach der Propaganda auf solche Auflagen, lässt dem Mann aber die Würde, selbst über sein Schicksal zu entscheiden.

Patrick Welter, deutscher Journalist

M2   Zitate

M3   Nairobi Expressway

Angolas Hauptstadt-Flughafen ist ein Milliardengrab. […] Nach 15 Jahren ist das Mammut-Projekt noch immer unvollendet [geplante Eröffnung Ende 2023]. Milliarden US-Dollar sind bereits in den Bau geflossen, der von einem Konsortium chinesischer Baufirmen durchgeführt wird. […] Angolanische Bauarbeiter protestierten dagegen, dass überwiegend chinesische Arbeitskräfte eingesetzt wurden. „Es ist, wie ich es nenne, einer der größten weißen Elefanten Afrikas", erklärt der investigative Journalist Rafael Marques […]. „Dieses Projekt sollte ursprünglich 300 Mio. Dollar kosten und ist auf 9 Mrd. Dollar gestiegen. […] Es ist ein unendliches Bauprojekt, das zu diesem Zeitpunkt nicht viel Sinn macht und den angolanischen Staat hoch verschuldet." […] Dahinter stecke die Propaganda der Regierung, den größten Flughafen Afrikas zu bauen, weswegen niemand das Projekt anzweifeln dürfe. „Da, wo der Flughafen heute stehen sollte, gibt es nur ein schwarzes Loch der Korruption."
Quelle: Silja Fröhlich: Chinas Flughäfen – der weiße Elefant Afrikas. DW 3.9.2019

China ist seit den 1960er-Jahren an Infrastrukturprojekten auf dem afrikanischen Kontinent beteiligt und in den meisten afrikanischen Ländern wirtschaftlich sehr präsent. Der Handel zwischen China und den Staaten Afrikas stieg von 9,86 Milliarden US-Dollar im Jahr 2002 auf 175,91 Milliarden US-Dollar im Jahr 2020. Zwischen 2000 und 2019 haben chinesische Geldgeber Darlehen in Höhe von 153 Milliarden US-Dollar an öffentliche Kreditnehmer vergeben. Doch in den vergangenen Jahren sind die BRI-Kredite drastisch zurückgegangen. […] Der Nairobi Expressway, eine 27 Kilometer lange Schnellstraße, die die kenianische Hauptstadt mit ihrem wichtigsten Flughafen verbindet, steht für die veränderte Zielsetzung, die sich in BRI-Projekten zurzeit zeigt. Durch die Fahrzeitverkürzung von zwei Stunden auf 20 Minuten ist die Schnellstraße für lokale Pendler ein echter Fortschritt. […] [Das chinesische Staatsunternehmen] CRBC hat den Bau der Schnellstraße vorfinanziert, wird sie 27 Jahre lang betreiben und die Mautgebühren erhalten, bevor die Straße an den kenianischen Staat übergeht. […] Im Gegensatz zu einem anderen Projekt in Kenia, der Standard Gauge Railway (SGR), die Nairobi mit der Hafenstadt Mombasa verbindet, liegt die Verantwortung für den wirtschaftlichen Erfolg des Vorhabens nicht bei der kenianischen Regierung. Aufgrund der Verluste der SGR lief die kenianische Regierung Gefahr, den Kredit in Höhe von 3,2 Milliarden US-Dollar nicht mehr bedienen zu können, den sie bei einer staatlichen chinesischen Bank für den Bau des Projekts aufgenommen hatte. Die Rentabilität des Nairobi Expressway ist mit ähnlichen Fragezeichen versehen.
Quelle: Jacob Mardell: Seidenstraße vor Ort. APuZ 24.10.2022

M4   Quellentexte zu chinesischen Projekten in Subsahara-Afrika

  100900-177-02 schule.diercke.de   100900-284-01 schule.diercke.de

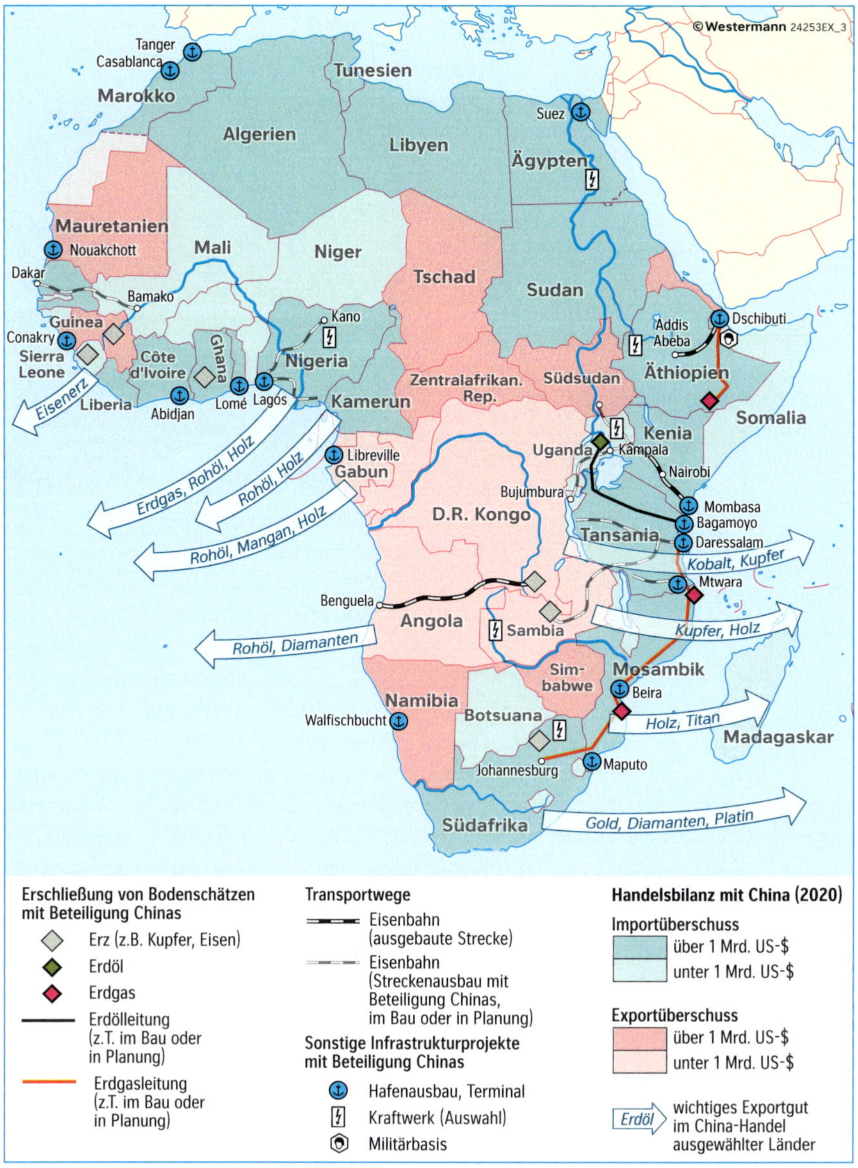

©Westermann 24253EX_3
Tanger
Casablanca
Marokko
Tunesien
Algerien
Libyen
Suez
Ägypten
Mauretanien
Nouakchott
Mali
Niger
Tschad
Sudan
Dakar
Bamako
Guinea
Conakry
Sierra Leone
Liberia
Côte d'Ivoire
Abidjan
Ghana
Lomé
Lagos
Kano
Nigeria
Kamerun
Zentralafrikan. Rep.
Südsudan
Addis Abeba
Dschibuti
Äthiopien
Somalia
Eisenerz
Erdgas, Rohöl, Holz
Rohöl, Holz
Rohöl, Mangan, Holz
Libreville
Gabun
Uganda
Kampala
Kenia
Nairobi
Bujumbura
D.R. Kongo
Mombasa
Bagamoyo
Tansania
Daressalam
Kobalt, Kupfer
Mtwara
Benguela
Angola
Sambia
Rohöl, Diamanten
Kupfer, Holz
Simbabwe
Mosambik
Beira
Namibia
Walfischbucht
Botsuana
Holz, Titan
Madagaskar
Johannesburg
Maputo
Südafrika
Gold, Diamanten, Platin
Erschließung von Bodenschätzen mit Beteiligung Chinas
Erz (z.B. Kupfer, Eisen)
Erdöl
Erdgas
Erdölleitung (z.T. im Bau oder in Planung)
Erdgasleitung (z.T. im Bau oder in Planung)
Transportwege
Eisenbahn (ausgebaute Strecke)
Eisenbahn (Streckenausbau mit Beteiligung Chinas, im Bau oder in Planung)
Sonstige Infrastrukturprojekte mit Beteiligung Chinas
Hafenausbau, Terminal
Kraftwerk (Auswahl)
Militärbasis
Handelsbilanz mit China (2020)
Importüberschuss
über 1 Mrd. US-$
unter 1 Mrd. US-$
Exportüberschuss
über 1 Mrd. US-$
unter 1 Mrd. US-$
Erdöl
wichtiges Exportgut im China-Handel ausgewählter Länder

M5 Wirtschaftliches Engagement von China in Afrika

Exporte nach China 2021
2,9
0,1
6,2
36,1
54,7
Angaben in %
Erze, Metalle
Treibstoffe
Agrargüter
Industrieerzeugnisse
andere
Importe aus China 2021
6,6
22,9
28,2
17,6
6,1
9,0
9,6
Angaben in %
Maschinen
Textilien
Fahrzeuge
Chemieerzeugnisse
Eisen, Stahl
andere Industrieerzeugnisse
andere
in Mrd. US-$
160
140
120
100
80
60
40
20
0
1995
2000
2005
2010
2015
2020
Exporte
Importe
Quelle: UNComtrade
39346EX_3

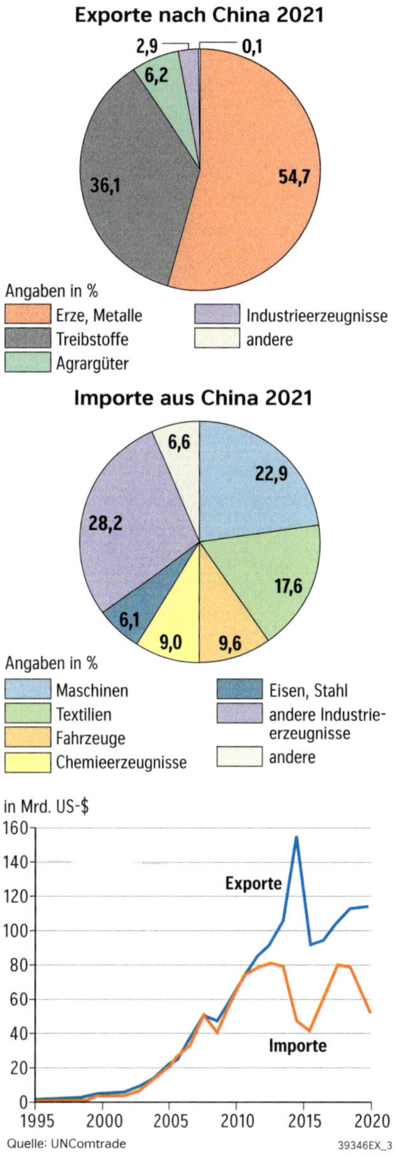

M10 Handel Subsahara-Afrikas mit China

„China ist das größte Entwicklungsland der Welt und Afrika der Kontinent mit der größten Anzahl von Entwicklungsländern. [...] Die chinesischen und afrikanischen Völker haben sich stets als gleichberechtigt und mit Ernsthaftigkeit und Freundschaft behandelt, sich gegenseitig unterstützt und auf gemeinsame Entwicklung gesetzt."

Hu Jintao, chinesischer Staatspräsident (2012)

M6 Zitat

2000
5,2
4,9
15,6
37,3
12,4
4,8
4,0
15,8
2021
3,4
14,8
22,9
9,1
7,9
26,1
9,1
6,7
Angaben in %
China (mit Hongkong)
Europa
Nordamerika
Südasien
Westasien
übriges Ostasien/Südostasien
Subsahara-Afrika
andere
Quelle: UNCTAD
39347EX_1

M8 Handelspartner Subsahara-Afrikas (2000, 2021)

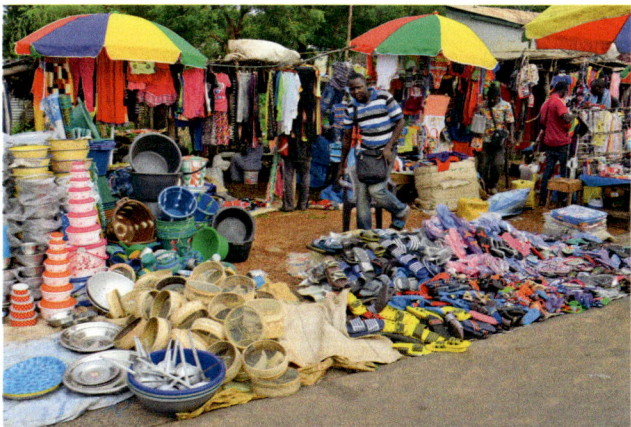

M7 Chinesische Billigwaren auf einem Markt in Barra (Gambia)

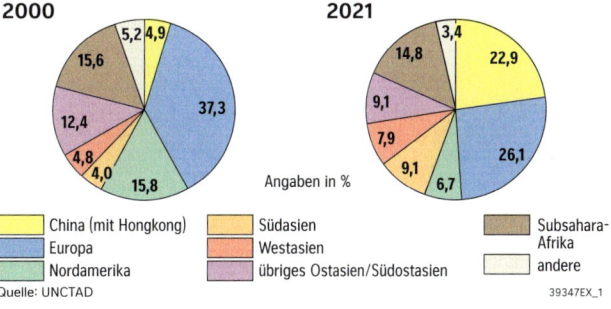

Anteil chinesischer ADI in Subsahara-Afrika
8
7
6
5
4
3
2
1
0
2005
2010
2015
2020
Quelle: MOFCOM
Anteil chinesischer ADI in Subsahara-Afrika nach Wirtschaftsbereichen (2020)
Angaben in %
15,4
5,4
34,9
9,6
14,1
20,6
Baugewerbe
Bergbau
verarbeitende Industrie
Finanzvermittlung
gewerbliche Dienstleistungen
andere
45399EX

M9 Chinesische ADI* (ohne Hongkong) in Subsahara-Afrika

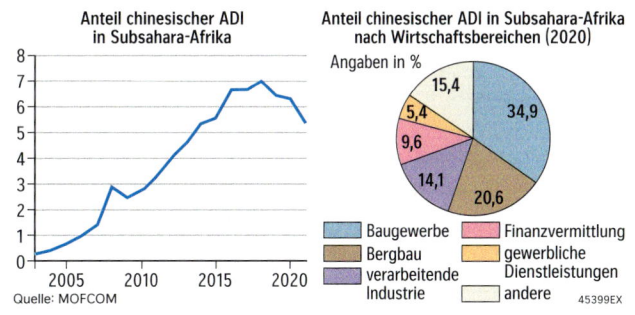

2.8 Afrikanische Wege der Entwicklung

Millionen von Menschen in Afrika überspringen Entwicklungsschritte, die alle Europäer in der Vergangenheit gemacht haben. Anstelle von Festnetztelefon und stationären Bankgeschäften haben sie direkt mit Mobiltelefonie und Mobile Payment begonnen. Leapfrogging („Bocksprung") wird dieser Prozess genannt, bei dem Entwicklungsländer dank neuer Technologien Entwicklungs-phasen überspringen. In etlichen afrikanischen Metropolen wie Lagos und Nairobi sind in letzter Zeit zahlreiche Start-ups entstanden, die neue Tech-nologieanwendungen auf den afrikanischen Markt bringen. Neben Finanz-dienstleistungen, Gesundheit und Bildung ist die Landwirtschaft ein wichtiges Entwicklungsfeld (Kap. 3.8). Ob innovative Nutzungen von Technologie auch dazu führen werden, in Zukunft selbst Technologien zu entwickeln und eine industrielle Entwicklung voranzutreiben, muss sich erst noch zeigen.

1. Erläutern Sie Leapfrogging am Beispiel der Telefonie oder der Elektrifizierung (Kap. 2.6).
2. Beschreiben Sie die Nutzung von Mobile Payment in Kenia und Nigeria (M1, M5).
3. Erklären Sie den Erfolg von Mobile Payment in Subsahara-Afrika gegenüber anderen Weltregionen (M3, M4).
Ⓩ 4. Stellen Sie eines der in M6, M7 oder oder M9 vorgestellten Beispiele in einem Kurzvortrag vor (internet, Links S. 50).
5. Erörtern Sie den Beitrag von modernen Technologieanwen-dungen für die Entwicklung Subsahara-Afrikas (M8, M2).

M5   Geldtransfer-Service bei einem Agent in Kenia

Seit 2007 gibt es in Kenia (und inzwischen in fast allen anderen Ländern Afrikas) ein einfaches System des bargeldlosen Zahlungsverkehrs per Mobiltelefon. Der Service funktioniert als Bankkonto- oder Kreditkar-tenersatz und kann für Bargeldabhebungen und -einzahlungen bei den 600000 „Agents" (Verkaufsstellen) sowie für Überweisungen gegen Ge-bühren verwendet werden (mittels Mobilfunkverbindung, ohne Internet). So kann im Internet oder auf dem Markt eingekauft oder ein Kleinkredit aufgenommen werden. Städter können Familienangehörigen auf dem Land Geld schicken. Den kenianischen Anbieter M-Pesa benutzen 51 Mio. Kunden und mehr als 465000 Unternehmen. Es werden mehr als 61 Millionen Transaktionen pro Tag verarbeitet.

Nutzung für	Kenia	Nigeria
Geldtransfer zu Freunden/ Verwandten	85 %	60 %
Geldtransfer von Freunden/ Verwandten	88 %	53 %
Geldtransfer von Verwaltung/Staat	12 %	10 %
Gehaltszahlung	33 %	12 %
Erhalt von Darlehen	36 %	4 %
Bezahlung von Versicherungen	16 %	6 %
Einzahlung auf Sparkonto	31 %	54 %
Zahlungen von Kunden für eigene Produkte und Dienstleistungen	46 %	26 %
Bezahlung von Einkäufen	55 %	20 %
Bezahlung von Rechnungen (Was-ser, Elektrizität, Steuern etc.	54 %	21 %
Bezahlung von Dienstleistungen	41 %	12 %

Quelle: GSMA

M1   Verwendung von Mobile Payment in Kenia und Nigeria

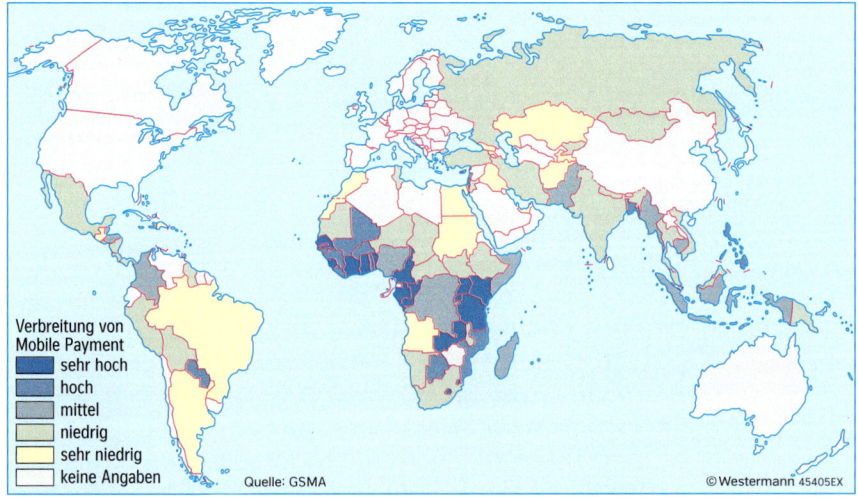

M3   Nutzung von Mobile Payment in ausgewählten Ländern Subsahara-Afrikas

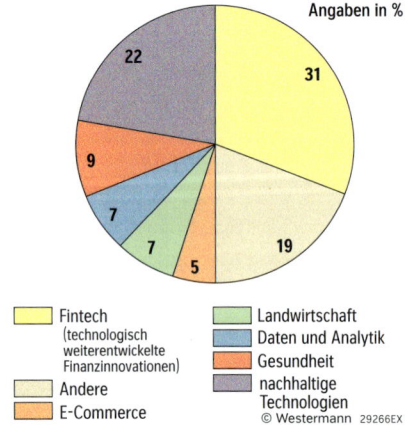

M2   Start-up-Investitionen in Afrika (2020)

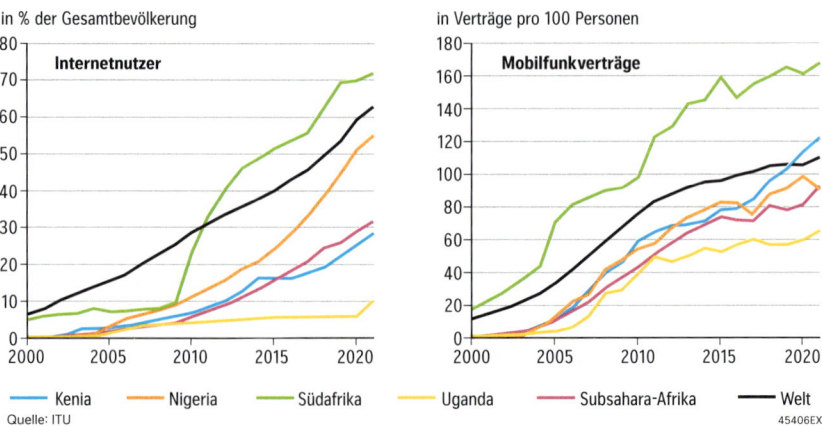

M4   Internetnutzer und Mobilfunkverträge in ausgewählten Ländern Subsahara-Afrikas

M 6 SafeBoda, eine Taxi-App aus Uganda, stellt den zuverlässigen und sicherem Transport seiner Kunden in den Mittelpunkt.

M 9 Medikamentenbelieferung von Krankenhäusern per Drohne in Ruanda (Flugzeit: 15 – 45 min, Autofahrt: 4 – 5 Stunden)

	Gesundheit	Bildung
Status quo	Noch immer mangelt es vielerorts an grundlegenden Voraussetzungen für eine gesunde Bevölkerung wie sauberem Wasser, sanitären Einrichtungen und Hygiene. Die Kinder- und Müttersterblichkeit ist hoch. Eigentlich vermeidbare Infektionskrankheiten sind verbreitet, während nicht übertragbare Krankheiten stark zunehmen. Ein Indikator dafür ist die im globalen Vergleich niedrige durchschnittliche Lebenserwartung.	Afrika hat die jüngste Bevölkerung der Welt. Damit diese ihre Fähigkeiten entfalten kann, brauchen junge Menschen eine Bildung, die sie für Jobs im 21. Jahrhundert ausreichend qualifiziert. Doch noch immer gehen viele Kinder gar nicht zur Schule oder brechen sie nach wenigen Jahren ab. Wenn sie Unterricht erhalten, lernen sie oft wenig. Viele Lehrer sind unzureichend oder gar nicht für ihren Job qualifiziert. Zu Corona-Zeiten blieben zudem viele Schulen leer. Eine geregelte berufliche Bildung, mit praktischer Vorbereitung auf den Arbeitsmarkt, ist in Afrika kaum verbreitet.
Ziel	Afrikas Regierungen haben sich vorgenommen, allen Menschen Zugang zu grundlegenden Gesundheitsdiensten zu ermöglichen, kostenlos oder jedenfalls bezahlbar. Dafür müssen die Gesundheitssysteme gestärkt werden. Die billigste Maßnahme auf dem Weg zu einer gesunden Bevölkerung ist Prävention, also Krankheiten gar nicht erst entstehen zu lassen.	Afrikanische Kinder brauchen universelle Vorschul-, Primar- und zumindest eine mittlere Sekundarbildung, wie sie auch die Vereinten Nationen in ihren nachhaltigen Entwicklungszielen fordern. Sie müssen nicht nur die Grundlagen beherrschen, also lesen, schreiben und rechnen können, sondern auch Fähigkeiten erwerben, die in modernen Unternehmen gefragt sind: Kommunikationsvermögen, Konfliktlösungskompetenz, Teamfähigkeit, interkulturelles Verständnis und Bewusstsein für Nachhaltigkeit.
Beispiele	Afrika hat mit der direkten Einführung der mobilen Telefonie, ohne den Umweg über den Aufbau eines Festnetzes, bereits gezeigt, was Leapfrogging vermag. Die hohe Verbreitung von Handys ermöglicht merkliche Sprünge auch für die Gesundheit. • So verbessert MomConnect, ein Informations- und Beratungsservice für Schwangere, in Südafrika die Überlebenschancen von Frauen und Neugeborenen. • Äthiopien hat mit dem Health Extension Program ein dichtes Netz einfacher Gesundheitsstationen aufgebaut, in denen eigens geschulte Gesundheitshelfer gesundheitliche Aufklärung, Prävention und medizinische Basisleistungen auch in abgelegene Regionen bringen. • Telemedizin überbrückt im Inselstaat Cabo Verde große Entfernungen und Mangel an Ärzten und Pflegekräften. Senegal sorgt mit dem Informed Push-Modell, bei dem private Logistikunternehmen die Lieferkette sichern, für lückenlosen Nachschub an Verhütungsmitteln und Medikamenten.	• Liberia hat eine elektronische Datenbank erstellt, um überhaupt zu erfahren, welche Personen, wo mit welchen Qualifikationen als Lehrer eingestellt sind. So konnte das Bildungsministerium schwänzende und ungeeignete Lehrer identifizieren, einen großen Teil von ihnen entlassen und dafür neue, besser qualifizierte einstellen. • Kenia hat mit dem Tusome-Programm alle Grundschulen mit neuen Schulbüchern und Lehrplänen ausgestattet, bildet die Lehrer fort und kontrolliert deren Unterricht. Innerhalb von drei Jahren haben sich die Lesefähigkeiten der Kinder verdoppelt. • Die internationale Nichtregierungsorganisation Camfed hat in Ghana, Tansania, Malawi, Sambia und Simbabwe rund eine Million Schülerinnen durch die Sekundarschule begleitet. Wer es geschafft hat, die Bildungsbenachteiligung von Mädchen zu überwinden, wird als Mentorin angeheuert und unterstützt die nächste Generation. • Mit dem Siyavula-Programm aus Südafrika können Jugendliche Online-Unterricht in Mathematik und Naturwissenschaften nehmen und sich auf Abschlussprüfungen vorbereiten. Vielerorts in Afrika kommen solche Lernprogramme zum Einsatz, vor allem dort, wo es an fähigen Lehrern fehlt. Zu Corona-Zeiten sind die Siyavula-Nutzerzahlen geradezu explodiert.

Quelle: Reiner Klingholz, Sabine Sütterlin, Alisa Kaps, Catherina Hinz: Schnell, bezahlbar, nachhaltig. Berlin-Institut für Bevölkerung und Entwicklung 2020, S. 6 – 7

M 7 Leapfrogging in den Bereichen Gesundheit und Bildung

„In Afrika leben derzeit 1,2 Milliarden Menschen, [...] in 30 Jahren werden es mehr als zwei Milliarden sein. Alle diese Menschen müssen ausgebildet, mit Wohnungen und Lebensmitteln versorgt und in Arbeit gebracht werden. [...] Technologie ermöglicht hier Quantensprünge. Sie kann den Zugang zu grundlegenden Gütern und Diensten beschleunigen und vervielfachen, kleinen und mittelständischen Unternehmen Zugang zu Märkten und Kapital ermöglichen und so Millionen von Arbeitsplätzen schaffen. Das Potenzial ist immens, ebenso wie die Geschwindigkeit, mit der sich Afrika vernetzt."

Fatoumata Bâ, senegalesische Gründerin des afrikanischen Onlinehändlers Jumia

„Die Mobiltelefonnutzung [ist] in Afrika schneller gestiegen als irgendwo sonst auf der Welt. Aber diese erhöhte Quote ist nicht zuletzt darauf zurückzuführen, dass Regierungen keine Festnetze aufbauen konnten. Die Menschen mussten die Dinge also selbst in die Hand nehmen. [...] Das ‚Überspringen' von Festnetzen zugunsten von Mobiltelefonen wird in Afrika als großer Erfolg gewertet. Aber es ist wichtig zu beachten, dass das Wachstum der Mobiltelefonie in Afrika weniger mit Innovationen auf dem Kontinent als vielmehr mit Innovationen an anderen Orten der Welt zu tun hat. [...] Die Afrikaner bleiben Technologiekonsumenten, auch wenn die Art und Weise, in der neue Technologien verwendet werden, manchmal den Eindruck erweckt, dass Afrikaner sie neu erschaffen."

Rosalind Kainyah, ghanaische Anwältin und Unternehmerin

M 8 Zitate zum Leapfrogging

2.9 Übungsklausur

Klimagerechtigkeit in Kenia

1. Beschreiben Sie Sichtweisen zur Klimagerechtigkeit.
2. Analysieren Sie Aspekte zum Klimawandel und seinen Folgen in Kenia.
3. Erörtern Sie das Projekt „Klimakompensation" niedersächsischer Schulen im Kontext von Klimagerechtigkeit.

Das Konzept der Klimagerechtigkeit strebt an, Lasten und Chancen des Klimawandels global gerecht zu verteilen. Demnach müssen die Hauptverursacher des Klimawandels – Industriestaaten und einige Schwellenländer – nicht nur ihren Ausstoß von Treibhausgasen drastisch verringern. Sie stehen auch in der Verantwortung, die Entwicklungsländer angemessen dabei zu unterstützen,

* *sich an die Folgen des Klimawandels anzupassen,*
* *klimabedingte Schäden und Verluste zu bewältigen und*
* *den Wandel zu einer klimaneutralen, zukunftsfähigen Wirtschafts- und Lebensweise zu vollziehen.*

Quelle: www.bmz.de/de/service/lexikon/klimagerechtigkeit-125076

M 1   **Klimagerechtigkeit – Definition des BMZ**

Klimagerechtigkeit verlangt, dass diejenigen, die die Krise verursacht haben, Verantwortung dafür übernehmen und die am stärksten Betroffenen angemessen unterstützt werden, damit sie mit den entstandenen Problemen und Schäden umgehen können. Ich komme aus Iten, einer kleinen Stadt im Westen Kenias. Landwirtschaft ist das Fundament der Wirtschaft in meiner Heimat. Meine Geschwister und ich hatten es in der Schule leicht, weil unsere Eltern ihre Ernte nach der Saison verkaufen konnten, um das Einkommen aus ihren regulären Jobs aufzubessern, und so gab es nie Probleme, unser Schulgeld zu bezahlen. [...] Letztes Jahr zum Beispiel fehlte ihnen jedoch die Ernte, weil die Regenfälle ausblieben. In Kenia haben sich die Wettermuster drastisch verändert, und das gefährdet unsere wichtigste Lebensgrundlage. [...] Unser Land ist auf Regenfeldbau* angewiesen. Das unvorhersehbare Wetter beschert den Landwirten immer wieder Verluste. Es gibt niemanden, der sie entschädigen würde. [...] Unzählige junge Menschen leiden unter Klimaangst, weil sie nicht wissen, wie ihre Zukunft aussehen wird.

Abigael Kima, kenianische Klimaaktivistin

M 2   **Zitat**

Die UN-Klimakonferenz [in Ägypten 2022] hat den Aufbau eines Fonds für klimabedingte Schäden beschlossen. Damit sollen unabwendbare Folgen der Erderhitzung in besonders gefährdeten Entwicklungsländern abgefedert werden. Ein „historischer Durchbruch", sagen Klimaexperten. [...] Mit dem Fonds sollen unabwendbare Folgen der Erderhitzung wie immer häufigere Dürren, Überschwemmungen und Stürme, aber auch der steigende Meeresspiegel und Wüstenbildung abgefedert werden. [...] In dem Beschluss werden keine Summen für den neuen Entschädigungsfonds genannt und auch nicht, wer genau einzahlen soll. [...] Begünstigt werden sollen Entwicklungsländer, die besonders gefährdet sind. [...] Studien zufolge könnten die Schadenssummen weltweit bis zum Jahr 2050 auf 1,0 bis 1,8 Billionen Dollar jährlich ansteigen. Jahrelang sei ein solcher Geldtopf von den reichen Staaten abgeblockt worden aus Angst, für das Verursachen der Klimakrise haftbar gemacht zu werden.
Quelle: Fonds für Klima-Ausgleichzahlungen beschlossen. Tagesschau 20.11.2022

M 3   **Quellentext zu Entschädigungsfonds für Klimaschäden**

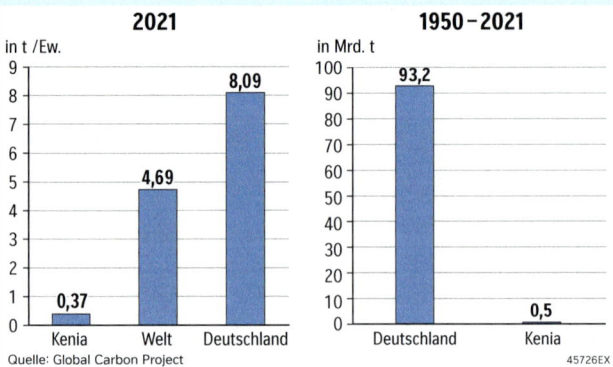

2021   **1950 – 2021**

Quelle: Global Carbon Project

M 4   **Pro-Kopf-CO_2-Emissionen (2021) und historische CO_2-Emissionen (kumuliert 1950 – 2021)**

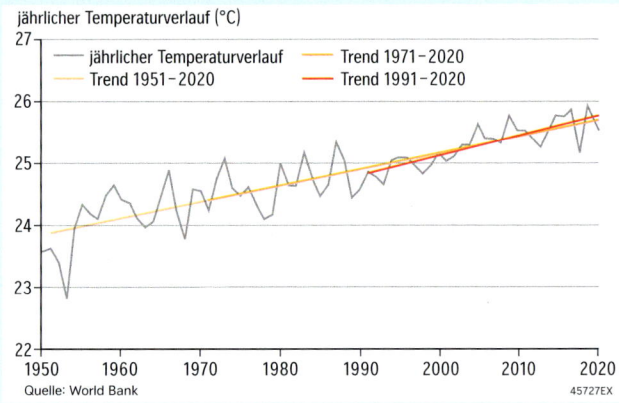

jährlicher Temperaturverlauf (°C)

jährlicher Temperaturverlauf   Trend 1971–2020
Trend 1951–2020   Trend 1991–2020

Quelle: World Bank

M 5   **Anstieg der mittleren Jahrestemperatur in Kenia (1950 – 2020)**

Klimawandelgefährdung der agroklimatischen Zonen

geringes Risiko   hohes Risiko
moderates Risiko   sehr hohes Risiko

© Westermann   45727EX

M 6   **Gefährdungsrisiko (Vulnerabilität) gegenüber dem Klimawandel in Kenia**

Umfrageergebnisse [der Europäischen Investitionsbank (EIB)] belegen, dass sich der Klimawandel negativ auf die Lebensgrundlage der kenianischen Bevölkerung ausgewirkt hat. 76 % der Befragten gaben an, dass ihr Einkommen beeinträchtigt wurde. Diese Verluste sind in der Regel auf schwere Dürren, den Anstieg des Meeresspiegels oder die Küstenerosion sowie auf extreme Wetterereignisse wie Überschwemmungen oder Wirbelstürme zurückzuführen.

78 % der Kenianer, verglichen mit dem afrikanischen Durchschnitt von 57 %, geben an, dass sie oder Personen, die sie kennen, bereits Maßnahmen ergriffen haben, um sich an die Auswirkungen des Klimawandels anzupassen. Einige dieser Initiativen umfassen Investitionen in wassersparende Technologien, um die Auswirkungen von Dürren zu verringern, und Entwässerungsmaßnahmen im Vorfeld von Überschwemmungen.

Fast die Hälfte (48 %) der Kenianer sieht im Klimawandel eine der größten Herausforderungen, mit denen die Menschen in ihrem Land derzeit konfrontiert sind, gleich nach anderen großen Herausforderungen wie Inflation oder Zugang zu Nahrungsmitteln.

Quelle: 97% of Kenyan respondents say climate change is already affecting their everyday life. Luxemburg: EIB 20.12.2022 (Übersetzung: Wilfried Hoppe)

M 7   Quellentext zu Klimawandelfolgen in Kenia

Nicht nur in den Privathaushalten des ländlichen Raumes in Ostafrika, sondern auch in den ländlichen Schulen wird noch immer auf drei Steinen statt auf einem Herd gekocht. Dies bedeutet, dass die Schulkinder am Wochenende nicht nur für ihre Familien, sondern auch für die Schulküche Holz sammeln müssen.

Die Deutsche Gesellschaft für Internationale Zusammenarbeit (GIZ) hat in jahrelangen Untersuchungen herausgefunden, dass jede Primary School (Jahrgang 1 – 8) mit etwa 300 Kindern 160 Tonnen Feuerholz im Jahr zum Kochen benötigt. Die GIZ hat eine Lösung gefunden und „holzsparende" Öfen konstruiert. Sie werden aus Zement und gebrannten Ziegelsteinen in ganz bestimmten Formen und Maßen in die Küchen gebaut.

Es gibt kleine Typen für die Haushalte und große für die Schulen. Nach den Untersuchungen der GIZ spart ein solcher Ofen meistens 50 % des Feuerholzes. Pro Schule sind das ca. 100 Tonnen pro Jahr. Das entspricht dem Erhalt von 4,8 ha Wald. Etwa 100 Tonnen CO_2 werden durch die Nutzung dieser Schulöfen im Jahr vermieden. Die Erkrankungen durch den Qualm der offenen Feuerstellen werden bei den Köchinnen drastisch vermindert.

Quelle: www.klimaneutrale-schule.de/kompensieren

M 8   Quellentext zu holzsparenden Öfen

M 11   Kenianische Schulkinder tragen Feuerholz zur Schule

Schulen in Deutschland produzieren durch Stromverbrauch und Heizung der Schulgebäude sowie durch Transport von Schülern und Lehrern, Schulessen und Klassenfahrten Treibhausgasemissionen. Zwar gibt es einiges an Einsparpotenzial für Schulen, doch es bleiben noch eine Menge an unvermeidbaren Emissionen, sodass eine emissionsfreie Schule kaum zu erreichen ist. Darum haben einige Schulen in Niedersachsen im Rahmen der Projektinitiative „Klimaneutrale Schule" den Weg der CO_2-Kompensation gewählt: Die CO_2-Kompensation bedeutet bezogen auf das Weltklima „die Wiedergutmachung" einer zurzeit an einer Schule in Deutschland nicht vermeidbaren Treibhausgasausstoßes.

Dies geschieht in diesem Fall nicht über professionelle Anbieter wie Atmosfair, Klima-Kollekte und MyClimate, die eine Vielzahl von Kompensationsmaßnahmen in Entwicklungsländern durchführt und den Schulen Kompensationszertifikate verkaufen, sondern über den Verein „Wasser für Kenia e.V." (eine Gruppe ehrenamtlich arbeitender Lehrkräfte), der über seine kenianische Partnerorganisation holzsparende Öfen als Kompensationsprojekte bauen lässt. Daneben erhält die kenianische Partnerschule einen großen Wassertank, der dafür sorgt, dass die Mädchen auch in den Trockenzeiten zur Schule gehen können, anstatt auf weiten Wegen Wasser holen zu müssen. Die Kosten von etwa 10 000 Euro für beide Projekte kommen zum Beispiel über Spendenläufe der deutschen Schule zusammen.

Inzwischen wurden zehn Ofenbauer (acht Männer, zwei Frauen) in Kenia ausgebildet, die aus lokalen Ziegelsteinen an 27 Schulen für die Schulküchen die holzsparenden Öfen gebaut haben. Die Schulküchen werden außen so bemalt, dass die Schülerinnen und Schüler dort Informationen erhalten, welchen Vorteil diese Öfen auch für ihre Familien zu Hause haben. Mittlerweile sind so auch 50 kleinere Öfen für die Haushalte von Familien gebaut und in Betrieb genommen worden.

M 12   Projekt Klimakompensation an niedersächsischen Schulen

M 9   Kochen auf drei Steinen

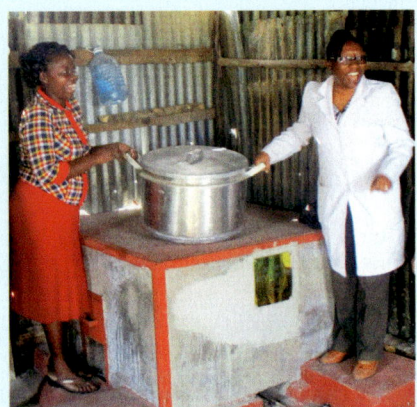

M 10   Moderner Schulofen

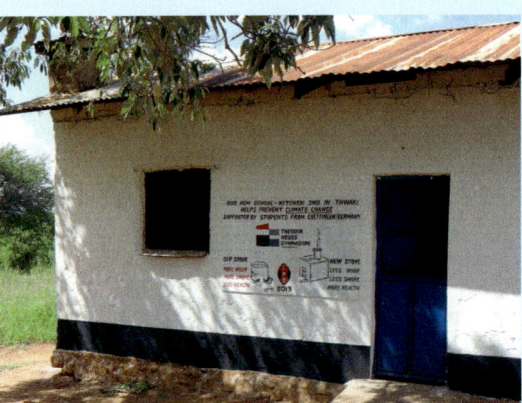

M 13   Schulküche an der Thwake Primary School

Zusammenfassung

Konzepte und Strategien für Entwicklung

Armut, unzureichende wirtschaftliche Entwicklung und globale Disparitäten sind zentrale Herausforderungen, die die Wissenschaft, Politik und viele zivilgesellschaftliche Akteure seit Jahrzehnten bewegen. Die Entwicklungsunterschiede der Industrieländer des Nordens und der Länder des Südens, insbesondere der Staaten Subsahara-Afrikas, haben sich in dieser Zeit eher verstärkt. Die Ursachen dafür werden in einer ganzen Reihe intern angelegter und extern gesteuerter Entwicklungshemmnisse gesehen (Kap. 2.5), deren jeweilige Bedeutung von der Entwicklungsforschung unterschiedlich gewichtet wurden (Modernisierungs- und Abhängigkeitstheorie).

Im Zuge der nunmehr etwa 70 Jahre Entwicklungspolitik hat es eine Vielzahl von Strategien gegeben, mit denen die wirtschaftliche, soziale und politische Situation in den „Entwicklungsländern" verbessert werden sollte: Mal wurden eine verstärkte Hilfe zur Selbsthilfe, Armutsbekämpfung und die Grundbedürfnisbefriedigung in den Mittelpunkt gestellt, mal die Etablierung marktwirtschaftlicher Strukturen, die Verbesserung der Handelsbeziehungen oder die Stärkung staatlicher Institutionen in den Ländern des Südens. Grundsätzlich können sie darin unterschieden werden, ob Entwicklung durch Projekte auf lokaler Ebene angestoßen werden soll (Entwicklung von unten) oder durch Großprojekte, die Ausstrahlungseffekte auf das ganze Land haben sollen (Entwicklung von oben). Beispiele wären etwa Projekte zur Elektrifizierung von Dörfern oder der Bau lokaler Bildungs- und Gesundheitseinrichtungen beziehungsweise die Errichtung von Sonderwirtschaftszonen zur Anlockung ausländischen Kapitals oder die Errichtung von Verkehrsinfrastruktur (z. B. Häfen, Straßen).

Seit den 1990er-Jahren hat sich als übergeordnetes Prinzip das Konzept der nachhaltigen Entwicklung (Sustainable Development) etabliert, das gleichberechtigt die drei Dimensionen Soziales, Wirtschaft und Umwelt vereint. 2015 verabschiedeten die Vereinten Nationen die Agenda 2030 und mit ihnen 17 Ziele einer nachhaltigen Entwicklung (SDG). Mit dem SDG-Index kann auf der Basis einer großen Anzahl von Indikatoren die Erfüllung dieser Entwicklungsziele verfolgt werden.

Entwicklungszusammenarbeit

Ein Drittel der Leistungen der internationalen öffentlichen Entwicklungshilfe geht nach Subsahara-Afrika. Träger der Entwicklungszusammenarbeit sind eine große Anzahl von internationalen und nationalen staatlichen Organisationen, aber auch eine Vielzahl privater Nichtregierungsorganisationen (NGOs), Verbände, Unternehmen und Einzelpersonen. Bilaterale Zusammenarbeit zwischen einem Geber- und einem Empfängerland kann von multilateraler Zusammenarbeit mehrerer Staaten oder überstaatlicher Organisationen wie der Weltbank oder EU unterschieden werden. Die Formen der Entwicklungszusammenarbeit reichen von der Nothilfe über technische und finanzielle Unterstützung bis hin zu handelspolitischen Maßnahmen.

Auch aufgrund der mageren Erfolgsbilanz ist die Kritik an der Entwicklungszusammenarbeit vielfältig. Die daraus abgeleiteten Forderungen reichen von der vollständigen Einstellung der Entwicklungshilfezahlungen bis hin zu einem massiven Ausbau. Neuere Ansätze der Entwicklungspolitik sind die Budgethilfe (Finanzierung der Staatshaushalte der Partnerländer für Entwicklungsprogramme unter Auflagen), um die Entwicklungszusammenarbeit effektiver zu gestalten, und die globale Strukturpolitik (Verbesserung der globalen Rahmenbedingungen). Auch das deutsche Bundesministerium für wirtschaftliche Zusammenarbeit und Entwicklung hat seine Afrikaprogramme mehrfach umgebaut.

Neue Akteure

Neben den westlichen Industrieländern ist als neuer Akteur der Entwicklungszusammenarbeit China auf den Plan getreten. Seine Entwicklungsvorhaben sind unter anderem gekennzeichnet durch große Infrastrukturprojekte und den Verzicht auf politische Forderungen gegenüber den Nehmerländern.

Zudem kommen vermehrt auch Entwicklungsimpulse und Innovationen aus Afrika selbst. Mobile Payment und andere digitale Anwendungen zählen zu den Beispielen. Das damit verbundene Überspringen von (veralteten) Entwicklungsstufen, die die alten Industrieländer durchlaufen haben, wird als Leapfrogging bezeichnet und als Entwicklungschance angesehen.

Weiterführende Literatur und Internetlinks

Geographische Rundschau
- Nachhaltige Entwicklung – Dimensionen, Strategien Bildung Heft 10/2018
- Überlebenssicherung und Armutsbekämpfung Heft 10/2013

Fred Scholz: Länder des Südens – Fragmentierende Entwicklung und Globalisierung. Braunschweig: Westermann 2017

Theo Rauch: Entwicklungspolitik. Das Geographische Seminar. Braunschweig: Westermann 2012

Franz Nuscheler: Lern- und Arbeitsbuch Entwicklungspolitik. Berlin: Dietz 2012

Aus Politik und Zeitgeschichte: Entwicklung in Afrika. Heft 43–45/2018

Weltsichten (entwicklungspolit. Zeitschrift)
- www.welt-sichten-org

Organisationen der Entwicklungszusammenarbeit

Bundesministerium für wirtschaftliche Zusammenarbeit und Entwicklung
- www.bmz.de

- www.bmz.de/de/aktuelles/publikationen

Reformkonzept „BMZ 2030". Berlin 2020
- www.bmz.de/de/themen/reformkonzept-bmz-2030

Gemeinsam mit Afrika Zukunft gestalten – Die Afrika-Strategie des BMZ. Berlin 2023
- www.bmz.de/de/aktuelles/publikationen/publikation-bmz-afrika-strategie-137600

Deutsche Gesellschaft für Internationale Zusammenarbeit
- www.giz.de

Kreditanstalt für Wiederaufbau (KfW)
- www.kfw.de

Verband Entwicklungspolitik und Humanitäre Hilfe (VENRO) (Übersicht über deutsche Entwicklungs-NGOs)
- www.venro.de/mitglieder/unsere-mitglieder

Deutsches Evaluierungsinstitut
- www.deval.org

Deutsches Institut für Entwicklungspolitik
- www.die-gdi.de

Europäischer Entwicklungsfonds (EEF)
- international-partnerships.ec.europa.eu/index_en

Neue Partnerschaft für Afrikas Entwicklung (NEPAD)
- www.nepad.org

Afrikanische Entwicklungsbank (AfDB)
- www.afdb.org

Wirtschaftskommission für Afrika der Vereinten Nationen
- www.uneca.org

Sustainable Development Goal
- 17ziele.de
- sdgs.un.org/goals

Sustainable Development Goals Index
- www.sdgindex.org

UN Development Programme (UNDP) (Daten zum HDI)
- hdr.undp.org/en/data

Mercator-Institut für Chinastudien (Informationen zu chinesischerAfrikapolitik)
- www.merics.org

3 LANDWIRTSCHAFT UND UMWELT

Solarbetriebene Wasserpumpe zur Bewässerung in Malawi

3.1 Herausforderungen für die Landwirtschaft

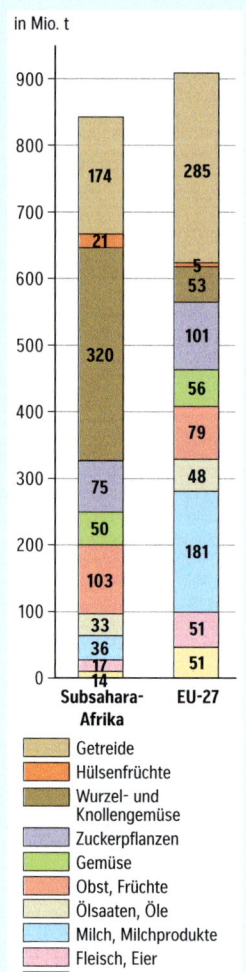

in Mio. t

M1 Produktion von Nahrungsmitteln (unverarbeitet und verarbeitet, nach Gruppen, 2020) von Subsahara-Afrika und der Europäischen Union

Legende:
- Getreide
- Hülsenfrüchte
- Wurzel- und Knollengemüse
- Zuckerpflanzen
- Gemüse
- Obst, Früchte
- Ölsaaten, Öle
- Milch, Milchprodukte
- Fleisch, Eier
- Bier, Wein

Quelle: FAO　39660EX_1

Subsahara-Afrika hat zweieinhalbmal so viele Einwohner wie die EU-27 und ist siebenmal so groß. Die gesamte Ackerlandfläche (einjährige Pflanzen, Dauerkulturen*) der EU-27 ist fünfmal so groß wie die in Subsahara-Afrika.

Die Ernährungssituation in vielen Regionen Subsahara-Afrikas ist angespannt (M5). Seit einigen Jahren nimmt der Anteil der Unterernährten wieder zu (M11). Und auch in absehbarer Zeit ist die Nahrungssicherheit* gefährdet: Noch etliche Jahrzehnte wird die Bevölkerung weiter wachsen (M7, Kap. 1.8). Zudem ist die Produktivität der Landwirtschaft in Subsahara-Afrika noch immer vergleichsweise gering (M10). Schon heute kann die Landwirtschaft die (städtische) Bevölkerung oft nicht ausreichend ernähren, sodass die Lebensmittelimporte stetig steigen (M6).

Die Gründe für die geringe Leistungsfähigkeit der subsaharischen Landwirtschaft sind vielfältig. Manche sind extern verursacht (z.B. unfaire Handelsbeziehungen, Kap. 3.6), andere intern angelegt. Der größte Teil der landwirtschaftlichen Betriebe sind kleinbäuerliche Familienbetriebe (<2 ha), die hauptsächlich für den Eigenbedarf produzieren (Subsistenz). Ihnen fehlt für eine produktivere Landwirtschaft oft der Zugang zu Know-how und Kapital. Moderne Anbaumethoden, Dünger und Maschinen kommen weitaus weniger zum Einsatz als in anderen Entwicklungsregionen (Kap. 3.2). Hinzu kommt, dass der Anteil von Bewässerungsfeldbau in den trockenen Regionen äußerst gering ist. Die Probleme des Regenfeldbaus* werden sich durch den Klimawandel in den nächsten Jahren noch verstärken, wenn Dürrephasen und Starkregenereignisse zunehmen und Regen- und Trockenzeiten sich verschieben (Kap. 3.8). In den feuchten Tropengebieten wirkt sich hingegen die Bodenfruchtbarkeit limitierend auf die Landwirtschaft aus (Kap. 1.6). Darüber hinaus fehlen Anreize zur Intensivierung der Landwirtschaft, da der Zugang zu Märkten fehlt und die Abnehmerpreise oft so niedrig sind, dass eine Vermarktung eventueller Überschüsse kaum lohnt.

Neben dem Anbau klassischer Nahrungspflanzen wie Maniok, Hirse und Mais haben auch sogenannte Cash Crops* wie Kaffee, Kakao, Tabak und Baumwolle traditionell eine hohe Bedeutung in der subsaharischen Landwirtschaft (Kap. 3.3–3.5). Sie werden sowohl von Kleinbauern als auch in Plantagen für den Export angebaut. Ob ihr Anbau eine Konkurrenz zum Anbau von Food Crops* und eine Gefahr für die Nahrungssicherheit darstellt oder aber die einzige Möglichkeit für Farmer ist, ausreichende Mittel zu erwirtschaften, um Rücklagen für Dürrejahre zu bilden und ihren Kindern Bildung zu ermöglichen, wird seit geraumer Zeit diskutiert. Diese Diskussion wird noch dadurch befeuert, dass internationale Akteure im großen Stil in Afrika Land aufkaufen, um es für diverse agrarische Projekte zu

M3 Traktortraining in Burkina Faso

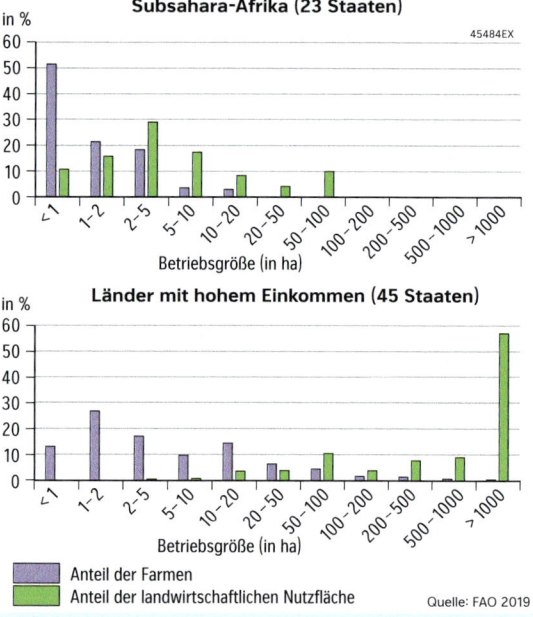

Subsahara-Afrika (23 Staaten)
in %　45484EX
Betriebsgröße (in ha)

Länder mit hohem Einkommen (45 Staaten)
in %
Betriebsgröße (in ha)

- Anteil der Farmen
- Anteil der landwirtschaftlichen Nutzfläche

Quelle: FAO 2019

M4 Größenstruktur der landwirtschaftlichen Betriebe in Subsahara-Afrika und den Ländern mit hohem Einkommen

nutzen, wobei es nicht selten zu Konflikten mit den vorherigen Landnutzern kommt (Kap. 3.6). Neben den klassischen Cash Crops haben in den letzten Jahrzehnten auch neue Produkte wie Schnittblumen, Off-Season-Produkte (Kap. 3.4) oder Holzkohle (Kap. 3.7) an Bedeutung gewonnen.

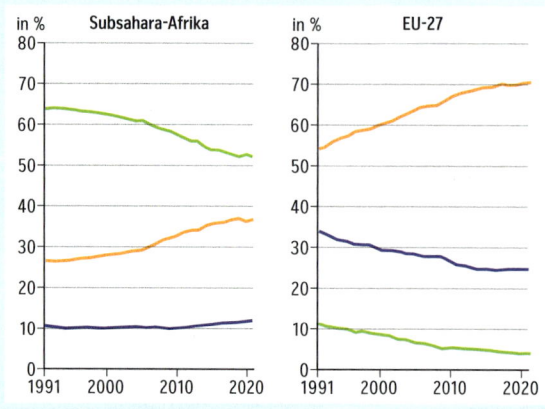

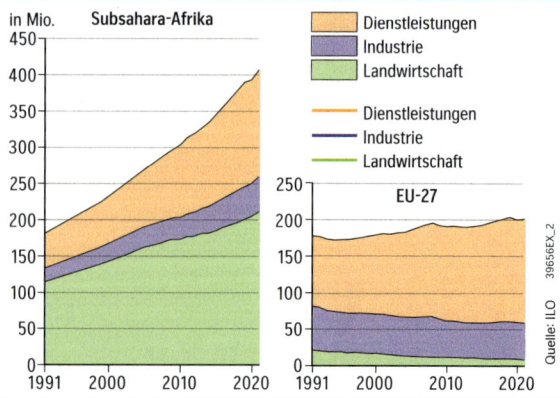

M2 Anteil und Anzahl der Beschäftigten nach Wirtschaftssektoren in Subsahara-Afrika und der EU-27 (1991–2021)

 100900-155-05 schule.diercke.de　 100900-166-01 schule.diercke.de　 100900-168-01 schule.diercke.de　 100900-276-02 schule.diercke.de　 100900-278-01 schule.diercke.de

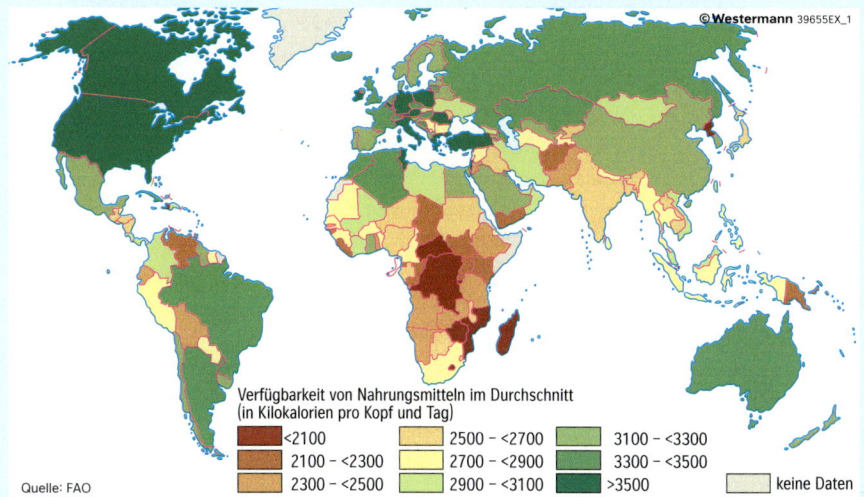

M 5 Verfügbarkeit von Nahrungsmitteln (2021)

Verfügbarkeit von Nahrungsmitteln im Durchschnitt
(in Kilokalorien pro Kopf und Tag)
- <2100
- 2100 – <2300
- 2300 – <2500
- 2500 – <2700
- 2700 – <2900
- 2900 – <3100
- 3100 – <3300
- 3300 – <3500
- >3500
- keine Daten

Quelle: FAO

	2005	2010	2015	2021
Subsahara-Afrika	24,3	21,7	20,9	23,2
Ostafrika	34,3	31,2	29,9	29,8
Zentralafrika	32,4	27,8	24,7	32,8
Südliches Afrika	6,5	7,1	7,8	9,2
Westafrika	12,3	10,4	11,4	13,3
Ostasien	14,1	11,2	8,4	<2,5
Südasien	21,5	17,2	15,7	16,9
Welt	14,5	11,8	10,6	9,8

Quelle: FAO

M 11 Unterernährung in verschiedenen Regionen Subsahara-Afrikas und Asiens (in %, als Anteil der Gesamtbevölkerung, 2005–2021)

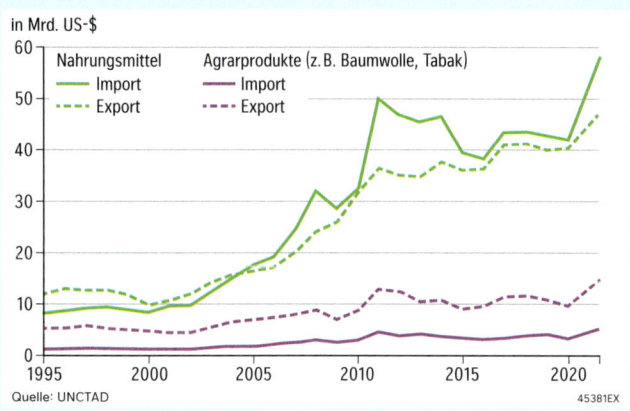

M 6 Außenhandel SSA mit Lebensmitteln/Agrarprodukten (1995–2021)

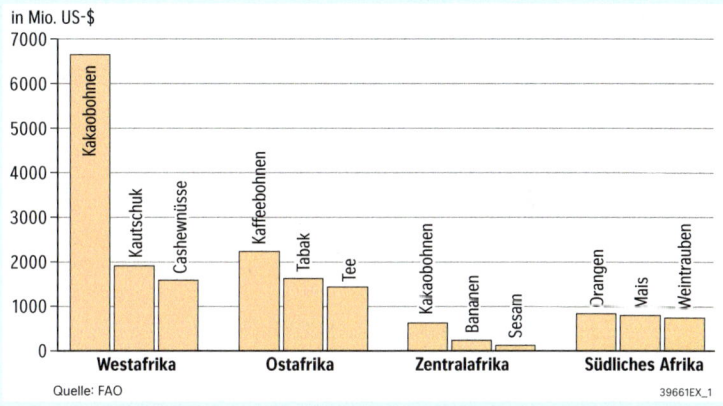
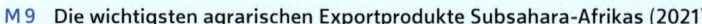

M 9 Die wichtigsten agrarischen Exportprodukte Subsahara-Afrikas (2021)

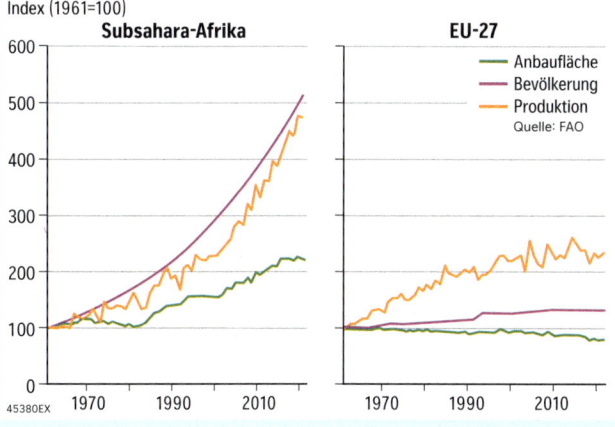

M 7 Getreideproduktion und -anbauflächen sowie Bevölkerung in Subsahara-Afrika und der EU-27 (1961–2021)

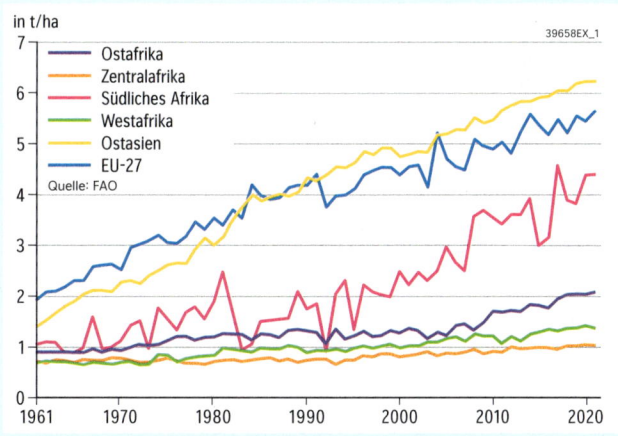

M 10 Flächenerträge für Getreide (Weizen, Mais, Reis etc.) in Subsahara-Afrika, Ostasien und der EU-27 (1961–2021)

„Afrika hat eine lange Geschichte der Nahrungsmittelabhängigkeit, ein Erbe der Nahrungsmittelhilfe und einer geringen einheimischen Produktionskapazität. Infolgedessen wird ein Großteil der Nahrungsmittel importiert, was bedeutet, dass jeder größere globale Schock zu schwerwiegenden Handelsunterbrechungen, zunehmendem Hunger und übergreifender Inflation führen kann. [...] Afrikas Weg zur Ernährungssouveränität führt durch verbesserte Bewirtschaftungstechniken und -organisation zu einer Steigerung der landwirtschaftlichen Produktivität."
Ahunna Eziakonwa, UNDP Assistant Administrator and Regional Director for Africa (2022)

M 8 Zitat

1. Vergleichen Sie die landwirtschaftliche Beschäftigung und Lebensmittelproduktion in Subsahara-Afrika und der EU (M 1, M 2, M 7, M 9).
2. Analysieren Sie den aktuellen Zustand der Nahrungssicherheit* in Subsahara-Afrika (M 5, M 7, M 10, M 11).
3. Erörtern Sie die Auswirkungen von Betriebsgrößen- und Agrarhandelsstruktur für die Länder Subsahara-Afrikas (M 4, M 6).

3.2 Kleinbäuerliche Landwirtschaft in Burkina Faso

Kleinbäuerliche Landwirtschaft und Subsistenzwirtschaft* sind für viele Menschen in Subsahara-Afrika die Lebensgrundlage. Gleichzeitig bieten diese Wirtschaftsweisen längst nicht allen eine gesicherte Existenz – die Ernährungslage ist schlecht, Böden sind übernutzt, die Anpassung an schwierige klimatische Bedingungen gelingt nicht. Wenn Überschüsse erwirtschaftet werden, fehlen Lagermöglichkeiten und Vertriebswege, um Rücklagen bilden und angemessene Preise erzielen zu können. Die Lösung, zur Produktivitätssteigerung kleinbäuerliche Systeme durch großflächige Monokulturen mit hohem Kapitaleinsatz zu ersetzen, hat sich oftmals aber auch nicht als praktikabel herausgestellt. Weder werden die degradierten Böden verbessert, noch wird den Landbewohnern eine existenzsichernde Beschäftigung geboten – im Gegenteil: Viele Menschen werden zur Landflucht gezwungen. Daher muss nach Lösungen gesucht werden, die die Situation innerhalb der bestehenden Strukturen zugunsten der Kleinbauern nachhaltig verbessern.

1. Charakterisieren Sie das Klima in Burkina Faso (M 2, Atlas). Beziehen Sie dabei die Unterschiede zwischen dem Norden und dem Süden des Landes ein.
2. Erläutern Sie die Bedeutung der Landwirtschaft und die Risiken der von ihr abhängigen Bevölkerung allgemein und vor dem Hintergrund des Klimawandels (M 1, M 3, M 4, M 5).
3. Erstellen Sie in Anlehnung an das Wirkungsschema zum herkömmlichen Getreideanbau in Burkina Faso ein Wirkungsschema zur Agroforstwirtschaft (M 7, M 8).
4. a) Fassen Sie in einer Tabelle Herausforderungen für die subsaharische Landwirtschaft und – soweit vorhanden – Lösungsansätze zusammen (M 9).
   b) Beurteilen Sie die Rolle, die die Länder des Globalen Nordens in diesem Prozess spielen (sollten).

Obwohl Burkina Faso agrarisch geprägt ist, sind die Einnahmen aus der Landwirtschaft sehr gering. Landwirtschaft ist zwar die Lebensgrundlage der meisten Einwohner, Nahrungssicherheit* garantiert sie jedoch nicht. Im Süden Burkina Fasos wird auf den besten Böden des Landes Baumwolle angebaut, die mit sechs Prozent des Exports das wichtigste agrarische Exportgut darstellt (mit Abstand wichtigstes Exportprodukt: Gold). Über 75 Prozent der agrarisch genutzten Flächen in Burkina Faso werden jedoch von Familienbetrieben für subsistenzorientierte oder kleinbäuerliche Landwirtschaft genutzt. Diese beruht fast ausschließlich auf Regenfeldbau*. Bewässerungssysteme sind bisher die große Ausnahmen. Das bedeutet auch, dass aufgrund unterschiedlicher Niederschlagsmengen sowohl die Feldfrüchte als auch die Erntemengen von Nord nach Süd variieren. Im Norden dominieren trockenheitsresistente, kleinfruchtige Hirsesorten (Millet), während im Süden eher Reis, Mais und die ertragreichere, großfruchtigere Sorghumhirse angebaut werden. Obwohl der Selbstversorgungsgrad bei einigen Getreiden und bei Bohnen im Durchschnitt über 100 Prozent liegt, gibt es regional, vor allem im Norden, immer wieder Nahrungsmittelknappheit.

Die Methoden beim Getreideanbau sind oft veraltet. Der Boden wird mit der Hacke vorbereitet, die Saat erfolgt in flachen Mulden, in denen die Samen mit Erde bedeckt werden. Diese nicht optimalen Anbaumethoden treffen auf schwierige klimatische Bedingungen mit häufig vorkommenden Dürren und Starkregen und auf steigenden Nahrungsmittelbedarf.

Böden in ariden Gebieten sind oft arm an wasser- (und nährstoff-) speicherndem Humus und ihre Oberfläche ist verkrustet. Das bewirkt, dass große Teile der Niederschläge, vor allem der Starkregen, oberflächlich abfließen und damit für das Pflanzenwachstum verloren sind. Techniken zur Reduzierung des Oberflächenabflusses wie hangparalleles Pflügen, das Anlegen von kleinen Dämmen oder das Pflanzen in Mulden mit kleinen Wällen werden zu wenig angewandt. Der Klimawandel verschärft die Situation zusätzlich, da jetzt schon und allen Prognosen nach auch in Zukunft die Temperaturen steigen werden und sich die Niederschlagsmuster in den Regenzeiten ändern werden, was kürzere und unregelmäßige Regenfälle mit häufigen Starkregenereignissen einschließt.

Schlechte Ernten stellen durch die unmittelbare Abhängigkeit der Ernährung großer Teile der Bevölkerung von der Subsistenzwirtschaft schon nach kurzer Zeit ein Risiko für die Nahrungsmittelversorgung dar. Für in guten Erntejahren erzielte Überschüsse fehlen Lagermöglichkeiten, Vermarktungswege und Know-how über zu erzielende Preise.

	Sorghum	Millet	Mais	Reis	Weizen	Hülsenfrüchte	Fleisch
Produktion	1 840	957	1 920	446	0	770	716
Verzehr	1 729	953	1 936	498	275	772	716
Exporte	42	7	146	3	0	0	0
Importe	0	3	9	135	272	2	0
Selbstversorgungsgrad	106 %	100 %	99 %	90 %	0%	133 %	100 %

Differenzen zwischen (Produktion + Importe) - (Verzehr + Exporte) ergeben sich aus Verlusten bzw. Rücklagen   Quelle: FAO

M 1   Burkina Faso: Bilanz der wichtigsten Food Crops (in 1000 t, 2020)

M 4   Kleinbäuerliche Landwirtschaft in Burkina Faso

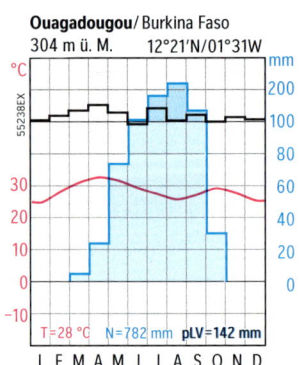

Ouagadougou / Burkina Faso
304 m ü. M.   12°21'N/01°31W
T = 28 °C   N = 782 mm   pLV = 142 mm
J F M A M J J A S O N D

M 2   Klimadiagramm Ouagadougou (Burkina Faso)

Anteil des Agrarsektors am BIP	17,5 %
Anteil der Beschäftigung in LW	73,3 %
Anteil Agrarprodukte am Export	15,8 %
Ackerland (Anteil an Landesfl.)	21,9 %
Getreideertrag (in kg/ha)	1252[1]
Düngereinsatz (in kg/ha)	17,6[2]
Anteil der Unterernährung an der Gesamtbevölkerung	18 %
Nahrungsversorgung (in kcal/Ew./Tag)	2743[3]

[1] in Deutschland: 6998 [2] in Deutschland: 166,5
[3] in Deutschland: 3628   Quelle: World Bank, FAO

M 3   Daten zur Landwirtschaft und Ernährungslage in Burkina Faso (2021)

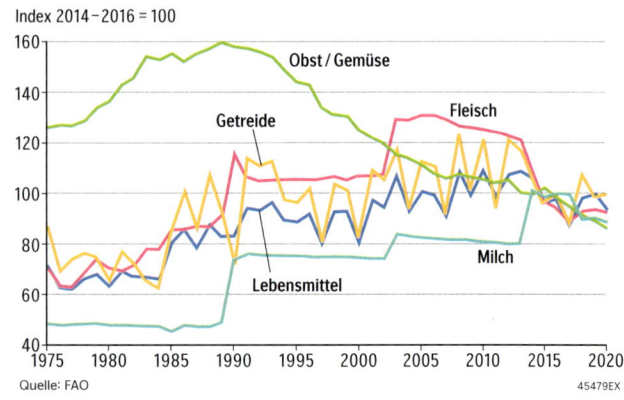

Index 2014–2016 = 100
Obst / Gemüse
Getreide
Fleisch
Lebensmittel
Milch
Quelle: FAO
45479EX

M 5   Produktions-Index von Lebensmitteln in Burkina Faso

M 6 Felder um ein Dorf im Südwesten Burkina Fasos

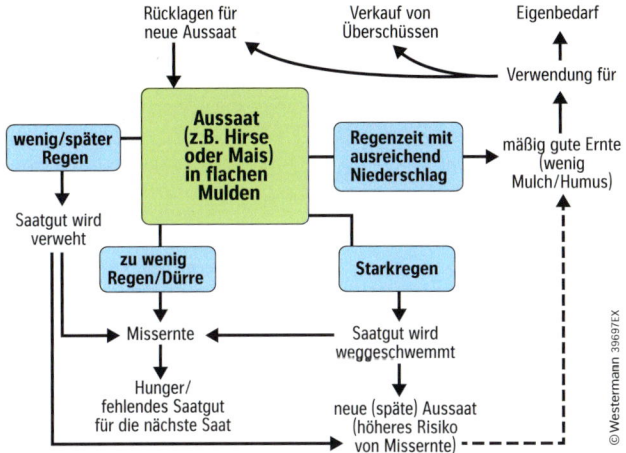

M 7 Wirkungsschema: herkömmlicher Getreideanbau in Burkina Faso

Agroforstwirtschaft ist ein Anbausystem, das durch das Anpflanzen mehrerer oder vieler verschiedener Pflanzen (Polykultur), darunter Bäume, die natürlichen Wachstumsbedingungen nachahmt. Gegenüber Monokulturen besteht der Vorteil, dass die massenhafte Vermehrung von Pflanzenschädlingen sehr viel unwahrscheinlicher ist, da diese meist auf eine oder wenige Pflanzen spezialisiert sind. Zusätzlich bieten Polykulturen auch Insekten und anderen Nützlingen, die an der Schädlingsbekämpfung beteiligt sind, gute Lebensbedingungen.

Die eigentliche Anbaufrucht, in Burkina Faso oft Hirse oder Mais, wird gemeinsam mit anderen Pflanzen angebaut. Den Bäumen kommt dabei eine besondere Rolle zu. Deren Blätterdach dient als Schutz vor Starkregen, zusätzlich schützen herabgefallene Blätter den Boden vor Erosion. Starker Wind wird durch die Bäume gebremst und zusätzlich schützen sie vor zu starker Sonneneinstrahlung. Ihre Wurzeln halten die Erde fest, was einen zusätzlichen Erosionsschutz darstellt. Weil die verschiedenen Pflanzen zu unterschiedlichen Zeiten geerntet werden, ist der Boden nie unbedeckt – auch dies verhindert ein Auswehen oder Auswaschen.

Die oft dünne Humusdecke wird nicht nur vor Erosion geschützt, durch herabfallende Blätter wird sie auch angereichert. So erhöhen sich Nährstoffgehalt und Wasserspeicher-Kapazität des Bodens und längere Trockenperioden können leichter überstanden werden. Zusätzlich steigt der Grundwasserspiegel, wenn zu starker Oberflächenabfluss verhindert wird und mehr Wasser vor Ort versickert.

Kombiniert man Polykultur mit Viehhaltung, können die Tiere mit den Blättern der Bäume und anderer Pflanzen gefüttert werden. Ihr Dung dient als Dünger, Fleisch und Eier können verkauft werden. Auch Holz und Früchte können als zusätzliche Einkommensquelle dienen.

M 8 Getreideanbau in Agroforstwirtschaft in Burkina Faso

Afrikanische Kleinbauern und -bäuerinnen müssen auf kleinen Flächen nicht nur sich selbst versorgen, sondern eine immer größer werdende städtische Bevölkerung. Inwieweit gelingt ihnen das?

Afrikaweit gelingt ihnen das besser, als wir es angesichts der Meldungen über Hungerkrisen annehmen. Die überwiegend kleinbäuerliche Produktion von Grundnahrungsmitteln konnte mit dem starken Bevölkerungswachstum durchaus mithalten. Sie deckt in guten Jahren über 90 %, in schlechten ca. 80 % des Bedarfs. Bei den Ländern, in denen das nicht so ist, handelt es sich meist entweder um stark dürregefährdete oder um Bürgerkriegsregionen. Dort, wo noch ungenutztes Ackerland verfügbar war (das waren bisher die meisten ländlichen Regionen), nahm die – weiter wachsende – Zahl der Landbevölkerung ungenutzte Flächen unter Bewirtschaftung. In dichter besiedelten Agrarregionen erhöhten die Bäuerinnen (Frauen leisten den überwiegenden Teil der landwirtschaftlichen Arbeit) die Produktion mithilfe verbesserter Anbautechniken. Gleichzeitig gilt: Die Kleinbauernfamilien können weiterhin nicht auf ihre Selbstversorgungsproduktion verzichten. Zu unsicher wäre es angesichts stark schwankender Erzeuger- und Verbraucherpreise landwirtschaftlicher Produkte, sich auf eine Spezialisierung auf Marktfrüchte und den Zukauf von Nahrungsfrüchten zu verlassen. Diese Subsistenzproduktion war schon immer klimabedingt unsicher, was sich durch den Klimawandel verschärft hat.

Was sind heute die größten Probleme, Nahrungssicherheit* und auskömmliche Einkommen für die Kleinbauernfamilien zu gewährleisten?

Anders als hierzulande vielfach vermutet, liegen die Probleme nicht primär auf der Produktionsseite, etwa bei mangelndem Wissen oder unzureichenden Techniken der Bäuerinnen bzw. Bauern. Vielmehr liegen sie auf der Vermarktungsseite und beim Zugang zu Produktionsmitteln. Nachweislich steigt die Produktion, sobald die Überschüsse zu attraktiven Preisen aufgekauft werden und nötige Inputs wie Saatgut und Dünger rechtzeitig zur Verfügung stehen. Und sie sinkt wieder sobald das nicht der Fall ist. Geld und zusätzliche Arbeit in bessere Methoden zur Erwirtschaftung von Überschüssen zu stecken, lohnt sich nur, wenn die Preise stimmen. Daran hat es angesichts niedriger Weltmarktpreise für Agrargüter oder zu niedrig festgesetzter staatlicher Preise oft gefehlt.

Worin sehen Sie die wichtigsten Lösungsansätze?

Die bäuerliche Bevölkerung sollte angesichts der klimatischen und marktbedingten Unsicherheiten auf eine Diversifizierung ihrer Existenzgrundlagen setzen. Wo weder die Selbstversorgung, noch die Erlöse aus der Vermarktung, noch die Möglichkeiten des Zuverdienstes durch einen Job sicher sind, muss man seine Einkommens- und Ernährungsquellen diversifizieren. Wissenschaftler nennen das „diversifizierte, multilokale Lebenshaltungssysteme". Multilokal, weil meist auch Familienmitglieder durch temporäre Jobs in der Stadt mit zum Familieneinkommen beitragen müssen. Der Nachteil davon ist, dass in Zeiten, wo Landwirtschaft sich lohnt, die nötigen Arbeitskräfte fehlen, um die Produktivität zu steigern.

Damit komme ich zu Lösungsansätzen, zu denen Agrarförderung beitragen müsste: Voraussetzung dafür, mehr Geld und Arbeit in die Erhöhung der landwirtschaftlichen Produktivität zu stecken, ist neben höheren und stabileren Erzeugerpreisen der gesicherte Zugang zu Absatzmärkten und landwirtschaftlichen Inputs. Diesen können Kleinbauernhaushalte nur sichern, wenn sie sich zur gemeinsamen Vermarktung organisieren. Zum Aufbau und Management solcher Organisationen brauchen sie Unterstützung.

Nachhaltige Produktivitätssteigerung angesichts veränderter klimatischer Bedingungen und neuer Verbraucheranforderungen erfordern neues, lokal angepasstes Wissen.

Sollen Produzenten höhere Erzeugerpreise erhalten, ohne dass die Nahrungsmittel für städtische Verbraucherinnen teurer werden, muss die Lieferkette effizienter und damit kostensparender gestaltet werden: Bessere Transport- und Kommunikationsinfrastrukturen, Verringerung von Lagerverlusten, smartere Organisation sind hierzu nötig.

Es wird deutlich: Afrikanische Kleinbauern können es schaffen, Afrika zu ernähren und für sich selbst eine gesicherte Existenzgrundlage zu schaffen. Aber nicht allein, sondern nur organisiert und mit einem funktionierenden und fairen Vermarktungs- und Service-System.

M 9 Interview mit dem Geographen Theo Rauch

3.3 Cash-Crop-Produktion: Kakao aus Westafrika

Für viele Länder Subsahara-Afrikas spielt die Landwirtschaft nicht nur eine Rolle bei der Selbstversorgung der Bevölkerung mit Nahrungsmitteln. Landwirtschaftliche Erzeugnisse werden auch für den inländischen oder internationalen Markt produziert. Bei den Cash Crops* handelt es sich oft um „Kolonialwaren", also Güter, die schon Kolonialmächte in den Kolonien mithilfe von Sklavenarbeit produzieren ließen – zum Beispiel Kaffee, Tee, Kakao oder Zuckerrohr. Während der Kolonialzeit angelegte Strukturen lassen sich auch heute noch in der Cash-Crop-Produktion wiederfinden: Auf Plantagen beruht der Anbau auf dem Einsatz sehr billiger Arbeitskräfte; Saatgut, Pestizide und Düngemittel kommen oft aus den Ländern des Nordens und ein Großteil der Gewinne der oft unverarbeitet exportierten Güter fließt dahin ab. Auch Cash-Crop-produzierende Kleinbauern sind meist gezwungen, ihre Ernten zu Bedingungen zu verkaufen, die internationale Handelskonzerne vorgeben. Darüber hinaus ist zum Beispiel der Kakaoanbau in Westafrika mit etlichen ökologischen Problemen verbunden.

1. Charakterisieren Sie das Klima von Côte d'Ivoire und prüfen Sie die Eignung für den Kakaoanbau (M2, M3, Atlas).
2. Analysieren Sie die Bedeutung Westafrikas für den Anbau von Kakao und dessen Verarbeitung (M1, M6).
3. Fassen Sie die ökologischen und sozialen Probleme beim Kakaoanbau in Côte d'Ivoire zusammen (M7, M8, M9, M11).
Ⓩ 4. Analysieren Sie die Abholzung für den Kakaoanbau in Côte d'Ivoire (Google Earth, www.globalforestwatch.org/map).
5. a) Beurteilen Sie den Kakaoanbau in Côte d'Ivoire und Ghana vor dem Hintergrund der Nachhaltigkeit .
   b) Der Anbau und die Weiterverarbeitung von Kakao ist weiterhin eine Entwicklungschance. Nehmen Sie Stellung (M5).
6. Erörtern Sie die Eignung der Cocoa Forest Initiative (M12) und des Ansatzes von Fairafric (M9) zur Beseitigung oder Milderung der von Ihnen identifizierten Missstände.

M4   Junge bei der Kakaoernte auf einer Plantage in Côte d'Ivoire

Kakaobohnen wichtiges Exportprodukt	steigende Importe von Weizen und Reis
hohe Beschäftigung in Kakaosektor (Ghana: 20 % der Bevölkerung vom Kakaoanbau abhängig)	keine existenzsichernden Einkommen für Kleinbauern, hohe Verbreitung von Kinderarbeit
Förderung des Kakaoanbaus durch den Staat (Beratung, Versorgung mit Dünger, Pestiziden, Setzlingen etc.)	keine entsprechende Förderung von Kleinbauern, die Food Crops* anbauen
mehr Profit aus Wertschöpfungskette: Förderung der Weiterverarbeitung zu Kakaomasse, -butter, -pulver, Fabriken in Exportproduktionszonen*	kein eigener Binnenmarkt/kaum Konsum von Kakao/Schokolade, Importabhängigkeit von Maschinen, hohe Kosten durch schlechte Infrastruktur

M5   Ghana und Côte d'Ivoire: Entwicklungsfaktor Kakao?

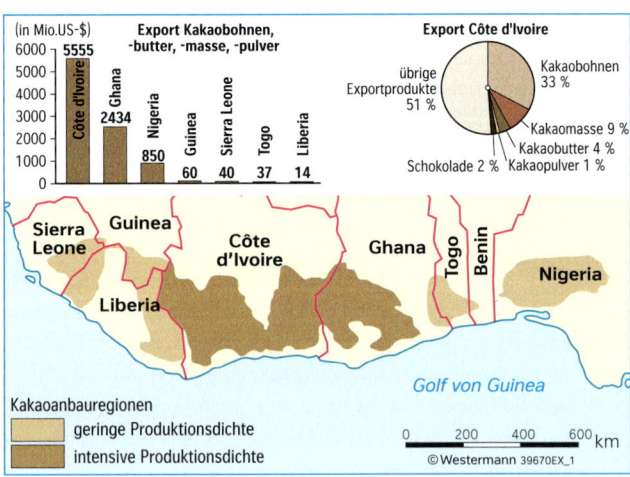

M6   Kakaoanbaugebiete in Westafrika und Export von Kakao (2021)

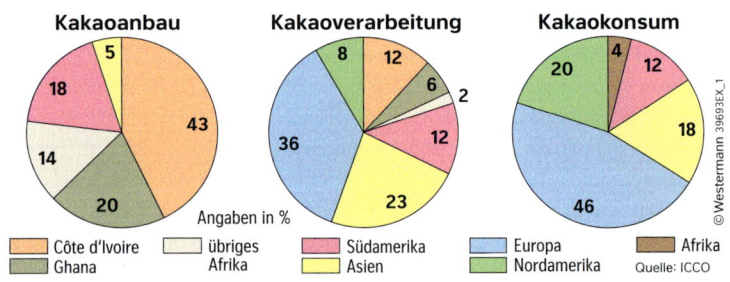

M1   Kakaoproduktion, -verarbeitung und -konsum (2021)

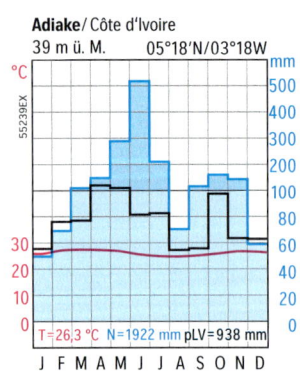

M2   Klimadiagramm Adiake (Cote d'Ivoire)

Kakaobäume sind lange, schlanke, ganzjährig grüne Bäume, die natürlicherweise im tropischen Regenwald im Schatten größerer Bäume wachsen. Auf Plantagen werden die Bäume, die normalerweise bis zu 15 m hochwachsen können, meist auf eine Höhe von zwei bis vier Meter zurückgeschnitten. Die Blüten und später die Früchte wachsen direkt am Stamm und an größeren Ästen. Junge Kakaobäume beginnen erst nach zwei bis fünf Jahren, Blüten zu bilden. Am ertragreichsten sind Kakaobäume im Alter zwischen zehn und 20 Jahren, danach gehen die Erträge wieder zurück.

M3   Der Kakaoanbau und die Anbaubedingungen von Kakaofrüchten

Als tropischer Schattenbaum ist der Kakaobaum sehr empfindlich gegen Temperaturschwankungen und Trockenheit. Die Temperaturen sollten für einen optimalen Ertrag im Jahresmittel etwa 25 °C betragen und nicht unter 20 °C oder über 35 °C liegen. Die Luftfeuchtigkeit sollte 80 bis 90 Prozent nicht unterschreiten.
Als Schattengewächs verträgt der Kakaobaum keine direkte Sonneneinstrahlung und muss im Schatten größerer Pflanzen stehen. Der Niederschlag sollte um 1800 bis 2000 mm pro Jahr liegen und sich möglichst gleichmäßig über das ganze Jahr verteilen. Der Niederschlag pro Monat sollte nicht unter 100 mm liegen. Niederschläge, die länger als zwei Monate unter 60 mm liegen, führen zu Ernteeinbußen.

 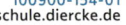

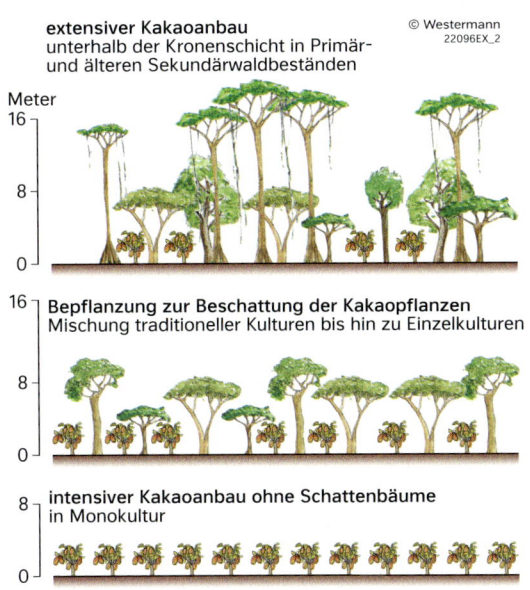

© Westermann
22096EX_2

extensiver Kakaoanbau
unterhalb der Kronenschicht in Primär- und älteren Sekundärwaldbeständen

Meter
16
8
0

16
Bepflanzung zur Beschattung der Kakaopflanzen
Mischung traditioneller Kulturen bis hin zu Einzelkulturen
8
0

8
intensiver Kakaoanbau ohne Schattenbäume
in Monokultur
0

M 7 Anbausysteme für Kakao

Der Kakaoanbau in Westafrika liegt weit überwiegend in der Hand von kleinbäuerlichen Familien, die „Plantagen" mit einer durchschnittlichen Größe von zwei bis drei Hektar bewirtschaften. Der Anbau findet vor allem in den regenreichsten und fruchtbarsten Gegenden Ghanas und der Elfenbeinküste statt. Dabei wurde die traditionelle Anbauweise in mehrschichtigen Agroforstsystemen immer mehr von Monokulturen abgelöst, die durch Industrialisierung des Anbaus eine Produktivitätssteigerung ermöglichen. Das schützende Blätterdach wird dabei durch Folien ersetzt. Der Anbau immer desselben Anbauprodukts führt allerdings zu schneller Degradation der Böden. Dies wird beschleunigt durch Bodenerosion, verursacht durch Starkregen, der nicht mehr durch ein intaktes Blätterdach gebremst wird.

Monokulturen sind zudem anfällig für Schädlingsbefall (z.B. Insekten, Pilze, Bakterien) und benötigen daher regelmäßige Gaben von Pestiziden. Diese reduzieren die Biodiversität weiter und töten oft auch Nutzinsekten, die sich von Schädlingen ernähren könnten. Oberflächengewässer und Grundwasser werden verseucht. Zusätzlich sind viele der verwendeten Pestizide gesundheitsschädlich für Landwirte und Anwohner (weshalb der Einsatz einiger der verwendeten Produkte z.B. in den USA und Europa verboten ist). Letztlich stellen Pestizide auch eine große finanzielle Belastung für die Bauern dar.

Die großflächigen Abholzungen haben bereits zu messbaren Klimaveränderungen in der Region geführt. Klimawandelbedingte steigende Temperaturen und schwankende Niederschläge werden dazu führen, dass in Zukunft die Anbauflächen für die empfindliche Pflanze reduziert werden.

M 11 Kakaoanbau in Ghana und Cote d'Ivoire

Im Januar 2022 deckte eine Reportage auf, dass es Sklavenarbeitsverhältnisse von Kindern auf Kakaoplantagen gibt. Kinder aus dem armen, trockenen Norden des Landes werden auf die Kakaoplantagen im Süden geholt, und dafür wurden Abschlagszahlungen geleistet, die abgearbeitet werden müssen. Zwar ist in einigen Regionen die mangelnde schulische Infrastruktur ein Faktor, der Kinderarbeit begünstigt. Größter Risikofaktor ist jedoch die Armut ihrer Familien. Der größte Teil der Kakao anbauenden Familien verfügt über weniger als die Hälfte der Einkommen, die existenzsichernd wären. [...]

In der Tendenz sinken zudem die Einnahmen der Familien aus dem Kakao. Denn inflationsbereinigt hat sich der Kakaopreis in den letzten Jahrzehnten halbiert. Dies übt einen enormen Druck auf die Familien aus, die Kakao anbauen. Darüber hinaus ist der Weltmarkt so aufgebaut, dass den Millionen Kleinbäuerinnen und Kleinbauern weltweit, die den unersetzbaren Rohstoff für Schokolade anbauen, nach zahlreichen Übernahmen einer kleinen Zahl multinationaler Konzerne gegenübersteht, die den größten Teil des Kakaos handeln, verarbeiten und die Schokolade herstellen. Der Weltmarktpreis wird an der Börse gebildet. [...]

Die Probleme sind seit einer Serie von Berichten und Studien ab dem Jahr 2000 allgemein bekannt. Mittlerweile wurde eine Reihe von Projekten ins Leben gerufen, häufig mitfinanziert von Unternehmen der Kakao- und Schokoladenindustrie. Allerdings

Ursachen für Kinderarbeit
- Armut der Eltern aufgrund niedriger Löhne oder Preise
- erwachsene Arbeitskräfte für die Farmen oft nicht finanzierbar
- Mangel an ausreichenden Bildungseinrichtungen
- fehlende soziale Absicherung von Familien
- Diskriminierung und Traditionen der Beschäftigung von Kindern

Tätigkeiten in der Kinderarbeit
- Nutzung scharfer Werkzeuge (43 %)
- Kontakt mit Agrarchemikalien (32 %)
- Tragen schwerer Lasten (32 %)
- Land roden (14 %)

setzen diese meist darauf, Bäuerinnen und Bauern im Kakaoanbau zu schulen, um höhere Erträge pro Hektar zu erzielen, oder zur Diversifizierung* der Produktion zu motivieren. Die Steigerung der Erträge könnte jedoch zu einer noch stärkeren Überproduktion und fallenden Kakaopreisen führen – und zu einem höheren Arbeitsanfall. Die Regierung Ghanas hat umfangreiche Gesetze erlassen, die Kinder schützen sollen. Es gibt allerdings keine ausreichende Überwachung und Aufsicht.

Quelle: Friedel Hütz-Adams: Kinderarbeit im Kakaosektor Ghanas weit verbreitet. Südwind Factsheet 1/2022

M 8 Quellentext zu Kinderarbeit auf Kakaoplantagen in Ghana

Das Unternehmen Fairafric produziert in der Nähe von Accra in Ghana Bio-Schokolade für den europäischen Markt, um „die Wertschöpfung in das Produktionsland zu verlagern und Arbeitsplätze außerhalb der Landwirtschaft zu schaffen." Auf seiner Internetseite stellt das Unternehmen das Konzept vor: „Wir spenden nichts nach Afrika. Wir produzieren einfach im Ursprungsland und zahlen faire Gehälter." In der solarbetriebenen Fabrik werden verschiedene Schokoladensorten hergestellt, die v.a. in Deutschland in Unverpackt-Läden, Eine-Welt-Läden, Bioläden und einigen Supermärkten verkauft werden. Der Start des Unternehmens wurde durch Beteiligung eines deutschen Schokoladenproduzenten und Crowd-Funding ermöglicht. In der Fabrik wird ein Lohn gezahlt, der mindestens dem vierfachen Mindestlohn in Ghana entspricht. Hinzu kommen Sozialleistungen wie Krankenversicherung. Den Erzeugern wird ein hoher Abnahmepreis und eine hohe Fair-Trade-Prämie* gezahlt.

M 9 Schokolade aus Ghana

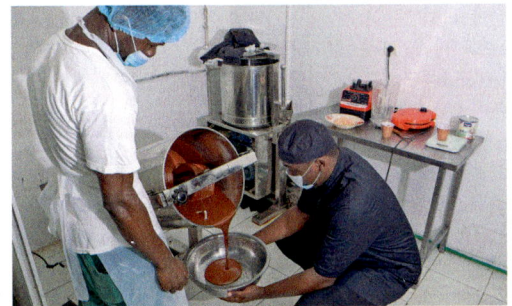

M 10 Schokoladenmanufaktur in Côte d'Ivoire

2017 haben sich die Regierungen von Cote d'Ivoire und Ghana mit 36 führenden Kakao- und Schokoladenherstellern zur „Cocoa and Forests Initiative" zusammengetan, um die Kakaoproduktion in den Ländern nachhaltiger und klimaschonender zu machen, Kinderarbeit zu verhindern, weitere Abholzung zu vermeiden und Wälder aufzuforsten. Gleichzeitig sollen die Lebens- und Arbeitsbedingungen der Kakaoproduzenten und ihrer Familien verbessert werden.

Die Herkunft von Kakaobohnen soll rückverfolgbar werden und Landwirte sollen geschult werden, nachhaltige, ressourcenschonende Anbaupraktiken zu verwenden. Das Programm soll durch satellitengestützte Überwachung illegaler Abholzung unterstützt werden. Laut der Initiative sind erste Erfolge zu verzeichnen.

M 12 Cocoa-Forest-Initiative

3.4 Cash-Crop-Produktion: Off-Season-Produkte aus Südafrika

Neben den „klassischen" Cash Crops* wie Kakao und Kaffee werden in Sub-sahara-Afrika Agrarprodukte produziert und exportiert, die auch bei uns heimisch sind, wie zum Beispiel Tafeltrauben, Äpfel oder Birnen. Allerdings erfolgt der Export nicht ganzjährig, sondern Off-Season, außerhalb unserer Saison.

1. Erstellen Sie eine Zeitleiste zur Geschichte des Wein- bzw. Tafeltraubenanbaus in Südafrika (M2).
2. Stellen Sie unter Berücksichtigung der naturräumlichen Bedingungen die Produktionsgebiete für Tafeltrauben in Südafrika dar (M3, M4, M6, M7, Atlas).
3. Erläutern Sie die Entwicklung der Anbauflächen und Erntemengen in den verschiedenen Produktionsgebieten (M5, M6).
4. Erklären Sie die Off-Season-Produktion am Beispiel der Tafeltrauben aus Südafrika (M4, M9, M12, Atlas).
5. Beschreiben Sie die Exportentwicklung weiterer Off-Season-Produkte (M1).
6. Erörtern Sie die Off-Season-Produktion aus unterschiedlichen Perspektiven (M1, M7, M10, M11, M14).
7. Äpfel aus Südafrika? Erörtern Sie die Frage unter dem Aspekt der Nachhaltigkeit (M13).

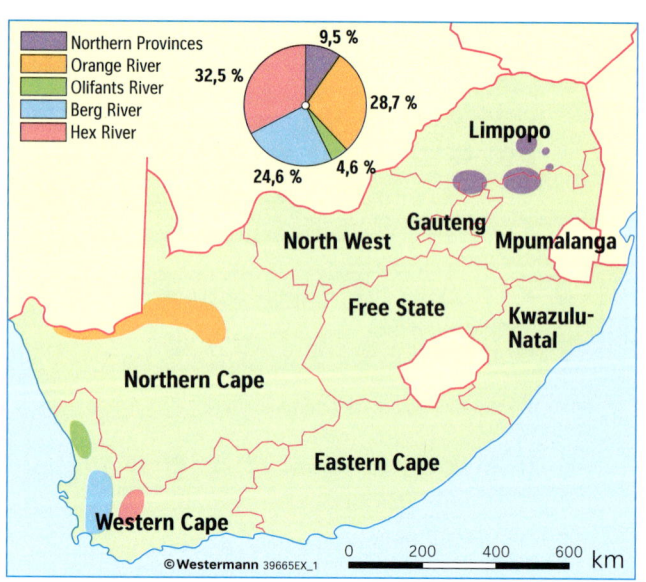

M3   Produktionsgebiete von Tafeltrauben in Südafrika und ihr jeweiliger Anteil an der Gesamttafeltraubenproduktion (2022)

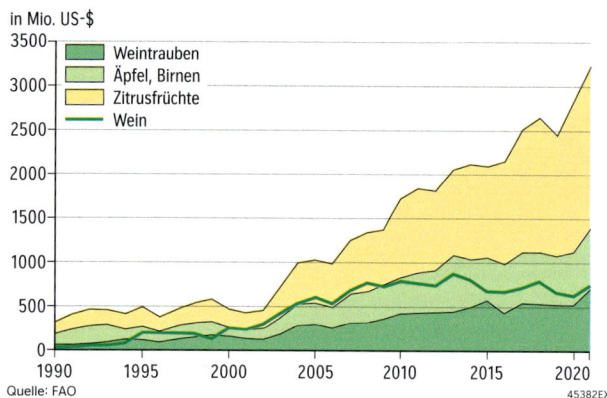

M1   Export von Obst und Wein aus Südafrika (1990–2021)

Im Jahre 1647 strandete ein holländisches Segelschiff an der gefährlichen Küste des heutigen Kaps der Guten Hoffnung. Die Besatzung des Schiffes überlebte dank dem Anbau von Gemüse, später entwickelte sich hier ein Stützpunkt für die Nahrungsmittelversorgung der Schiffsleute der Niederländischen Ostindien-Kompanie. Der niederländische Kaufmann Jan van Riebeeck, der den Versorgungsstützpunkt aufbauen sollte, orderte auch Rebstöcke aus Frankreich, Spanien und dem Rheinland. Der erste Wein wurde 1659 erzeugt. Im frühen 18. Jahrhundert weiteten südafrikanische Weinbauern die Anbaufläche kontinuierlich aus, der produzierte Überschuss ließ sich aber aufgrund der minderwertigen Qualität auf europäischen Märkten kaum absetzen. Politische Instabilität (z. B. britische Besetzung Südafrikas im 19. Jahrhundert, Ära der Apartheid* ab 1948) beeinflussten die Entwicklung des Weinbaus ebenso wie wirtschaftliche Rahmenbedingungen (Handelszölle, weltwirtschaftliche Entwicklungen) oder auch Ereignisse wie der fast flächendeckende Reblausbefall im Jahre 1886, der Millionen von Weinstöcken vernichtete. Erst mit Beginn der Demokratisierung im Jahr 1990 begann auch die Modernisierung der Weinwirtschaft. Der zunehmende Anbau und der Export von Tafeltrauben wurden begünstigt durch die verstärkte Nachfrage in Abnehmerländern, aber auch die verbesserten Möglichkeiten des Transports.

M2   Geschichte des Weinbaus in Südafrika

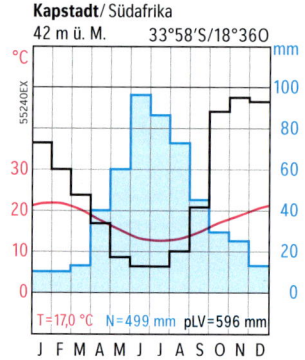

M4   Klimadiagramm Kapstadt

- Gebiete mit einer mittleren Jahrestemperatur von mindestens 10°C, während der Beerenentwicklungsperiode von ca. 19°C und einer Vegetationsdauer/Vegetationsperiode von 180-200 Tagen
- jährliche Niederschlagsmenge von mindestens 500 mm (in warmem Klima mindestens 750 mm) sowie mindestens 1300 Sonnenstunden

M7   Weinbau: klimatische Bedingungen

Region	2008	2012	2016	2018	2020	2022
Northern Provinces	1,2	1,0	1,6	2,1	2,5	2,4
Orange River	4,0	4,8	5,4	6,1	5,9	5,8
Olifants River	0,5	1,0	1,2	1,3	1,2	1,2
Berg River	3,6	3,4	4,2	5,1	4,9	4,7
Hex River	4,6	5,3	6,2	6,4	6,6	6,4
Gesamt	14,0	15,5	18,6	21,1	21,1	20,4

Quelle: South African Table Grape Industry (SATI)

M5   Anbauflächen für Tafeltrauben in Südafrika nach Regionen (in 1000 ha, 2008–2022)

Region	2008/ 2009	2012/ 2013	2016/ 2017	2018/ 2019	2020/ 2021	2021/ 2022
Northern Provinces	3,4	4,2	5,5	7,1	7,9	7,4
Orange River	15,2	16,0	20,5	19,2	18,5	22,3
Olifants River	1,6	2,7	4,0	2,4	4,4	3,6
Berg River	11,6	12,6	15,4	13,8	20,1	19,2
Hex River	18,9	18,3	22,1	18,6	24,0	25,3
Gesamt	50,7	53,9	67,6	61,1	74,9	77,7

Quelle: SATI

M6   Erntemenge von Tafeltrauben in Südafrika nach Regionen (in Mio. 4,5-kg-Kartons, 2008/09–2021/22)

M 8   Anbau von Tafeltrauben bei Franschhoek (Berg River)

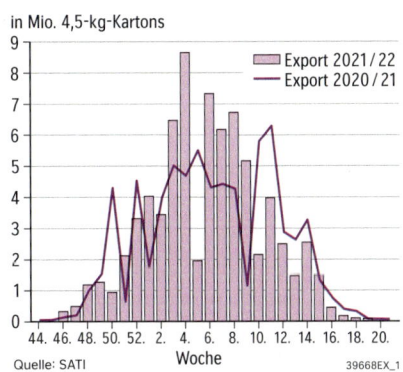

in Mio. 4,5-kg-Kartons

Quelle: SATI   39668EX_1

M 9   Exportmenge von Tafeltrauben in Südafrika nach Erntewochen (2021/2022)

Preis (in Euro/kg)

Quelle: SATI   © Westermann 39669EX

M 12   Verkaufspreise für Tafeltrauben aus
Südafrika in Deutschland (2017/2018)

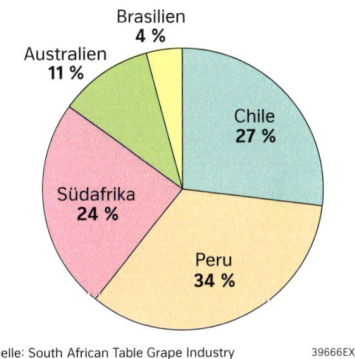

Quelle: South African Table Grape Industry   39666EX_1

M 14   Marktanteil auf dem Off-Season-Markt
für Tafeltrauben (Saison 2021/2022)

Region	2013/ 2014	2018/ 2019	2021/ 2022
Afrika	588	778	1324
Kanada, USA	354	3049	5304
EU[1]	28518	30416	39900
Vorderasien	2267	3152	3988
Russland	1312	846	767
UK	11517	14320	16673
Südostasien	2829	2877	3520
Andere	2926	3705	3134
Gesamt	50311	59143	74610

[1] ohne Vereinigtes Königreich (UK)   Quelle: SATI

M 10   Exportregionen südafrikanischer
Tafeltrauben (in 1000 4,5-kg-Kartons,
2013/2014 – 2017/2018)

Region	perma-nent	saisonal
Northern Provinces	13187	2158
Orange River	27600	3534
Olifants River	4712	843
Berg River	19521	3772
Hex River	16440	4989
Gesamt	81460	15296

Quelle: SATI

M 11   Beschäftigte im Tafeltraubenanbau
nach Produktionsgebieten (2021/2022)

Äpfel aus Deutschland (z. B. Altes Land)	Äpfel aus Südafrika
Haupterntezeit: August – November Produktion: 1 004 630 (2021)	Hauptexportzeit in die EU: April – August Export: 589 000 t Äpfeln (2021)
Erhalt der Artenvielfalt; insgesamt gibt es ca. 1500 Apfelsorten in Deutschland, davon jedoch nur 25 im Erwerbsobstanbau, im Alten Land werden zwölf verschiedene Sorten angebaut	Nur wenige Apfelsorten sind für lange Transportwege und internationale Vermarktungsstrategien geeignet; Export von ca. zehn verschiedenen Sorten bedeutendste Apfelsorten für den Export: Golden Delicious, Granny Smith, Gala, Fuji, Royal Gala, Cripps Pink/Pink Lady, Braeburn
Förderung des ländlichen Raums (z. B. durch Erhalt der Streuobstwiesen); daneben Anbau auf Obstplantagen Erwerbsquelle für Apfelbetriebe	Obstanbau v. a. für den Export Erwerbsquelle für Obstbauern, Beschäftigungsmöglichkeiten Exporteinnahmen
Apfelanbau -> Lagerung vor Ort in Kühlla-ger -> Großmarkt -> Lebensmitteleinzel-handel -> Konsument	Apfelanbau -> Sortierung in Kapstadt -> Hafen Antwerpen -> Großmarkt -> Lebens-mitteleinzelhandel -> Konsument
Fünf Monate Kühllager, Lagerung bei 1 – 3 °C, Entzug von Sauerstoff, um den Reifeprozess zu verlangsamen	Transport im Kühlschiff (Energie für Antrieb und Kühlung), Kapstadt-Antwerpen: 14 000 km, 14 Tage
Kosten für Lkw-Transport	Kosten für Lkw- und Schiffstransport
Lagerung verlangsamt Reifeprozess; außerhalb der Erntezeit keine natürlich frischen Äpfel im Handel	Äpfel aus Südafrika im Frühling/Sommer aufgrund kürzerer Lagerung reif, frisch und geschmacklich überlegen

Ökobilanz:
Einflussfaktoren (Anbau, Lagerung, Transport und Konsum)
• Anbau auf Streuobstwiese oder Plantage (Kleinbetriebe arbeiten teilweise energie-intensiver als effiziente Großbetriebe)
• Anbau konventionell oder ökologisch (v. a. Pestizidbelastung)
• Länge der Transportwege (Ausstoß Klimagase und Luftschadstoffe)
• Dauer der Kühlung
• Verbraucherverhalten (z. B. Einkauf mit SUV oder Fahrrad)
• Einkaufszeitpunkt (z. B. April oder Juni, unterschiedliche Lagerungszeit)

M 13   Äpfel aus Deutschland oder Südafrika?

3.5 Cash Crops: Handel auch unter fairen Bedingungen?

Bereits in den 1950er-Jahren entstand die Fairhandelsbewegung, ein gemeinnütziger Zusammenschluss von Importeuren, NGOs und Produzentengruppen, um die wirtschaftliche Situation für Kleinbauern bei der Cash-Crop-Produktion zu verbessern. Verschiedene Organisationen des fairen Handels zertifizieren heute die teilnehmenden Erzeuger, damit diese festgelegte Sozial- und Umweltstandards einhalten, und gewährleisten im Gegenzug einen Mindestpreis für die Produkte, um Ausschläge des Weltmarktpreises nach unten für die Bauern abzufedern. Außerdem bemüht sich der faire Handel (Fair Trade*), die Verbraucher hierzulande zum Kauf fair gehandelter Waren anzuregen.

1. Erläutern Sie das Fairtrade*-System (M3, M4).
2. Vergleichen Sie am Beispiel Kaffee den Anbau und die Vermarktung von konventionellem und Fairtrade-Kaffee (M2–M5).
3. Erklären Sie an ausgewählten Beispielen unterschiedliche Einflussfaktoren auf den Kaffeepreis (M5).
4. Stellen Sie die Entwicklung und Bedeutung des Kaffeeanbaus in Äthiopien dar (M1, M6, M7, Atlas).
5. Erläutern Sie das Kaffa-Projekt in Äthiopien und erstellen Sie eine Übersicht über die beteiligten Akteure und deren Interessen (M6–M9).
6. Das Kaffa-Projekt, ein Projekt mit Zukunft? Nehmen Sie Stellung.

Die Fairtrade-Standards sind das Regelwerk, das Kleinbauernorganisationen, Plantagen und Unternehmen entlang der gesamten Wertschöpfungskette einhalten müssen und Handel(n) verändert. Sie umfassen soziale, ökologische und ökonomische Kriterien, um eine nachhaltige Entwicklung der Produzentenorganisationen in den Entwicklungs- und Schwellenländern zu gewährleisten.

Fairtrade-Standards		
Soziales	**Ökologisches**	**Ökonomisches**
• Organisation in demokratischen Gemeinschaften (bei Kooperativen) • Förderung gewerkschaftlicher Organisation (auf Plantagen) • geregelte Arbeitsbedingungen • Verbot ausbeuterischer Kinderarbeit • Diskriminierungsverbot	• umweltschonender Anbau • Schutz natürlicher Ressourcen • Verbot gefährlicher Pestizide • kein gentechnisch verändertes Saatgut • Förderung des Bio-Anbaus durch den Bio-Aufschlag	• Bezahlung von Fairtrade-Mindestpreis und Fairtrade-Prämie • Nachweis über Waren- und Geldfluss • Richtlinien zur Verwendung des Siegels • transparente Handelsbeziehungen • Vorfinanzierung

Der Fairtrade-Mindestpreis ist als Sicherheitsnetz zu verstehen [und] soll die durchschnittlichen Produktionskosten für eine nachhaltige Produktion decken [...]. Liegt der jeweilige (Welt)Marktpreis darüber, muss der höhere Marktpreis bezahlt werden. Der Mindestpreis gilt für alle Produktgruppen außer für Blumen und Pflanzen, Zucker sowie manche Tee- und Gewürzsorten. Für diese Produktgruppen ist es praktisch unmöglich, einen Mindestpreis zu berechnen, der die Produktionskosten für alle Produzentenorganisationen in allen Ländern weltweit abdeckt. Zusätzlich zum Verkaufspreis erhalten alle Produzentenorganisationen die Fairtrade-Prämie. Die Bauernfamilien bzw. Beschäftigten auf Plantagen entscheiden gemeinsam in einem demokratischen Prozess, in welche sozialen, ökologischen oder ökonomischen Projekte die Prämie investiert wird und welche Ziele erreicht werden sollen.
Quelle: www.fairtrade-deutschland.de

M4   Quellentext zu den Fairtrade*-Standards

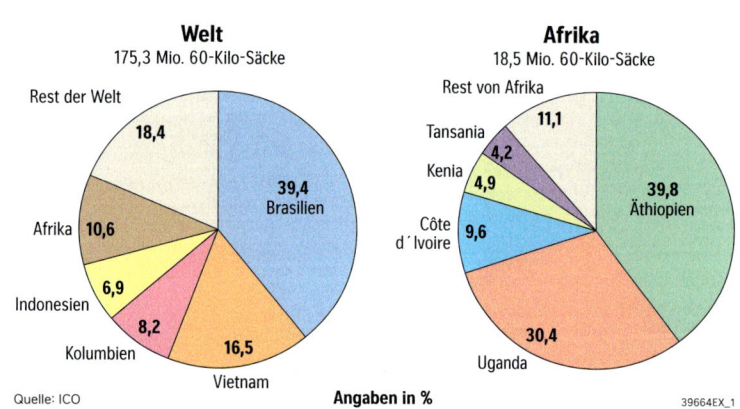

M1   Kaffeebohnenproduktion (2020)

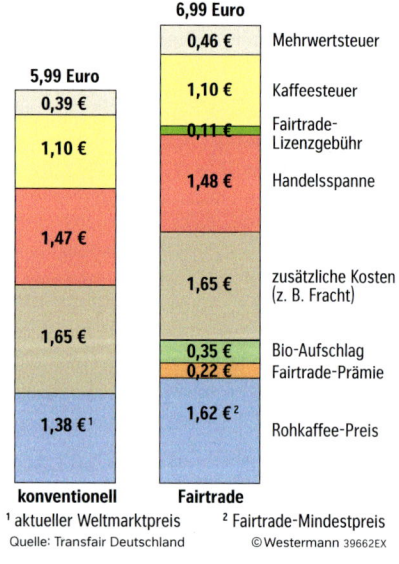

M2   Vergleich konventioneller und Fairtrade-Bio-Kaffee 500g-Packung (2019)

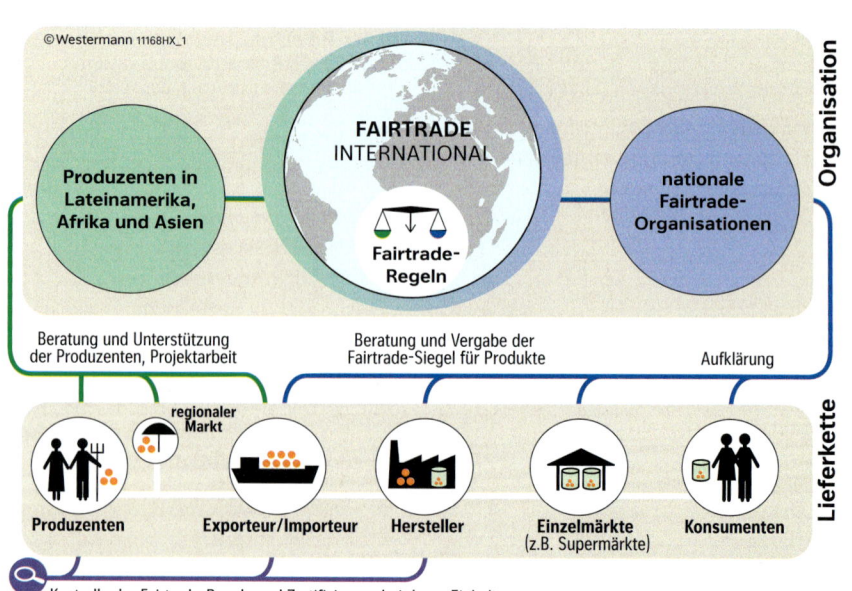

M3   Fairtrade*-System

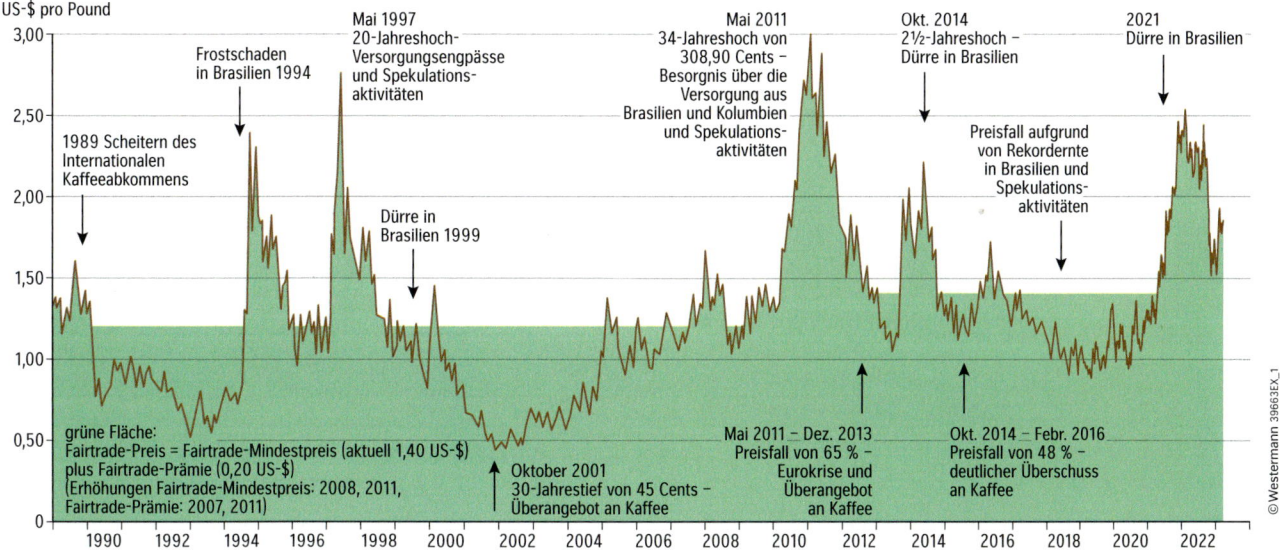

M 5   New Yorker Börsenpreis für Kaffee und der Fairtrade-Preis

Kaffeepflanzen (Coffea) sind immergrüne kleine Bäume oder Sträucher. Die berühmtesten Kaffeearten sind die als Plantagenpflanzen bevorzugten Arten Arabica und Robusta. Die besonders hochwertige, aromatische Arabica-Bohne (Anbau ab 1000 m Höhe bei niedrigen Temperaturen und längerer Reifezeit) wird hauptsächlich in den ostafrikanischen Anbaugebieten erzeugt – neben Äthiopien noch in Kenia, Burundi sowie in kleinerem Umfang in Tansania, Ruanda, Malawi, Sambia, Simbabwe und Madagaskar. Die „robustere", auch im Flachland mit starken Temperaturschwankungen wachsende Robusta-Bohne (weniger reiches Aroma) wird vor allem in West- sowie Zentralafrika angebaut, unter anderem in Côte d'Ivoire, Kamerun sowie dem ostafrikanischen Uganda.

M 6   Kaffeearten Arabica und Robusta in Afrika

Ende der 1960er-Jahre waren noch ca. 40 Prozent der Landesfläche Äthiopiens mit Regenwald bedeckt. Heute sind es nur noch drei Prozent. Hauptgrund für den dramatischen Rückgang ist das hohe Bevölkerungswachstum (1960 22,1 Mio.; 2022: 123,4 Mio. Ew.), das zur Ausweitung von Ackerflächen und verstärktem Siedlungsbau führt, aber auch die Anlage von großflächigen Tee- und Kaffeeplantagen.

In der Region Kaffa, im Südwesten des Landes, liegt der Ursprung des Coffea Arabica. Alle Kaffeebäume, die weltweit gezüchtet werden, stammen von Pflanzen aus dieser Region ab. In den Bergregenwäldern, in Hochlagen zwischen 1400 und 2300 Metern haben Wissenschaftler über 4000 Varietäten der Kaffeepflanze ausgemacht, ein Genpool von unschätzbarem Wert. Nach der Trockenzeit im März treibt die immergrüne Kaffeepflanze, die im Schutz Schatten spendender Bäume wächst, Blüten. Neun Monate später tragen die Kaffeepflanzen kirschartige Früchte, worin sich zwei Samen, die Kaffeebohnen befinden.

Die Bewohner der Kaffa-Region sind fast ausschließlich Kleinbauern, die die wild wachsenden Früchte von Hand pflücken. Im Herbst (Erntezeit) sammelt ein Bauer etwa 240 kg Kaffeekirschen. Diese werden in der Sonne getrocknet, nach drei bis sechs Wochen Trocknungszeit werden die Früchte mechanisch entkernt. Die Ernte eines Bauern beträgt dann etwa 40 kg Kaffeebohnen. Für den Kaffee wird in der Regel das Doppelte des Weltmarktpreises gezahlt. Der Kaffee wird von den Kooperativen gesammelt, in die Provinzhauptstadt Bonga gebracht, dann nach der Exportkontrolle in der Hauptstadt Addis Abeba nach Djibouti transportiert und von dort im Container nach Deutschland verschifft. Das Rösten und die Vermarktung des Kaffees erfolgt in Deutschland, aktuell wird ein Rohkaffeelabor mit Röstanlage in Kaffa aufgebaut.

M 7   Wildkaffee in der Kaffa-Region (Äthiopien)

M 8   Kleinbäuerin verkauft die frisch gesammelten Wildkaffeekirschen an die Kooperative

2003	Projektstart: Ziel: Verbesserung der Lebensbedingungen der Kleinbauern und Erhaltung der genetischen Vielfalt äthiopischen Kaffees; als PPP-Projekt*
	Projektidee: Die Vermarktung von Wildkaffee soll zum Schutz der Wälder führen, für die örtlichen Kleinbauern wird der Wald zu einer wichtigen Einkommensquelle. Anwohner erhalten Eigentumsrechte für Waldgebiete, sie schließen eine Vereinbarung mit der lokalen Regierung, die ihnen ermöglicht, Wildkaffee und andere Waldprodukte kontrolliert zu nutzen, gleichzeitig werden Siedler, Holzdiebe sowie Investoren ferngehalten.
2006/ 2007	Der Kaffa-Kaffee erhält das Biosiegel sowie Zertifikate für soziale Nachhaltigkeit und fairen Handel.
2010	Die Kaffa-Region wird von der UNESCO als Biosphärenreservat anerkannt. Fläche: 760000 ha mit mehr als 244 Pflanzen- und 294 Tierarten
2015	Ausweitung des Projekts auf die benachbarte Regenwaldregion Sheka
2016	Farmers' Union in Kaffa: Inbetriebnahme der eigenen Schälstation und damit größere Unabhängigkeit und weitere Qualitätskontrollen des sonnengetrockneten Kaffees
2022	Ausweitung des Projekts auf die Region Illubabor
2023	Rund 18000 Haushalte gehören einer der 55 Kaffee-Kooperativen an, die sich zur „Kafa Farmers' Union" zusammengeschlossen haben, daneben gibt es 25 weitere Kooperativen in Sheka, 8 in Illubabor. Der jährliche Export des zertifizierten Wildkaffees beträgt ca. 360 t. Etwa 180000 Menschen profitieren heute direkt oder indirekt von dem Projekt.

M 9   Das Kaffa-Projekt in Äthiopien

3.6 Externe Hemmnisse für die afrikanische Landwirtschaft

Nicht nur die internen Bedingungen und klima- oder bodenbedingte Nachteile behindern die Agrarentwicklung Subsahara-Afrikas. Auch globale Handelsstrukturen, Auswüchse der Finanzwirtschaft wie das Spekulieren mit Nahrungsmitteln sowie die massive Zunahme von Landkäufen für internationale Agrarprojekte (Landgrabbing) sind wenig förderlich, um eine produktive und die Nahrungssicherheit* stützende Landwirtschaft aufzubauen.

1. Charakterisieren Sie den Lebensmittelhandel zwischen der EU und Subsahara-Afrika (M1).
2. Stellen Sie die Folgen der Lebensmittelexporte (z. B. Milch, Geflügel) aus der EU in die Länder Subsahara-Afrikas in einem Wirkungsgefüge dar (M1, M2, M3).
3. Erklären Sie den Zusammenhang zwischen Landgrabbing und Bad Governance* (M5, M6, M8).
4. Erläutern Sie die Auswirkungen großflächiger Landakquisitionen auf die lokale Bevölkerung am Beispiel von Sambia (M7, M10; zus.: www.amatheon-agri.com).
   b) Nennen Sie die SDGs, die in diesem Fall noch nicht erreicht sind.
5. Entwickeln Sie einen Anforderungskatalog, der erfüllt sein müsste, damit sich großflächige Landakquisitionen im Sinne nachhaltiger Entwicklung positiv im Zielland auswirken.

Traditionell ist die EU der größte Handelspartner Afrikas. [...] Im Handel mit dem Nachbarkontinent [stellen] verarbeitete Produkte mit einem Wettbewerbsvorteil den Löwenanteil der EU-Exporte. Aber auch Lebensmittel dringen zu niedrigen, durch heimische Direktzahlungen verbilligte Preise tiefer in den afrikanischen Markt vor und verdrängen afrikanische Erzeugnisse. [...]

Dank der EU haben afrikanische Verbraucher zwar Zugang zu größerer Vielfalt und preisgünstigen Waren. Andererseits ist belegt, dass die Ausfuhren nachteilige Folgen für Produzenten und Haushaltseinkommen haben. So schaden zum Beispiel Milchexporte lokalen Erzeugern und Haushalten, die mit Milchwirtschaft ihren Lebensunterhalt bestreiten. Die EU-Exporte von Milchpulver [haben sich in den letzten Jahren mehr als verdreifacht]. Dies hatte verheerende Folgen für die Wettbewerbsfähigkeit afrikanischer Erzeuger, verschärfte soziale Probleme, etwa durch den Verlust von Arbeitsplätzen im Milchsektor und in der Viehzucht, und verwandelte nicht wenige Viehhirten in terroristische Dschihadisten.

[Auch] Afrikas Anteil an EU-Ausfuhren von Geflügelprodukten ist [...] gestiegen. Die Intensität dieser Geflügelexporte nach Afrika zu Dumpingpreisen hat den lokalen Markt verzerrt – zum Nachteil örtlicher Erzeuger und Farmarbeiter. In Mitleidenschaft gerät dadurch der Sektor für Mais und anderes Futtergetreide, beispielsweise in Südafrika [, dem Senegal und Ghana. Auch Geflügelverarbeitungsanlagen und Futtermittelwerke mussten schließen und Tausende von Arbeitsplätzen gingen verloren]. Ghanas Präsident John Mahama [stellte] bei der UN-Generalversammlung 2016 den Zusammenhang her, dass Erzeuger wegen der Verdrängungseffekte ihre Geschäfte verkauften und sich auf den gefährlichen Weg der Wirtschaftsmigration nach Europa begäben.

Quelle: Olayinka Idowu Kareem: Jenseits von Hühnerteilen: Was Afrikas Agrarprodukte im Wettbewerb hemmt. Entwicklungspolitik & Agenda 2030 12/2019

Woran liegt es nun, dass Afrika nicht noch mehr von der Nachbarschaft zum EU-Markt profitiert. An hohen EU-Importzöllen für afrikanische Waren kann es nicht wirklich liegen, [denn] grundsätzlich ist festzuhalten, dass fast alle afrikanischen Staaten auf die eine oder andere Weise einen sogenannten präferentiellen Zugang für ihre Waren bei der Einfuhr in die EU haben. Die ärmsten Staaten in Afrika, das sind immerhin 34 von 55 Ländern, können sogar, ohne jegliche Zölle zu zahlen, Produkte in die Europäische Union ausführen. [...] Aber eine andere Tatsache im Rahmen der Handelsregeln spielt durchaus eine Rolle. Besonders dann, wenn man sich die Frage stellt, warum Afrika fast ausschließlich Rohprodukte exportiert [...]. Es geht dabei um Handelsbarrieren, die man „nichttarifäre Handelsbarrieren" nennt. Von diesen Handelsschranken gibt es viele. Die wichtigsten sind die sog. Ursprungsregeln, Bestimmungen zur Lebensmittelsicherheit und für die Pflanzen- und Tiergesundheit (SPS) und auch private Standards z.B. der Handelskonzerne in Lieferketten.

Afrika [geht] sehr viel an Wertschöpfung und damit auch Arbeitsplätzen verloren [...], solange afrikanische Produzenten den unverarbeiteten Rohstoff exportieren. Röstkaffee und Milchschokolade sollten direkt aus Fabriken in Afrika in unsere Supermärkte geliefert werden können. [...] Im Grunde sind solche Exporte möglich. [Zollfrei wäre aber] beispielsweise die Milchschokolade aus dem armen Togo nur dann, wenn die Zutaten Zucker und Milch auch aus Afrika wären oder aus der EU. [Stammt der Zucker aus] Brasilien, dann blockt die EU ab. In diesem Fall würde der Zoll fast 17 Prozent auf die für den Export bestimmte Schokolade ausmachen und könnte damit mit der Tafel Schokolade aus Deutschland – obwohl die Kakaobohnen vielleicht aus Togo kommen – nicht konkurrieren.

Quelle: Francisco Marí: Keine EU Zölle für Afrikas Exporte: ein Schwindel? Brot für die Welt 29.8.2018

M2   Quellentexte zu Handelshindernissen mit der EU

	Export	Import
Lebensmittel gesamt	11 802	16 216
Fleisch	1 346	20
Fisch	510	2 414
Molkereiprodukte	1 128	0
Getreide	2 558	97
Obst, Gemüse	839	4 539
Kaffee, Tee, Kakao, Gewürze	319	7 149
verarbeitete Lebensmittel[1]	3 754	416

1 inkl. Getränke Quelle: UNCTAD

M1   Handel von EU mit SSA (2021, in Mio. US-$)

in 1000 Tonnen
45548EX
- geschätzter Konsum
- Importe
- inländische Produktion
- Exporte

Quelle: Zamani et al. (2021). UN Comtrade (2018), USDA (2019)

M3   Geflügelfleischsektor in Ghana

M4   Großhandel für Geflügel in Liberia

Der Begriff Landgrabbing hat weltweit seit dem Jahr 2008 eine steile Karriere gemacht. Landnahme, Landraub, Landgrabscherei? Eine präzise deutsche Übersetzung fehlt bisher. Gemeint sind großflächige Käufe hauptsächlich von privaten, aber auch staatlichen Investoren und Agrarunternehmen, die Agrarflächen kaufen oder langfristig pachten, um sie in eigener Regie zur Herstellung von Agrarrohstoffen zu nutzen. Dabei bewegen sich die internationalen Investoren ebenso wie die staatlichen, halbstaatlichen oder privaten Verkäufer oft in Grauzonen des Rechts und in einem Niemandsland zwischen traditionellen Landrechten und modernen Eigentumsverhältnissen. Häufig könnte man bei Landgrabbing von einer Landreform von oben sprechen oder der Etablierung neuer, privatwirtschaftlicher Kolonialverhältnisse.

Quelle: Zukunftsstiftung Landwirtschaft: Wege aus der Hungerkrise. Berlin 2009, S. 16

M 5 Quellentext zum Landgrabbing

M 6 Großflächige Landnahme von ausländischen Firmen in Afrika

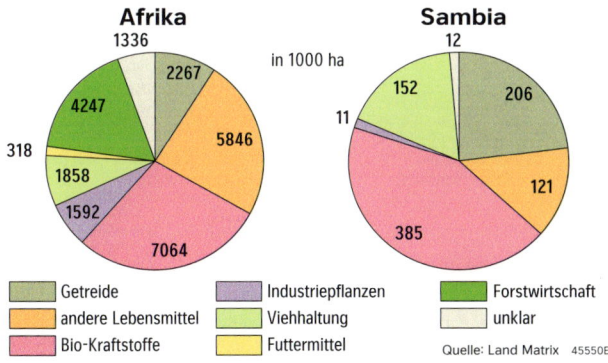

M 7 Landgrabbing in Afrika und Sambia: Landwirtschaftliche Nutzung von Flächen (2000–2023)

Region	Mitspracherecht und Verantwortlichkeit	Rechts-staatlichkeit	Korruptions-kontrolle
Mosambik	-0,61	-1,04	-0,81
Äthiopien	-1,07	-0,61	-0,40
Ghana	0,47	-0,08	-0,11
Sambia	-0,37	-0,59	-0,75
Senegal	0,19	-0,36	0,06
Deutschland	1,43	1,61	1,81

Governance, gemessen an den drei für Landakquisitionen relevanten Indikatoren des Worldwide Governance Indicators der Weltbank. Der „Governance Score" reicht von -2,5 bis +2,5, dabei ist der höhere Wert der bessere. Quelle: World Bank

M 8 Governance Score in den „Hot Spots" großflächiger Landakquisitionen in Subsahara-Afrika (2021)

M 9 Schranke der Amatheon-Farm in Mumbwa auf einer öffentlichen Straße

Land stand [in Sambia] bis in die frühen 2000er-Jahre fast vollständig unter traditioneller Verwaltung. Lokale Gemeinschaften konnten über die Nutzung verfügen. Gleichzeitig ist alles Land formell im Staatsbesitz. [...] Ab 1995 erleichterte ein neues Landgesetz privaten Akteur*innen, Land für 99 Jahre zu pachten. Dieses Gesetz beinhaltete das Versprechen, dass auch Kleinbäuer*innen ihr Land registrieren lassen können. Die Kosten der Registrierung sind jedoch hoch, ebenso die bürokratischen, sozialen und geographischen Hürden. So waren es einzig große Investoren aus dem In- und Ausland, die Landrechte auf Grundlage des Landgesetzes erworben haben. Ihre Farm Blocks liegen entlang der wichtigsten Infrastruktur-Korridore und in den besten Anbaugebieten, von denen viele von lokalen Gemeinschaften genutzt werden. Dies führte zu einer Verschiebung des Ackerlandes: Aus den Händen der lokalen Gemeinschaften hin zum Besitz kommerzieller Großbetriebe, wie auch Amatheon Agri. [...]

Laut eigenen Angaben hat das Berliner Unternehmen in den vergangenen zehn Jahren rund 100 Mio. Euro investiert, um in Sambia, Uganda und Simbabwe eine nachhaltige Wertschöpfungskette für Agrarrohstoffe, Lebensmittel und Rindfleisch aufzubauen. Der Kern: Ankerfarmen und Verarbeitungsbetriebe mit rund 800 Mitarbeitern auf eigenen Agrarflächen und die Zusammenarbeit mit mehr als 4000 Kleinbauern in den Regionen.

In Sambia besitzt Amatheon etwa 40 000 Hektar Land [bei Kaindu im Mumbwa District] [...]. Dies ist die größte deutsche Agrarinvestition in Afrika. Amatheon betreibt dort Viehzucht und baut in Monokulturen Soja und Mais an, ebenso „Superfoods" wie Quinoa. Auch nach Europa soll exportiert werden. Das hauseigene Outgrower-Programm soll Kleinbäuer*innen Fachwissen vermitteln und neben einem Zugang zu Betriebsmitteln auch Kredite verschaffen. Die Rede ist auch von kostenlosen Schulungen für den Anbau. Das Prinzip des Vertragsanbaus* soll die Nachhaltigkeit des Programms sichern.

Doch wie sieht die Zusammenarbeit vor Ort wirklich aus? [...] Familien, die auf dem heutigen Amatheon-Land angesiedelt waren, mussten gehen. Menschen wurden zwangsumgesiedelt und Siedlungen zusammengelegt, um Land für Amatheon freizuräumen. Einzelne Personen berichteten [...] von bewaffneten Drohungen, damit sie ihr Land verlassen. Mehrere Siedlungen sind heute vollständig von den Ländereien des Investors umzingelt. Weder das traditionelle Sammeln von Wildkräutern noch das Suchen von natürlichen Materialien zur Reparatur von Häusern sei ihnen erlaubt. [...] Eine öffentliche Straße wurde mit einem Checkpoint mit Sicherheitskräften von Amatheon versehen. [...] Durch die zwei Dämme, die Amatheon für die Bewässerung der Monokulturen gebaut hat, fehlt vielen Hundert Familien flussabwärts gerade in der Trockenzeit Wasser für den Gemüseanbau und die Tierhaltung.

Vor Ort entsteht zwar eine kleine Zahl an Arbeitsplätzen – extrem wenige jedoch für die riesige Fläche, die Amatheon beansprucht. [...] Die Saisonarbeiter werden extrem schlecht bezahlt [...] Umgerechnet 35 Euro monatlich zahlt Amatheon für Arbeitstage, die bis zu zehn Stunden dauern. Essen und Unterkunft werden noch abgezogen. Die Arbeitsbedingungen seien derart schlecht, dass die lokale Bevölkerung kaum mehr für Amatheon arbeiten will. Die Firma muss daher Arbeitskräfte aus weiter entfernten Dörfern rekrutieren.

Quelle: FIAN: Sambia: Abgeschnitten und ausgesperrt, 2023, www.fian.de

M 10 Quellentext zu einer Landnahme in Sambia

3.7 Verbuschung: Problem und Chance

Die Ausbreitung und Zunahme holziger Vegetation auf Kosten von anderen Pflanzenarten, insbesondere Gräsern, ist in den Savannen Afrikas ein weit verbreitetes Phänomen mit negativen ökologischen und ökonomischen Auswirkungen. Diese Verbuschung hat zum Beispiel in Namibia über Jahrzehnte zugenommen, stellt aber heute auch eine wirtschaftliche Chance dar.

1. Beschreiben Sie die typischen Merkmale einer Savannenlandschaft und nennen Sie Gründe für die Veränderungen in den Savannen Afrikas (M1, M2).
2. Erläutern Sie die ökonomischen und ökologischen Folgen der Verbuschung der namibischen Savanne (M1 – M4).
3. Nennen Sie Möglichkeiten, die sich aus der Entbuschung für die wirtschaftliche Entwicklung Namibias ergeben (M3 – M8, M11).
4. Erläutern Sie die Produktion von Holz- und Pflanzenkohle in Namibia (M7, M9, M10, M11).
5. Verbuschung – eine Chance? Stellen Sie Argumente mehrperspektivisch zusammen und nehmen Sie Stellung zur Nachhaltigkeit der Nutzung von Busch-Biomasse (M3 – M11).

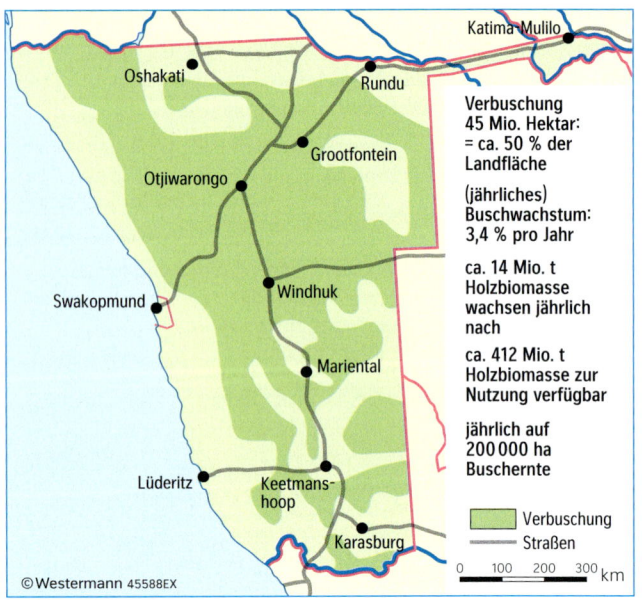

Verbuschung 45 Mio. Hektar: = ca. 50 % der Landfläche

(jährliches) Buschwachstum: 3,4 % pro Jahr

ca. 14 Mio. t Holzbiomasse wachsen jährlich nach

ca. 412 Mio. t Holzbiomasse zur Nutzung verfügbar

jährlich auf 200 000 ha Buschernte

Verbuschung
Straßen

© Westermann 45588EX

M 3 Verbuschung in Namibia

Verbuschung ist die Ausbreitung von Büschen und Verdrängung wichtiger Pflanzen- und Tierarten in weltweit ganz unterschiedlichen Ökosystemen. Sie entsteht, wenn Land nicht mehr bewirtschaftet wird und brach liegt (z. B. in den Alpen) oder ist auf eine intensive Landnutzung und den Klimawandel zurückzuführen.

Besonders ausgeprägt ist die Verbuschung in Savannen, die circa 20 Prozent der Erdoberfläche ausmachen. Namibia stellt aufgrund der Größe der verbuschten Fläche einen Sonderfall dar. Die Gründe für die Veränderungen der Savannenvegetation sind vielfältig und in der Regel anthropogen, die Komplexität der Wechselwirkungen zwischen den beteiligten Parametern ist jedoch noch nicht gänzlich erforscht. Eine zentrale Rolle spielen die Konkurrenzeffekte zwischen Gräsern und Gehölzen um Ressourcen wie Wasser und Nährstoffe. Häufig ist die Störung der Grasschicht (z. B. durch Überweidung) in Kombination mit anhaltend günstigen Bedingungen für das Wachstum holziger Arten (z. B. ausreichend Niederschlag, kein Feuer und kein Verbiss) verantwortlich, wodurch die savannentypischen Gräser verdrängt werden und die Gehölze zunehmend dominieren. Mögliche Klimawandeleffekte, eine zunehmende Variabilität der Niederschläge, längere Trockenphasen oder auch Starkregenereignisse werden als weitere Einflussfaktoren genannt. Auswirkungen sind der Verlust von Weideland für Viehzucht und Wildtiere sowie der Rückgang der Biodiversität (Flora und Fauna). Ein weiteres Problem der Verbuschung ist die verminderte Grundwasserneubildung. Die vielen Büsche, allen voran die Hakendornakazie mit ihrem weitverbreiteten flachen Wurzelnetz, nehmen das Wasser schneller auf, als dies in den Boden dringen kann, sodass der Grundwasserspiegel sinkt.

M 1 Ursachen und Folgen der Verbuschung in Savannengebieten

	verbuscht (aktuell)	Savanne (potenziell)
Tragfähigkeit auf 25 ha	300 Stück Vieh	1200 Stück Vieh
Wasserverlust durch Evapotranspiration	1,3 Mio m³/Tag	0,34 Mio m³/Tag

Quelle: DHG

M 4 Beispielfarm in der Outjo Region, Namibia:
       Farmgröße: 7500 ha, Niederschlagsmenge: 400 mm/Jahr

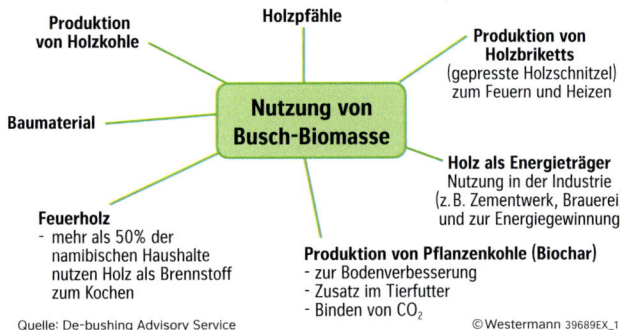

Produktion von Holzkohle

Holzpfähle

Produktion von Holzbriketts (gepresste Holzschnitzel) zum Feuern und Heizen

Baumaterial

Nutzung von Busch-Biomasse

Holz als Energieträger Nutzung in der Industrie (z. B. Zementwerk, Brauerei) und zur Energiegewinnung

Feuerholz
- mehr als 50% der namibischen Haushalte nutzen Holz als Brennstoff zum Kochen

Produktion von Pflanzenkohle (Biochar)
- zur Bodenverbesserung
- Zusatz im Tierfutter
- Binden von CO_2

Quelle: De-bushing Advisory Service
© Westermann 39689EX_1

M 5 Nutzung von Busch-Biomasse

	2018	2019	2020	2021	2022	2023	2024	2025
Holzkohle	810	900	1000	1100	1210	1333	1464	1610
Feuerholz	582	593	604	616	627	639	652	664

Quelle: N-BiG (2023): Harvesting and Processing Namibian Encroacher bush

M 6 Biomassenutzung in Namibia (in 1000 t)

M 2 Verbuschung der Savannenlandschaft in Namibia

 100900-164-01 schule.diercke.de   100900-168-01 schule.diercke.de

M 7 Mechanisierte Buschernte

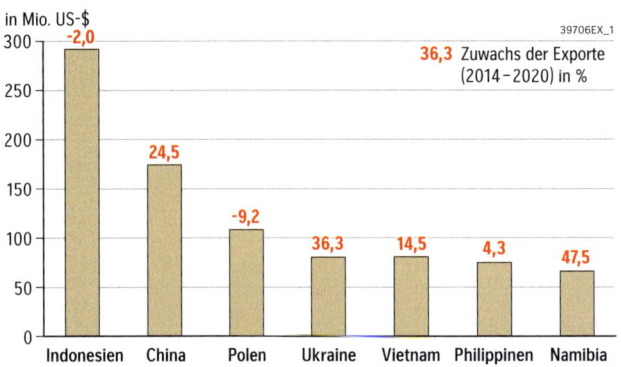

in Mio. US-$

39706EX_1

36,3 Zuwachs der Exporte (2014–2020) in %

Werte über den Balken:
- Indonesien: -2,0
- China: 24,5
- Polen: -9,2
- Ukraine: 36,3
- Vietnam: 14,5
- Philippinen: 4,3
- Namibia: 47,5

M 8 Weltweiter Export von Holzkohle (2020/21)

- Holz für Holzkohle wird vor allem auf großen Farmen in Zentral- und Nordnamibia gewonnen (Regionen um Outjo, Grootfontein, Otjiwarongo und Okahandja).
- Zur Holzernte genutzte Büsche sind vor allem Akazienbüsche.
- Zur Herstellung einer Tonne Holzkohle werden etwa fünf Tonnen Biomasse benötigt.
- Das geerntete Holz wird zunächst an der Luft getrocknet, begünstigend wirken sich die klimatischen Bedingungen (geringe Luftfeuchte, hohe Temperaturen) aus.
- Zur Holzkohleproduktion werden v. a. einfache Metallfässer genutzt, in denen das Holz geschichtet und angezündet wird.
- In einer sauerstoffarmen Umgebung und unter konstanter Wärmezufuhr wird aus Holz Holzkohle (Karbonisieren – Umwandlung von Holz oder Pflanzenmaterial in kohlenstoffreichere Verbindungen; Pyrolyse – unter Hitzeeinfluss verändern sich die strukturellen Merkmale des Holzes).
- Die Metallfässer werden nach der Herstellung der Holzkohle entleert, nach einer Abkühlungsphase wird die Holzkohle aufbereitet, in verschiedene Größenklassen gesiebt und abgepackt.

M 9 Produktion von Holzkohle in Namibia

M 10 Herstellung der Holzkohle

Verbuschung ist in Namibia ein großes Problem. Wie sollen die degradierten Flächen wieder nutzbar gemacht werden?

Die namibische Regierung hat sich zum Ziel gesetzt, nachhaltige Methoden zur kontrollierten Ausdünnung von Buschbestand zu entwickeln und fördern. Auf geschädigten Flächen, wo die Verbuschung bereits weit vorangeschritten ist, ist es notwendig kontrolliert Busch zu entnehmen und so den Bestand auszudünnen. Das schafft Freiraum für andere Pflanzenarten, insbesondere für die in Savannen wichtigen Gräser. Die kontrollierte Ernte von Busch wird von Arbeitern umgesetzt, die entweder von Landwirten angestellt werden, oder von spezialisierten Dienstleistern. Dieser Ausdünnung von Buschbestand folgt eine kontinuierliche Landschaftspflege, durch die unter anderem ein direkter Nachwuchs aggressiv wachsender Buscharten verhindert wird.

Was wird mit der anfallenden Biomasse gemacht?

Da die manuelle oder auch mechanisierte Ernte von Büschen arbeitsintensiv und teuer ist, fördert der namibische Staat gezielt die Nutzung der anfallenden Holzbiomasse. Wurde geerntetes Buschholz früher noch oft verbrannt, ist heute die Weiterverarbeitung in unterschiedliche Holzprodukte weit verbreitet. So ist Namibia inzwischen ein weltweit wichtiger Exporteur von Grillholzkohle und beliefert unter anderem auch Deutschland. Weil die Holzkohle nicht aus Waldbestand produziert wird, gilt sie als besonders nachhaltig. Es gibt aber auch eine Reihe anderer Nutzungen (M 5).

Eine besondere Rolle könnte in Zukunft die Pflanzenkohle (Biochar) spielen.

Pflanzenkohle wird ähnlich wie Holzkohle hergestellt, anschließend aber nicht exportiert, sondern in Namibia in den Boden eingearbeitet. Dort bleibt Pflanzenkohle über mehrere Jahrhunderte bestehen und absorbiert Wasser und Nährstoffe. Dadurch verbessert sich die Bodenqualität deutlich und auf Agrarland oder auch in Gemeindegärten erhöht sich die jährliche Ernte. Pflanzenkohle kann so einen wichtigen Beitrag zur Ernährungssicherung leisten. Gleichzeitig bindet Pflanzenkohle den Kohlenstoff, der durch das Wachstum der Büsche gespeichert wurde. International wird die Produktion von Pflanzenkohle deshalb als wirkungsvoller Beitrag zur Bekämpfung des Klimawandels gesehen. Weil Landwirte in Namibia nicht viel Geld für den Erwerb oder die eigene Produktion von Pflanzenkohle haben, bemüht sich Namibia um den Zugang zum internationalen Handel mit Kohlenstoffzertifikaten. Für jede Tonne an Kohlenstoff, die nachweislich durch Pflanzenkohle in namibischen Böden gespeichert wird, kann ein entsprechendes Zertifikat an Unternehmen verkauft werden, die damit eigene, nicht vermeidbare Emissionen ausgleichen.

Können die Maßnahmen als nachhaltig bezeichnet werden?

Wichtige Grundvoraussetzung für eine positive Wirkung der Nutzung von Buschbiomasse ist, dass diese gezielt der Wiederherstellung geschädigter Flächen dient. Die Maßnahmen unterscheiden sich damit von der rein wirtschaftlich motivierten Nutzung von Holz, zum Beispiel auf Holzplantagen. Es wird überschüssige Buschbiomasse geerntet, die andernfalls unter Umständen verbrannt oder chemisch bekämpft würde. Aus ökologischer Sicht enthalten das namibische Umweltgesetz sowie das Forstgesetz klare Richtlinien. Nur Büsche mit einem Stammdurchmesser von maximal 18 Zentimetern und einer Höhe von nicht mehr als 4 Metern dürfen geerntet werden. So werden ausgewachsene Büsche geschützt. Weiterhin ist geregelt, dass nur ein Teil des Buschbestandes geerntet werden und damit kein Kahlschlag stattfinden darf. Durch die staatliche Förderung und das Engagement einiger Pionier-Unternehmen hat sich innerhalb weniger Jahre ein neuer Wirtschaftszweig entwickelt. Unternehmen haben sich auf die nachhaltige Ernte von Buschbiomasse spezialisiert und investieren in moderne Technologien für Ernte, Verarbeitung und Verpackung. Als Namibia im Jahr 2019 unter einer Jahrhundertdürre litt, war die konventionelle Landwirtschaft für viele Betriebe nicht mehr profitabel und die Holzkohleproduktion erfuhr einen enormen Zuwachs. Holzkohleexporte stiegen im Zeitraum 2011-2020 um 558 % und führten zu signifikanten Deviseneinnahmen von insgesamt 280 Mio. EUR für das ansonsten eher exportschwache Namibia. Die Nutzung von Buschbiomasse kann aber nur nachhaltig sein, wenn sie auch sozial gerecht ist. Dazu gehört eine gerechte Teilhabe der lokalen Bevölkerung, die durch die Nutzung und Vermarktung der Biomasse profitiert. Es entstehen insbesondere im ländlichen Raum wichtige Arbeitsplätze. Mittlerweile sind 11000 Arbeiter in der Buschernte und -verarbeitung angestellt.

M 11 Interview mit Johannes Laufs (GIZ: Nachhaltige Nutzung von Buschbiomasse)

3.8 Alte und neue Methoden für die Klimawandelanpassung

Der Klimawandel hat der afrikanischen Landwirtschaft zugesetzt und wird dies auch in Zukunft tun. Forscher beziffern den Produktivitätsrückgang in Afrika seit 1961 aufgrund des Temperaturanstiegs auf 34 Prozent. Das ist mehr als in jeder anderen Region der Welt. Es wird erwartet, dass sich dieser Trend fortsetzt und das Risiko von Ernährungsunsicherheit und Unterernährung erhöht. Da Landwirtschaft vorwiegend mit Regenfeldbau* und in Subsistenzwirtschaft* betrieben wird, ist sie besonders anfällig für Klimawandelfolgen. Farmer haben oft nur geringe finanzielle Möglichkeiten, um Anpassungsmaßnahmen durchzuführen. Umso wichtiger ist es, dass traditionelle Methoden und moderne Innovationen den Kleinbauern bei der Klimawandeladaption helfen.

1. a) Fassen Sie die für die Landwirtschaft in Subsahara-Afrika relevanten Folgen des Klimawandels zusammen (Kap. 1.12).
   b) Vergleichen Sie die Auswirkungen in den SSA-Regionen.
2. Erläutern Sie, inwieweit die in M1 und M5 vorgestellten Methoden einen Beitrag zur Klimaresilienz leisten können.
3. Erklären Sie Leapfrogging* in der Landwirtschaft (M2, M6).
4. Ⓩ Stellen Sie eine der in M8 genannten digitalen Anwendungen vor (Internetlinks, S. 70).
5. Beurteilen Sie den Einsatz von moderner Technik und Digitalisierung bei der Anpassung an den Klimawandel.

„Einer der wichtigsten Gründe [für die geringe Produktivität in vielen afrikanischen Ländern] ist die Tatsache, dass die Böden ausgelaugt sind. Die Auswirkungen des Klimawandels beschleunigen die Verarmung der Böden. Das führt wiederum zu einem erhöhten Auftreten von Schädlingen und Pflanzenkrankheiten. Das alles wirkt sich auf die Produktivität der Flächen aus." Noah Adamtey und seine Forschungsgruppe wollen herausfinden, wie sich diese Tendenz umkehren lässt: Wie lässt sich der Nährstoffgehalt in landwirtschaftlich genutzten Böden wieder erhöhen? „Wir stehen hier auf einer unserer Langzeitversuchsflächen in Thika [Kenia]. [...] Wir vergleichen hier vier unterschiedliche Anbausysteme. Zum einen intensive Landwirtschaft, jeweils konventionell und biologisch. Außerdem Subsistenzlandwirtschaft, ebenfalls konventionell und biologisch. Wir schauen uns die vier unterschiedlichen Anbausysteme mit Blick auf ihre Produktivität, ihre Rentabilität und ihre Nachhaltigkeit an."

Auf den Versuchsflächen wächst Mais. Am höchsten aufgeschossen sind die Pflanzen auf dem Stück, das nach der intensiven biologischen Methode bestellt wird. Das heißt: unter Einsatz von viel biologischem Dünger, biologischen Schädlingsbekämpfungsmitteln und in Trockenzeiten mit Bewässerung. Die Pflanzen, die ebenfalls intensiv, aber mit Kunstdünger und chemischen Produkten gegen Schädlinge behandelt werden, sind niedriger und weniger kräftig. [...] „Man muss sich darüber im Klaren sein, dass es eine Umstellungsphase gibt, wenn man von konventioneller auf biologische Landwirtschaft übergeht. In dieser Phase sind die Erträge niedriger. Wir hoffen, dass unsere Daten die Landwirte künftig ermutigen, einige Jahre lang Geduld zu haben. [...] „Beim biologischen Anbau bleiben mehr Restnährstoffe im Boden. Das System ist dadurch in der Lage, Nährstoffe von einer

M3   Versuchsfelder in Thika (Kenia)

Saison zur anderen zu erhalten." Die Böden bleiben also fruchtbarer. Und ganz wichtig: Sie kommen auch mit der häufigeren Trockenheit infolge der Klimakrise besser klar, weil mehr Feuchtigkeit zurückgehalten wird. Unter anderem dadurch, dass die Erde mit Mulch, Stroh oder Pflanzenabfällen bedeckt und die Sonneneinwirkung gemildert wird.
Quelle: Bettina Rühl: Wie Afrikas Landwirtschaft krisenfester werden kann. Deutschlandfunk 12.7.2022

M1   Quellentext zur Forschung über biologischen Anbau in Kenia

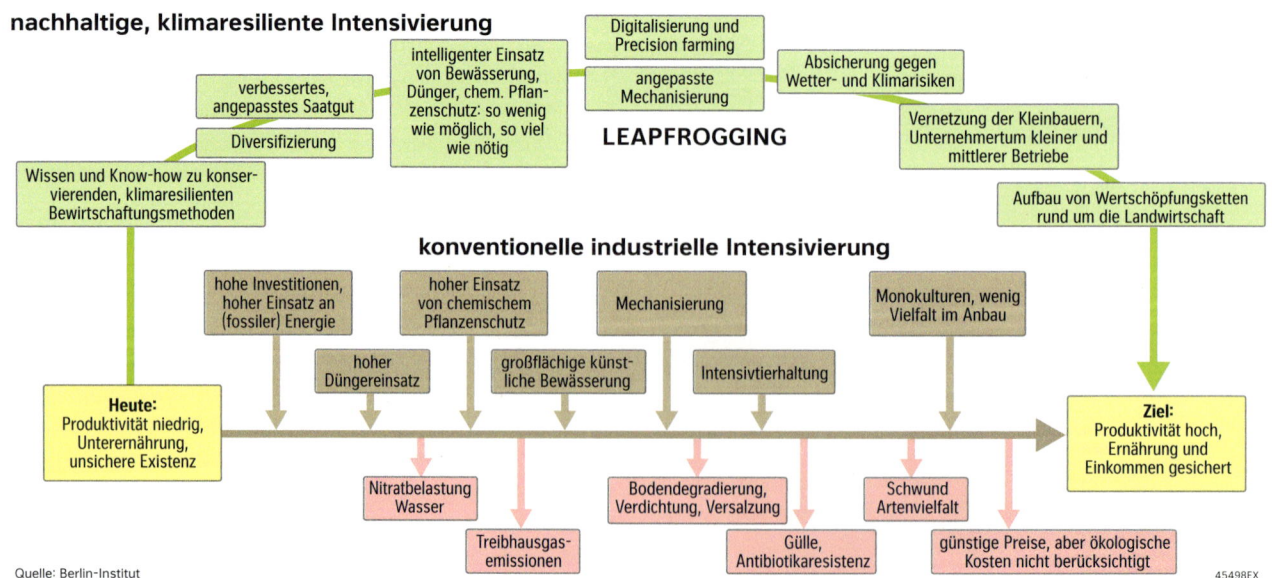

M2   Leapfrogging* in der Landwirtschaft

M 4   Graben von Halbmonden in Mourey (Niger)

M 7   Erfolgreiche Begrünung mit Halbmonden und Baumpflanzungen

100 000 Hektar Land gehen in Niger durch Bodendegeneration jährlich für Ackerbau und Viehzucht verloren. [...] Der Boden wird hart, unfruchtbar, verkrustet, kann kein Wasser speichern. Die Speicherfähigkeit des Bodens aber ist von immenser Bedeutung in einer Region, die nur eine lange Trockenzeit und eine wegen des Klimawandels kürzer, aber heftiger werdende Regenzeit kennt. Der Klimawandel ist eine Ursache der Bodendegeneration, andere Faktoren sind Überweidung, Abholzung, Übernutzung und Erosion. Ein Kernelement der Resilienz-Bestrebungen des [Welternährungsprogramms der Vereinten Nationen] ist, Böden wieder nutzbar zu machen – und zwar auf möglichst einfache und zugleich maximal effektive Art und Weise. ‚Zaï‘ heißt dabei das eine Zauberwort, ‚Halbmond‘ das andere.

Beides sind Techniken, die aus dem Sahel stammen, die einfach und effektiv sind. Zaï bedient sich der Mithilfe von Termiten, um den Boden zu lockern und wasseraufnahmefähiger zu machen, und kurbelt das Pflanzenwachstum mithilfe von Dung statt Kunstdünger an. Letzterer ist ohnehin meist unbezahlbar für lokale Bäuerinnen und Bauern. Halbmond-Technik bedeutet, halbmondförmige, unterarmtiefe Löcher anzulegen, in denen sich Regenwasser sammeln kann. [Das traditionelle Verfahren wurde vor einigen Jahren wiederentdeckt und weiterentwickelt.]

Quelle: Thomas Trittmann: Wie Geldmangel den Kampf gegen Hunger in Niger erschwert. DGVN 21.2.2023

„Wer jünger als 30 ist, sieht hier zum ersten Mal etwas wachsen“, erzählt [Mahaman Dan Jimma] stolz. [...] Der Bauer ist Präsident eines Komitees, zu dem sich die Bewohnerinnen und Bewohner aus sieben Dörfern [in der Region Maradi im Süden Nigers] zusammengeschlossen haben, um das wertlose Land wieder nutzbar zu machen. [...] Tausende halbmondförmige Vertiefungen haben Jimma und 517 andere Männer aus der Gemeinschaft seitdem in den Boden gegraben, auf einer Fläche von etwa 42 Hektar. [...] In den etwa vier Meter breiten Kuhlen sammelt sich in der Regenzeit das Wasser und hat so mehr Zeit, in den harten Boden einzusickern. Wenn sich die Erde gelockert hat, wird in der Mitte der ‚Halbmonde‘ ein Baum gepflanzt, an den Rändern werden Kräuter und Gras gesät. „Schon nach einem Jahr haben wir hier Ergebnisse gesehen“, erzählt Jimma. Mittlerweile sind die Vertiefungen unter den Pflanzen kaum mehr zu erkennen. Dass es heute seltener zu Überschwemmungen komme, sei nur einer der positiven Effekte, sagt Jimma. Noch wichtiger sei, dass das Vieh endlich wieder genügend Futter habe. Das verhindere gewaltsame Konflikte zwischen Bauern und Hirten, die seit Jahren immer erbitterter um das kostbare, noch fruchtbare Land kämpfen. Neben den Tieren profitieren auch die Menschen von dem Projekt. Salat, Gurken, Süßkartoffeln und Maniok, eine kartoffelähnliche Wurzelknolle, habe sie in diesem Jahr geerntet.

Quelle: Franca Wittenbrink: Mit Halbmonden gegen die Ausbreitung der Wüste. DGVN 23.1.2023

M 5   Quellentexte zur Zai- und Halbmondmethode

Es gibt viele Ideen für nachhaltige Intensivierung, für Diversifizierung und Anpassung an den Klimawandel – auch von Universitäten und Organisationen in Afrika. [...] Die verschiedenen Methoden zur nachhaltigen Intensivierung [haben eine] Gemeinsamkeit: Sie sind wissensintensiv. Bauern, die umwelt- und klimabewusst wirtschaften und dabei wettbewerbsfähig bleiben, machen sich aktuelle Erkenntnisse und Innovationen zunutze, greifen aber auch auf verloren gegangenes traditionelles Know-how zurück. Gerade Kleinbauern stehen Veränderungen und Neuerungen jedoch häufig skeptisch gegenüber. Die verschiedenen Techniken und Methoden zur nachhaltigen Intensivierung setzen Zugang zu aktuellen Informationen und Schulungen voraus. [...] Informations- und Kommunikationstechnik (IKT) trägt schon heute auf unterschiedliche Weise dazu bei, den Wissensdurst afrikanischer Bauern zu stillen und sie bei einer nachhaltigen Intensivierung zu unterstützen. Und es mangelt dem Kontinent nicht an findigen Entwicklern von Apps und anderen sinnvollen Ideen für eine clevere Nutzung der IKT auch in der Landwirtschaft. Die Welternährungsorganisation macht unter dem Titel „Leapfrogging für Afrika“ Hoffnung: Die Kosten für digitale Innovationen wie Apps, Sensoren, Drohnen, Satelliten und vieles mehr

Wissen	Expertensysteme, Weiterbildung Satelliten- und Wetterdaten	Nuru AfriScout
Direktvermarktung	zur Vermeidung des Zwischenhandels	Twiga Ninayo
Finanzierung	Sparkonto für Kleinbauern Zugang zu Krediten	MyAgro TingoMobile
Versicherung	gegen wetterbedingte Ausfälle	ACRE Africa
Datenbereitstellung	Karten zur Bodenqualität Frühwarnsysteme	AFSIS Tahmo
High-Tech	Präzisionsfeldbau (mit Fernerkundung, Sensoren, Drohnen)	Smartfarm
Sharing	für Landmaschinen	Hello Tractor

M 8   Digitale Anwendungen im Landwirtschaftssektor

sänken. Mit niedrigen Preisen würden sie die Märkte leichter erobern und sich in Afrikas Landwirtschaft durchsetzen. Es gibt bereits Beispiele dafür, dass Digitalisierung und Mechanisierung die Landwirtschaft auch wieder attraktiv für Junge und Rückkehrer aus den Städten machen, die sich als Agrar-Unternehmer (Agripreneurs) verstehen.

Quelle: Reiner Klingholz et. al.: Schnell, bezahlbar, nachhaltig. Berlin-Institut für Bevölkerung und Entwicklung 2020, S. 70 – 73

M 6   Quellentext zum Einsatz von Innovationen

3.9 Potenzial für erneuerbare Energien

Um die Armut zu vermindern und wirtschaftliches Wachstum zu ermöglichen, muss die unterentwickelte Energieversorgung in den Ländern Subsahara-Afrikas auf- und ausgebaut werden. In Zeiten des Klimawandels sollte dies aber auch auf möglichst klimafreundliche Weise ohne fossile Rohstoffe geschehen. Schon jetzt stellt Wasserkraft in vielen Ländern die wichtigste Energiequelle dar. Doch weite Gebiete Afrikas sind auch dafür prädestiniert, Wind- und vor allem Solarenergie zu nutzen.

1. Fassen Sie Probleme bei der Stromversorgung in Subsahara-Afrika zusammen (M3, Kap. 2.6).
2. Beschreiben Sie die Bedeutung erneuerbarer Energien bei der Elektrizitätserzeugung in Subsahara-Afrika (M1, M6).
3. Erörtern Sie die Stromerzeugung aus Wasserkraft in Subsahara-Afrika (M1, M4, Atlas).
4. Beurteilen Sie das Potenzial und die derzeitige Nutzung der Solarenergie in Südafrika (M5, M6, M7, M9, Atlas).
5. Erörtern Sie den Umstieg auf erneuerbare Energien zur Elektrizitätsgewinnung in Südafrika.

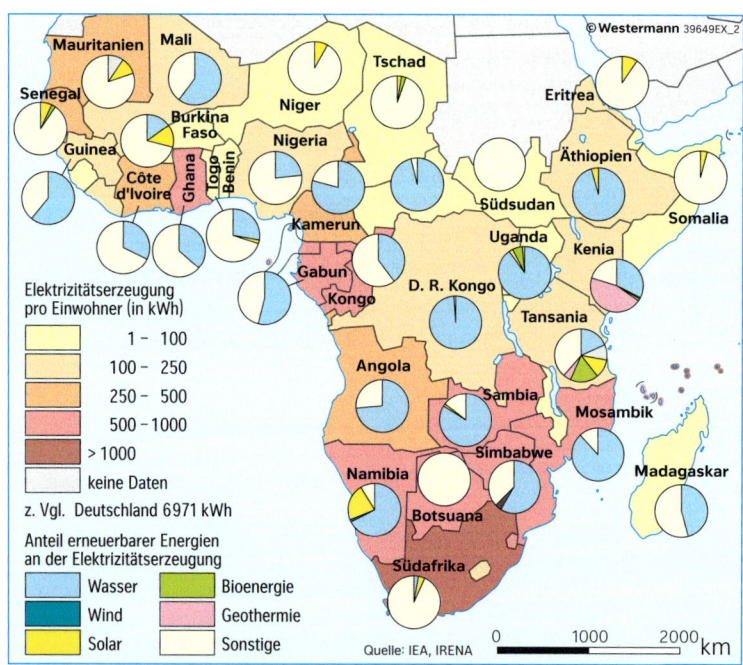

M1 Elektrizitätserzeugung und Anteil erneuerbarer Energien (2021)

M2 Grand Ethiopian Renaissance Dam in Äthiopien: Das 2022 in Betrieb genommene Wasserkraftwerk hat eine Leistung von 6000 MW.

Der Mangel an umfassender und verlässlicher Stromversorgung ist ein zentrales Hindernis für die wirtschaftliche Entwicklung auf dem afrikanischen Kontinent. [...] Mit Ressourcenarmut ist die Unterversorgung [...] nicht zu erklären: Der Kontinent ist mit Rohstoffen gesegnet – und es kommen immer neue Funde hinzu. Afrika ist Energierohstofflieferant für Industrieländer und verfügt zudem über ein Potenzial bei erneuerbaren Energiequellen wie keine andere Region der Erde. Doch in der Vergangenheit wurden die vielfältigen Möglichkeiten kaum ausgeschöpft. Die Gründe dafür sind zahlreich: finanzielle Hürden, falsche entwicklungs- und wirtschaftspolitische Prioritäten, Fokussierung auf exportorientierte Investitionen; aber auch ineffiziente Verwaltungen, Korruption und schlechte Regierungsführung spielen eine Rolle. In der Folge fehlt es nicht nur an Großkraftwerken, die die erforderliche Menge an Strom produzieren könnten, sondern auch an entsprechenden Stromnetzen, die für eine flächendeckende Versorgung notwendig wären. [Die Ineffizienz der Energieanlagen und die Dominanz fossiler Brennstoffe machen den in Afrika produzierten Strom extrem teuer.]
Quelle: Mathias Kamp: Der große Sprung zur grünen Energie. KAS-Auslandsinformationen 4/2018, S. 95

Der aktuelle African Energy Outlook [...] zeigt, wie erschreckend langsam die Energiewende in den 55 afrikanischen Staaten vorankommt. [...] In allen Ländern Afrikas zusammen stehen heute insgesamt so viele Wind-onshore und Solar-Anlagen wie Deutschland sie bald in einem einzigen Jahr installieren will. [...]. [Afrika verfügt] nach dem aktuellen Outlook über 60 Prozent der weltweit am besten geeigneten Solarstandorte, aber nur über ein Prozent der installierten Kapazität.
Andreas Kuhlmann, Deutsche Energie-Agentur (2022)

M3 Quellentexte zur Elektrizitätserzeugung in Subsahara-Afrika

„Auf der ganzen Welt wird Wasserkraft eine entscheidende Rolle beim Aus- und Umbau der Energieversorgung spielen – besonders auch in Afrika. [...] Das Potenzial der Wasserkraft in Afrika ist mit einer installierten Leistung von aktuell rund 38 Gigawatt nur zu 11 Prozent ausgeschöpft. [...] Neben größeren und kleineren Laufwasserkraftwerken werden zukünftig Pumpspeicherkraftwerke benötigt. Die International Energy Agency betonte jüngst in einer Studie, wie wichtig diese für die Integration von Solar- und Windkraft und zur Netzstabilisierung sind. Der afrikanische Kontinent hat aufgrund der unterschiedlichen Regen- und Trockenzeiten großes Potenzial für Hybridlösungen, wie zum Beispiel die Kombination von Solarzellen und Wasserkraft.“
Heike Bergmann, Voith (deutscher Anbieter von Wasserkraftwerken)

Wasserkraft galt bisher als besonders verlässlich und flexibel unter den erneuerbaren Energien. [...] Doch mit dem sich wandelnden Klima geht der Wasserkraft genau dieser Vorteil verloren. Klimabedingte Dürreperioden sorgen in diesem Jahr für die größten Einbrüche in der Wasserkrafterzeugung seit Jahrzehnten. Aber nicht nur Dürre, auch Starkregen und Überflutungen können die Stromerzeugung durch Wasserkraft lahmlegen. So wurden durch Überschwemmungen nach dem Zyklon Idai im März 2019 in Malawi zwei große Wasserkraftwerke beschädigt, wodurch die Stromversorgung in Teilen des Landes für mehrere Tage zusammenbrach. [Zudem sind Staudammgroßprojekte mit ökologischen (Zerstörung von Ökosystemen, Verschlammung, fehlende Sedimentanreicherungen usw.) und sozialen Problemen (Umsiedelung, Konflikte von Ober- und Unterliegern) verbunden.]
Quelle: Jeannette Cwienk: Welche Zukunft hat die Wasserkraft? DW 7.9.2021

M4 Quellentexte zur Nutzung der Wasserkraft in Afrika

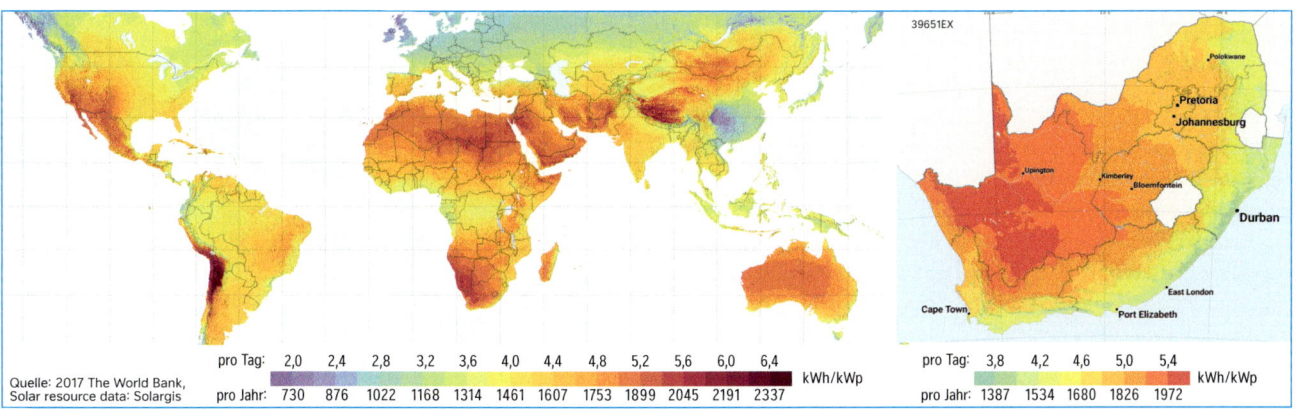

M 5   Fotovoltaik*-Leistungspotenzial

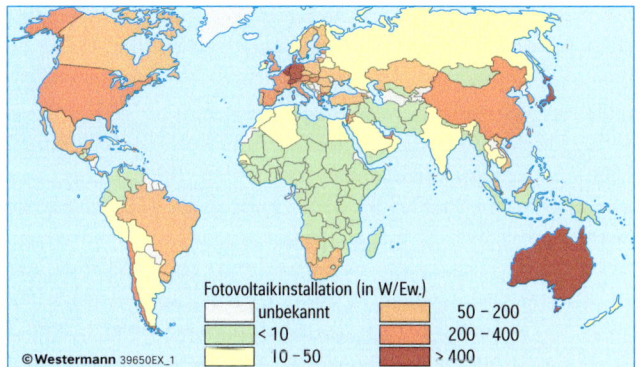

M 6   Weltweite Fotovoltaik-Installation pro Einwohner (2021)

M 8   Solarpark Prieska in Südafrika. Die Anlage hat eine Leistung von 86 MW und erstreckt sich über eine Fläche von 125 ha.

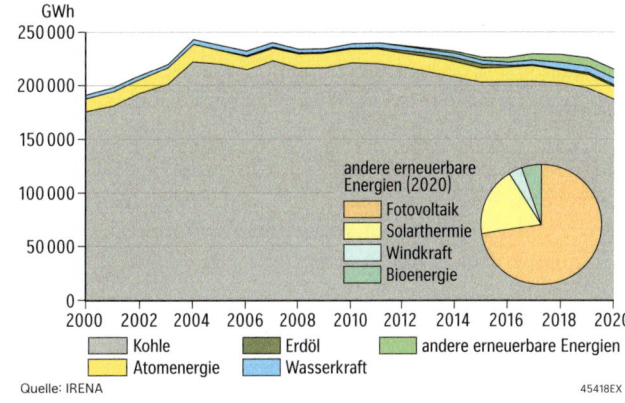

M 9   Südafrika: Elektrizitätserzeugung nach Quellen

Der Kap-Staat mit seinen reichen Kohlevorkommen setzt auf diese Form der Energiegewinnung. Landesweit produzieren diese Kraftwerke fast 90 Prozent des Stroms. Die meisten von ihnen sind allerdings alt, schlecht gewartet und marode. Regelmäßig schaltet der Energieversorger Eskom den Strom komplett ab. [Mehrstündige Stromabschaltungen sind seit 15 Jahren an der Tagesordnung.] Aber auch der Klimawandel ist in Südafrika spürbar. Dürreperioden, Hitzewellen und Überschwemmungen haben in den vergangenen Jahren zugenommen. Im südlichen Afrika insgesamt steigen die Temperaturen laut Klimaforschung doppelt so schnell wie im weltweiten Durchschnitt. Deshalb arbeitet die südafrikanische Regierung derzeit an einem Klimaschutzgesetz. [...] Allerdings [...] erfordere die Umstellung des südafrikanischen Stromsystems bis 2050 den Einsatz von rund 150 GW Wind- und Solarkapazität. [...] Nötig sei deshalb ein erheblicher Ausbau und eine Modernisierung der Infrastruktur für Übertragung und Verteilung. Dafür sind allerdings enorme Investitionen notwendig. Allein könne Südafrika das nicht leisten, betont Umweltministerin Barbara Creecy. [...] Deutschland will [mehr als 1 Mrd.] Euro investieren, um den Ausstieg aus der Kohleverstromung in Südafrika zu unterstützen. [...] [Die Mittel] sind Teil einer neuen Energiepartnerschaft mit Südafrika, der sich auch Großbritannien, die USA, Frankreich und die EU angeschlossen haben. Insgesamt sind in den kommenden fünf Jahren 8,5 Mrd. US-Dollar an Unterstützung vorgesehen, zumeist Kredite.
Quelle: Jana Genth: Der lange Weg der Energiewende. Tagesschau.de 3.11.2021

Grüne Vision trifft rußige Realität: [...] Ausgerechnet Europas Stromerzeuger zählen zu den Topkunden am südafrikanischen Kohlegürtel um Middelburg, ausgerechnet europäische Kunden bescheren den dort aktiven Minenkonzernen hohe Profite. [...] Seit die Erdgaspreise im Zuge des Ukrainekrieges massiv gestiegen sind, bemühen sich westliche Regierungen verstärkt um Kohle aus Südafrika, deren Abbau sie eigentlich stoppen wollen. [...] Deutschland zum Beispiel erhöht gerade massiv seine Kohleimporte aus Südafrika. [Im April 2022] kam es zu einer Verzehnfachung des Volumens im Vergleich zum Vorjahresmonat.
Quelle: Wolfgang Drechsler: EU fördert Südafrikas grüne Energiewende – aber kauft dort immer mehr Kohle ein. Handelsblatt 11.11.2022

„Lassen sie uns eine neue Richtung im Energiesektor einschlagen. [...] Wir stehen am Beginn einer neuen Ära, in der wir Unternehmen und Haushalten auch zugestehen, ihren eigenen Strom zu produzieren."

Cyril Ramaphosa, südafrikanischer Präsident

„Die Stromausfälle sind für meine Kunden die Hauptmotivation, eine Fotovoltaik-Anlage zu installieren. In europäischen Industriestaaten, insbesondere Deutschland, ist der Klimawandel der Treiber. Hier in Südafrika ist es dagegen eher die Energiesicherheit. Es hat eine gewisse Ironie, dass das grüne Bewusstsein hier nicht so stark ausgeprägt ist, obwohl die Bedingungen für Erneuerbare viel besser sind."

Viren Gosai, Geschäftsführer eines südafr. Solarpanelshersteller

M 7   Quellentexte zum Kohleausstieg und dem Ausbau erneuerbarer Energien in Südafrika

Zusammenfassung

Kleinbäuerliche Landwirtschaft und Nahrungssicherheit

In Subsahara-Afrika hat man sich von dem SDG-Ziel 2, endlich den Hunger zu überwinden, in den letzten Jahren wieder entfernt. Der Anteil der Unterernährten an der Bevölkerung nimmt wieder zu. Nicht nur die wachsende Bevölkerung, sondern auch die naturräumlichen Bedingungen und der Klimawandel stellen die Landwirtschaft Subsahara-Afrikas vor große Herausforderungen. Die geringe Produktivität der Landwirtschaft, der hohe Anteil kleinbäuerlicher Betriebe, die vor allem für den Eigenbedarf produzieren, aber auch der zum Teil großflächige Anbau von Cash Crops für den Export führen dazu, dass die (städtische) Bevölkerung nicht ausreichend ernährt werden kann und Nahrungsmittelimporte notwendig sind. Zudem schaffen es die kleinbäuerlichen Betriebe oft nicht, Rücklagen zu bilden und einen dauerhaften Beitrag zur Entwicklung der ländlichen Regionen zu leisten.

Doch es gibt auch Beispiele dafür, dass kleinbäuerliche Landwirtschaft die Produktivität erhöhen und wertvolle Innovationen hervorbringen kann. Die Kombination aus traditionellem undmodernem Wissen um nachhaltige Methoden bei gleichzeitiger Beibehaltung der bestehenden kleinbäuerlichen Strukturen kann wegweisend sein, wenn es um „nachhaltige Intensivierung" geht. Also darum, Nutzen aus den besten verfügbaren Agrartechniken zu ziehen, ohne dabei die Schäden zu wiederholen, die die industrialisierte Landwirtschaft nicht nur der Länder des Nordens den ländlichen Gemeinden, der Biodiversität, den Tieren, der Luft, den Böden und dem Grundwasser zugefügt hat. Bei vielen Experten ist inzwischen unbestritten, dass kleinbäuerliche Landwirtschaft gerade in agrarisch geprägten, ernährungsunsicheren Regionen wie Subsahara-Afrika am ehesten geeignet ist, die Ertragssicherheit der Landwirtschaft nachhaltig zu gewährleisten, wenn eine Steigerung der Produktivität gelingt. Der vergleichsweise höhere Bedarf an Arbeitskräften kann sogar ein Vorteil sein, wo es wenige Beschäftigungsalternativen gibt. Agrarökologische Wirtschaftsweisen sind nicht nur nachhaltig, sondern eine diversifizierte kleinbäuerliche Landwirtschaft (z. B. in Agroforstsystemen) kann am ehesten auf Veränderungen wie Bodendegeneration, Wasserknappheit und Klimaveränderungen reagieren (*climate smart agriculture*). Doch obwohl Kleinbauern eine große Erfahrung im Umgang mit biologischer Vielfalt und mit traditionellem Wissen für eine nachhaltige Landwirtschaft haben, sind es Faktoren wie der mangelnde Zugang zu Informationen, mangelnde Rechtssicherheit beim Landbesitz, fehlender Zugang zu Land, zu Kleinstkrediten, zu Ernteversicherungen, fehlende Lagermöglichkeiten und Vermarktungswege, die einer Intensivierung der Produktion entgegenstehen.

Externe Faktoren

Neben internen gibt es auch gravierende externe Hemmnisse, die den Aufbau lokaler Lebensmittelmärkte verhindern oder deren Existenz zerstören. Internationale Konzerne und Lieferanten stechen mit oft hoch subventionierten Produkten aus den Ländern des globalen Nordens lokale Angebote aus und zerstören somit regionale Märkte. Der Aufkauf von riesigen Mengen an Land (Landgrabbing) führt zur Landnutzung für internationale Agrarprojekte, nicht selten verbunden mit der Vertreibung vorheriger Nutzer. Auch behindern internationale Handelsabkommen und die Korrumpierbarkeit örtlicher Regierungen und Eliten den Aufbau fairer Handelsstrukturen.

Cash-Crop-Produktion

Deviseneinnahmen aus Agrarexporten spielen nach wie vor eine große Rolle für viele Länder Subsahara-Afrikas. Kakao- und Kaffeebohnen, Tabak, Cashewnüsse und Tee werden exportiert, wobei die Weiterverarbeitung häufig in den Importländern erfolgt. Der weltmarktorientierte Anbau der Cash-Crop-Produkte von kleinen und großen Betrieben führt immer wieder zu Landnutzungskonflikten mit der traditionellen, kleinbäuerlichen Nahrungsmittelproduktion. Besonders drastisch sind solche Konflikte, wenn großflächige Plantagen zum Beispiel für Ölpalmen oder Baumwolle angelegt werden. Die vorherrschenden Monokulturen sind zudem mit etlichen ökologischen Problemen verbunden.

Marktorientiert wirtschaftende Kleinbauern haben mit vielen Hindernissen zu kämpfen. So sind sie oft von Zwischenhändlern abhängig, verfügen nicht über ausreichende Lagermöglichkeiten und erzielen so häufig geringe Preise für ihre Produkte. Ihre Abhängigkeit von internationalen Handelskonzernen ist groß.

Es gibt Ansätze, die Produktion und Vermarktung von Agrarprodukten nachhaltiger zu gestalten. Eine Reihe von Siegeln von Organisationen des fairen Handels garantieren ökologische, soziale und wirtschaftliche Standards, die entlang der gesamten Wertschöpfungskette eingehalten werden müssen.

Weiterführende Literatur und Internetlinks

Geographische Rundschau
- Konkurrenz um Land Heft 5/2020
- Fairer Handel Heft 1-2/2020
- Nahrung und Ernährung im Globalen Süden Heft 12/2017

FAOSTAT (Statistiken zu Landwirtschaft)
- www.fao.org/faostat/en

Welternährungsprogramm der UN
- www.wfp.org

Weltagrarbericht
- www.weltagrarbericht.de

Atlas of Desertication
- wad.jrc.ec.europa.eu

World Cocoa Foundation
- www.worldcocoafoundation.org/blog/improving-the-sustainability-of-cocoa-grown-in-west-africa

South African Table Grape Industry
- www.satgi.co.za

Fair Trade
Forum Fairer Handel
- www.forum-fairer-handel.de

Fairtrade Deutschland
- www.fairtrade-deutschland.de (Infos zu Fairtrade-Preisen)
- www.fairtrade.net/standard/minimum-price-info

Landgrabbing Sambia
- www.fian.de/was-wir-machen/fallarbeit/sambia-abgeschnitten-und-ausgesperrt
- amatheon-agri.com

Land Matrix (Informationen und Karten zu Landgrabbing)
- landmatrix.org

Verbuschung/Holzkohleproduktion
Namibia Biomass Industry Group
- www.n-big.org

- www.giz.de/de/weltweit/95030.html

Digitale Anwendungen (Beispiele)
- plantvillage.psu.edu/projects (Nuru)
- globalcommunities.org/afriscout/
- twiga.com
- www.ninayo.com
- www.myagro.org
- www.tingomobileghana.com
- acreafrica.com
- africasoils.net/
- tahmo.org
- www.zenvus.com/products/smartfarm
- hellotractor.com

Erneuerbare Energien
International Renewable Energy Agency
- www.irena.org/africa

Renewables in Africa
- www.renewablesinafrica.com

4 RESSOURCEN UND TOURISMUS

Jwaneng-Diamantenmine in Botsuana

4.1 Chance oder Fluch der Ressourcen?

Zahlreiche afrikanische Länder sind reich an mineralischen Rohstoffen (z. B. Metalle, seltene Erden, Edelsteine), einige auch an energetischen Rohstoffen (Erdöl, Erdgas). Als Exportgut spielen Bergbauprodukte in vielen Staaten eine herausragende Rolle (Kap. 1.9). Ob dieser Export den Ländern zum Vorteil gegenüber rohstoffarmen Ländern gereicht, ist zumindest umstritten. Ressourcenreichtum ist vielerorts nicht nur in Kombination mit schwacher Staatlichkeit eine Wachstumsbremse. In etlichen Regionen führt Bergbau zu massiven Umweltproblemen (Kap. 4.2) und ist Auslöser oder finanzieller Motor von Konflikten (Kap. 4.3). Allerdings scheinen einige Länder den Ressourcenfluch überwunden zu haben (Kap. 4.4).

1. Bestimmen Sie die geographische Lage der großen mineralischen und energetischen Rohstoffvorkommen in Subsahara-Afrika (M1, M4, Atlas).
2. Analysieren Sie die Bedeutung des Rohstoffexports für die Länder Subsahara-Afrikas (M6).
3. Beurteilen Sie die Bedeutung Subsahara-Afrikas für die Versorgung der Welt mit mineralischen und energetischen Rohstoffen (M1, M4, M5, Atlas).
4. Fassen Sie die Chancen und Risiken einer ressourcenbasierten Entwicklungsstrategie tabellarisch zusammen (M7).
(Z) 5. Erklären Sie die „Holländische Krankheit" (M7).
6. Vergleichen Sie die wirtschaftliche Entwicklung der Erdölexporteure Nigerias und Norwegens (M7, M8).
7. Nicht der hohe Export von Rohstoffen ist schuld an niedrigem Wachstum, Armut und Korruption vieler afrikanischer Länder. Vielmehr sind schlechte Regierungsführung und Konflikte verantwortlich dafür, dass die Länder nur unverarbeitete Rohstoffe ausführen können. Nehmen Sie Stellung zu dieser Aussage, die Ursache und Wirkung umkehrt.

M2   Kleinbergbau nach Gold in Uganda

M3   Ölbohrtürme im Nigerdelta (Nigeria)

Land	Rang	Produktion	Reserven	Ressourcen	Raffinadeproduktion
China	1	1	2	6	1
Brasilien	2	3	3	2	7
Australien	3	2	1	1	13
Südafrika	8	8	9	8	14
Sambia	21	20	18	18	51
D.R. Kongo	22	14	13	11	85
Ghana	32	16	28	30	96
Simbabwe	32	34	35	29	72
Burkina Faso	36	39	41	41	70

Quelle: BGR

M4   Die wichtigsten Länder für die Produktion mineralischer Rohstoffe in den verschiedenen Kategorien Bergwerksproduktion, Reserven*, Ressourcen* und Raffinadeproduktion* (weltweiter Rang, nach Wert aller Rohstoffe in US-$, 2020)

		Förderung		Reserven	
		in 1000 t	in % (Rang)	in 1000 t	in % (Rang)
Kobalt	D.R. Kongo	120	70,6 % (1.)	3500	46,1 % (1.)
Platin/ Palladium	Südafrika	210[3]	55,3 % (1.)	63	90,0 % (1.)
Chrom	Südafrika	18000	43,9 % (1.)	200000	35,1 % (2.)
Tantal[1]	D.R. Kongo	0,7	33,3 % (1.)	-	-
Tantal[1]	Ruanda	0,3	12,9 % (3.)		
Mangan	Südafrika	7400	37,0 % (1.)	640000	42,6 % (1.)
Mangan	Gabun	3600	18,0 % (2.)	61000	4,1 % (5.)
Zirkonium	Südafrika	0,3	22,5 % (2.)	6	8,4 % (1.)
Bauxit*	Guinea	85000	21,8 % (3.)	7400000	23,1 % (1.)
Vanadium	Südafrika	9,1	8,2 % (3.)	3500	14,6 % (4.)
Diamanten[2]	D.R. Kongo	11[4]	24,4 % (2.)	150[2]	8,3 % (3.)
Diamanten[2]	Botsuana	6[4]	13,3 % (4.)	300[2]	16,6 % (2.)
Edelsteine	Botsuana	k.A.	12 % (3.)	k.A.	k.A.
Uran	Namibia	5,7	11,9 % (2.)	448	7,3 % (5.)
Uran	Niger	2,2	4,7 % (7.)	276	4,5 % (8.)
Kupfer	D.R. Kongo	1800	8,6 % (4.)	31000	3,5 % (8.)
Gold	Ghana	130[3]	4,3 % (6.)	1000[3]	1,9 % (13.)
Gold	Südafrika	100[3]	3,3 % (7.)	5000[3]	9,3 % (2.)
Erdöl	Nigeria	77900	1,8 % (13.)	5016000	2,8 % (10.)
Erdöl	Angola	56600	1,3 % (15.)	1008000	0,4 % (14.)
Erdgas	Nigeria	45,9[5]	1,1 % (15.)	5500[5]	2,9 % (7.)

[1] Coltan [2] Industriediamanten [3] in t [4] in Mio. Karat [5] in Bio. m³ Quelle: USGS, BP, WNA

M1   Reserven und Förderung von mineralischen und energetischen Rohstoffen in Subsahara-Afrika (2021)

in Mrd. US-$

39226EX_1

- mineralische Rohstoffe
- energetische Rohstoffe

Quelle: UNCTAD

(Balkendiagramm mit Werten von 0 bis 800; Regionen: Subsahara-Afrika, Europa, Lateinamerika, Nordamerika, Ost-/Südostasien, Zentral-/Südasien, Westasien/Nordafrika, Ozeanien)

M5   Exporte mineralischer und energetischer Rohstoffe (2021)

 100900-159-05 schule.diercke.de   100900-166-01 schule.diercke.de   100900-168-01 schule.diercke.de   100900-280-01 schule.diercke.de   100900-281-03 schule.diercke.de

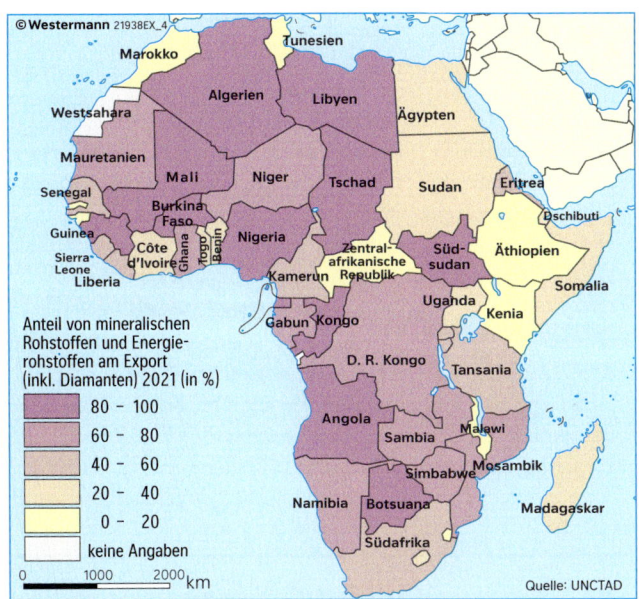

M 6 Afrika: Anteil von Rohstoffen am Warenexport (2021)

	Nigeria	Norwegen
Erdölproduktion (in 1000 Barrel/Tag, in Klammern 1960)	1626 (17,4)	2025 (0)
Anteil Erdölexporte an Gesamtexporten	88 %	69 %
Import raffiniertes Mineralöl (Anteil an Gesamtimporten)	24,3 %	2,9 %
BIP (in Mrd. US-$, in Klammern 1960)	518 (66)	418 (69)
BIP/Ew. (in US-$, in Klammern 1960)	2430 (1459)	77512 (19134)
Anteil der Landwirtschaft am BIP	23,4 %	1,6 %
Arbeitslosenrate	9,8 %	5,0 %
Staatsfonds (in Mrd. US-$, Gründung)	2,56 (2011)	1400 (1967)
Bevölkerung (in Mio., in Klammern 1960)	213,4 (45,1)	5,4 (3,6)
Extreme Armut < 2,15 $/Tag (Anzahl in Mio.; in Klammern Anteil an Bev.)	61,2 (30,9 %)	0
Alphabetisierung	62,0 %	100,0 %
Human Development Index* (Rang)	0,535 (163.)	0,961 (2.)
SDG-Index* (Rang)	54,2 (139.)	82,3 (4.)
Korruptionsindex (Rang)	24 (150.)	85 (4.)
Demokratieindex[1] (Rang)	4,11 (107.)	9,75 (1.)

[1] Skala von 1 (autoritär) bis 10 (demokratisch) Quelle: Shell, World Bank, UNDP, Transparency International, The Economist

M 8 Vergleich Nigeria – Norwegen (2021)

Die wirtschaftliche Entwicklung eines Landes kann vom Rohstoffabbau profitieren, wenn die so generierten Exporterlöse für den Aufbau von Industrie und Infrastruktur, für Investitionen in Sach- und Humankapital, zur Verbesserung von Rechtsordnung und sozialer Sicherung, zur Erschließung erneuerbarer Ressourcen oder zur Tilgung von Auslandsschulden eingesetzt werden.

Allerdings gibt es auch ebenso viele Argumente gegen eine rohstoffbasierte Entwicklungsstrategie für Länder und Regionen. Der Abbau nicht erneuerbarer Ressourcen vermindert das Naturkapital und schränkt damit die Möglichkeiten zukünftiger Generationen ein. Die Konzentration auf den Export weniger Rohstoffe bedeutet eine starke Abhängigkeit von zyklischen Preisschwankungen auf dem Weltmarkt. [...]

[Zwei US-amerikanische Ökonomen] konnten mit einer Regressionsanalyse für 97 Entwicklungsländer empirisch nachweisen, dass Rohstoffreichtum das wirtschaftliche Wachstum nicht fördert, sondern behindert. Dieses auf den ersten Blick überraschende Ergebnis lässt sich mit makroökonomischen Ursachen und politisch-institutionellen Faktoren erklären. Als Ende der 1960er-Jahre in der Nordsee vor den Niederlanden ein großes Erdgasfeld entdeckt wurde, wertete die Landeswährung stark auf und verteuerte so die Exporte von Industriegütern und Dienstleistungen. Der stark wachsende Ressourcensektor zog außerdem Investitionen und Arbeitskräfte aus den anderen Wirtschaftszweigen ab.

Während sich die Niederlande von dieser „Holländischen Krankheit" gut erholt haben, gehen viele rohstoffexportierende Entwicklungsländer sehr nachlässig mit ihrem natürlichen Reichtum um. Erlöse aus dem Export von Bodenschätzen wecken Begehrlichkeiten und verzerren die Anreizstrukturen bei Investitionen und Staatsausgaben zugunsten von Militär, Prestigeprojekten und Sozialtransfers und zulasten von nachhaltigen Investitionen in Infrastruktur, Bildung, Forschung und Entwicklung. Viele rohstoffexportierende Länder leiden unter Korruption und einer Gefangennahme der Politik durch die Partikularinteressen organisierter Minderheiten, die Einfluss auf die Politik nehmen, um gesellschaftliche Erträge aus Rohstoffeinnahmen in ihre Taschen umzulenken (rent seeking). Dieses Phänomen wird auch als „Fluch der Ressourcen" bezeichnet. Wie der Vergleich zwischen den Erdölförderländern Nigeria und Norwegen [...] zeigt, braucht ein Land ein nachhaltiges Ressourcenmanagement auf der Basis stabiler Institutionen und guter Regierungsqualität (Good Governance*), um durch Rohstoffreichtum zu einer dauerhaften wirtschaftlichen Entwicklung zu gelangen [M 8].

Quelle: Matthias Kiese: Mineralische Rohstoffe in Südostasien. Geographische Rundschau 11/2009, S. 44 – 46

Symptomatisch für die wirtschaftliche Situation Nigerias ist der Zustand seiner vier großen Raffinerien, die zuletzt kaum noch Benzin produzierten. Sie sind seit Jahren derart marode, dass das Land [...] auf teure Einfuhren von verarbeitetem Öl angewiesen ist. [...] Nigeria hat die wachstumsstarken Rohstoffjahre nicht genutzt, um für weniger gute Zeiten vorzusorgen und Rücklagen zu bilden. Diesen Fehler haben viele andere rohstoffreiche Schwellenländer auch begangen, insbesondere in Afrika. Bis heute sind viele afrikanische Staaten vom Export eines einzigen Metalls oder Agrarrohstoffs abhängig: In Sambia ist es Kupfer, in Côte d'Ivoire Kakao, in Angola oder Nigeria Öl. Entsprechend instabil ist die wirtschaftliche Entwicklung: Während des weltweiten Rohstoffbooms zwischen 2000 und 2012, als sich die Preise verdreifachten, wuchsen Afrikas Volkswirtschaften im Schnitt um fünf Prozent. Doch mit dem Einbruch der Preise ging es auch wieder rasant bergab. Denn die Rohstoffeinnahmen wurden nicht etwa wachstumsfördernd verwendet, sondern wurden ausschlaggebend für Korruption und interne Konflikte – häufig ist die Rede vom sogenannten Ressourcenfluch.

Quelle: Wolfgang Drechsler: Der Fluch des Segens. APuZ 6.8.2021

Nach dem Rohstoff-Boom [ist] es den Subsahara-Ländern nicht gelungen, ihre Rohstoffabhängigkeit zu verringern. [...] Insbesondere die rohstoffreichen Länder Afrikas [sind] überschuldet. Stellt sich die Frage, wie die Erlöse aus diesen Geschäften zu einer positiven gesamtwirtschaftlichen Entwicklung beitragen könnten. Lösungsansätze liegen seit Jahren auf dem Tisch, werden aber kaum genutzt. So könnten die Öl-Einnahmen in einen Staatsfonds eingezahlt und auf dem Kapitalmarkt angelegt werden – Norwegen hat es vorgemacht. In Afrika waren die ersten Erfahrungen mit solchen Fonds wegen politischer Widerstände vor Ort meist unbefriedigend [...]: Zu wenig Haushaltsdisziplin, zu geringe Einzahlungen und eine Selbstbedienungsmentalität bestimmten das Bild. Ohne rechtsstaatliche Prinzipien und eine verantwortungsbewusste Regierungsführung scheinen Reformanstrengungen zum Scheitern verurteilt.

Quelle: Steven Hanke: Afrikas holländische Krankheit. Tagesspiegel 10.10.2022

M 7 Quellentexte zur wirtschaftlichen Entwicklung durch Rohstoffe

4.2 Umweltalarm – Erdölförderung im Nigerdelta

Das etwa 70000 km² große Delta des Niger ist eines der größten und artenreichsten Feuchtgebiete der Welt und zugleich extrem dicht besiedelt (40 Mio. Menschen). Seit 1958 wird hier vor allem von westlichen Konzernen Erdöl und Erdgas gefördert, was heute die wesentliche Einnahmequelle des nigerianischen Staates ist. Lecke und illegal angezapfte Pipelines führen dazu, dass gewaltige Mengen Erdöl auslaufen und die Umwelt verschmutzen. Hinzu kommt das Problem der Abfackelung des bei der Erdölgewinnung anfallenden Begleitgases, das in Nigeria aufgrund der politischen, marktwirtschaftlichen*, rechtlichen und infrastrukturellen Rahmenbedingungen keinen besonderen ökonomischen Wert besitzt. So zählt Nigeria zu den Ländern der Erde, die die größten Mengen umweltschädigenden Begleitgases nutzlos verbrennen.

1. Beschreiben Sie die Ökozone und die Bevölkerungsdichte im Nigerdelta (M5, Atlas, http://luminocity3d.org/WorldPopDen).
2. Stellen Sie die Entwicklung und die Bedeutung der Erdölindustrie in Nigeria dar (M2, M4, Kap. 4.1).
3. Erläutern Sie die ökonomischen und ökologischen Folgen (ohne gas flaring) der Konzentration der Erdölproduktion im Nigerdelta (M4, M5).
4. Analysieren Sie das Problem des gas flaring in Nigeria im Vergleich zu anderen wichtigen Erdölproduzenten (M6, M7).
5. Beurteilen Sie positive Folgen einer besseren Nutzung der Begleitgase für die nigerianische Bevölkerung (M8, M9).

M1 *Gas flaring* im Nigerdelta (Nigeria)

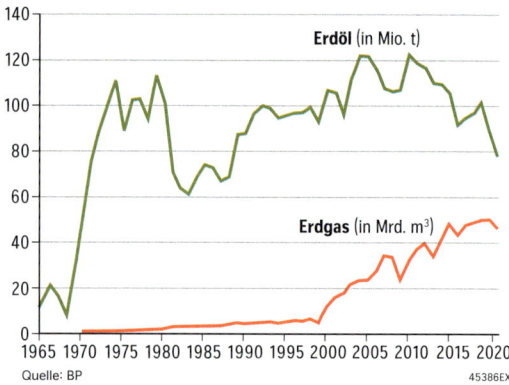

M2 Erdöl- und Erdgasproduktion in Nigeria (1965–2021)

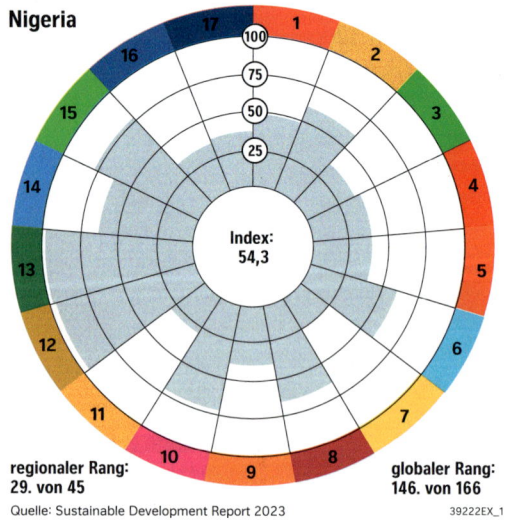

M3 SDG-Index Nigeria (2022)

Nigeria ist der mit Abstand wichtigste Produzent von Erdöl in Afrika und gehört gegenwärtig zu den wenigen Erdöl fördernden Ländern, die ihre Fördermengen noch steigern können. Das Land ist zugleich der weltweit viertgrößte Exporteur von verflüssigtem Erdgas, wobei die Gasproduktion geringer ist, als sie es sein könnte. Ein Großteil des Erdgases wird bei der Ölförderung verbrannt. Die produktivste nigerianische Erdölregion ist das Nigerdelta, wo sich über die Hälfte der rund 160 nigerianischen Erdölfelder befinden. Das nigerianische Rohöl [...] gehört [...] zu den weltweit begehrten leichten und schwefelarmen Ölen, aus denen in Raffinerien überdurchschnittlich hohe Benzinanteile gewonnen werden können. Aufgrund der großen räumlichen Streuung der Ölfelder wurde ein weitverzweigtes Pipelinenetz angelegt, in dem das Rohöl zu den Raffinerien oder Exporthäfen transportiert wird. Da die Kapazitäten der insgesamt vier nigerianischen Raffinerien (zwei in Port Harcourt, jeweils eine in Warri und Kaduna) unzureichend sind, muss das Land nach wie vor den größten Teil des im Inland benötigten Benzins importieren. [...]
Die Einnahmen [aus dem Erdöl- und Erdgasgeschäft] werden zentral von der nigerianischen Regierung verwaltet, die einen großen Teil selbst behält und den Rest an die 36 Bundesstaaten verteilt. [Die heute praktizierte Aufteilung der Öl- und Gaseinnahmen nach Einwohnerzahlen der Bundesstaaten] bewirkt eine großräumige Umlenkung von Geldern in Bundesstaaten, die kein Erdöl oder Erdgas produzieren und die deshalb auch nicht unter den ökologischen Folgen im Zuge der Erdölförderung (wie defekte Pipelines oder Abfackeln von Erdgas) zu leiden haben.
Quelle: Philippe Kersting, Martin Doevenspeck: Meer aus Flammen – Gas flaring im Nigerdelta. In Concept Mapping. Braunschweig: Westermann. 2019, S. 121–122

Symptomatisch für die Lage in Nigeria ist auch der Zustand des Ökosystems rund um das heute kaum mehr zugängliche Nigerdelta. Von der Luft aus sehen die *creeks*, wie die unzähligen kleinen Wasserläufe hier heißen, wie ein gigantischer Schnittmusterbogen aus. [...] Aus der Nähe betrachtet, überzieht ein klebriger Film Blätter und Wurzeln der Mangrovensümpfe – das Wasser ist mit Rohöl verseucht. [...] Aus den kilometerlangen Pipelines gelangt Hunderte Male im Jahr Rohöl aus Lecks direkt ins Wasser und zerstört den empfindlichen Lebensraum.
Seit Jahrzehnten wird vor Gericht darüber gestritten, wer für diese enormen Umweltschäden verantwortlich ist – der nigerianische Staat, der multinationale Ölkonzern oder militante Einheimische? [...] Manchmal sind technisches Versagen und mangelnde Investitionen in die Sicherheit der Pipelines seitens der Konzerne Grund für die Lecks, manchmal legen Milizen Sprengstoff an die Pipelines, um die Ölförderung zu sabotieren oder mit Anschlägen Lösegeld zu erpressen – zum einen aus Frustration darüber, dass die lokale Bevölkerung von den Segnungen des Öls weitestgehend ausgeschlossen bleibt; zum anderen, um auf die gravierenden Missstände im Delta aufmerksam zu machen. [...]
Hinzu kommen verschiedene illegale Praktiken im Ölgeschäft, die entscheidend zur Umweltzerstörung beitragen, etwa das weit verbreitete *bunkering*. Dabei handelt es sich um das illegale Anzapfen der durch das Delta laufenden Pipelines. Gegenwärtig verlieren die in Nigeria ansässigen Konzerne durch diese Praxis nach eigenen Angaben mehrere Zehntausend Barrel am Tag. Denn längst ist das *bunkering* zu einem Milliardengeschäft geworden, in das auch das organisierte Verbrechen verstrickt ist. [...] Viele Unternehmen fördern ihr Öl aus Sicherheitsgründen nur noch vor der Küste, auch wenn dies oft erheblich teurer ist.
Quelle: Wolfgang Drechsler: Der Fluch des Segens. APuZ 6.8.2021

M4 Quellentexte zur Erdölwirtschaft in Nigeria

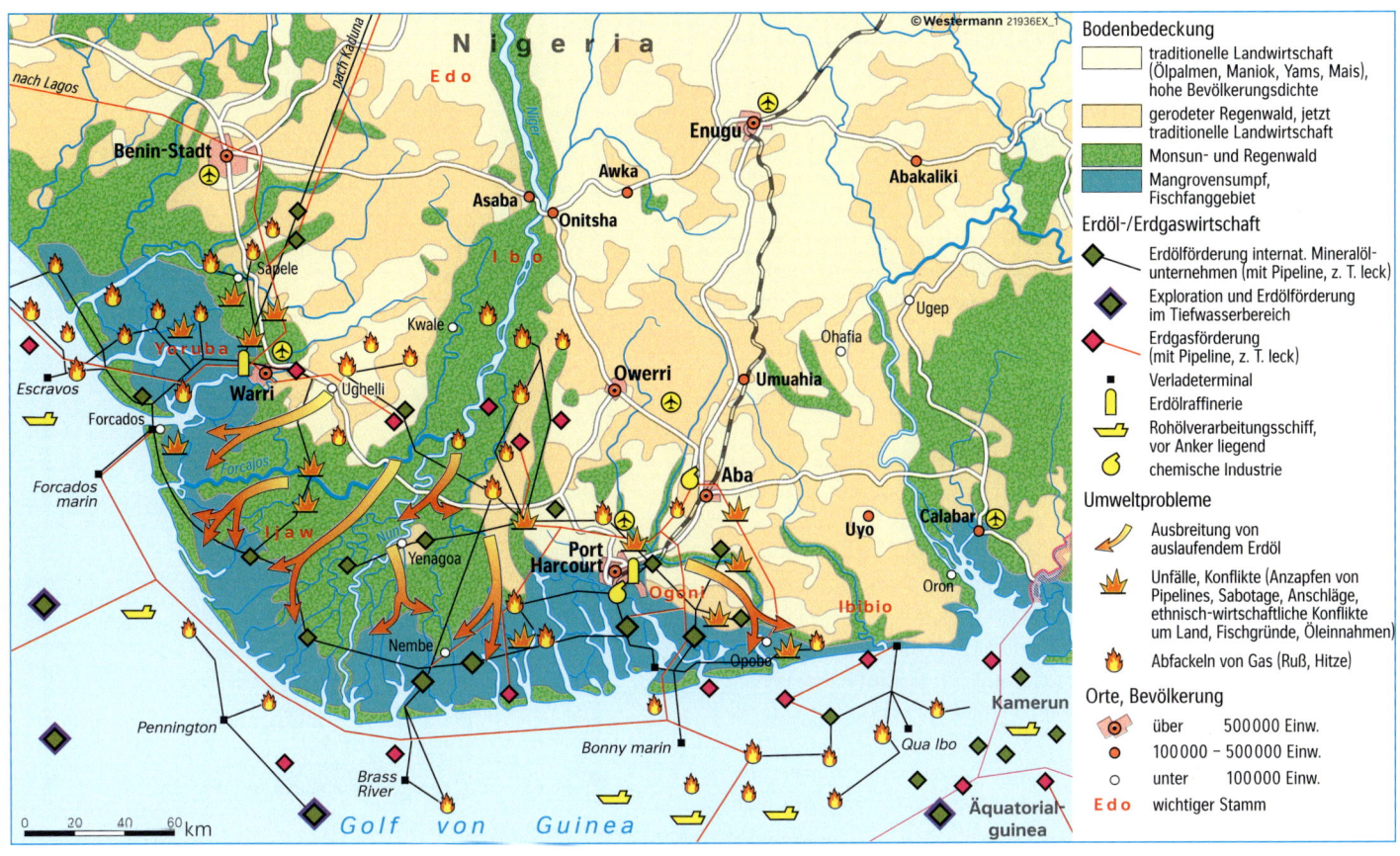

M 5 Erdölwirtschaft im Nigerdelta

Das bei der Erdölförderung an die Oberfläche gelangende Begleitgas muss verwertet oder entsorgt werden. Die einfachste, aber auch umweltschädlichste Lösung ist, das Gas abzufackeln (*gas flaring*) oder abzulassen (*gas venting*). Technisch aufwendiger ist es, das Gas wieder in die Lagerstätte zurückzupressen. Das Begleitgas kann mit einem gewissen Aufwand jedoch auch vielfältig genutzt werden, wozu es aufgrund seiner Vielzahl an Inhaltsstoffen gereinigt werden muss. So kann es zu Produkten wie flüssigem Propan- und Butangas, komprimiertem Erdgas und Flüssigerdgas weiterverarbeitet und zum Kochen, als Kraftstoff oder für andere Formen der Energie- und Elektrizitätsgewinnung genutzt werden.

M 6 Entsorgung und Verwertung von Begleitgasen bei der Erdölförderung

Land	Jahr	in Mio. m³	in m³ pro Barrel Öl
Nigeria	2012	9622	10,7
	2015	7657	9,7
	2017	7646	10,8
	2019	7760	11,0
	2021	6627	11,7
Russland	2021	25405	6,9
USA	2021	8764	2,1
Saudi-Arabien	2021	2137	0,6

Quelle: NOAA/GGFR

M 7 *Gas flaring* in Nigeria und bei anderen Ölproduzenten

Die nigerianische Regierung hat sich in ihrem jüngsten Klimaplan, den sie den Vereinten Nationen vorgelegt hat, verpflichtet, die Verbrennung von Gas als Nebenprodukt der Ölförderung bis 2030 zu beenden. [...]
Mehrere aufeinanderfolgende Regierungen hatten versprochen, diese Praxis zu stoppen und dabei einige Fortschritte erzielt. [...] Das nationale Verbot des Abfackelns weist jedoch Schlupflöcher auf, und die Strafen sind niedrig und werden nur unzureichend durchgesetzt. Internationale Ölkonzerne berichten nur von langsamen Fortschritten bei der Beseitigung des verschwenderischen Abfackelns. [...] Der nigerianische Anwalt Olusola Olujobi [...] sagt, dass viele europäische Öl- und Gasunternehmen in ihren Heimatländern wie Norwegen kein Gas abfackeln dürfen. „Warum fackeln sie in Nigeria Gas ab?", fragte er. [...] Idowu ist skeptisch, ob die Regierung ihr Ziel für 2030 erreichen wird. [...]
Im Jahr 2016 startete die nigerianische Regierung ein Programm, um das Gas zu vermarkten, anstatt es als Abfallprodukt zu verbrennen. Damit es transportiert und verkauft werden kann, wurden Flüssigerdgas-Exportterminals und Pipelines gebaut.
Quelle: Joe Lo: Nigeria to end gas flaring by 2030, under national climate plan. Climate Home News 13.8.2021 (Übersetzung: Thilo Girndt)

M 8 Quellentext zum *gas flaring* in Nigeria

Ökologische Folgen
lokale Ebene:
- Luftbelastung durch Stickstoff-, Kohlenstoff- und Schwefeldioxide (NO_2, CO_2, SO_2), Feinstaub, Kohlenwasserstoffe und Asche, fotochemische Oxidantien und Schwefelwasserstoff (H_2S) -> saurer Regen, Bodenversauerung (Abnahme Bodenfruchtbarkeit, Behinderung des Pflanzenwachstums, auch in der Landwirtschaft), Bodenkontamination
- erhöhte Temperaturen -> unbewohnbare, unkultivierbare Flächen, Verbreitung von Schädlingen
- Aufheizung von Wasser -> Schäden an Fischbeständen
- Dauerlicht -> Störung der Fauna
globale Ebene
- Treibhausgasemissionen (CO_2, Methan)

Gesundheitliche Folgen
- *Gas flaring* oft in unmittelbarer Nähe zu Siedlungen
- Freisetzung giftiger Chemikalien (Stickstoffdioxid, Schwefeldioxid, Schwefelwasserstoff, Benzol, Toluol, Xylol) sowie krebserregender Stoffe (Benzopyren, Dioxine)
- Gesundheitsschädigungen wie Atembeschwerden, Atemwegserkrankungen, Asthma, chronische Bronchitis, Leukämie, Erkrankungen des zentralen Nervensystems, Krebs, Fehlbildungen bei Kindern, Lungenschäden und Hautprobleme

Sozioökonomische Folgen
- Zerstörung lokaler Energieressourcen, die für Stromproduktion und zum Kochen verwendet werden könnten
- Verarmung der Bevölkerung
- mangelnde Nahrungssicherheit*
- Schwächung der Familien- und Dorfstrukturen
- Verstärkung der Konflikte im Delta

M 9 Ökologische, gesundheitliche und sozioökonomische Folgen des *gas flarings* in Nigeria

4.3 D. R. Kongo – Krieg um Ressourcen?

Die Demokratische Republik Kongo, ein überaus ressourcenreiches Land in Zentralafrika, wurde durch die ausbeuterische Kolonialherrschaft sowie die darauffolgende Diktatur und zahlreiche Kriege eines der ärmsten Länder ganz Afrikas. Noch immer leidet das Land an politischer Instabilität, Korruption, allgegenwärtiger Gewalt und anhaltenden bewaffneten Konflikten zwischen den kongolesischen Streitkräften und verschiedenen Rebellengruppen, vor allem im rohstoffreichen Osten. Angefeuert werden diese von den Medien als Ressourcenkriege* bezeichneten Konflikte durch ausländische Unternehmen, die ein starkes Interesse an den seltenen Erzen der Region haben.

1. Beschreiben Sie die natürliche Ressourcenausstattung der D. R. Kongo (M 8, Atlas).
2. Fassen Sie die Bedeutung mineralischer Rohstoffe aus dem Kongo zusammen (M 5, Kap. 4.1, Atlas).
3. Die D. R. Kongo ist ein gescheiterter Staat (failed state*). Beurteilen Sie diese Aussage (M 3, M 7).
4. Erläutern Sie den informellen Handel von Coltan* (M 4, M 5).
5. „Es werden Kriege um Ressourcen geführt." „Ressourcen werden zur Finanzierung von Kriegen verwendet." Erklären Sie den Unterschied.
6. Die Konflikte im Ostkongo könnten beendet werden, wenn den beteiligten Konfliktparteien die Einnahmen aus dem Mineralienhandel entzogen werden, zum Beispiel durch einen Boykott von Coltan aus dem Kongo. Nehmen Sie Stellung zu dieser Aussage (M 7, Internet, siehe Seite 88).

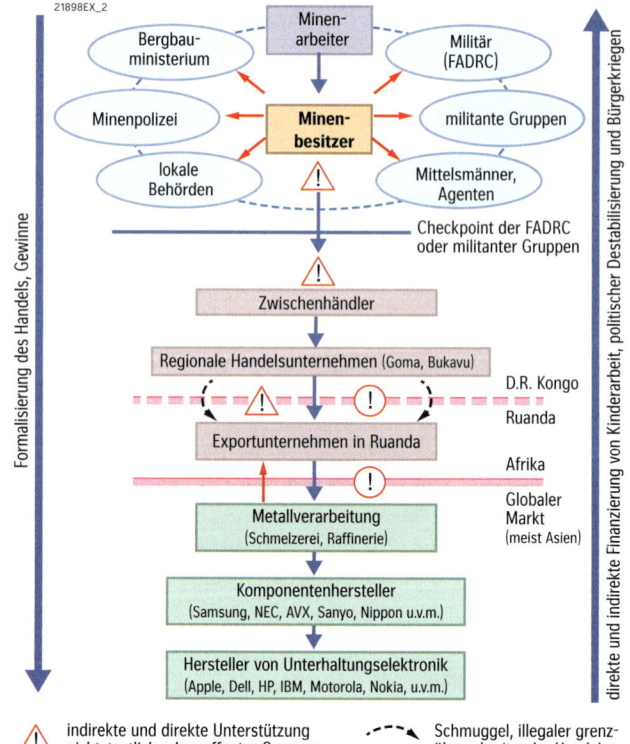

M 4 Informeller Coltanhandel* in der D. R. Kongo

M 1 Bergleute in Coltan-Mine in Rubaya, Nord-Kivu

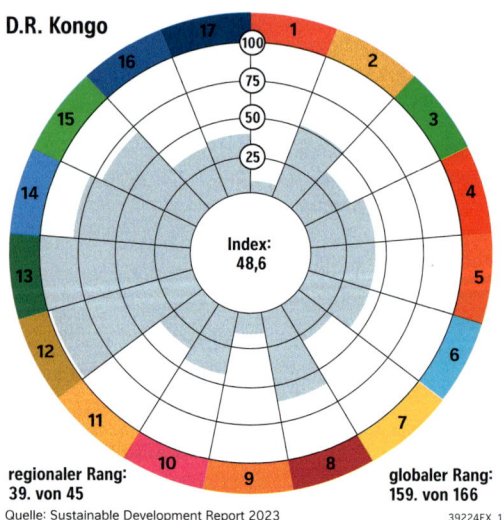

D.R. Kongo

Index: 48,6

regionaler Rang: 39. von 45

globaler Rang: 159. von 166

Quelle: Sustainable Development Report 2023   39224EX_1

M 2 SDG-Index D. R. Kongo (2022)

13. – 16. Jh.	mehrere große Königreiche auf dem Gebiet der heutigen D. R. Kongo
19. Jh.	Erforschung des Kongo durch Europäer, Beginn der Ausbeutung der Gold-, Silber- und Kupfervorkommen, Raub von Elfenbein, Anbau von Kautschuk
1885	Erklärung des Kongo zum Privatbesitz des belgischen Königs Leopold II. (auf Berliner Kongo-Konferenz 1884), Etablierung eines brutalen Ausbeutungssystems, Verkehrserschließung der Bergbaugebiete
1908	Umwandlung in die Kolonie Belgisch-Kongo
1960	Unabhängigkeit, erster Ministerpräsident Patrice Lumumba (Führer der kongolesischen Unabhängigkeitsbewegung), 1961 ermordet, danach Bürgerkrieg
1965	Putsch durch Mobutu Sese Seko, Beginn der 30-jährigen Herrschaft des Diktators, Aufbau eines brutalen Repressionsapparates, Duldung durch den Westen (Motiv: Antikommunismus, weitere Ausbeutung der Rohstoffvorkommen)
1971	Umbenennung in Zaire (bis 1997)
1994 – 1997	Übergreifen des ethnischen Konflikts in Ruanda auf Zaire, Bürgerkrieg im Ostkongo, Beteiligung mehrerer Nachbarstaaten, Erster Kongokrieg bzw. „Afrikanischer Weltkrieg", geschätzt: 250 000 Tote
1997	Beendigung des Mobutu-Regimes durch Rebellenführer Laurent-Désiré Kabila, Gründung von durch Ruanda und Uganda unterstützte Rebellenorganisationen im Ostkongo
1998 – 2003	Zweiter Kongokrieg, Beteiligung mehrerer Nachbarstaaten, geschätzt: 5 Mio. Tote, Zusammenbruch der staatlichen Strukturen, Wirtschaft und Infrastruktur, Friedensabkommen und Übergangsregierung 2003
1999 – heute	Einrichtung der MONUSCO (multinationale UN-Friedensmission mit etwa 15 000 Soldaten und Polizisten (Stand 2022)
2006	demokratische Wahlen, Sieger Joseph Kabila, 2011 Wiederwahl von Kabila (massive Unregelmäßigkeiten)
2006 – 2009	Dritter Kongokrieg, Bürgerkrieg im Osten des Landes, besonders in Kivu
2015/2016	Verschleppung versprochener Wahlen, Proteste in Städte
2018	Wahl Felix Tshisekedi zum Präsidenten (Ergebnis umstritten)
2021	Ausruf des „Belagerungszustands" in den beiden östlichen Provinzen Nord-Kivu und Ituri durch Präsident Tshisekedi
2021/2022	wiederholte Übergriffe der mittlerweile etwa 120 bewaffneten Milizen vor allem im Ostkongo auf Zivilisten (629 Tote) sowie in Uganda
2022	bewaffneter Konflikt zwischen der D. R. Kongo und Ruanda

M 3 Geschichte der D. R. Kongo

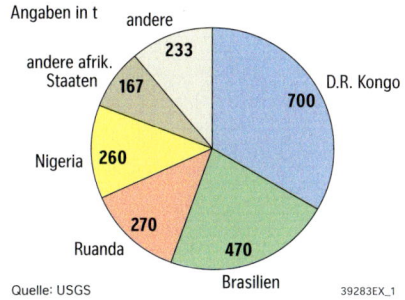

M 5   Coltan-Förderung (2021)

Coltan ist ein Erz, aus dem vor allem Tantal gewonnen wird, das für die Herstellung von kleinsten Kondensatoren für Smartphones, Laptops und andere mikroelektonische Geräte gebraucht wird. Der Coltan-Abbau konzentriert sich im Wesentlichen auf die Kivusee-Region. Das Erz wird ausschließlich informell im Kleinbergbau gefördert. Die Minenarbeiter gewinnen aus dem Erdreich durch Nasssiebung und Schweretrennung Konzentrate für die weitere Verhüttung. Weiterverarbeitung und Export erfolgen illegal über die Nachbarländer (M 4). Schätzungen gehen von einer Million Minenarbeitern im Kongo aus, die mit handwerklichen Bergbau ihr Überleben sichern. Sowohl Rebellengruppen und Milizen als auch Armeeeinheiten haben illegale Minen unter ihrer Kontrolle.

M 6   Coltan*-Bergbau im Ostkongo

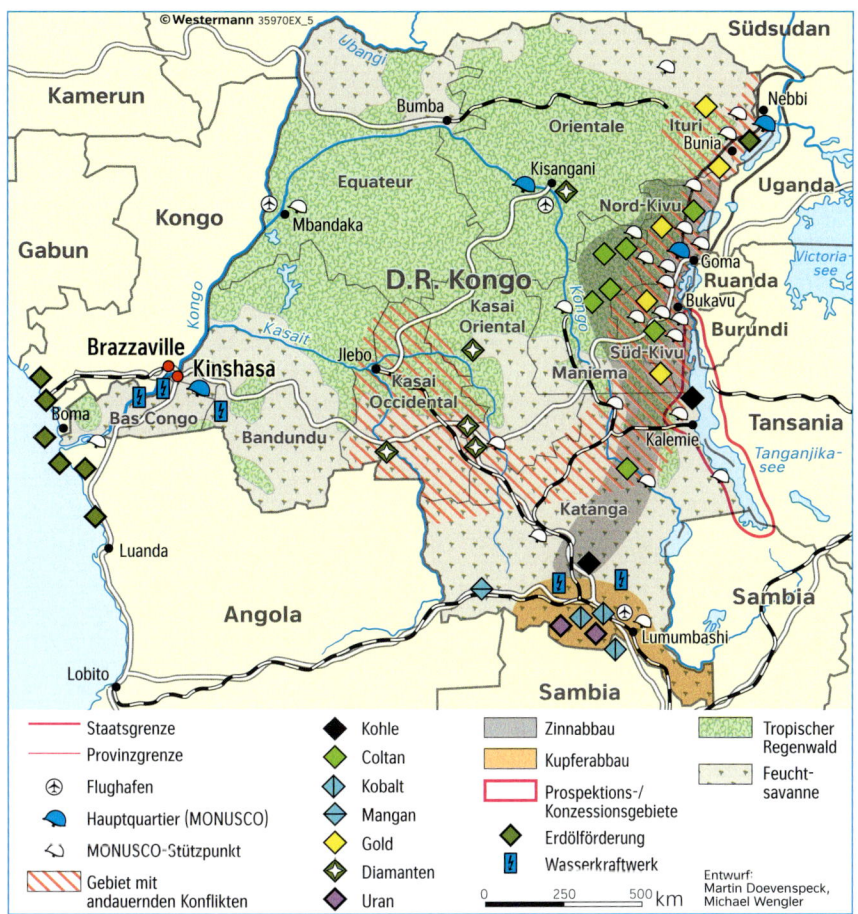

M 8   Rohstoffvorkommen und Konfliktherde in der D. R. Kongo

M 7   Interview mit Prof. Martin Doevenspeck (Universität Bayreuth) und Prof. Nene Morisho Mwana Biningo (Universität Goma)

Im Ostkongo geraten Regierungstruppen und Rebellengruppen immer wieder aneinander. Was sind die wichtigsten Ursachen für die andauernden Konflikte?
*Es gibt mehrere Gründe für die anhaltende Gewalt, die ja im Wesentlichen darin besteht, dass Regierungstruppen nicht-staatliche bewaffnete Gruppen angreifen, um diese zu vertreiben und die staatliche Ordnung wiederherzustellen. Die übergeordnete Frage ist allerdings, warum es überhaupt allein in Nord-Kivu mehr als 100 unterschiedliche bewaffnete Gruppen gibt, die sich auch gegenseitig bekämpfen. Drei wichtige miteinander verknüpfte Ursachen müssen genannt werden: Erstens der Schutz der eigenen (ethno-linguistischen, lokalen) Gemeinschaft. In einem Kontext, in dem der Staat nicht präsent ist, und sich die Menschen nicht auf Sicherheitsbehörden verlassen können, beschützt man sich selbst. Aus diesem Grund entstanden seit Anfang der 2000er-Jahre zahlreiche bewaffnete Gruppen, die zwar bis heute aktiv sind, deren Motive sich aber oft gewandelt haben.
Zweitens haben viele Politiker erkannt, dass sie, um ein politisches Amt in Kinshasa zu erhalten und den Druck auf die Zentralregierung aufrechtzuerhalten, am besten bewaffnete Gruppen finanzieren, die ihnen auf lokaler Ebene Macht verleihen.
Drittens führt der Zugang zu Ressourcen (Land, Erze, Holz usw.) zu Konflikten zwischen den Akteuren, die auf bewaffnete Gruppen zurückgreifen, um die Kontrolle über diese Ressourcen auszuüben. Die meisten der derzeit im Ostkongo aktiven Rebellengruppen können der organisierten Kriminalität zugerechnet werden. Sie wenden Gewalt an, um Zugang zu Ressourcen zu kontrollieren. Dies ermöglicht ihnen auch die Kontrolle politischer und militärischer Macht. Anführer bewaffneter Gruppen werden später nicht selten mächtige Politiker, indem sie die mit Gewalt generierten Einkommen nutzen, um ihre politische Karrieren zu finanzieren. Durch die seit langem praktizierte Strategie der Befriedung durch Integration bewaffneter Gruppen in die kongolesische Armee finden sich dort heute nicht wenige ehemalige Milizenführer in hohen Positionen.*

In welcher Beziehung stehen die militärischen Gruppen und die Kleinbergleute zueinander?
Ein Großteil der handwerklichen Bergleute sind ehemalige Kämpfer bewaffneter Gruppen. Einige sind gleichzeitig immer noch aktive Kämpfer, d. h. sie arbeiten in den Minen, um ein Einkommen zu erzielen, von dem auch Teile an bewaffnete Gruppen gehen. Sie können jederzeit und schnell für Kämpfe mobilisiert werden.

Was wären die Folgen eines strengen Boykotts von Coltan im Ostkongo?
*Ein Boykott mineralischer Ressourcen würde bewaffnete Konflikte im Ostkongo nicht beenden. Ein Beleg dafür ist, dass der Dodd Frank Act von 2014 – das Exportverbot für Mineralien aus dem Ostkongo unter dem ehemaligen Präsidenten Kabila, das als de-facto-Embargo bezeichnet wurde – und alle anderen Kontrollmechanismen nie zu einer Lösung der Konflikte im Osten geführt haben.
Zinnerze oder andere Mineralien waren und sind nie die einzigen Einnahmequellen der Rebellengruppen. Die Diversifizierung der Einnahmen umfasst Holz und Holzkohle, die Eintreibung illegaler Steuern, die Landwirtschaft, Entführungen etc.. Zu glauben, dass die Konflikte gelöst werden könnten, indem man nur den bewaffneten Gruppen den Bergbausektor entzieht, wäre ein großer Fehler.
Die Reduktion auf den Bergbausektor ist eine falscher, weil eindimensionaler Ansatz. In erster Linie muss eine umfassende Reform der Sicherheitsdienste diese professioneller und weniger korrumpierbar machen. Die Funktionalität des Justizwesens muss wiederhergestellt werden, um Mitglieder bewaffneter Gruppen und die mit ihnen kollaborierenden Armeeangehörigen zu bestrafen. Die Korruption muss bekämpft, die politische und ökonomische Führung verbessert werden und die Bevölkerung muss eine wirkliche Chance haben, politisch zu partizipieren. Und vor allem müssen Arbeitsplätze für Jugendliche geschaffen werden, um bewaffneten Gruppen ihre Mitglieder zu entziehen.*

4.4 Diamanten aus Botsuana

Hochwertige Schmuckdiamanten sind die Grundlage des Erfolgs des ehemals bitterarmen Binnenlands Botsuana (engl. Botswana). Heute gilt es als afrikanisches Musterland oder gar die Schweiz Afrikas mit auch im weltweiten Vergleich sehr hohen Wachstumsraten. Ursache für die Erfolgsgeschichte waren aber nicht allein die wertvollen Rohstoffvorkommen, sondern eine Reihe von Faktoren, die verhinderten, wie viele Nachbarländer dem Fluch der Ressourcen zum Opfer zu fallen. Stattdessen wurde massiv in Bildung, Gesundheit und Infrastruktur investiert. Auch ein soziales Sicherheitsnetz mit Rentensystem und Lebensmittelversorgung für Arme und Arbeitslose sowie Beschäftigungsprogramme wurden installiert. Ein Teil der Rohstoffeinnahmen fließt in einen Staatsfonds – ähnlich dem Fonds in Norwegen.

1. Fassen Sie die wirtschaftliche Ausrichtung und die wirtschaftliche Entwicklung Botsuanas zusammen (M1, M4–M7, M8).
2. Erläutern Sie die Erfolgsfaktoren der wirtschaftlichen Entwicklung Botsuanas (M5, M8).
3. In der Bergbauindustrie gibt es nur wenig Arbeitsplätze. Beurteilen Sie die Gefahren eines „jobless growth".
4. „Diamonds are not forever" heißt ein neues botsuanisches Sprichwort. Nehmen Sie Stellung zur zukünftigen Entwicklung Botsuanas (M4, M10, S.72: M1).
Ⓩ 5. Beurteilen Sie den Erfolg der Maßnahmen gegen die Aids-Pandemie in Botsuana (M11, M12).

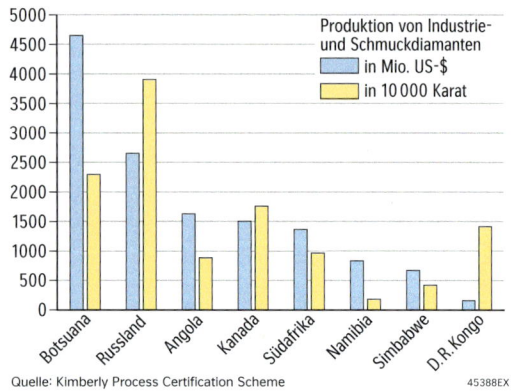

M1   Produktion von Diamanten (2021)

Quelle: Kimberly Process Certification Scheme   45388EX

M4   Botsuana: Export von Diamanten

Quelle: Kimberly Process Certification Scheme   45389EX

Export Diamanten	42,3 Mio. Karat 4658 Mio. US-$
Import Diamanten	12,1 Mio. Karat 2153 Mio. US-$
Anteil der Exporte von Diamanten am Gesamthandel	87,5 %
Anteil am BIP: Diamantenbergbau Diamantenverarbeitung Diamantenhandel	19,8 % 0,3 % 2,6 %

Quelle: Kimberly Process Certification Scheme, Statistics Botswana

M6   Wirtschaftliche Bedeutung von Diamanten in Botsuana (2021)

M2   Jwaneng-Tagebau für Diamanten in Botsuana

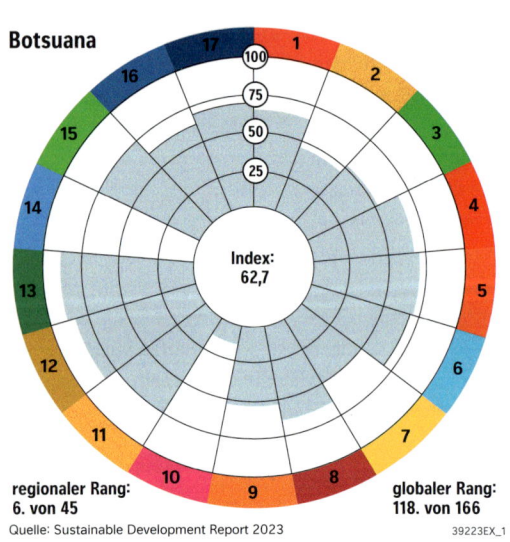

Botsuana

Index: 62,7

regionaler Rang: 6. von 45

globaler Rang: 118. von 166

Quelle: Sustainable Development Report 2023   39223EX_1

M3   SDG-Index Botsuana (2022)

Nach Erlangung der Unabhängigkeit 1966 gehörte Botsuana zunächst zu den ärmsten Ländern der Erde. Die Ausgangsbedingungen für eine eigenständige und nachhaltige Verbesserung der wirtschaftlichen und sozioökonomischen Situation waren denkbar ungünstig: Ein hohes Dürrerisiko, eine dadurch wiederkehrend gefährdete mobile Tierhaltung, dürftiger Ackerbau, fehlende Rohstoffe, mangelhafte Infrastruktur und zudem die politisch belastende Nachbarschaft zu den Apartheidstaaten Rhodesien (heute Zimbabwe) und Südafrika (einschließlich Südwestafrika, dem heutigen Namibia) standen der wirtschaftlichen Entwicklung und Verbesserung der Lebensbedingungen der Bevölkerung entgegen. Zunächst blieb Botsuana von der Unterstützung der ehemaligen britischen Kolonialmacht abhängig. [...] Daher gewährte das Vereinigte Königreich vor allem großzügige Kredite und Budgethilfen, was dem ersten Präsident Seretse Khama als Integrationsfigur dazu verhalf, innenpolitisch Stabilität zu erwirken. Aussicht auf eine grundlegende Besserung der wirtschaftlichen Lage bestand zunächst jedoch nicht. Der Binnenmarkt für die damals etwa 550000 Einwohner war zu gering, um eine eigenständige Industrie aufzubauen. [...]

Anfang der 1970er-Jahre veränderte sich diese prekäre Situation grundlegend, als verschiedene Minerallagerstätten entdeckt wurden. Der mit Abstand bedeutendste Fund war ein Diamantenvorkommen am Nordrand der Kalahari. Die Erschließung erfolgte durch den südafrikanischen Bergbaukonzern De Beers, der 1971 nahe der heutigen Planstadt Orapa die Produktion aufnahm. Als einige Jahre später bei Jwaneng im Süden eine weitere große Lagerstätte entdeckt wurde, rückte Botsuana zum größten Produzenten der Welt für Schmuckdiamanten auf. De Beers und der botsuanische Staat gründeten gemeinsam das Joint-Venture-Unternehmen Debswana. Es förderte zwar die Rohdiamanten, ihr Vertrieb weltweit erfolgte jedoch lange Zeit durch eine De Beers-eigene Vertriebsgesellschaft. Um die Einnahmen Botsuanas zu verbessern, wurde 2008 die Diamond Trading Company Botswana (DTCB) in der Hauptstadt Gaborone gegründet. Sie ist nach eigenen Angaben heute das weltgrößte Diamantenvertriebsunternehmen und stellt zusammen mit Debswana sicher, dass ein erheblicher Anteil der Erträge aus der Produktion und Vermarktung von Diamanten in Botsuana verbleibt. [Seit 2014 verkauft De Beers sein gesamtes Angebot an Rohdiamanten aus aller Welt von der Gaborone statt wie bisher von London aus.]

Quelle: Fred Krüger: Botsuana: Diamantenreichtum und HIV-Pandemie. In Fred Scholz: Länder des Südens. Braunschweig: Westermann 2017, S.90 – 92

M5   Quellentext zu Botsuanas wirtschaftlichem Aufstieg

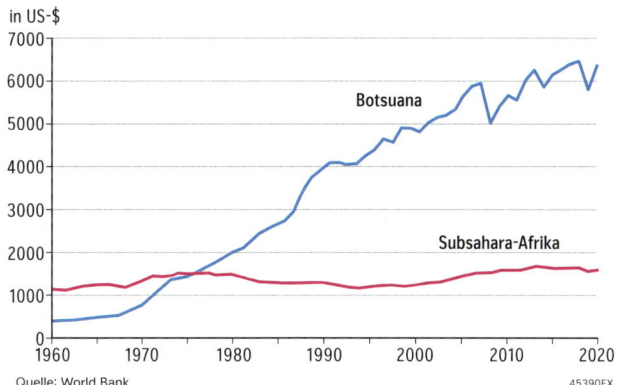

M 7 Pro-Kopf-Einkommen in Botsuana/Subsahara-Afrika (1960–2020)

Wie aus dem Nichts ist dieses Binnenland, das zu 80 Prozent aus Grasland und wüstenartiger Steppe besteht, zu einem der stabilsten und demokratischsten Staaten Afrikas geworden; seit nunmehr 50 Jahren ist Botswana eine friedliche, wirtschaftlich prosperierende Mittelstandsgesellschaft mit funktionierendem Rechtsstaat, einer stabilen Währung, der tiefsten Korruptionsrate und dem höchsten internationalen Kreditrating (A2) aller afrikanischen Länder. [...] Botswana [ist] seit mehr als 100 Jahren eine relative Insel des Friedens im südlichen Afrika [...]. Es blieb jedenfalls kaum tangiert von den jahrelangen Unruhen und Bürgerkriegen seiner großen Nachbarn im Süden (Südafrika), Osten (Simbabwe), Westen (Namibia) und im Norden (Angola), obwohl Botswana in den ersten Jahren nicht einmal eine Armee zum Schutz seiner Grenzen hatte. [...] Zum Verblüffendsten an diesem afrikanischen Sonderfall gehört, wie Botswana mit der überraschenden Entdeckung seines enormen Reichtums umging. [...] Wesentliche Schritte dazu machte [...] Seretse Khama, indem der Präsident bereits vor dem ersten Diamantenfund alle Bodenschätze des Landes von Stammes- in staatlichen Besitz überführte. Das war im kleinen Botswana leichter als in bevölkerungsreichen Ländern, weil die zwei Millionen Einwohner ethnisch weniger heterogen sind.
Quelle: Martin Beglinger: Wie Botswana zur „Schweiz Afrikas" wurde. Neue Zürcher Zeitung 23.11.2018

Dass Botswana vom Ressourcenfluch verschont blieb, liegt [...] daran, dass das Land bereits seit seiner Unabhängigkeit strategisch in Bildung, Gesundheit und Infrastruktur investiert – und das, ohne eine Gruppe oder Region zu bevorzugen. [...] Seit der Unabhängigkeit hat Botswana Regierungen und Parlamente gehabt, in denen alle wichtigen ethnischen Gruppen ungefähr proportional zu ihrem Bevölkerungsanteil vertreten waren.
Quelle: Adrian Breda: Gescheiter Staat. Der Spiegel 2.1.2020

M 8 Quellentexte zu den Erfolgsfaktoren des Wirtschaftserfolgs

M 9 Diamantenschleifereibetrieb in Gaborone

Die Wirtschaft Botsuanas basiert zu wesentlichen Teilen auf nur wenigen Einnahmequellen. Die wichtigsten sind die Förderung und der Export von Diamanten sowie der Tourismus. [...] Beim Bemühen um Alternativen fällt der Blick zunächst ebenfalls auf natürliche Ressourcen, etwa die Förderung von Kupfer und Nickel oder die mit geschätzt über 200 Milliarden Tonnen immensen Reserven an Kohle. Deren Abbau und Ausbeutung könnten Botsuana zu einem regionalen Energieexporteur machen. Auch die Nutzung der Sonnenenergie würde dies ermöglichen. Insbesondere zur Schaffung von Arbeitsplätzen wäre aber die Ausweitung von Produktion und Dienstleistungen in anderen Branchen erforderlich. Hierbei kann Botsuana an bestehende Strukturen im benachbarten Südafrika anknüpfen, etwa in der Automobilindustrie, steht allerdings auch mit dem großen Nachbarn im Wettbewerb. [...] Erklärtes Ziel der Regierung in Gaborone ist der Aufbau einer „knowledge-based economy". Darunter fallen relativ transportunabhängige Dienstleistungen wie Finanzdienste, Informations- und Telekommunikationsdienste oder Labore und Testeinrichtungen. Darüber hinaus könnte sich Botsuana seine zentrale Position im südlichen Afrika auch zunutze machen, indem es stärker logistische Aufgaben zwischen den Ländern übernimmt. Für alle diese Aktivitätsfelder sind qualifizierte Arbeitskräfte nötig. Genauso gilt das für die angestrebte, vermehrte Weiterverarbeitung lokaler Ressourcen. Eine gezielte berufliche Ausbildung muss daher stärker als bisher die schulische Bildung ergänzen.
Quelle: Marcus Knupp: Diversifizierung steht oben auf der Agenda. GTAI 5.4.2022

M 10 Quellentext zu Diversifizierungsbemühungen*

Anfang der 1990er-Jahre, mitten im wirtschaftlichen Aufschwung wurde Botsuana vom HI-Virus „heimgesucht", der sich über Jahrzehnte unbemerkt über das östliche ins südliche Afrika ausgebreitet hatte. 2021 zählte Botsuana trotz eines leichten Rückgangs der Infektionsraten mit einer Seroprävalenz* bei Erwachsenen von circa 19 Prozent (2003: 35 %) mit Eswatini und Lesotho zu den drei am stärksten von der Aids-Pandemie betroffenen Staaten weltweit. Die Ausbreitung wurde auch durch traditionelle Vorstellungen erleichtert, die Krankheiten als Ausdruck und Folge individuellen oder kollektiven Fehlverhaltens oder des Wirkens von Geistern und anderen Schadenskräften interpretieren. Darum hatten erste Aids-Aufklärungskampagnen nach 1995 nur bedingt Erfolg. 2002 wurde jedoch das antiretrovirale* Therapieprogramm „Masa" („Morgendämmerung"; ARV) initiiert. Es ermöglichte allen HIV-infizierten Bürgern eine kostenlose, lebenslange Therapie und war das erste staatliche, flächendeckende HIV-Therapieprogramm Afrikas. 92 Prozent der Infizierten erhalten antiretrovirale Medikamente (Südafrika 72 %). Trotzdem wird Botsuana noch lange auch mit den wirtschaftlichen und sozialen Folgen zu kämpfen haben.

M 11 Aids-Pandemie* in Botsuana

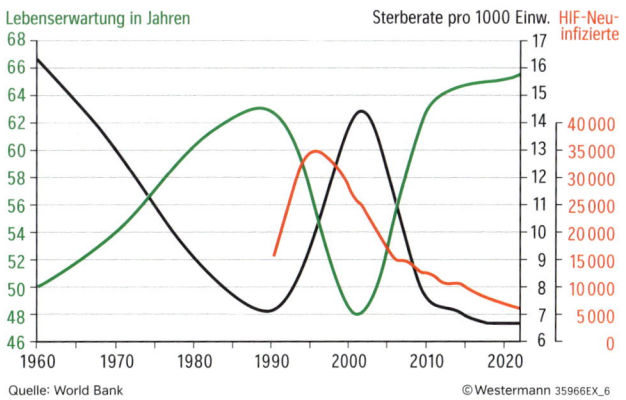

M 12 Botsuana: Lebenserwartung, Sterberate, HIV-Neuinfizierte

4.5 Afrikas Wirtschaftsmacht Südafrika

Die Republik Südafrika gilt als der wirtschaftlich am höchsten entwickelte Staat Afrikas südlich der Sahara. Es zählt seit 2011 zu der Ländergruppe BRICS*, den weltweit größten Schwellenländern. Das Pro-Kopf-Einkommen des Landes befindet sich allerdings auf dem Niveau von Georgien, dem Irak und Kolumbien. Dominierend ist weiterhin der Bergbausektor. Doch dieser ist für das Land auch mit hohen ökologischen und sozialen Kosten verbunden.

1. Analysieren Sie a) den Rohstoffsektor (M1, M5, Kap 4.1, Atlas) und b) den Industriesektor (M1, M4, M8) in Südafrika.
2. Lokalisieren und charakterisieren Sie den Platinbergbau und seine Bedeutung in Südafrika (M1, M5, M6, Kap 4.1, Atlas).
(Z) 3. Erstellen Sie ein Kurzreferat zu Platin (Verwendung etc.).
4. Erläutern Sie die mit dem Platinbergbau verbundenen sozialen und ökologischen Probleme (M3, M7).
5. Erstellen Sie eine SWOT-Analyse* zur Wirtschaft Südafrikas (M8).
6. Südafrika nimmt einer Sonderstellung in Subsahara-Afrika ein. Nehmen Sie Stellung zu dieser Aussage, auch über den Vergleich der SDG-Indizes (M2, Kap. 4.2 – 4.4, Kap. 2.2).

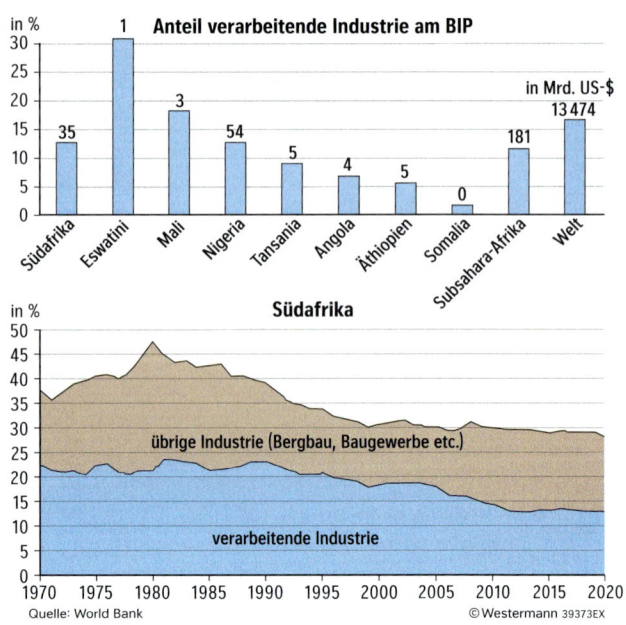

M 4   Anteil der verarbeitenden Industrie am BIP* in Südafrika und ausgewählten Ländern und Regionen (2020)

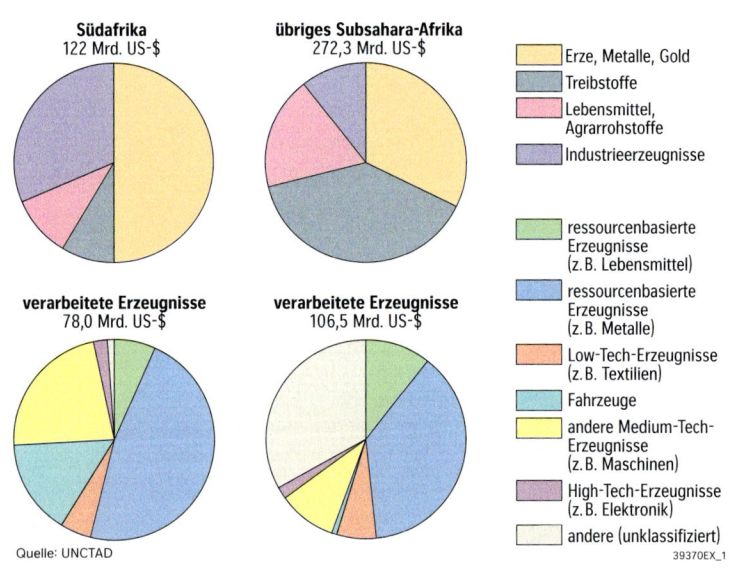

Quelle: UNCTAD

M 1   Exportstruktur Südafrikas und des übrigen Subsahara-Afrikas (2021)

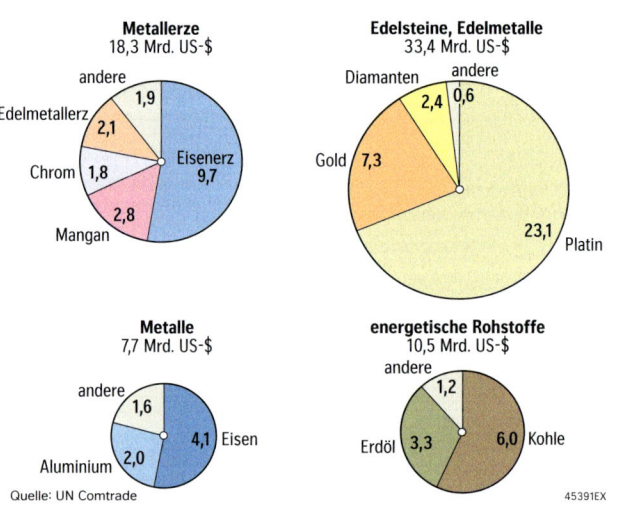

Quelle: UN Comtrade

M 5   Südafrika: Export von Rohstoffen (2021)

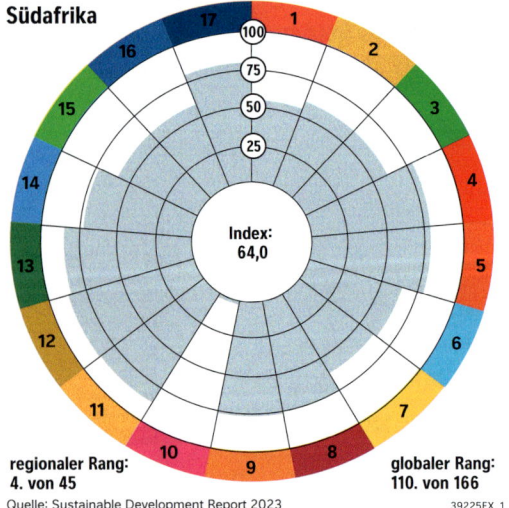

Quelle: Sustainable Development Report 2023

M 2   SDG-Index Südafrika (2022)

Heute liegt Platin an der Spitze der Rohstoffexporte Südafrikas. [...] Alle großen Platinproduzenten [...] sind in Südafrika vertreten. Viele der Unternehmen wurden in der Kolonialzeit gegründet und arbeiten noch immer nach dem Prinzip der Ausbeutung von Rohstoffvorkommen und billigen schwarzen Arbeitskräften. Der Profit, der durch die Weiterverarbeitung und Wertschöpfung entsteht, geht jedoch in Länder des Globalen Nordens, wie beispielsweise an den britischen Bergbaukonzern Lonmin.

Der Bergbausektor ist einer der größten Arbeitgeber Südafrikas, 2015 arbeiteten dort im Bergbau rund 490 000 Menschen. Ein Großteil von ihnen ist bei Arbeitsvermittlern oder Subunternehmen beschäftigt. Weil es immer mehr Leiharbeitsverhältnisse gibt, mit denen die Produzenten Leistungen zur sozialen Sicherung umgehen, sind in den letzten Jahren viele reguläre Arbeitsplätze verloren gegangen. Ein Großteil der im Bergbau beschäftigten sind Wanderarbeiter und -arbeiterinnen [...] Sie lassen ihre Familien zurück, um in den Bergwerken unter menschenunwürdigen Bedingungen zu arbeiten und ein wenig Geld in die Heimat schicken zukönnen.

Quelle: Aisha Bahadur et al.: Edles Metall – unwürdiger Abbau. Brot für Die Welt Analyse 75 2018, S. 7

M 3   Quellentext zum Platinbergbau in Südafrika

M 6 Platinvokommen in Südafrika

M 9 Platinmine in Rustenburg (100 km westlich von Pretoria)

Der südafrikanische Minister für Bodenschätze und Energie hat eine Platinmine im Vhembe-Biosphärenreservat genehmigt, die unter den Häusern [des Dorfes Earky Dawn] in Ga-Ngwepe in der Provinz Limpopo liegen wird. [...] Was so traurig ist: Die Mehrheit der Menschen, die enteignet werden, sind Frauen und Kinder. „Wir sind buchstäblich auf uns allein gestellt", sagte Gemeindeleiter Mamedi Ngoepe [...] Der Minister lehnte den Einspruch der Gemeinde mit der Begründung ab, dass sie ihr Recht auf das Land nicht hinreichend nachgewiesen habe. Er verwies auf einen 26%igen Anteil an der Mine, der historisch benachteiligten Südafrikanern als gerechte Entschädigung für den Verlust ihrer bisherigen Lebensweise zugewiesen wurde. Dieser Anteil an der Platinmine wurde jedoch nicht der Gemeinde zugewiesen, sondern einem winzigen Unternehmen, das dem Vizepräsidenten des Mehrheitseigentümers [des Minenbetreibers], dem in Kanada ansässigen Unternehmen Platinum Group Minerals, gehört. Ngoepe sagt, es falle ihm schwer zu glauben, dass im Vhembe-Biosphärenreservat, einem 460 000 Hektar großen Wald-, Grasland- und Savannengebiet, zu dem auch Teile des Krüger-Nationalparks, der heilige Wald von Thathe Vondo und das Weltkulturerbe des alten Königreichs Mapungubwe gehören, überhaupt Bergbau genehmigt werden könne. Die Biosphäre beherbergt Hunderte von verschiedenen Insekten-, Reptilien-, Vogel- und Säugetierarten. In Vhembe und seinen Pufferzonen leben außerdem mehr als 1,5 Millionen Menschen, viele von ihnen sind Bauern wie die Bewohner von Early Dawn. Die Gemeinde, die seit den 1940er-Jahren hier lebt, sucht nun nach Anwälten, um die Genehmigung [...] rechtlich anzufechten, da die unterirdischen Sprengungen ihre Häuser beschädigen und sie zwingen würden, ihr Land und ihre Häuser zu verlassen.

Quelle: Keeping platinum in the ground, and minors out of mines. Mongabay 4.11.2022 (Übersetzung: Thilo Girndt)

M 7 Quellentext zum Bau einer neuen Bergbaumine

Südafrika ist wirtschaftlich diversifiziert und verfügt über eine breite industrielle Basis, eine produktive Landwirtschaft, einen Bergbausektor mit hohem Potenzial wie auch einen modernen Dienstleistungssektor. Die Wirtschaft lässt sich aufteilen: einerseits in einen produktiven und modernen Sektor; andererseits in einen Bereich, der von Armut, Kapitalmangel, Arbeitslosigkeit und Ausbildungsdefiziten geprägt ist. Dem modernen Teil der Wirtschaft, der qualifizierte Arbeit nachfragt, steht eine nicht ausreichend ausgebildete Arbeitsbevölkerung gegenüber. Das Bildungssystem ist ausbaufähig. [...] Große Konzerne schränken zudem den Wettbewerb ein. Der staatliche Wirtschaftssektor mit seinen Versorgungsleistungen (Strom und Wasser) steckt in einer schweren Krise und ist von Korruption gekennzeichnet. Anders als in anderen afrikanischen Ländern fallen der informelle Sektor* und der Anteil der Landbevölkerung relativ klein aus. Gering qualifizierte Menschen finden in einem personalintensiven Dienstleistungssektor Arbeit oder sie werden teils mittels geringer Staatstransfers alimentiert. Ein dynamischer, beschäftigungsintensiver Markt auf Basis kleinerer und mittlerer Unternehmen konnte sich bislang nur wenig entwickeln. [...] Südafrika ist der größte Automobilbauer des Kontinents. Die Chemieindustrie und hier vor allem die Petrochemie spielt eine wichtige Rolle. Die Getränke- und Nahrungsmittelindustrie ist mit Abstand die am weitesten entwickelte auf dem afrikanischen Kontinent. Nicht zuletzt verfügt das Land über einen, wenn auch kleinen, Maschinenbausektor.

Quelle: Fausi Najjar: Wirtschaftlicher Wandel noch nicht abgeschlossen. GTAI 13.9.2022

Johannesburg konnte sich als wichtiger internationaler Finanzplatz etablieren. Touristische Dienstleistungen genießen einen exzellenten Ruf. Nicht zuletzt ist das Kapland in der Wissenschaft afrikaweit führend. [...] Die Problemlagen des Standortes sind vielfältig und lassen sich mit den Schlagworten Deindustrialisierung, Stromausfälle sowie marode Infrastruktur und Korruption umreißen. Überschuldete und ineffiziente Staatsunternehmen in den Bereichen Energie, Schienenverkehr und Wasser lähmen die Wirtschaft. Stromausfälle werden bis voraussichtlich Ende 2024 den Bergbau und die industrielle Produktion beeinträchtigen. Weitere Schwachstellen liegen in der niedrigen Binnennachfrage und der geringen Flexibilität auf dem Arbeitsmarkt. Das Ausbildungsniveau bleibt weit hinter dem Bedarf der Wirtschaft zurück. Das verarbeitende Gewerbe ist von einer Schwerindustrie geprägt, die wenig Beschäftigung generiert. [...] Südafrika ist eine gefestigte Demokratie. Eine unabhängige Rechtsprechung, stabile Institutionen und eine freie Presse sind wichtige Pluspunkte für die Reformen von Staatschef Cyril Ramaphosa. [...] Der Regierung wird ein effizienteres Haushalten als in den Jahren zuvor attestiert. Die Umstrukturierung von Staatsbetrieben und hier insbesondere des Stromversorgers Eskom ist angeschoben. [...] Südafrika gehört zu den Ländern mit der höchsten Ungleichverteilung und Arbeitslosigkeit. Für ein Land mittleren Einkommens fällt die Armutsquote sehr hoch aus. [...] Weiterhin besteht eine deutliche Einkommenskluft zwischen Schwarzen und Weißen.

Quelle: Fausi Najjar: SWOT-Analyse. GTAI 25.11.2022

M 8 Wirtschaftsstruktur von Südafrika

4.6 Entwicklungschance Tourismus

Tourismus als eine der weltweit stärksten Wirtschaftsbranchen ist auch für Subsahara-Afrika inzwischen sehr bedeutsam. Mehr als 40 Mio. internationale Touristen besuchten 2019 die Länder südlich der Sahara. Die Weltorganisation für Tourismus der Vereinten Nationen (UNWTO) sieht im Tourismus Chancen für diese Länder, ihre Beteiligung an der Weltwirtschaft zu erhöhen und über Einnahmen sowohl das kulturelle Erbe als auch die Umwelt zu schützen. Hat Tourismus tatsächlich das Potenzial, Impulsgeber und Treiber einer nachhaltigen Entwicklung gemäß der Sustainable Development Goals zu sein?

1. Beschreiben Sie die Bedeutung der Tourismusbranche in Subsahara-Afrika (M3, M4, M10).
2. Erläutern Sie die sich aus dem Tourismus für Subsahara-Afrika ergebenden Chancen (M5, M7, M8, M11)
   a) für die Wirtschaft,
   b) für eine nachhaltige Entwicklung.
Ⓩ 3. Recherchieren Sie in Nachhaltigkeitsberichten deutscher Touristikkonzerne (Internet) Maßnahmen eines Engagements hin zu sozial und ökologisch verträglichen Formen des Reisens in Ländern Subsahara-Afrikas.
4. a) Stellen Sie Argumente für ein Rollenspiel „Entwicklungschance Tourismus?" (Akteure z. B. Safari-Urlauber, Reiseunternehmer, Einheimische, afrikanischer Ökonom) zusammen.
   b) Führen Sie das Rollenspiel durch.

Die Reise- und Tourismusbranche hat in Afrika ein erhebliches Potenzial, insbesondere aufgrund des Reichtums an natürlichen Ressourcen des Kontinents und seines Potenzials zur Weiterentwicklung des kulturellen Erbes, z. B. der Musik. Mit Ausnahme weniger Länder wie Mauritius und den Seychellen, in denen der Anteil des Tourismussektors an der Wirtschaft besonders hoch ist, befindet sich der Tourismus in Afrika jedoch noch in einem frühen Entwicklungsstadium und ist stark mit den allgemeineren und längerfristigen Herausforderungen der Entwicklung, einschließlich Infrastruktur und Sicherheit, verbunden. Die Afrikanische Union und subregionale Gemeinschaften haben auch den Tourismus an die Spitze ihrer jeweiligen Agenda gesetzt. So hat die Afrikanische Union beispielsweise den Tourismus-Aktionsplan (TAP) des Kontinents gebilligt. Der TAP [....] zielt darauf ab, Afrika zum touristischen Ziel des 21. Jahrhunderts zu machen.
Quelle: Landry Signé: Africa's tourism potential. Washington: Brookings 2018 (Übersetzung: Wilfried Hoppe)

M1   Quellentext zum touristischen Potenzial in Subsahara-Afrika

M2   Safari im Masai Mara Nationalpark (Kenia)

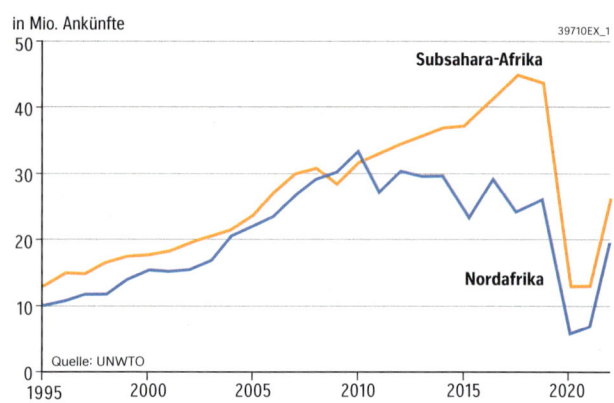

M3   Entwicklung internationaler Touristen in Afrika (1995 – 2022)

	Anteil an der Beschäftigung		Anteil am BIP		Anteil an Exporten[1]	
	2019	2021	2019	2021	2019	2021
Subsahara-Afrika	5,2	4,3	6,3	4,0	10,6	3,7
Nordafrika	9,0	7,9	8,1	5,2	14,6	7,0
EU	11,3	10,3	9,6	6,6	6,2	2,8

[1] ausländischer Tourismus   Quelle: WTTC

M4   Wirtschaftliche Bedeutung des Tourismus in verschiedenen Großräumen (2019 und 2021)

Wirtschaftswissenschaftler überprüfen den Einfluss des Tourismussektors auf die Wirtschaft eines Landes auf der Basis des Tourism-Led-Growth-Modells, einer Vice-Versa-Beziehung (vice versa = und umgekehrt) zwischen Tourismus und Wirtschaftsdynamik.

M5   Vice-Versa-Modell Tourismus – Volkswirtschaft

M6   Nungwi Beach auf Sansibar (Tansania)

positiv	negativ
Deviseneinnahmen* durch Touristen	Devisenabfluss für touristische Infrastruktur
höhere Steuereinnahmen	Preissteigerungen z.B. für Grundnahrungsmittel
Beschäftigungseffekte	niedrige Entlohnung und saisonale Anstellung
Abbau regionaler Disparitäten*	Schaffung von neuen sozioökonomischen Disparitäten
Infrastrukturmaßnahmen (Verkehr, Elektrizität, Wasser, Bildung, Telekommunikation)	Bindung von Investitionsmöglichkeiten für Tourismus
Ausbildung eines lokalen, auf die Bedürfnisse der Touristen ausgerichteten Unternehmertums	monostrukturelle Ausrichtung, Abkehr von traditionellen Erwerbsstrukturen
Wandel von Wirtschaftsstruktur und Lebensstilen	Übernahme wenig nachhaltiger Werte/Konsummuster
Schutz von Natur	Ressourcenverbrauch (z.B. Fläche, Wasser), Zerstörung von Natur (z.B. Riffe), Müllaufkommen, CO_2-Emissionen
Schutz kultureller Werte	soziale Probleme (Kinderarbeit, Kriminalität, Prostitution, Bettelei)

M7 Effekte von Tourismus auf die Länder des Südens

Ökonomische Dimension
- positive Effekte auf die tansanische Volkswirtschaft und die Region am Fuße des Kilimandscharo
- Wirtschaftsimpulse in den Dörfern am Fuße des Kilimandscharo (Souvenirgeschäft, Einkauf auf lokalen Märkten)
- 28 % der Ausgaben der Bergwanderer kommen der (armen) Bevölkerung der Region zugute.
- Ausbau von Straßen

Ökologische Dimension
- Eintrittsgebühren der Nationalparkbehörde werden zum Schutz der artenreichen Pflanzen- und Tierwelt der Bergwälder genutzt.
- Arbeitsplätze im Tourismussektor verhindern eine Übernutzung in der nachhaltigen Landwirtschaft der Bananengärten am Fuß des Kilimandscharo.
- Vielzahl der Touristen und Begleiter stören das Geosystem im Kilimandscharo-Nationalpark (Wanderwege, Zeltcamps, Hütten, Müllproblem) trotz Begrenzung der Zahl der Touristen.

Soziale Dimension
- Ausbildung von Tourguides, Köchen, Reiseagenturmitarbeitern
- Schaffung von Arbeitsplätzen im Tourismussektor
- Verdienst mit 15 US-$ am Tag deutlich über der Armutsschwelle von 1,90 US-$ am Tag
- Verdienstmöglichkeiten gerade auch für junge Leute aus armen Familien der Dörfer
- Eintrittsgelder fließen in den Ausbau der örtlichen Schulen (z.B. Errichtung Aula oder Laborklassen).

M8 Analyse des Bergwanderer-Tourismus im Nationalpark Kilimandscharo (Tansania) nach Nachhaltigkeitskriterien

	Touristenankünfte (in Mio.)	Tourismuseinnahmen in Mio. US-$	Tourismuseinnahmen in US-$/Ew.	Anteil Tourismus am BIP[2]	Anteil Tourismus an Beschäftigung[2]
Südafrika	14,80	9064	156	6,4 %	9,3 %
Äthiopien	0,81	3529	31	6,3 %	3,7 %
Tansania	1,53	2625	44	10,6 %	6,1 %
Mauritius	1,42	2024	1599	19,5 %	19,2 %
Kenia	2,05	1762	35	7,7 %	8,6 %
Ghana	1,49	1490	47	6,0 %	6,3 %
Nigeria	1,47	1471	7	4,5 %	4,8 %
Uganda	1,54	1400	33	5,9 %	4,1 %
Madagaskar	0,49	951	35	12,6 %	5,9 %
Kamerun	1,02	681	26	8,0 %	8,5 %
Ruanda	1,63	636	50	11,4 %	6,1 %
Seychellen	0,43	618	6330	42,3 %	39,2 %
Niger	0,19	130	6	5,7 %	1,5 %
Subsahara-Afrika	56,01	34919	31	6,3 %	5,2 %
z. Vgl. Spanien	126,17	81368	1726	14,0 %	14,4 %

[1] direkte und indirekte Beiträge   Quelle: WTTC, UNWTO

M10 Daten zum Tourismus in Subsahara-Afrika (2019)

Neben mittelgroßen Reiseanbietern, die sich auf ökologische Formen von Reisen spezialisiert haben, stellen sich seit einigen Jahren auch die großen Touristikkonzerne die Aufgabe, nachhaltige Formen des Tourismus umzusetzen. Meist wird im Rahmen von Corporate Social Responsiblity (CSR)-Berichten ein Nachhaltigkeitsmanagement vorgestellt, das sich auf wirtschaftliche, ökologische und soziale Aspekte der touristischen Wertschöpfungskette bezieht. Dabei geht es keineswegs nur um die Reduzierung des Wasserbedarfs von Hotels, indem die Touristen aufgerufen werden, zum Beispiel Handtücher nicht jeden Tag wechseln zu lassen. Ein Nachhaltigkeitsmanagement beinhaltet deutlich mehr Maßnahmen, Ressourcen zu sparen und den CO_2-Abdruck des Reisens zu reduzieren. Genauso wichtig ist aber auch ein Engagement der Konzerne in Kooperation mit den Hoteleignern, die sozioökonomische Situation von Hotelangestellten zu verbessern und damit Armut abzubauen. Von Ausflugsprogrammen soll primär die lokale Bevölkerung profitieren. Gerade mit Blick auf Länder Subsahara-Afrikas versuchen die Touristikkonzerne, ihrer gesellschaftlichen Verantwortung auch über ein bürgerschaftliches Engagement (engl. *corporate citizenship*) gerecht zu werden. So werden in Zusammenarbeit mit NGOs Bildungsprojekte in Südafrika oder der Artenschutz in Nationalparks Ostafrikas unterstützt. Es ist durchaus eine Aufgabe der Reisenden, solche CSR-Strategien im Tourismusgeschäft über ihre Buchungsentscheidungen zu unterstützen. Mehr als 20 Label zu nachhaltigem Tourismus können helfen, die Reiseangebote auf Nachhaltigkeit zu überprüfen.

M11 Trend zum nachhaltigen Tourismus

M9 Träger und europäische Touristen am Kilimandscharo

M12 Volunteer* in einem Dorf in Uganda

4.7 Tourismus auf Mauritius

„Keine Tourismusindustrie kann nachhaltig sein, ohne die gesamte Gemeinschaft einzubeziehen. Die Tourismusbranche kann nur erfolgreich sein, wenn sie umweltfreundlich ist", sagt Anil Gayan, Tourismusminister von Mauritius. „Trauminsel" und „Paradies" sind die typischen Begriffe, die fallen, wenn der Urlaub auf dem Inselstaat im Indischen Ozean angepriesen wird. Viele Jahre kamen vor allem Hochzeitsreisende, Golfer und vermögende Touristen. Inzwischen öffnet man sich auch den Pauschalreisenden. Und man will nachhaltiger werden. Sterbende Korallen und gewaltige Zuckerrohrfelder statt tropischem Dschungel deuten ökologische Problemfelder an. Hinzu kommt, dass viele Mauritianer trotz zweithöchstem Pro-Kopf-Einkommen in Subsahara-Afrika bislang wenig am Tourismusboom partizipiert haben.

1. Beschreiben Sie das touristische Potenzial von Mauritius, auch unter Berücksichtigung einer Saisonalität aufgrund des Klimas (M1, M2, M4, M9, Internet).
2. Analysieren Sie die Tourismuswirtschaft und ihre Entwicklung auf Mauritius (M3, M5, M8, M11).
3. a) Erörtern Sie Zusammenhänge zwischen Tourismus- und Wirtschaftsentwicklung unter Berücksichtigung des Vice-Versa-Modells „Tourismus – Volkswirtschaft" (S. 82: M5).
   b) Ergänzen Sie die in M6 genannten Ziele von nachhaltigem Tourismus (S. 77: M7, M7, M11).
4. Beurteilen Sie die Entwicklung des Tourismus auf Mauritius unter Nachhaltigkeitskriterien.

M 1   Luxuriöse Hotelanlage mit Golfplatz beim Le Morne Brabant Mountain an der Südwestspitze von Mauritius

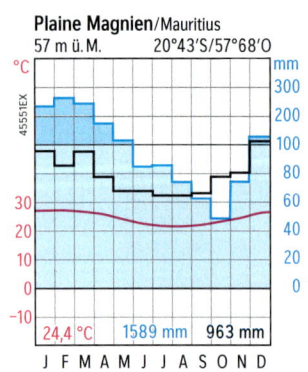

M 2   Klimadiagramm Plaine Magnien (Mauritius)

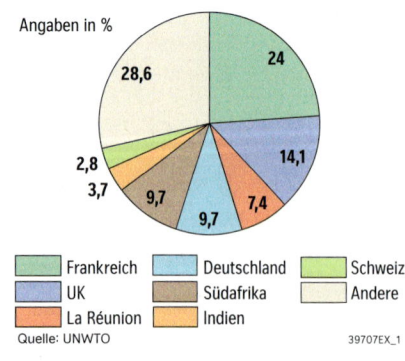

M 3   Touristenankünfte auf Mauritius nach Herkunft der Besucher (2019)

M 4   Mauritius

Zum Zeitpunkt der Unabhängigkeit (1968) wurde die wirtschaftliche Zukunft des jungen Inselstaats Mauritius wenig rosig gesehen. Die Insel war wirtschaftlich einseitig auf Zuckerrohr ausgerichtet. Erste wirtschaftliche Diversifizierungsstrategien nach der Unabhängigkeit setzten auf den Aufbau einer Textilindustrie, auf die Etablierung von Finanz- und IT-Dienstleistern sowie auf die Entwicklung des Tourismus durch eine gezielte Anwerbung ausländischer Investoren. Tatsächlich wurde der Tourismussektor schnell zu einer neuen Säule wirtschaftlicher Entwicklung.

Zu Beginn wurde der Tourismus auf hochpreisige Angebote durch den Bau strandnaher Luxusressorts ín sechs staatlich ausgewiesenen und räumlich begrenzten Tourismuszonen fokussiert, um die negativen Auswirkungen eines Massentourismus auf Umwelt und Sozialstruktur zu vermeiden. Als Maßnahme, die Exklusivität der Tourismusdestination Mauritius zu bewahren, wurden Charterfluggesellschaften über viele Jahre die Landeerlaubnis verwehrt. Damit fand zunächst keine vertikale Verflechtung im Tourismussektor von Mauritius statt. Global Player der Tourismusbranche wie TUI oder Thomas Cook konnten für Mauritius keine auf unternehmenseigenen Hotels und Fluglinien basierenden Kompaktangebote anbieten.

Als bestimmende Standortfaktoren werden neben der Gastfreundlichkeit einer multikulturellen Bevölkerung und der exotischen Insellage vor allem die „3 S = Sun, Sea and Sand" gesehen. Neben 32 5-Sterne-Hotels (davon sieben 5-Sterne-Luxury) hebt sich der Tourismusstandort Mauritius durch einen leistungsfähigen internationalen Flughafen mit seit 2015 13 anfliegenden Fluggesellschaften und einer verlässlichen Energie- und Wasserversorgung sowie einem sehr leistungsfähigen IT-Netz von anderen Ländern Subsahara-Afrikas ab.

M 5   Mauritius – eine exklusive Tourismusdestination

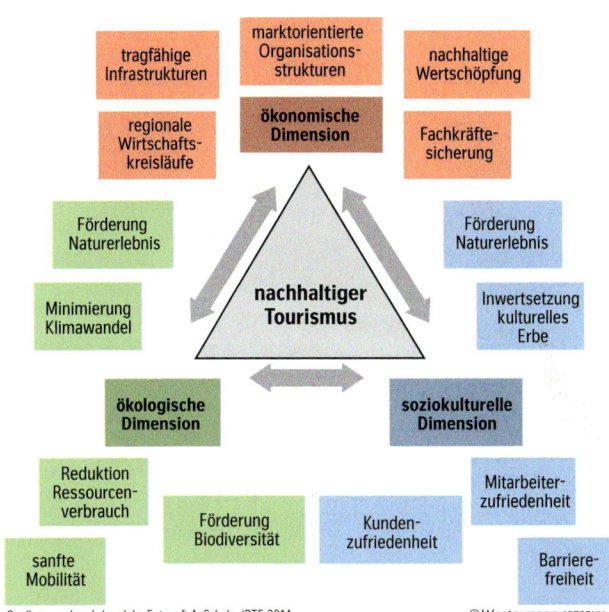

Quelle: www.bmub-bund.de, Entwurf: A. Schuler/BTE 2014   © Westermann 10768HX_1

M 6 Zentrale Ziele für nachhaltigen Tourismus

Herausforderungen für die Tourismuswirtschaft vom Mauritius sah das zuständige Ministerium in einem vor der Corona-Pandemie veröffentlichten Strategieplan in der Nachfrage nach fehlendem Fachpersonal, in den längst nicht durch Einnahmen kompensierten hohen Investitionen der Hotelketten, im Wettbewerb mit näher am europäischen Markt gelegenen Destinationen wie den Malediven, den Seychellen und Sri Lanka, in fehlenden Luftverkehrsverbindungen zu wichtigen Märkten, im Trend zum All-Inclusive-Urlaub mit negativen sozioökonomischen Auswirkungen für die Gemeinden, in den geringen Ausgaben der Touristen außerhalb der Hotelanlagen, in den hohen Anreisekosten für die meisten der wichtigen touristischen Märkte und in der hohen Saisonalität (Touristenankünfte im Dezember doppelt so hoch wie die im Juni). Zudem wird die mauritische Torismusbranche von großen, oft ausländischen Hotelbetreibern dominiert, was zu Ressentiments und Konflikten mit der lokalen Bevölkerung führt. Die Bevölkerung soll besser in die Planung von touristischen Projekten mit einbezogen werden, um eine „Fremdenverkehrsphobie" zu vermeiden.

Der Tourismussektor ist zudem anfällig für die Auswirkungen des Klimawandels. Potenzielle Bedrohungen wie Wirbelstürme und Sturmfluten sowie die Zerstörung von Korallenriffen durch Veränderungen der Meerestemperatur und Stranderosion können die Attraktivität der Insel beeinträchtigen.

Das Ministerium sieht zudem Bedarf, sich besser auf die modernen technologischen Rahmenbedingungen des Tourismus einzustellen (digitales Marketing, *smart tourism* etc.).

M 7 Herausforderungen für die Zukunft des Tourismus auf Mauritius

Jahr	Touristen-ankünfte	Zahl der Hotels	Zahl der Hotelzimmer
1970	27 700	22	811
1980	115 100	38	2 201
1990	294 600	95	4 603
2000	656 500	95	8 657
2010	934 800	112	12 075
2019	1 383 488	112	13 489
2021	179 780	111	13 902

Quelle: Mauritius Ministry of Tourism

M 8 Entwicklung des Tourismus auf Mauritius (1970 – 2021)

M 9 Luxus-Hotelanlage auf Mauritius

Wenn auch der hochpreisige Tourismus in Luxusressorts prinzipiell weiter im Fokus steht, wird eine Diversifizierung des Marktes zunehmend forciert. Der Trend zur Ausweitung des touristischen Angebots ist insbesondere in den vergangenen Jahren zu beobachten und wurde vom Tourismusministerium in einem neuen Strategieplan für die Jahre 2018–2021 festgeschrieben. Es wird angestrebt, zukünftig eine breitere Produktpalette anzubieten, die sich an globalen Tourismustrends orientiert und möglichst unterschiedliche Touristengruppen aus aller Welt auf die Insel ziehen soll. Es ist ein zentrales Anliegen, das klassische Motto „Sea, Sun and Sand" auszuweiten. Zu dem Portfolio zählt das Ministerium beispielsweise Spa- und Wellnesstourismus, Hochzeits-, Kreuzfahrt-, Medizin-, Heritage-/ Kultur-, Sport- und Abenteuertourismus. Mit dieser Diversifizierung* geht auch die Transformation der Kultur- und Naturlandschaften der Insel einher: Neben neuen Einrichtungen der Unterhaltungsindustrie (z. B. Abenteuerparks und Einkaufszentren) werden u. a. Wanderwegsysteme errichtet oder bislang brach liegende historische Orte mit teils kolonialer Vergangenheit in touristische Ziele transformiert. Besonders interessant ist auch die Umwandlung ehemaliger Zuckerrohrplantagen in Ressortanlagen mit Golfplätzen. [...] Zugleich wird ein großes Augenmerk auf die Entwicklung eines nachhaltigen Ökotourismus gelegt, der Mauritius als Reiseziel des bewussten Reisenden positionieren soll.

Das Jahr 2020 stellte gleich einen doppelten Einschnitt für die Tourismusbranche auf Mauritius dar: Zum einen war und ist auch Mauritius mit den Auswirkungen der Corona-Krise konfrontiert. Die Grenzen wurden Ende März 2020 für jeglichen Reiseverkehr geschlossen. [...] Erst ab 1. Juli 2022 ist ein uneingeschränkter Mauritius-Urlaub wieder möglich.] Zum anderen hat Mauritius mit den Auswirkungen der Havarie des Öltankers MV Wakashio zu kämpfen, der im Juli 2020 vor der südöstlichen Küste auf ein Riff lief. Die langfristigen ökologischen Folgen, insbesondere für die Artenvielfalt in den umgebenden Naturschutzgebieten, sind noch nicht absehbar.

Quelle: Elisabeth Sommerlad: Tourismus auf Mauritius. Geographische Rundschau 1.2/2021, S. 45 – 47

M 10 Quellentext zum Tourismus auf Mauritius

Jahr	Einkünfte (in Mio. US-$)	Einkünfte pro Tourist (in US-$)	Anteil am BIP	Beschäftigte
1995	616	1 410	6,8 %	k.A.
2006	1 300	1 613	9,8 %	25 800
2019	2 002	1 427	8,0 %	31 600
2021	363	2 019	2,0 %	27 900

Quelle: UNWTO , WTTC, Mauritius Ministry of Tourism

M 11 Wirtschaftsfaktor Tourismus auf Mauritius (1995 – 2021)

4.8 Gemeindebasierter Tourismus in Bigodi (Uganda)

Immer mehr Afrikatouristen übernachten in Gemeinden auf dem Lande bei Einheimischen, nehmen in ihrem Urlaub kurzfristig am Familien- und Dorfleben teil und gewinnen so authentische Eindrücke von Kultur und Natur abseits vom Massentourismus. Dieser Community-based Tourism (CBT oder gemeindebasierter Tourismus*) bietet den Akteuren die Möglichkeit, selbst über die Ausgestaltung des Tourismus zu entscheiden. Ziel ist, dass die gesamte Gemeinschaft von den wirtschaftlichen Effekten, die der Tourismus bringt, profitiert und möglichst viel der Wertschöpfung aus dem Tourismus der lokalen Bevölkerung zugutekommt. Als nachhaltiger Tourismus berücksichtigt CBT neben wirtschaftlichen und sozialen Aspekten auch ökologische Fragestellungen. Bigodi, ein Dorf in Westuganda, sah sogar konkret in dem Schutz eines einzigartigen Ökosystem eine touristische Chance. In unmittelbarer Nähe des für seine Schimpansen berühmten Kibale Nationalpark wurde ein Sumpfgebiet zugänglich gemacht und zu einer touristischen Attraktion aufgewertet. Die Einkünfte aus dem Tourismus kommen der gesamten Gemeinde zugute. Seit dem Start des Projekts 1992 entstanden so zahlreiche Arbeitsplätze und Verbesserungen in der Infrastruktur. Zugleich wurden auch andere Einkommensquellen erschlossen, um nicht allein vom Tourismus abhängig zu sein.

1. a) Beschreiben Sie die Lage und das Tourismuspotenzial von Bigodi (M1– M5, M8, Atlas, Google Earth).
   b) Fassen Sie das touristische Angebot zusammen (M5).
2. Erläutern Sie das Konzept des gemeindebasierten Tourismus* am Beispiel von KAFRED (M6, M9).
3. Beurteilen Sie das KAFRED-Projekt in Bigodi (Uganda) im Kontext von nachhaltigem Tourismus.

M1   Geführte Tour durch den Bigodi-Sumpf

M2   Gemeinsames Zubereiten von traditionell ugandischen Essen in einem Homestay in Bigodi

M3   Turako im Bigodi-Sumpf

Jahr	vor 1992	1994/95	2000/01[1]	2006/07	2008/9	2010/11
Touristen	0	1100	500	2400	3164	4196
Jahr	2012/13[2]	2014/15	2016/17	2018/19	2020/21	2021/22
Touristen	4243	3627	3303	2548	0	3396

[1] Krieg im Nachbarstaat Kongo 1998-2003 (unter Beteiligung Ugandas) [2] 2012 Ebola-Ausbruch in Uganda Quelle: KAFRED

M4   Anzahl der jährlichen Touristen in Bigodi

Bigodi
- Dorf mit 4209 Ew. (2014, Census)
- Kamwenge District (335 Ew./km², 2006)
- vor Tourismusprojekt: sehr arme Region, auch im ugandischen Vergleich. Großteil der Familien (8-10 Personen) betrieb Landwirtschaft ausschließlich zur Subsistenz, kaum Einkommen
- heute: 300 direkte und indirekte Arbeitsplätze im Tourismus,
- Die Zahl der Häuser aus festen Materialien ist von 2 im Jahr 1992 auf 7 im Jahr 1995 auf heute mehr als 30 angewachsen

Kibale Nationalpark (775 km², seit 1993)
- Regenwaldgebiet, bekannt für seine Schimpansen-Population
- Anzugspunkt für den internationalen Tourismus

Bigodi-Sümpfe (3 km²)
- am östlichen Rand des Kibale Nationalpark (nicht Teil des Parks)
- hohe Biodiversität, Fauna: 200 Vogelarten (Riesenturakos, Nashornvogel etc.), Affen (Paviane, blaue Affen etc.), Schmetterlinge, bessere Sicht auf die Tiere als im Regenwald
- eines der wenigen intakten Sumpfgebiete in Uganda, die nicht durch Abholzung und Trockenlegung in den letzten Jahrzehnten zu Agrarflächen wurden
- erschlossen durch ein 5 km langes Netz aus (bei Hochwasser schwimmenden) Holzstegen

Touristische Angebote in Bigodi (Auswahl)
- geführte Wanderungen in den Bigodi-Sümpfen 2 x täglich (3 Stunden): 25 US-$ (für internationale Besucher),
- Cultural Village Walk: Dorfwanderung (Besuch einer Schule, einer Korbflechterei, des Dorfmedizinmanns sowie Vorführung von Tänzen, Kaffeeanbau, lokaler Küche, Bierherstellung aus Bananen, 3-4 Stunden, individuell): 20 US-$
- Besuch der Bigodi Women's Group (Herstellung von afrikanischem Kunsthandwerk: Körbe, Matten, Taschen, Schmuck aus Materialien, die aus dem Sumpf stammen bzw. Recyclingmaterial, 10 % der Einnahmen finanzieren den Kindergarten),
- Besuch des neu angelegten Schlangenparks
- Tanz- und Theatervorführungen
- 3-tägiges Schimpansen-Trekking im Kibale Nationalpark
- Unterbringung in „Tinkas Homestay" (Anschluss ans Familienleben, Vollpension (20 US-$) oder anderen Homestays und Lodges
- traditionelles ugandisches Essen mit Erläuterungen
- lokale Vermarktung, Buchung vor Ort, übers Internet oder über das Kibale Nationalpark-Besucherzentrum
- 20 bis 50 Übernachtungsgäste im Monat (95 % Ausländer)

M5   Steckbrief Tourismus in Bigodi

- Gemeinnützige, kommunale Organisation in Bigodi, gegründet 1992, Vision: "Communities living in harmony with nature"
- Investition der Einnahmen aus dem Tourismus in Gemeinschaftsprojekte wie Bildung, Gesundheit und Hygiene

Ziele des Projekts

- Verwaltung und Schutz des Bigodi-Sumpfes
- Aufwertung zur Touristen-Attraktion
- Stärkung der lokalen Gemeinschaften durch Armutsbekämpfung und Umweltschutz
- gemeinschaftliche Erarbeitung, Entscheidung, Planung und Durchführung über/von Projekte(n) zur Infrastrukturverbesserung und Entwicklung der Region
- Schaffung von Arbeitsplätzen in Bigodi (Verbesserung der Lebenssituation der Familien, Verhinderung der Abwanderung)
- Diversifizierung: Förderung von anderen einkommensschaffenden Beschäftigungen außerhalb des Tourismus (Erweiterung des Viehbestands, Bienenzucht)
- Stärkung der eigenen kulturellen Identität: Wiederbelebung lokaler Tänze, Dramen und Geschichten
- Sensibilisierung der Bewohner/Schüler für Umweltschutz

Organisations- und Mitgliederstruktur

- 200 Mitglieder (Mitgliederbeschränkung)
- Vollmitglieder zahlen Mitgliedsbeitrag, Anwohner sind nichtstimmberechtigte Mitglieder
- Leitung durch ein alle zwei Jahre gewähltes Komitee aus neun Mitgliedern (mindestens ein Drittel Frauen)
- jährliche Hauptversammlung
- Beschäftigung von 17 Lehrern, 8 Reiseleitern, 3 Köchen, 4 Sicherheitskräften und 3 Reinigungskräften
- Einnahmen aus Führungen: 60000 Euro, sonstige (Essen, Souvenirs): 80000 Euro

Projekte (Auswahl)

- Bau einer Sekundarschule (1993, aktuell: 320 Schüler), Stipendienprogramm, Aufbau eines Kindergartens
- Verbesserung der Wasserversorgung, Anschluss ans Netz
- Bau einer asphaltierten Durchgangsstraße
- Förderung von feuerholzsparenden Lehmöfen
- Bau eines Hebammenhauses/zweites Gesundheitszentrum
- Ausbildung der Ökoguides
- Aufbau einer kleinen Fabrik für Erdnussbutter
- Markt für lokale Lebensmittel, die von Besuchern und Touristen konsumiert werden können, wie z.B. Bananen, Tomaten, Zwiebeln, Eier und Hühner
- Einrichtung eines Lehrbienenstocks, Aufbau Fischzucht
- Vergabe von Kleinkrediten an Bauern im Umland des Sumpfes

aktuelle Probleme

- Übergriffe von Tieren/Vögeln auf Dorfgärten
- gelegentlich Wilderei, Abholzungen im Sumpf
- mehr Mitgliederanfragen als freie Plätze (Begrenzung der Mitgliederzahl, um Handlungsfähigkeit zu erhalten)
- hohes Bevölkerungswachstum in der Region

M 6   Steckbrief KAFRED (Kibale Association For Rural and Environmental Development)

M 7   Elternabend in der Sekundarschule

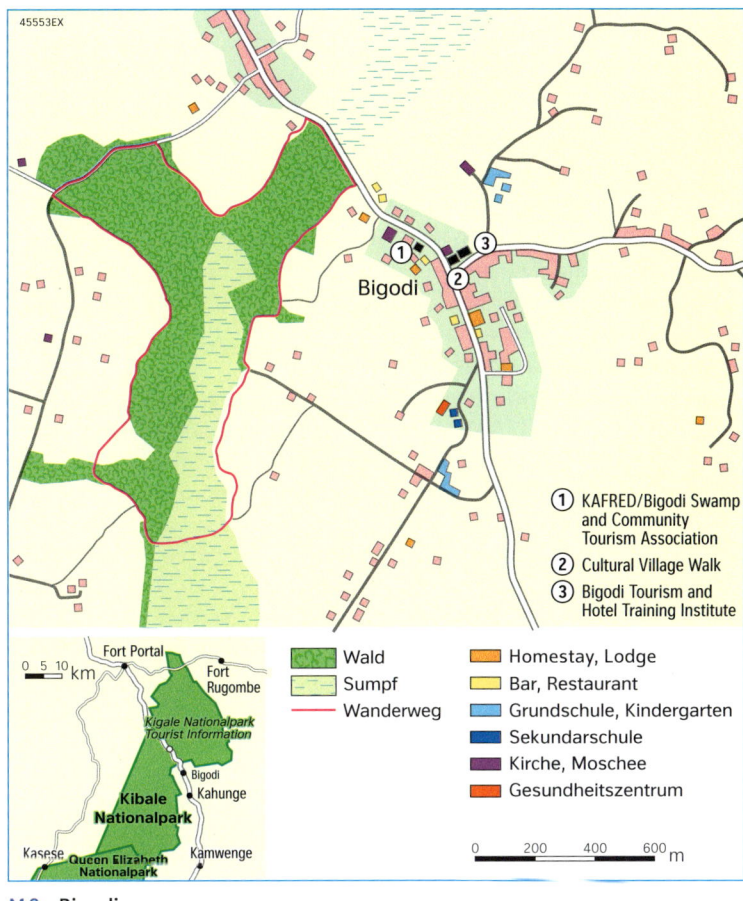

45553EX

Bigodi

① KAFRED/Bigodi Swamp and Community Tourism Association
② Cultural Village Walk
③ Bigodi Tourism and Hotel Training Institute

0 5 10 km

Fort Portal
Fort Rugombe
Kigale Nationalpark
Tourist Information
Bigodi
Kahunge
Kibale Nationalpark
Kasese
Queen Elizabeth Nationalpark
Kamwenge

▓ Wald	▭ Homestay, Lodge
▢ Sumpf	▭ Bar, Restaurant
— Wanderweg	▭ Grundschule, Kindergarten
	▭ Sekundarschule
	▭ Kirche, Moschee
	▭ Gesundheitszentrum

0   200   400   600 m

M 8   Bigodi

Mithilfe der Einnahmen aus dem Tourismus und den am Gemeinwohl orientierten Entscheidungen seiner Bewohner wurde [Bigodi] zu einem überzeugenden Beispiel von Eigeninitiative im gemeindebasierten Tourismus und erzielte beachtliche Entwicklungserfolge. Partizipation ist der Dreh- und Angelpunkt, um den Interessen der Mehrheit der Bewohner Rechnung zu tragen. Als KAFRED vor 25 Jahren gegründet wurde, hatte die Organisation allerdings zunächst viel Überzeugungsarbeit zu leisten. [...] Die meisten Bauern verfügen nach wie vor über sehr wenig Geld. Da ist die Verlockung groß, zum Beispiel durch illegalen Holzeinschlag schnelles Geld zu verdienen. KAFRED versucht zu vermitteln, zu schlichten und die Leute verstärkt in die Organisation und in lokale Gruppen einzubinden. [...] Die Bewohner von Bigodi entscheiden gemeinsam, was mit den Einnahmen aus dem Tourismus geschehen soll. Die Prioritäten, die sie setzen, schließen Lücken in der Grundversorgung in wesentlichen Entwicklungsbereichen. [...] Es ist in Bigodi gelungen, durch Tourismus gemeinschaftlich Mittel für Entwicklungsprojekte zu generieren, durch die die Armut in der Region in verschiedenen Dimensionen verringert werden konnte.

Doch der [...] Rückgang des Tourismus in Folge von Ebola seit 2013 zeigt die Anfälligkeit und Unsicherheit des touristischen Geschäfts. Die Rückschläge ebenso wie Strukturveränderungen im Tourismus wirken sich auch in Bigodi aus. Rucksacktourismus prägte das Reisen in Uganda bis in die 2000er-Jahre. Seitdem dominieren Gruppenreisen und die Ansprüche der Touristen an die Unterkünfte sind gestiegen. Die Tourismuseinnahmen in Bigodi konnten seit 2013 nicht mehr gesteigert werden. [...] Es wurde deutlich, wie wichtig es ist, die Abhängigkeit vom Tourismus zu verringern und Mindereinnahmen durch Diversifizierung und Entwicklung neuer Produkte auszugleichen.

Quelle: Christina Kamp, Dietmar Quist: Armut mindern durch Tourismus. Tourism Watch Newsletter 27.2.2017

M 9   Quellentext zum gemeindebasierten Tourismus in Bigodi

Zusammenfassung

Die Wirtschaft Subsahara-Afrikas

Zwar glänzen einige Länder Subsahara-Afrikas mit hohen wirtschaftlichen Wachstumszahlen, doch dies geschieht zum einem auf einem niedrigen Niveau und zum anderen oft abhängig von steigenden Rohstoffpreisen auf den Weltmärkten. Vor allem die afrikanische Exportwirtschaft fußt auf den Ausfuhren meist unverarbeiteter energetischer (Erdöl, Erdgas) und mineralischer Rohstoffe (Metalle, seltene Erden, Industrieminerale) sowie Gold, in manchen Ländern auch auf dem Export von Agrarprodukten. Eine verarbeitende Industrie, die Rohstoffe weiterverarbeitet und Konsumgüter auch für die eigenen Märkte herstellt, ist nur gering ausgebildet. Die Arbeitsproduktivität ist niedrig. Einzig Südafrika besitzt eine diversifizierte Wirtschaft, unterliegt aber in den letzten Jahren einem Prozess der Deindustrialisierung.

Neben den großen Rohstoffvorkommen verfügen vieler Länder über einige andere gute Voraussetzungen für eine nachhaltige wirtschaftliche Entwicklung: eine hohe Anzahl junger Arbeitskräfte und ein wachsendes Interesse der westlichen Welt, aber auch Chinas, verbunden mit steigenden Ausländischen Direktinvestitionen. Doch die noch immer schlecht ausgebaute Infrastruktur und politische Instabilität, verbunden mit Korruption, Bürokratismus und Rechtsunsicherheit, behindern Investitionen und wirtschaftliche Entwicklung. Ein afrikanischer Binnenmarkt ist bisher kaum vorhanden, doch die neue afrikanische Freihandelszone AfCFTA könnte hier Impulse setzen.

Fluch der Ressourcen

Oft wird der Ressourcenreichtum vieler Länder Subsahara-Afrikas in Zusammenhang mit schwacher Staatlichkeit (Bad Governance) als Ressourcenfluch bezeichnet. Rohstoffexporte ziehen eine Aufwertung der eigenen Währung und damit eine Verschlechterung der Wettbewerbsfähigkeit bei anderen Exportprodukten nach sich („Holländische Krankheit"). Auch dies ist ein weiterer Grund für die Vernachlässigung des industriellen Sektors. Zudem partizipiert die Bevölkerung kaum von den Einnahmen aus den Rohstoffgeschäften, die im Übrigen auch nur einen niedrigen Beschäftigungseffekt besitzen. Oft werden die Exporterlöse zur Bereicherung der Herrschenden, für Prestigeprojekte oder etwa für das Militär zur Herrschaftsabsicherung verwendet und nicht für notwendige Investitionen in die Verkehrs-, Bildungs- und Gesundheitsinfrastruktur. Auch ist die Rohstoffgewinnung mit großen Umweltproblemen verbunden, zum Beispiel bei der Erdöl- und Erdgasgewinnung im Nigerdelta. In vielen Ländern wie der D. R. Kongo führen Rohstoffvorkommen zu Verteilungskonflikten (Ressourcenkriege) oder finanzieren bestehende Konflikte.

Einige Länder wie Botsuana, Ghana und Namibia haben es geschafft, ihren Rohstoffreichtum sinnvoll einzusetzen, die Bürger an den Einkünften zu beteiligen, stabile Wirtschaftsstrukturen und politische Rahmenbedingungen zu schaffen sowie eine Diversifizierung voranzutreiben.

Entwicklungsfaktor Tourismus in Afrika

Mit unberührten, exotischen und vielfältigen Naturräumen, den Nationalparks und Stränden, aber auch kulturellen Sehenswürdigkeiten und einem eher günstigen Preisniveau besitzt Subsahara-Afrika eine Reihe positiver touristischer Standortfaktoren. Zwar stellt die Region bislang nur einen untergeordneten Zielort des internationalen Tourismus dar (3 % der Touristenankünfte weltweit), doch wuchs der Markt vor dem weltweiten Einbruch durch die Corona-Pandemie kontinuierlich. Afrikanische Politiker und Ökonomen, aber auch die Tourismusbranche selbst sehen im Tourismus auch in Zukunft einen Entwicklungsimpuls für zahlreiche Länder Subsahara-Afrikas.

In den derzeitigen Touristikstrukturen liegen aber noch große Potenziale, die negativen Effekte von Tourismus zu reduzieren. Dies gilt sowohl für den Safari- als auch den Badetourismus und betrifft vor allem die bereits etablierten touristischen Destinationen wie Kenia, Tansania, Südafrika, Botsuana und Mauritius. Die Integration der Tourismuseinnahmen in die lokale Wirtschaft der Zielorte und Angebote, Touristen authentische Einblicke in Entwicklungsprobleme und Entwicklungschancen dieser Länder zu gewähren, sind Ansätze eines nachhaltigeren Tourismus. Ein besonderer Ansatz ist der gemeindebasierte Tourismus, bei dem Kommunen eigenverantwortlich die Planung und das Management von touristischen Angeboten übernehmen, und direkt von dem touristischen Angebot profitieren.

Weiterführende Literatur und Internetlinks

Geographische Rundschau
- Globale Wertschöpfungsketten Heft 12/2021
- Ressourcenkonflikte in Entwicklungsländern Heft 12/2015

Statistikportale mit Wirtschaftsdaten

World Bank
- data.worldbank.org

World Development Indicators
- datatopics.worldbank.org/world-development-indicators

United Nations Conference of Trade and Development
(Daten zu Handel, ADI, Entwicklungshilfe)
- unctad.org/en/Pages/statistics.aspx

Organisation für wirtschaftliche Zusammenarbeit und Entwicklung (OECD)
- data.oecd.org

Internationalen Währungsfonds (IWF, IMF)
- www.imf.org/en/Data

Welthandelsorganisation (WTO)
- stat.wto.org

Daten/Informationen zu Rohstoffen

Bundesanstalt für Geowissenschaften und Rohstoffe
- www.bgr.bund.de

United States Geological Survey (USGS)
- www.usgs.gov/centers/national-minerals-information-center

International Energy Agency
- www.iea.org

BP Stastical Review of Energy
- www.bp.com/en/global/corporate/energy-economics/statistical-review-of-world-energy.html

Debswana
- www.debswana.com

Minerals Council South Africa
- www.mineralscouncil.org.za/sa-mining

Gas Flaring
- www.worldbank.org/en/programs/gas-flaringreduction/global-flaring-data
- viirs.skytruth.org/apps/heatmap/flare-volume.html

Coltanerz, Konfliktmineralien

BGR: Rohstoff Tantal 2019
- www.bgr.bund.de/DERA/DE/Downloads/m-tantal.html
- www.responsiblemineralsinitiative.org
- www.dihk.de/de/themen-und-positionen/wirtschaftspolitik/rohstoffe/konfliktmineralien-6280
- www.misereor.de/informieren/rohstoffe/coltan

Daten/Informationen zum Tourismus

World Tourism Organisation
- www2.unwto.org/en

World Travel & Tourism Council
- www.wttc.org

Mauritius Tourism
- www.tourism-mauritius.mu

BMZ: nachhaltiger Tourismus
- www.bmz.de/de/themen/tourismus

Tourismus in Bigodi
- bigoditourism.com
- bigodicommunitytours.com

5 BEVÖLKERUNG UND STADT

Nairobi (Kenia)

5.1 Bevölkerungsentwicklung und -struktur

Subsahara-Afrika ist schon heute der mit Abstand jüngste Großraum in der Welt. Knapp die Hälfte der Bevölkerung ist unter 18 Jahre (Deutschland: 17 %). Zusammen mit der zwar abnehmenden, doch immer noch hohen Fertilität* führt dies dazu, dass die subsaharische Bevölkerung weiter stark anwachsen wird (Kap. 1.8). Noch vor 2050 werden in der Region mehr als zwei Milliarden Menschen leben (2022: 1,17 Mrd.). Idealerweise lässt sich ein Anstieg der jungen Erwerbsbevölkerung für eine positive soziale und wirtschaftliche Entwicklung nutzen (demografische Dividende). Dies ist jedoch an eine ganze Reihe von Bedingungen geknüpft.

1. Beschreiben Sie die Fertilität* und ihre Entwicklung in Subsahara-Afrika (M1, M2, M5).
2. Erklären Sie den Einfluss früher Ehen und Geburten (M3) sowie von Empfängnisverhütung und *unmet need** auf die Fertilität (M4).
3. Vergleichen Sie die Bevölkerungsentwicklung, Fertilität und andere demografische Indikatoren von Südafrika, Ruanda und Tschad (M1 – M5).
4. Begründen Sie daraus die unterschiedliche Entwicklung der Altersstruktur und der Abhängigenquote* (M7, M8).
5. Beurteilen Sie die Chancen einer demografischen Dividende für die Länder Subsahara-Afrika in absehbarer Zeit (M6, M7).

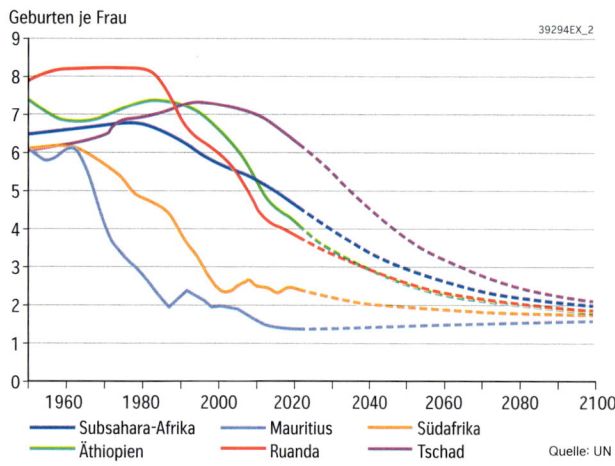

M2 Totale Fertilitätsrate* für ausgewählte Länder Subsahara-Afrikas (1950 – 2100)

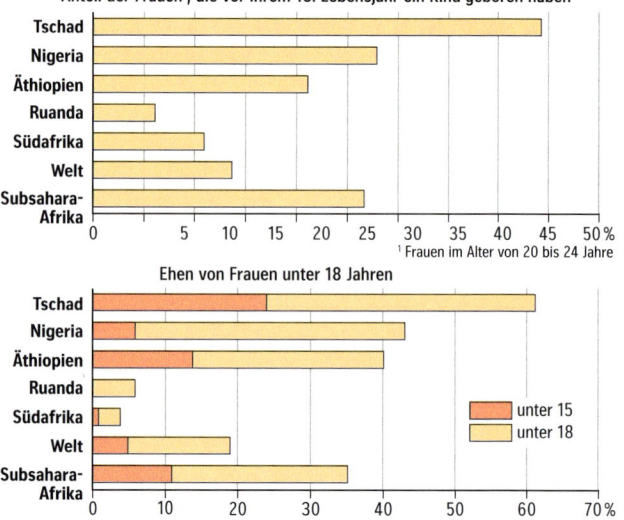

M3 Anteil von Frauen mit Teenagerschwangerschaften und Ehen von Frauen unter 18 Jahren in ausgewählten Regionen und Ländern (2015 – 2021)

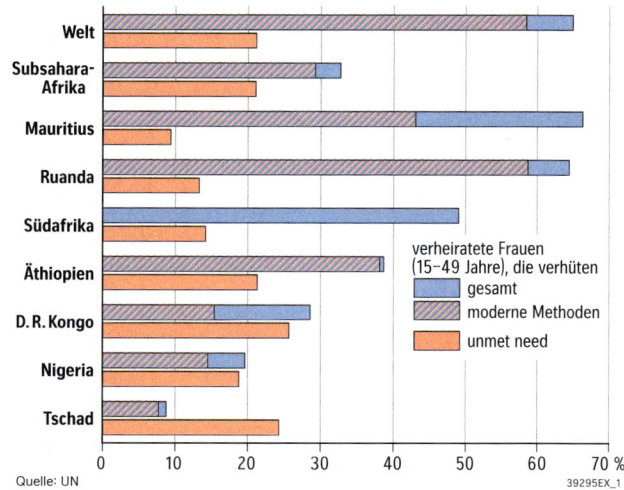

M4 Empfängnisverhütung (Anteil verheirateter Frauen zwischen 15 und 49 Jahren, die Verhütungsmethoden einsetzen), und *unmet need** (unerfüllter Bedarf nach Familienplanung) in ausgewählten Ländern (2021)

Land	Gesamtbevölkerung (in Mio.)			Bevölke-rungsdichte (in Ew./km²)	Rohe Geburtenrate[1]	Rohe Sterberate[1]	Mittlere jährliche Wachstumsrate	Totale Fertilitätsrate*	Lebenserwartung bei Geburt (in Jahren) (2022)		Anteil der Bevölkerung (in %) (2022)		Säuglingssterblichkeit[1]
	1980	2022	2050	2022	2022	2022	2015 – 20	2015 – 20	weibl.	männl.	unter 15	65 u.ä.	2022
Äthiopien	34,9	123,4	214,8	123,4	31,8	6,5	2,53	4,06	68,4	62,5	40	3	31,9
D.R. Kongo	26,7	99,0	217,5	43,7	41,7	9,4	3,23	6,11	61,7	57,8	47	3	50,0
Mauritius	1,0	1,3	1,2	640,1	10,2	9,7	0,05	1,39	77,7	70,9	17	12	13,4
Nigeria	73,0	218,5	377,5	240,0	36,6	12,4	2,39	5,14	53,3	52,5	43	3	71,9
Ruanda	5,2	13,8	23,0	569,0	29,5	5,8	2,30	3,75	69,0	64,4	38	3	28,3
Südafrika	29,5	59,9	73,5	49,1	19,3	12,0	0,83	2,34	68,0	62,2	28	6	28,1
Tschad	4,4	17,7	36,5	14,1	43,2	12,2	3,09	6,22	54,4	51,2	48	2	65,5
SSA	373,0	1166,8	2111,5	53,4	34,2	8,9	2,50	4,52	62,8	58,9	42	3	47,5
Welt	4444,0	7975,1	9709,5	61,2	16,8	8,4	0,84	2,31	74,9	69,8	25	10	27,5

[1] pro 1000 Ew.   Quelle: UN: World Population Prospects

M1 Demografische Indikatoren ausgewählter Staaten Subsahara-Afrikas

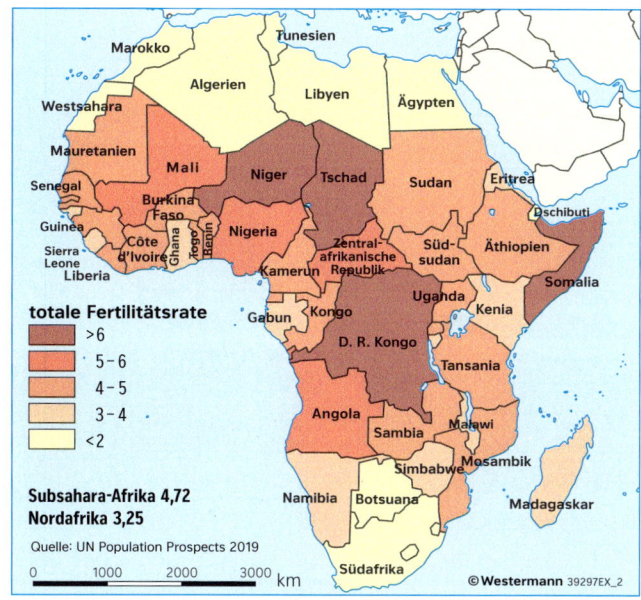

M 5 Afrika: Totale Fertilitätsrate (2022)

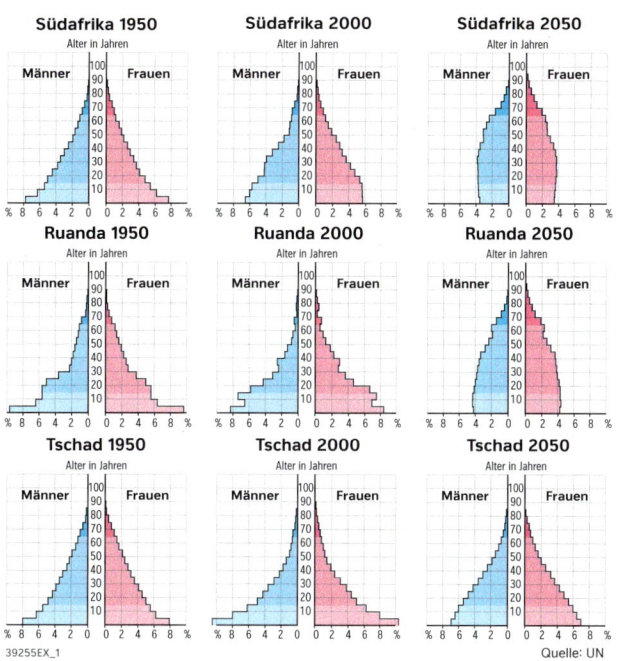

M 8 Wandel der Altersstruktur in Südafrika, Ruanda und Tschad (1950, 2000, 2050)

Der langsame Rückgang der Kinderzahlen bedeutet nicht nur ein anhaltend hohes Bevölkerungswachstum und eine Verschärfung der Versorgungslage. Die hohen Geburtenziffern verhindern auch einen Wandel der Altersstruktur, der einen wirtschaftlichen Aufschwung mit sich bringen könnte, wie ihn asiatischen Tigerstaaten wie Südkorea, Thailand oder Singapur erlebt haben. Denn bei sinkenden Kinderzahlen werden die nachwachsenden Geburtenjahrgänge kleiner und der Schwerpunkt der Bevölkerung verschiebt sich zu den jungen Erwerbsfähigen. Dadurch stehen der Wirtschaft überproportional viele Menschen zur Verfügung, die arbeiten und produktiv sein können. Gleichzeitig nimmt die Zahl der Kinder und Jugendlichen ab, die von der arbeitenden Bevölkerung mit Nahrungsmitteln, Schulen und Gesundheitsleistungen versorgt werden müssen. Diese günstige Altersstruktur wird als demografischer Bonus bezeichnet, der sich bei guten politischen und wirtschaftlichen Rahmenbedingungen in einen wirtschaftlichen Aufschwung ummünzen lässt, die sogenannte demografische Dividende. Damit dies gelingt, muss der Nachwuchs möglichst gut qualifiziert sein und die notwendigen Arbeitsplätze vorfinden. [...]

Weiter entwickelte Länder im nördlichen und südlichen Afrika, sowie manche afrikanische Inselstaaten haben diese günstige Altersstruktur bereits erreicht. Sie verfügen über eine große Zahl junger, zunehmend gut qualifizierter Erwerbsfähiger. Was dort bisher fehlt, sind die entsprechenden Jobs. Für die Mehrzahl der afrikanischen Staaten ist eine Altersstruktur, die eine Chance auf einen demografiebedingten Entwicklungsschub bietet, allerdings noch in weiter Ferne. [...] Erst wenn auf jede abhängige Person mindestens 1,7 Erwerbsfähige im Alter zwischen 15 und 64 kommen, erreichen Staaten eine günstige Ausgangssituation, die einen wirtschaftlichen Aufschwung leichter macht [Abhängigenquote* >58]. Laut den Vorausschätzungen der Vereinten Nationen dürfte das in den meisten afrikanischen Ländern südlich der Sahara und nördlich der Ländergrenzen von Namibia, Südafrika und Botsuana frühestens ab dem Jahr 2035 der Fall sein.

Quelle: Alisa Kaps, Ann-Kathrin Schewe, Reiner Klingholz: Afrikas demografische Vorreiter. Berlin-Institut für Bevölkerung und Entwicklung 2019, S. 10

M 6 Quellentext zur demografischen Dividende

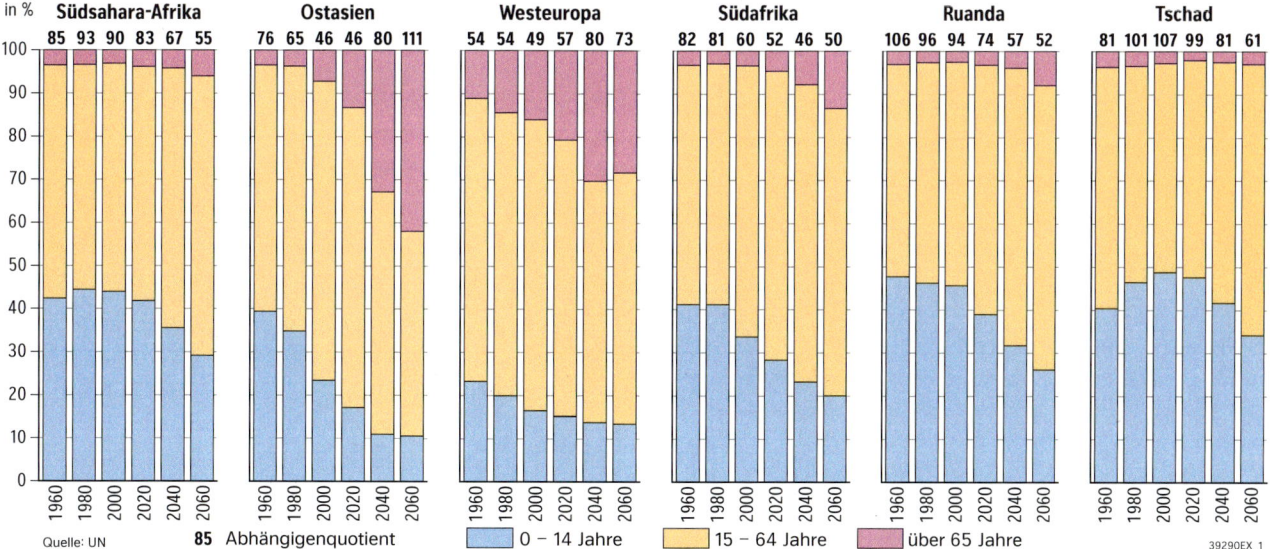

M 7 Abhängigenquotient* für Subsahara-Afrika, Ostasien, Westeuropa, Südafrika, Ruanda und Tschad (1960–2060)

5.2 Auf die Frauen kommt es an!

Sowohl die UN-Charta von 1945 als auch die allgemeine Erklärung der Menschenrechte von 1948 haben die Gleichberechtigung von Mann und Frau festgeschrieben. Doch die Umsetzung gelingt in Teilen der Welt und insbesondere in Afrika südlich der Sahara unterschiedlich gut. Naheliegenderweise ist eine Stärkung der Position der Frauen auch für die Geburtenentwicklung von entscheidender Bedeutung. Neben der Überwindung bestimmter sozialer Normen und religiöser Zwänge ist ein Umdenken bei der familiären Altersabsicherung durch eine Vielzahl von Kindern nötig. Eine Verbesserung der Bildung – insbesondere von Frauen – ist dafür die beste Voraussetzung.

1. Stellen Sie den Einfluss von Bildung auf die demografische und soziale Entwicklung dar (M1, M2).
2. Erläutern Sie die Bedeutung der Umkehrung des *wealth flow* für die Familie und die gesamte Gesellschaft (M4, M5).
3. Erklären Sie den Index der geschlechtsspezifischen Ungleichheit (M6).
4. Vergleichen Sie die geschlechtsspezifische Ungleichheit der in M7 aufgeführten Länder (M10).
5. Beurteilen Sie die Erfolge der Gleichstellung von Frauen und die Wirkung auf die Bevölkerungsentwicklung in Ruanda (M7 – M10, Kap. 5.1).

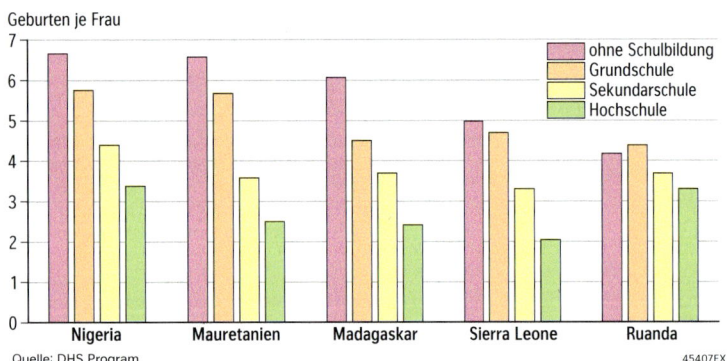

Quelle: DHS Program
45407EX

M1 Fertilitätsrate* und Bildungsniveau von Frauen in ausgewählten Ländern (2018 – 2021)

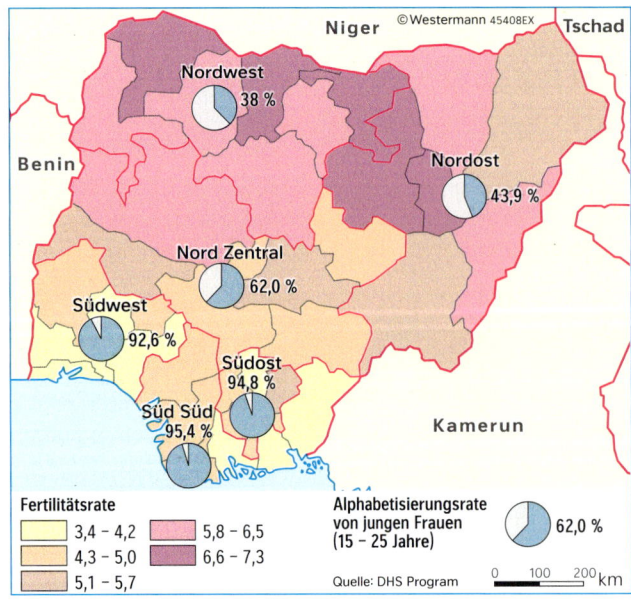

M2 Fertilitäts- und Alphabetisierungsrate in Nigeria (2019)

M3 Schülerinnen in Mali

Neben der Modernisierung der Gesellschaft, die sich in Änderungen der Wirtschaftsstruktur, in der Zunahme von ökonomischer Leistungskraft oder in der fortschreitenden Verstädterung ausdrückt, spielt für den Geburtenrückgang der soziale Wandel* eine maßgebliche Rolle. In traditionellen Gesellschaften setzen soziale Institutionen wie Ehe, patriarchalisch strukturierte Familienverbände oder Bräuche Bedingungen für eine hohe Fruchtbarkeit: Hierzu zählt ein niedriger sozialer Status von Frauen, deren Ansehen mit steigender Kinderzahl wächst, frühe Heirat und von Eltern arrangierte Heiraten. Die Frauen haben häufig keine schulische Bildung, womit für sie der Zugang zu Informationen über Schwangerschaften und die damit verbundenen Gesundheitsrisiken erschwert sind.

Der Schulbesuch stärkt die soziale Position der Frauen in der Familie und Gesellschaft. Nach längerem Schulbesuch heiraten sie später, wünschen sich weniger Kinder und wenden eher kontrazeptive Methoden [Kontrazeptiva: Verhütungsmittel] an als Frauen mit kurzer Schulzeit oder gar ohne schulische Bildung. Wenn überall in einem Land Kinder und Jugendliche eine Chance haben, die Schule zu besuchen, und die Einschulung vom überwiegenden Teil der Bevölkerung akzeptiert ist, dann verringert sich insgesamt die Geburtenhäufigkeit. In der Folge werden kleinere Familiengrößen auch bei Frauen mit geringer oder sogar ohne Schulbesuch als Norm angenommen. Frauen mit Bildung gehen zudem häufiger formalen Beschäftigungen nach. Sie reduzieren die Zahl ihrer Kinder auch, da sie erhöhte Opportunitätskosten [entgangener Nutzen, der dadurch entsteht, dass vorhandene Möglichkeiten nicht wahrgenommen werden] verursachen. Der soziale Wandel führt zu einer Umkehrung des *wealth flow* zwischen Eltern und Kindern.

Quelle: Paul Gans, Ansgar Schmitz-Veltin, Christina West: Diercke Spezial Bevölkerungsgeographie. Braunschweig: Westermann 2019, S. 46 – 47

M4 Quellentext zur Bedeutung von Bildung

In traditionellen Gesellschaften, in denen Kinder für Prestige, billige Arbeitskraft und soziale Absicherung stehen, haben Eltern einen Nutzen von ihren Kindern. Eine hohe Anzahl von Kindern ist daher von Vorteil. In Gesellschaften mit geringer Geburtenhäufigkeit kehrt sich der „*wealth flow*" aufgrund rechtlicher, sozialer und ökonomischer Voraussetzungen mit Richtung von den Eltern zu den Kindern um. Eltern investieren in (wenige) Kinder, um ihnen durch (teure) Bildung die bestmöglichen Lebenschancen zu bieten. Im Zuge des sozialen Wandels* reduzieren Eltern die Zahl ihrer Nachkommen. Dieser wissenschaftliche Ansatz zur Erklärung des Fruchtbarkeitsrückgang infolge individueller Entscheidungen geht auf den australischen Demografen John C. Caldwell zurück.

M5 *Wealth Flow*

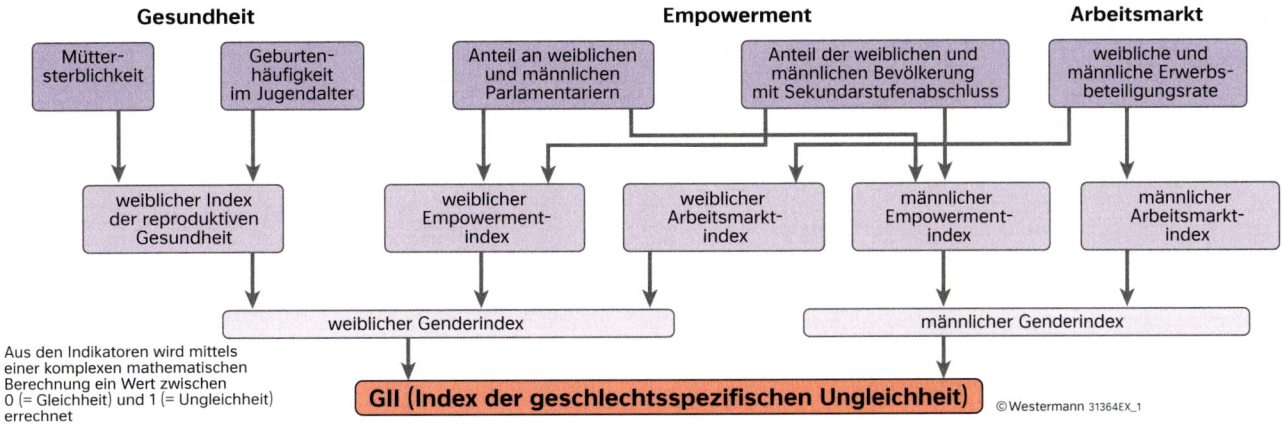

Gesundheit | **Empowerment** | **Arbeitsmarkt**

Müttersterblichkeit → weiblicher Index der reproduktiven Gesundheit

Geburtenhäufigkeit im Jugendalter

Anteil an weiblichen und männlichen Parlamentariern → weiblicher Empowermentindex

Anteil der weiblichen und männlichen Bevölkerung mit Sekundarstufenabschluss → weiblicher Arbeitsmarktindex / männlicher Empowermentindex

weibliche und männliche Erwerbsbeteiligungsrate → männlicher Arbeitsmarktindex

→ weiblicher Genderindex / männlicher Genderindex

Aus den Indikatoren wird mittels einer komplexen mathematischen Berechnung ein Wert zwischen 0 (= Gleichheit) und 1 (= Ungleichheit) errechnet

GII (Index der geschlechtsspezifischen Ungleichheit)

© Westermann 31364EX_1

M 6   Index der geschlechtsspezifischen Ungleichheit (Gender Inequality Index, GII)

	GII	Weltrang	Müttersterblichkeit[1]	Geburtenhäufigkeit im Jugendalter[2]	Parlamentssitze (Anteil der Frauen in %)	Bevölkerung mit mindestens Sekundarstufenabschluss (in %)		Erwerbsbeteiligung (in %)[3]		Zum Vergleich HDI-Rang
						weiblich	männlich	weiblich	männlich	
Dänemark	0,013	1	4	1,9	39,7	95,1	95,2	57,7	66,7	6
Deutschland	0,073	19	7	7,5	34,8	96,1	96,5	56,8	66,0	9
Ruanda	0,388	93	248	32,4	55,7	11,4	16,3	82,5	82,2	165
Südafrika	0,405	97	119	61,2	46,0	68,9	87,7	46,2	59,9	109
Tschad	0,652	165	1140	138,3	32,3	7,7	24,4	46,9	69,9	190
Nigeria	0,680	168	917	101,7	4,5	40,4	55,3	47,9	59,6	163
Subsahara-Afrika	0,569	-	536	100,9	25,7	31,1	44,3	62,1	72,3	-

[1] Verhältnis der Zahl der Müttersterbefälle zur Zahl der Lebendgeburten in einem bestimmten Jahr, ausgedrückt pro 100000 Lebendgeburten. [2] Zahl der Geburten von Frauen zwischen 15 und 19 Jahren, ausgedrückt pro 1000 Frauen desselben Alters. [3] Anteil der Bevölkerung eines Landes im erwerbsfähigen Alter, die sich am Arbeitsmarkt beteiligt, entweder durch Ausübung einer Arbeit oder durch aktive Arbeitssuche, ausgedrückt als prozentualer Anteil an der Erwerbsbevölkerung. Quelle: UNDP

M 7   Indexwerte des GII für ausgewählte Länder (2021)

Die traditionelle Rollenverteilung zwischen Mann und Frau muss weg. Das ist Programm in Ruanda. Das kleine Land in Ostafrika ist vorbildlich bei der Gleichberechtigung. […] „In unserem Staat sind immer mehr Frauen Entscheidungsträger. Nicht nur im Parlament, sondern im Kabinett, in halbstaatlichen Organisationen, in der Privatwirtschaft, selbst in Gemeindeversammlungen. Frauen haben prominente Positionen überall in der Gesellschaft." Juliana Kantengwa ist seit fast 20 Jahren Abgeordnete für die Regierungspartei. Sie und ihre Kolleginnen haben eine ganze Reihe von frauenfreundlichen Gesetzen verabschiedet: Vergewaltigung – früher ein Kavaliersdelikt – wird heute hart bestraft. Mädchen haben ein Recht auf Schulbildung, genau wie ihre Brüder. Mutterschutz ist gesetzlich verankert. […] Gleichberechtigung steht in Ruanda in der Verfassung – eine Folge des dunkelsten Kapitels in der Geschichte des Landes, dem Völkermord von 1994. […] Die Frauen waren gezwungen, sich ohne ihre Männer durchzuschlagen. […] Das heißt, kulturelle Tabus zu brechen und traditionelle Männerarbeiten zu erledigen. […]
Die selbstbewusste Botschaft ist allerdings längst noch nicht überall in Ruanda angekommen. Gleichberechtigung steht zwar in den Gesetzen, aber Frauen haben Schwierigkeiten damit, die neue Rolle anzunehmen. Und die Männer haben erst recht keine Lust, die für sie vorteilhaften Traditionen abzuschaffen und ihr relativ bequemes Leben aufzugeben. „Auf der einen Seite ist Ruanda ein Paradies für Frauen, weil sie festgelegte Rechte haben. Wir haben viele Gesetze, die Frauen schützen" [, sagt Frauenrechtlerin Peace Sesengura.] „Aber auf der anderen Seite ist es wegen unserer Kultur noch ein weiter Weg zur Gleichberechtigung. Es gibt viele Menschen, die sich an die Traditionen klammern und nichts ändern wollen."
Quelle: Linda Staude: Der Fortschritt ist weiblich. Deutsche Welle 27.11.2018

M 8   Quellentext zur Frauenpolitik in Ruanda

M 9   Parlamentssitzung in Kigali nach der Wahl 2018. 56 Prozent der Abgeordneten sind Frauen.

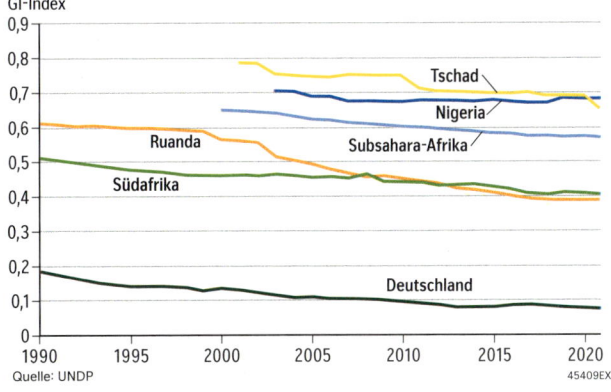

M 10 Entwicklung des GII in ausgewählten Staaten

5.3 Pandemien: Aids und Covid-19

Seit erstem Auftreten des HI-Virus in den 1980er-Jahren ist Afrika südlich der Sahara der Brennpunkt der weltweiten Aids-Pandemie. 2021 lebten 25,6 Mio. Menschen in der Großregion mit dem Virus, zwei Drittel der Infizierten weltweit. Trotz Erfolgen bei Prävention und Behandlung gab es 2021 knapp 900 000 Neu-Infizierte und über 400 000 Tote. Gerade im besonders betroffenen Südlichen Afrika sind die wirtschaftlichen und sozialen Aids-Folgen immens. Im Gegensatz zum neuartigen Coronavirus, das sich seit 2019 weltweit verbreitete, gibt es gegen das HI-Virus noch immer keine Impfung. Auch in anderen Punkten unterscheiden sich die Pandemien.

1. a) Vergleichen Sie die Todesursachen in Afrika und Europa (M1).
   b) Begründen Sie die unterschiedliche Verteilung.
2. a) Analysieren Sie die Entwicklung von Aids in SSA (M5).
   b) Erläutern Sie in dem Zusammenhang die Entwicklung der Lebenserwartung in den Subregionen Afrikas (M2).
3. Vergleichen Sie das weltweite Auftreten von Aids und Covid-19 sowie die regionale Verteilung in Afrika (M3, M5).
4. Erklären Sie die geringe Übersterblichkeit in Afrika (M7, M8).
5. Beurteilen Sie die Konzepte und die Erfolge bei der Aids- und Covid-19-Bekämpfung in Subsahara-Afrika (M4, M7, M8, M10).
6. Bei der Versorgung mit Medikamenten und Impfstoffen sollte Subsahara-Afrika rasch eine höhere Eigenversorgung gewährleisten. Nehmen Sie Stellung zu dieser Aussage (M3, M7, M8, M10).

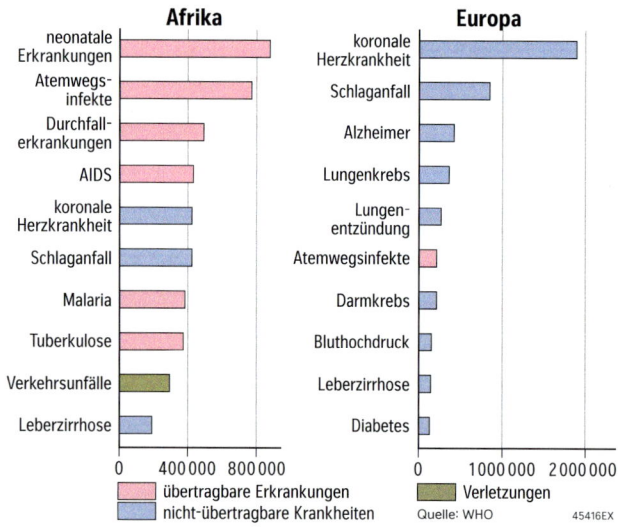

M1 Todesursachen der Bevölkerung in Afrika und Europa (2019)

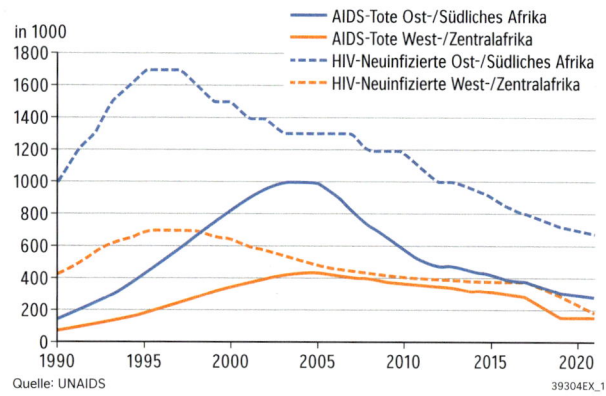

M2 Subsahara-Afrika: Aids-Tote und HIV-Neuinfizierte (1990–2021)

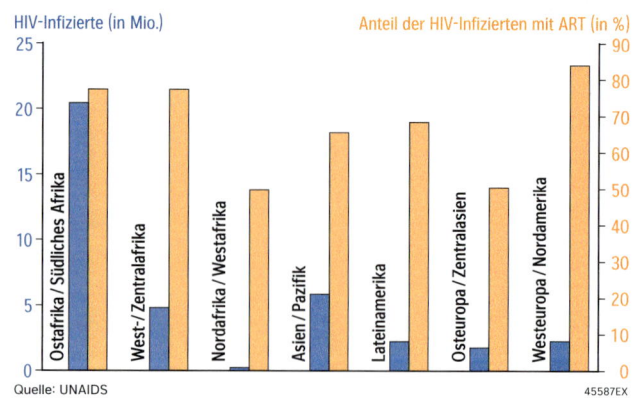

M3 HIV-Infizierte und Abdeckung mit antiretroviraler Therapie* (ART) in verschiedenen Großregionen (2021)

Ruanda zählt zu den Ländern weltweit, die bei der Bekämpfung von Aids besonders große Fortschritte gemacht haben. [...] [Der ruandische Arzt] Eric Remera erinnert sich an die Anfänge. [...] „Das nationale Programm gegen Aids wurde in Ruanda 1987 gestartet – vier Jahre, nachdem der erste Fall bekannt wurde. [...] In afrikanischen Ländern waren Medikamente erst wesentlich später erhältlich als in den Industriestaaten. Zudem stellten die hohen Preise fast unüberwindbare Hürden dar. So konnte Ruanda erst 2004 mit der antiretroviralen Behandlung* beginnen und zunächst nur in einem knappen Dutzend medizinischer Einrichtungen. Seit 2016 hat jede und jeder Infizierte jedoch Zugang zu den lebensrettenden Medikamenten. Ein Meilenstein. Vor allem deshalb, weil Ruanda Medikamente und Behandlung in großen Teilen selbst finanziert. Die Kindersterblichkeit ist seitdem drastisch gesunken, die Lebenserwartung um Jahrzehnte gestiegen. Die Behandlung mit den Medikamenten sei jedoch nicht der einzige Schlüssel zum Erfolg, betont Remera. „In den ersten Jahren ging es um Aufklärung. Wir haben eine Kommission zur Bekämpfung von HIV eingesetzt, Forscher haben Richtlinien erarbeitet. Alle Maßnahmen wurden dezentral in den Kliniken vor Ort umgesetzt. Ruanda war eines der ersten Länder, in dem nicht nur Ärzte, sondern auch Krankenschwestern für die Behandlung ausgebildet wurden. Dazu kommen die *peer educators*, die dafür sorgen, dass sich die Leute testen lassen und ihre Behandlung fortsetzen.

Quelle: Leonie March: Fast am Ziel – mithilfe von Aufklärung und medizinischer Versorgung. DLF 30.11.2022

M4 Quellentext zur Aids-Bekämpfung in Ruanda

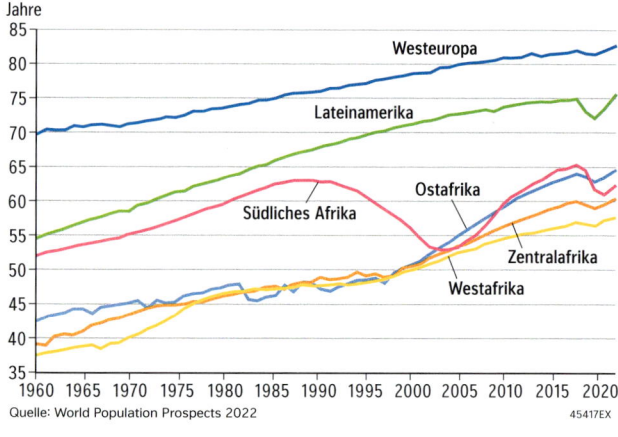

M5 Lebenserwartung in ausgewählten Regionen (1960–2023)

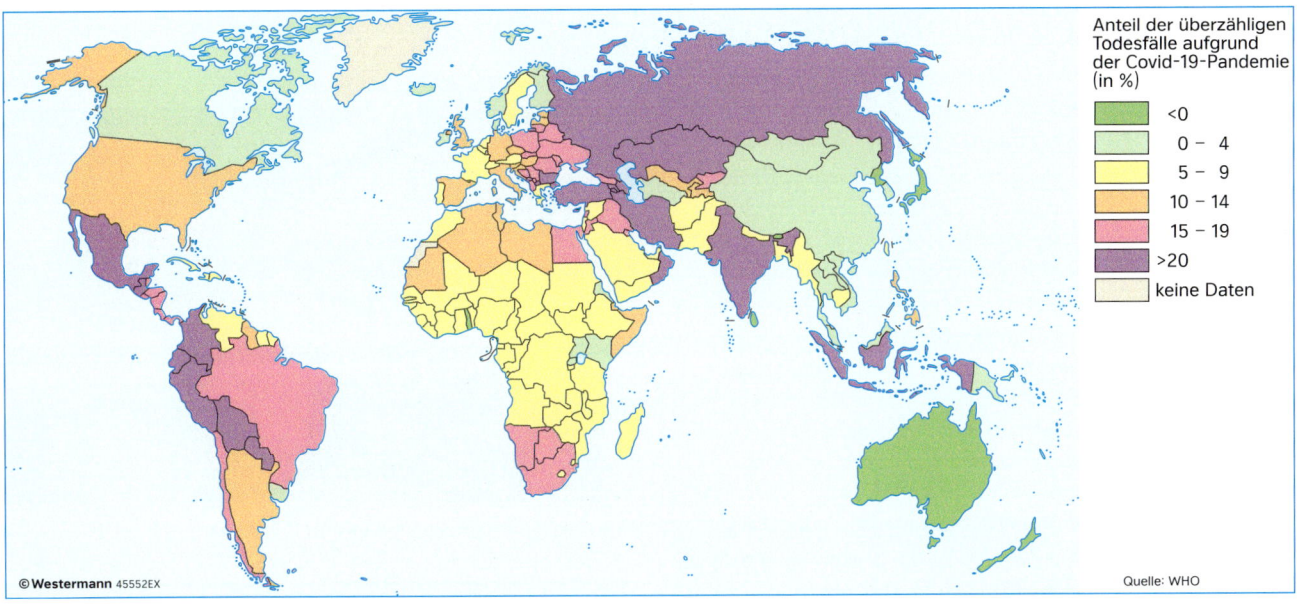

M 6   Anteil der überzähligen Todesfälle aufgrund der Covid-19-Pandemie an den Gesamttodesfällen (2021/2022)

	Überzählige Todesfälle[1]	Vollständig geimpfte Bevölkerung	Bevölkerung > 65 Jahre
Subsahara-Afrika	7 %	17 %	3 %
Europa	13 %	68 %	19 %
Asien	10 %	71 %	10 %
Lateinamerika	22 %	70 %	10 %
Nordamerika	12 %	69 %	17 %
Kenia	2 %	17 %	3 %
Mauritius	4 %	74 %	12 %
Nigeria	5 %	8 %	3 %
Somalia	10 %	10 %	3 %
Südafrika	18 %	32 %	6 %

[1] an den Gesamttodesfällen Quelle: DSW

M 7   Überzählige Todesfälle aufgrund der Covid-19-Pandemie, vollständig geimpfte Bevölkerung und Über-65-Jährige (2021/22)

M 9   Städtische Mitarbeiter versuchen während eines Lockdowns im Mai 2020 bei einer Lebensmittelausgabe in Lagos Social-Distancing-Regeln durchzusetzen.

Als erste Maßnahme haben auch die meisten Länder Subsahara-Afrikas Lockdowns, Ausgangssperren und Kontaktbeschränkungen verhängt, um die chronisch überlasteten Gesundheitssysteme vor dem Kollaps zu bewahren. Routinemäßige Gesundheitsdienste wurden eingeschränkt oder vorübergehend eingestellt. Experten kritisierten, dass die Länder aufgrund des Fehlens bzw. der Nichtberücksichtigung eigener Wissenschaftler die europäischen Maßnahmen lediglich kopierten. Die Impfquote blieb niedrig. Zunächst hatte dies seine Ursache in der ungleichen globalen Impfstoffverteilung und dem nicht eingehaltenen Versprechen, armen Ländern einen gerechten Zugang zu Impfstoffen zu garantieren. 99 Prozent der Impfstoffe müssen in Afrika eingeführt werden. Später, als genügend Impfdosen vorhanden waren, kam eine allgemeine Impfmüdigkeit hinzu.

Denn entgegen vieler Prognosen blieb die Anzahl an oder mit einer Corona-Infektion Gestorbenen gering – trotz hoher Dunkelziffer (durch schlechte statistische Erfassuung, wenig Tests und malariaähnliche Symptome; offiziell: 0,25 Mio Covid-19-Tote, WHO-Schätzung: 1,5 Mio.). Als wichtigster Grund für die vergleichsweise geringe Mortalität wird die afrikanische Altersstruktur genannt, neben klimatischen Faktoren. Außerdem wird in der Wissenschaft diskutiert, dass das Immunsystem der afrikanischen Bevölkerung mehr „Erfahrung" mit Corona-Viren hatte oder ganz grundsätzlich aufgrund vieler Infektionskrankheiten „besser funktioniert".

M 8   Covid-19-Pandemie in Subsahara-Afrika

negative Entwicklungen

- gravierende wirtschaftliche und soziale Folgen durch Lockdowns und Ausgangssperren, Verschlechterung der Ernährungssituation, Zunahme von Hunger und Armut
- Zurückfahren der Bekämpfung anderer Infektionskrankheiten, Präventions- und Aufklärungsprogramme, Laborkapazitäten sowie der Basisgesundheitsversorgung
- rückläufige HIV-Tests und Impfkampagnen (Polio, Masern etc.) aus Angst vor Ansteckung

positive Entwicklungen

- Priorisierung des (oft vernachlässigten) Gesundheitssektors durch Regierung durch Offenlegung von dessen Defiziten (Aufgrund von Reisebeschränkungen waren auch Politiker auf das heimische Gesundheitssystem angewiesen.)
- Aufbau neuer Kapazitäten und Reichweiten der Gesundheitsdienste, Erhöhung der Ausgaben, Ausbau der Intensiv-Betten
- Aufbau neuer Strukturen und Mechanismen für den Umgang mit künftigen Gesundheitsnotständen, auch in den Communities und bei zivilgesellschaftlichen Organisationen
- Ausbau der afrikanischen Zusammenarbeit im Gesundheitssektor
- rascher Einsatz von digitalen Anwendungen (z. B. Überprüfung Corona-Tests, Apps zur Kontaktverfolgung, Telemedizin)
- Aus-/Aufbau von afrikanischen Impfstoffproduktionsstätten
- Verzicht der internationalen Pharmaunternehmen auf rigide Durchsetzung von Patentschutz bei Impfstoffen (ähnlich wie bei den Aids-Medikamenten zumindest in den letzten Jahren)

M 10 Negative und positive Entwicklungen durch die Covid-19-Pandemie

5.4 Ursachen und Folgen von Migration

Millionen von Menschen aus Subsahara-Afrika leben nicht mehr in ihrer Heimat. Die Analyse der dem zugrunde liegenden Wanderungen offenbart ein komplexes Phänomen. Menschen siedeln über in die nächste Stadt, das Nachbarland oder ins ferne Europa. Die Ursachen und Motive von Migration* variieren von äußeren Zwängen bis hin zu der freiwilligen Entscheidung, ein besseres Auskommen in der Fremde zu erlangen.

1. Vergleichen Sie die innerafrikanische und die Außenmigration in Subsahara-Afrika (M2).
2. Erklären Sie die Begriffe Push- und Pull-Faktor (M1).
3. Erstellen Sie eine Mindmap zu Migrationsursachen (M4).
4. Erklären Sie den *migration hump* (M5, M6).
5. In der politischen Debatte um Zuwanderung aus Subsahara-Afrika wird oft von „Bekämpfung der Fluchtursachen" gesprochen.
   a) Beurteilen Sie die Formulierung dieser Forderung.
   b) Erörtern Sie die Ausweitung der Entwicklungszusammenarbeit zur Verringerung von Migration (M5, M6).
6. Analysieren Sie die Bedeutung von Rücküberweisungen für die Länder Subsahara-Afrikas (M7, M8).
7. Erörtern Sie den Braindrain* (M5).
8. Investitionen in Bildung können Migration verhindern. Nehmen Sie Stellung zu dieser Aussage (M4, M5, M8).

	Faktoren, die eine Wanderungsentscheidung begünstigen		
	Pull-Faktoren	Push-Faktoren	Netzwerke
ökonomische Gründe	Arbeitskraftnachfrage, höhere Löhne	Arbeitslosigkeit, Unterbeschäftigung, niedrige Löhne	Informationsströme zu Arbeitsplätzen und Löhnen
nicht-ökonomische Gründe	Familienzusammenführung	Krieg, Verfolgung, politische Unsicherheit, Katastrophen	Kommunikationsstrukturen, Hilfsorganisationen

M1   Faktoren im Push- und Pull-Modell*

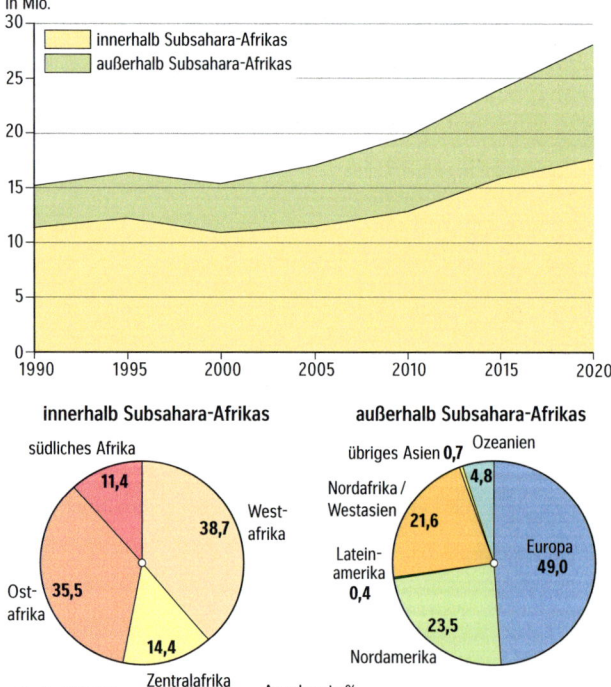

innerhalb Subsahara-Afrikas

südliches Afrika 11,4
Westafrika 38,7
Ostafrika 35,5
Zentralafrika 14,4

außerhalb Subsahara-Afrikas

übriges Asien 0,7
Ozeanien 4,8
Nordafrika / Westasien 21,6
Lateinamerika 0,4
Europa 49,0
Nordamerika 23,5

Quelle: UN DESA   Angaben in %   39285EX_2

M2   Intern. Migranten aus Subsahara-Afrika, die innerhalb oder außerhalb Subsahara-Afrikas leben (Bestand, 1990 – 2020)

M3   Passkontrolle am Juba Airport (Südsudan)

Der größte Antrieb für Migration ist das Einkommens- und Wohlstandsgefälle zwischen Herkunfts- und Zielland. [...] Auch wenn Migranten selten auf Anhieb gut bezahlte Jobs finden, so verdienen sie nach dem Umzug von einem Land mit niedrigen in eines mit höheren Einkommen nach Berechnungen der Weltbank im Schnitt drei- bis sechsmal mehr Geld als in ihrer alten Heimat. [...]

Die zweite zentrale Einflussgröße für Migration ist die Demografie. Die Weltbevölkerung wächst, und allein schon deshalb nimmt die Zahl der Menschen zu, die fern der Heimat eine Bleibe oder Beschäftigung suchen. Wo nicht gleichzeitig die notwendigen Versorgungsmöglichkeiten von Gesundheitsdiensten über Bildungseinrichtungen bis hin zu Arbeitsplätzen geschaffen werden, vergrößert sich zudem die Konkurrenz um diese Angebote und damit der Migrationsdruck. [...] Einen ähnlichen Effekt wie steigende Einkommen hat Bildung. Sie ist der dritte wichtige Migrationsfaktor. Ländern mit einem hohen Bevölkerungswachstum mangelt es in der Regel an guten Bildungssystemen, was ihre Entwicklungschancen nicht eben erhöht. Investieren die Regierungen aber in Schulen und Hochschulen, aus denen mehr besser Qualifizierte hervorgehen, steigt die allgemeine Wanderungsbereitschaft. In der Regel sind es dann die besser Gebildeten, die sich dazu entscheiden, abzuwandern und dies auch organisieren können. Auswanderer haben im Vergleich zur Gesamtbevölkerung ihrer Heimatländer meist eine bessere Ausbildung [...] Ausgewanderte halten normalerweise Kontakt zu Freunden und Familien in der alten Heimat. Über diese Netzwerke tauschen sie sich mit potenziellen Migranten in den Herkunftsländern über Jobangebote und Einkommensmöglichkeiten, über legale und irreguläre Migrationswege aus. [...]

Nicht erst seit dem Bürgerkrieg in Syrien ist deutlich geworden, wie stark Konflikte und politische Repression Flucht und Migration auslösen können. Weltweit sind derzeit mehr Menschen auf der Flucht als jemals zuvor [...]. Dabei geht es nicht nur um Kriege zwischen Staaten, sondern auch um interne Konflikte und nichtstaatliche Gewalt durch Terrorgruppen [...].

Schließlich spielen vermehrt auch Umweltfaktoren eine Rolle bei der Migration. Das Absinken der Grundwasserpegel, die Erosion von Ackerflächen, der Anstieg der Meeresspiegel, ausbleibende Niederschläge und andere Folgen des Klimawandels sorgen dafür, dass Menschen ihre Lebensgrundlage verlieren und ihre Heimatorte verlassen. Tendenz: steigend.

Quelle: Reiner Klingholz: Wie können die europäischen Länder die Fluchtursachen erfolgreich bekämpfen? ifo-Schnelldienst 23/2019, S. 3 – 5

M4   Quellentext zu Migrationsursachen

Die Zahl der potenziellen Migranten wird aufgrund des Klimawandels und des Bevölkerungswachstums weiter ansteigen – insbesondere in Afrika. In den Zielländern herrscht große Uneinigkeit darüber, wie man mit dem zunehmenden Migrationsdruck umgehen soll. In einem Punkt scheinen sich die politischen Entscheidungsträger im Globalen Norden jedoch einig zu sein: Die Ursachen der Migration müssen bekämpft werden, womit sie im Allgemeinen die Verbesserung der Lebensbedingungen in den Herkunftsländern meinen.

Der Ansatz der Ursachenbekämpfung zielt darauf ab, die Verringerung der Migration mit der Armutsbekämpfung zu verbinden. Einige Forscher haben kürzlich darauf hingewiesen, dass die beiden Ziele eher im Widerspruch zueinander stehen, als dass sie sich ergänzen. Tatsächlich haben Länder mit mittlerem Einkommen im Durchschnitt höhere Auswanderungsraten als Länder mit niedrigem Einkommen und Länder mit hohem Einkommen. Wenn man die Auswanderung gegen das Pro-Kopf-Einkommen aufträgt, ergibt sich eine umgekehrte U-Form (ein „migration hump"). [...] Auf dieser Grundlage wird oft angenommen, dass steigende Einkommen in Entwicklungsländern direkt zu mehr Migration führen würden. Darüber hinaus zeichnen sich Länder mit mittlerem Einkommen allerdings auch durch andere Merkmale aus, die positiv mit Migration verbunden sind: Sie sind im Durchschnitt kleiner, liegen näher an attraktiven Zielländern und haben eher koloniale Bindungen zu diesen Ländern. Daher ist es unwahrscheinlich, dass die meisten der heutigen Entwicklungsländer die hohen Auswanderungsraten ihrer Pendants mit mittlerem Einkommen erreichen werden. Noch wichtiger ist, dass sich das Hauptargument hinter dem migration hump auf die langfristige soziale und wirtschaftliche Entwicklung in ihren verschiedenen Dimensionen und nicht nur auf das Pro-Kopf-Einkommen bezieht: Auf dem Entwicklungspfad geht ein steigendes Einkommen in der Regel mit demografischen, bildungsbezogenen und anderen allmählichen, einflussreichen gesellschaftlichen Veränderungen einher, die langfristig die Migration erleichtern.

Obwohl es schlüssig ist, dass die Entwicklung langfristig die Migration verstärkt, ist es wichtig, auch die Rolle der wirtschaftlichen Erwartungen bei der Entscheidungsfindung in Bezug auf die Migration zu berücksichtigen. Wirtschaftliches Wachstum verbessert eindeutig die lokalen Möglichkeiten und Zukunftserwartungen und erhöht somit die Attraktivität des Bleibens. In der wissenschaftlichen Forschung ist die Schlüsselrolle von Erwartungen bei Migrationsentscheidungen nicht neu. [...] Wenn die Option, zu bleiben, attraktiver wird, wandern weniger Menschen aus.

Quelle: Claas Schneiderheinze, Lukas Tohoff: Expectations matter: Boosting local economies to cut migration from developing countries. MEDAM Policy Insights 9/2021 (Übersetzung: Thilo Girndt)

M5 Quellentext zum Zusammenhang zwischen Entwicklung und Migration

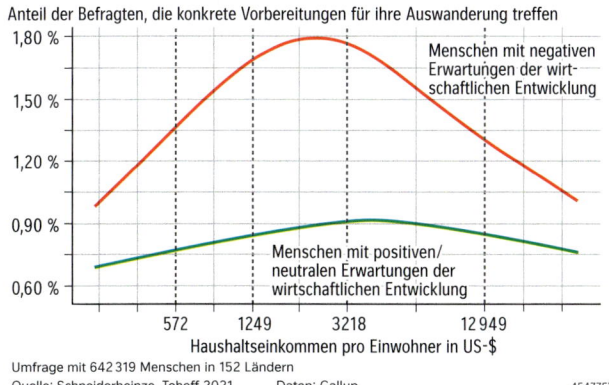

Anteil der Befragten, die konkrete Vorbereitungen für ihre Auswanderung treffen

Menschen mit negativen Erwartungen der wirtschaftlichen Entwicklung

Menschen mit positiven/neutralen Erwartungen der wirtschaftlichen Entwicklung

Haushaltseinkommen pro Einwohner in US-$

Umfrage mit 642 319 Menschen in 152 Ländern
Quelle: Schneiderheinze, Tohoff 2021   Daten: Gallup   45477EX

M6 Zusammenhang zwischen Haushaltseinkommen und geschätzter Auswanderungsrate

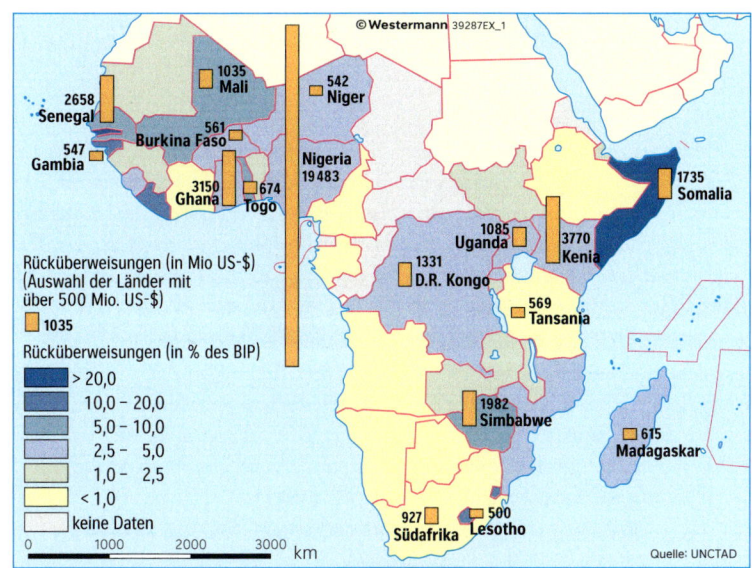

M7 Rücküberweisungen nach Subsahara-Afrika (2021)

Die im Norden momentan begrüßte Zuwanderung bedeutet letztlich auf der Kehrseite Abwanderung der gebildeten, qualifizierten jüngeren Bevölkerung aus den Ländern des Südens („Braindrain*"). Darunter befinden sich vor allem IT-Spezialisten, Ärzte, Krankenschwestern und Hebammen [...]. Wachsende Bedeutung erlangen sogar Pflegepersonal und Personal für einfachste Dienstleistungen. Für die Herkunftsländer der Migranten sind mit diesem „Aderlass" weitreichende Folgewirkungen verbunden. Auf zwei Aspekte dazu sei eingegangen:

1) Die qualifizierten Migranten erhalten ihre Ausbildung in den Heimatländern, wo dafür erhebliche gesellschaftliche Leistungen erbracht werden müssen. Mit der Abwanderung gehen den Ländern diese Investitionen in die Menschen verloren. Es findet damit aber nicht nur ein Wertetransfer von Süd nach Nord statt. Es wandern vor allem ja auch all jene (akademisch) Gebildeteren ab, die für den Aufbau und das Funktionieren der Länder erforderlich sind. Ganz konkret entstehen Versorgungslücken. [...] In dem Maße, wie durch Abwanderung diese Dienste nicht oder nur unzureichend angeboten werden, leiden die Volksgesundheit und damit letztlich die Arbeitsleistung und die Chancen zur Hebung des Lebensstandards aus eigener Kraft.

2) Diese gesamtgesellschaftlich negativen Auswirkungen werden auch nicht durch die beträchtlichen Rücküberweisungen der Migranten in ihre Heimatländer aufgewogen, zumal diese Zahlungen die Empfänger daran gewöhnen, dass andere für ihr Lebensrisiko haften. Im Jahr [2021] erreichten die Überweisungen eine Höhe von [weltweit 793] Mrd. US-$ und überstiegen damit die geleistete Entwicklungshilfe [202 Mrd. US-$]. Nach den ausländischen Direktinvestitionen* (ADI) bilden die Rücküberweisungen die zweitwichtigste Finanzquelle der Entwicklungsländer. Diese Mittel verschwinden jedoch mehrheitlich in Konsum, Bildung und Gesundheitsversorgung. Sie sichern zwar die Existenz der Familien und heben deren Kaufkraft und Lebensstandard an. Doch damit tragen sie vor Ort zum generellen Anstieg der Preise und damit wiederum der Lebenshaltungskosten bei. Darunter haben all jene zu leiden, die keine Geldsendungen aus dem Ausland erhalten. Da die Überweisungen selten in einkommensschaffende Maßnahmen investiert werden, bleiben die Familien von ihren Arbeitsmigranten abhängig und sind zur Entsendung immer neuer Mitglieder gezwungen. [Subsahara-Afrika 2021: Rücküberweisungen: 46 Mrd. US-$, Entwicklungshilfe: 62 Mrd. US-$, ADI*: 74 Mrd. US-$]

Quelle: Fred Scholz: Länder des Südens. Braunschweig: Westermann 2017, S. 66 – 67

M8 Quellentext zu Problemen und Chancen von Auswanderung

5.5 Binnenmigration – zirkuläre Wanderungen

Binnenwanderungen innerhalb eines Landes und manchmal auch über Ländergrenzen hinweg sind in Afrika nicht nur Folge von Kriegen, Verfolgungen oder Katastrophen. Sie gehören seit langem zu den alltäglichen (Über-)Lebensstrategien. Hochmobile Lebensweisen, ob zwischen Stadt und Land oder zwischen städtischen und ländlichen Räumen, erhöhen die Lebenschancen von Haushalten und mindern Risiken. Oft sind alle Haushaltsmitglieder in unterschiedlicher Weise daran beteiligt, sodass multilokale Haushalte entstehen.

1. Beschreiben Sie die Aufgabenverteilung zwischen Stadt und Land (M3).
2. Erläutern Sie verschiedene Formen von zirkulärer Migration* in Subsahara-Afrika (M1, M3, M5).
3. Erörtern Sie die Auswirkungen von bi- und multilokalen Haushalten für die Familien.
4. Erläutern Sie die Migrationsphasen in Sambia mithilfe der Entwicklung der Bevölkerung und Verstädterung (M4, M5, M6).
5. Zirkuläre Migration kann dabei helfen, periphere Regionen zu entwickeln. Nehmen Sie Stellung zu dieser Aussage.

M 2   Busterminal in Lusaka (Sambia)

Stadt		Land
• Erwirtschaftung von Einkommen		• Betreuung von Kindern
• Netzwerke und Unterstützung für weitere Migranten	• Geld/Waren	• Versorgung von Alten und Kranken
• Bildungs- und Ausbildungsmöglichkeiten	• Leistungen	• Sicherung von Werten (Land, Häuser, Vieh, Status)
• Gesundheitsversorgung	• Information	• Subsistenzproduktion
• Arbeitschancen für Frauen außerhalb der Landwirtschaft	• Personen	• rituelle Funktionen (Beerdigungen, Hochzeit)
• Ausweichmöglichkeit für geschiedene Frauen		• Bezugspunkt zur sozialen Konstruktion von Identität
		• Rückzugsort für Migranten in Not- und Krisensituationen

© Westermann 39313EX   Quelle: Lohnert 2019

M 3   Aufgaben- und Arbeitsteilung zwischen Stadt und Land

Seit langem sind temporäre und zirkuläre Migration* etablierte Bestandteile der Lebensgrundlagen in Subsahara-Afrika. Das fußt auf historisch starken wirtschaftlichen und sozialen Verflechtungen zwischen den dortigen ländlichen und städtischen Gebieten. Dieser „strategische Nomadismus" kann in alle Richtungen führen: ländlich-ländlich, ländlich-städtisch, städtisch-städtisch, städtisch-ländlich, national wie international. In vielen Fällen wird die Arbeitskapazität von Familienmitgliedern zwischen lokalen und nicht-lokalen Arbeitsmärkten aufgeteilt, um den Nutzen für den Gesamthaushalt zu maximieren. Die Entscheidung, eines oder mehrere Mitglieder des Haushaltes auf einen Arbeitsmarkt zu entsenden, der nicht mit dem lokalen Arbeitsmarkt verbunden ist, soll das Einkommensportfolio diversifizieren*. In einem System wechselseitiger Abhängigkeiten, in dem alle Haushaltsmitglieder den Eindruck haben, von dieser Vereinbarung zu profitieren, können Risiken und Schocks abgefedert werden.

Grundsätzlich gilt, dass Migration und Migrationsmuster sehr dynamisch sind. Im Laufe der Zeit verändern sie sich ebenso wie die treibenden Kräfte. Werte und Normen wandeln sich, Rahmenbedingungen ändern sich, Sicherheitssituationen, weltweite oder regionale Wirtschaftskrisen, Klimaänderungsprozesse, Bevölkerungsdynamiken – um nur einige Kräfte zu nennen – haben Auswirkungen auf lokale, regionale und internationale Migrationsprozesse. [...] Nach einer Pionierzeit entstehen bei Migrationsprozessen meist neue Kommunikationswege. Migrantengesellschaften dienen als Anker und Hilfe in den Destinationen, reduzieren Migrationskosten und Risiken. Auch wenn Migrantennetzwerke die Tendenz haben, sich durch Institutionalisierung zu verstetigen, sind sie doch von externen Faktoren abhängig, wie z. B. Arbeitsmarktveränderungen oder Sicherheitsfragen. Der Zugang zu einem Migrationsnetzwerk ist jedoch ein wichtiges soziales Kapital im Migrationsprozess. Oft sind es nicht tatsächliche Lohnunterschiede, die die Entscheidung zu wandern beeinflussen, sondern die bloße Möglichkeit, überhaupt ein Einkommen zu generieren. Viele ländliche Gebiete in Subsahara-Afrika bieten nicht genügend Arbeitsplätze neben der Landwirtschaft. Zirkuläre Migration ist weit verbreitet. [...] Es ist die dominierende Art freiwilliger Mobilität in Subsahara-Afrika und wird zunehmend als eines der wenigen Mittel anerkannt, mit denen Ressourcen aus ökonomischen Kernbereichen

in Randgebiete fließen können. Sehr oft ist diese Art der Migration mit landwirtschaftlichen Jahreszeiten verbunden. Die zirkuläre Migration, bei der Migranten aus den Städten in ländliche Gebiete zurückkehren, um in Zeiten von Arbeitsspitzen in der Landwirtschaft zu helfen, ist für viele Kleinbauern enorm wichtig. Mit einer verbesserten Verkehrsinfrastruktur und sinkenden Transportkosten können zunehmend weiter entfernte Beschäftigungsmöglichkeiten erschlossen werden. Jedoch können die größeren Wanderungsdistanzen auch bedeuten, dass Migranten nicht mehr in der Lage sind, für die kurze Zeit landwirtschaftlicher Arbeitsspitzen nach Hause zurückzukehren. Auch die Nachfrage nach Arbeitskräften in den Städten variiert. So werden Bauarbeiten, die kurzzeitige Einkommensmöglichkeiten für ungelernte Arbeitskräfte aus dem ländlichen Raum bieten, in der Regel während der Regenzeit reduziert. Eine andere Art von saisonaler Migration findet zwischen ländlichen Gebieten mit unterschiedlichen klimatischen und agrarökologischen Zonen statt. Wenn die Nachfrage nach Arbeitskräften in der eigenen Landwirtschaft gering ist, ziehen die Migranten in Zeiten hoher Arbeitsnachfrage zu großen landwirtschaftlichen Betrieben um. Diese Art der Land-Land-Migration ist charakteristisch etwa für Sambia (z. B. Zuckerrohrernte) und Benin (Baumwollernte).

Auch die Rückkehrmigration spielt eine wichtige Rolle, da eine große Anzahl von Menschen nach ihrem Rückzug aus dem Erwerbsleben in die ländlichen Gebiete zurückkehrt. Die Vision, in das Ursprungsgebiet zurückzukehren, ob sie je realisiert wird oder nicht, hat erhebliche Auswirkungen auf das Verhalten von Migranten sowohl in städtischen wie auch in ländlichen Gebieten. So wird häufig in Erwartung einer baldigen Rückkehr im ländlichen Raum investiert und gleichzeitig werden in der Stadt prekäre Wohn- und Wohnumfeldbedingungen in Kauf genommen.
Quelle: Beate Lohnert: Afrika in Bewegung. Geographische Rundschau 3/2019, S. 38

M 1   Quellentext zur zirkulären Migration* in Subsahara-Afrika

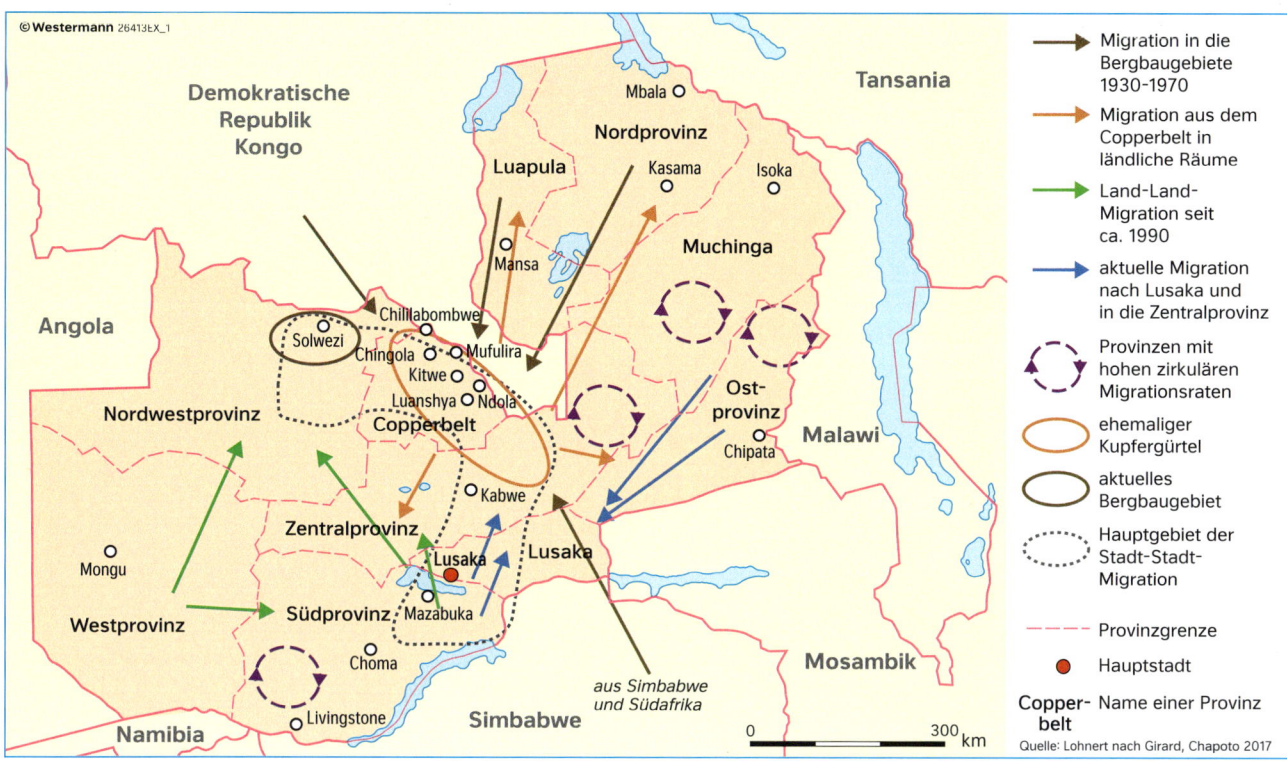

© Westermann 26413EX_1

Legende:
- Migration in die Bergbaugebiete 1930-1970
- Migration aus dem Copperbelt in ländliche Räume
- Land-Land-Migration seit ca. 1990
- aktuelle Migration nach Lusaka und in die Zentralprovinz
- Provinzen mit hohen zirkulären Migrationsraten
- ehemaliger Kupfergürtel
- aktuelles Bergbaugebiet
- Hauptgebiet der Stadt-Stadt-Migration
- Provinzgrenze
- Hauptstadt
- **Copper-belt** Name einer Provinz

Quelle: Lohnert nach Girard, Chapoto 2017

M4 Binnenmigration in Sambia

Nach der Entdeckung sambischer Kupfervorkommen im sogenannten Copperbelt 1928 wurden Migrationsprozesse in Gang gesetzt, deren Spuren bis heute sichtbar sind. Zum einen erfolgte eine Binnenmigration in die Bergbauregionen aus den ländlichen Räumen der heutigen nördlichen Provinzen und Luapula, zum anderen Migration aus den Nachbarländern, in denen die ersten Minen bereits seit Ende des 19. Jahrhunderts in Betrieb und gelernte Arbeitskräfte vorhanden waren. Aufgrund von Zuzugsbegrenzungen während der Kolonialzeit etablierte sich bis zur Unabhängigkeit Sambias 1964 ein Wanderarbeitersystem, in dem die Männer in den Copperbelt wanderten und die Familien in den ländlichen Räumen zurückblieben. Nach Ende der Kolonialzeit und der Zuzugsbeschränkungen wuchsen Bergbaustädte wie Ndola und Kitwe rasant. Sambia war 1980 mit einem Anteil von 40 % Stadtbewohnern eines der am höchsten verstädterten Länder in Subsahara-Afrika. Die Verbindungen zu den ländlichen Herkunftsregionen blieben allerdings weiterhin intensiv. Ab 1973 führten fallende Weltmarktpreise für Kupfer zu sinkenden Beschäftigungsmöglichkeiten. Hinzu kamen Strukturanpassungsmaßnahmen*, die mit Entlassungen im öffentlichen Dienst und der Einstellung von städtischen Subventionen* einhergingen. Viele Bewohner verließen daraufhin vor allem die Städte im Copperbelt, um entweder in die Hauptstadt

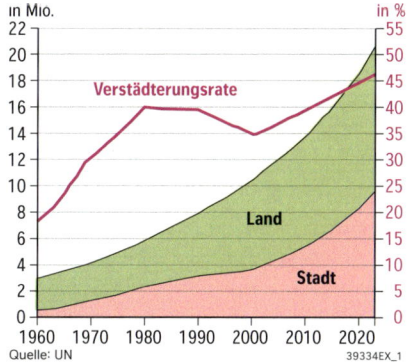

M6 Sambia: Bevölkerungsentwicklung

Lusaka oder zurück in die ländlichen Räume zu migrieren. Von den 1980er-Jahren bis Ende der 1990er-Jahre kann man daher von einer „Reruralisierung" sprechen.
Zwischen 1990 und 2000 wiesen die ländlichen Räume Sambias Nettozuwanderungsraten* von 2,8 % auf. Dieser Prozess wurde durch die sambische Regierung mit der Förderung einer „Zurück-aufs-Land"-Bewegung unterstützt. So lassen sich die hohen Raten von ländlichen Haushalten mit städtischem Ursprung in den Provinzen in der Nähe der Bergbaugebiete und der Städte (mehr als 40 % im Copperbelt, Lusaka, Nord- und Nordwestprovinzen) erklären.
Die verbesserte wirtschaftliche Lage hat mittlerweile die Stadt-Land-Migration verlangsamt und bisweilen wieder umgekehrt. Die städtische Wachstumsrate lag zwischen 2000 und 2010 bei 4,2 %, im Vergleich zu 1,5 % für den Zeitraum 1990–2000.

M7 Häuserbau bei Kupfermine in Kitwe

Mittlerweile hat sich die Migrationsdynamik diversifiziert. Einer der Haupttrends ist die Stadt-Stadt-Migration insbesondere zwischen den Provinzen Lusaka, Zentral und Copperbelt. Auch die Land-Stadt-Migration wird komplexer und das Stadt-Land-Gefälle verschwimmt aufgrund besserer Infrastruktur und Kommunikationsnetze und damit erhöhter Mobilität zunehmend. Ein neueres Muster ist die zirkuläre Migration*. Diese Art der temporären Migration ist teilweise auf wenige Monate beschränkt. Sie zeichnet sich durch eine Rückkehr zum Heimatort aus und bleibt in den meisten Fällen intraprovinziell. Vor allem zirkuläre Migration wird durch die starken sozialen Netzwerke zwischen Stadt und Land erleichtert, die auf die Bergbau-Migrationsgeschichte zurückgehen.
Quelle: Beate Lohnert: Afrika in Bewegung. Geographische Rundschau 3/2019, S.40

M5 Quellentext zur Binnenmigration in Sambia

5.6 Urbanisierung in Subsahara-Afrika

Die meist jungen afrikanischen (Groß-)Städte wachsen seit Jahren mit atemberaubender Geschwindigkeit durch natürliches Bevölkerungswachstum ihrer Bewohner und durch weitere Zuwanderung. Ziel der Zuwanderung sind vor allem die Hauptstädte, von denen einige zu Megastädten* herangewachsen sind. Folge dieser meist ungeordneten Wachstumsprozesse sind Polarisierung* und Fragmentierung*, die sich in ausufernden Slums* der Armen und in Gated Communities* der Reichen zeigen.

1. Beschreiben Sie das Bild M7 (auch Google Street View).
2. Analysieren Sie die Verstädterung in SSA (M3, M5).
3. Vergleichen Sie die Entwicklung der Megastädte in Subsahara-Afrika und Europa (M4, M5).
4. Analysieren Sie die Entwicklung der Slum-Bevölkerung in Subsahara-Afrika (M6).
5. Erörtern Sie Folgen des Lebens in Slums (M8).
6. Erläutern Sie das Konzept von Gated Communities am Beispiel Johannesburg (M9, M10, Atlas, Google Street View).
7. Gated Communities sind eine neue Form von Apartheid*. Nehmen Sie Stellung zu dieser These (M10).

Die meisten Städte im subsaharischen Afrika sind als historischer Typ Kolonialstädte, auch wenn sie sich an eine ältere Vorläufersiedlung angelehnt haben. Diese Kolonialstädte zeichneten sich durch ein Geschäftszentrum und gehobene Wohnviertel für Europäer aus, die durch einen großflächigen *cordon sanitaire* [Sperrgürtel zum Schutz gegen das Einschleppen epidemischer Krankheiten] mit Bahnanlagen und Gewerbegebieten von den ärmlichen Wohngebieten der afrikanischen Bevölkerung getrennt waren. In der postkolonialen Zeit ist diese bauliche Grundstruktur weitgehend erhalten geblieben, allerdings geht die räumliche Trennung der Stadtteile allmählich verloren [...]. Die Stadterweiterung nach außen erfolgte zunächst noch planmäßig, zur späten Kolonialzeit mit Townships aus Matchbox-Häusern [M2], in den 1970er- und 1980er-Jahren dann in *core-housing schemes* (Parzellen mit oft gemeinschaftlichen Wasserversorgungs- und Sanitäranlagen) und schließlich oft in Form von illegalen oder zumindest ungenehmigten Squatter-Siedlungen ohne jede Infrastruktureinrichtung.

Quelle: Axel Borsdorf, Oliver Bender: Allgemeine Siedlungsgeographie. Köln: Böhlau 2010, S. 345 – 346

M1 Quellentext zur historischen Stadtentwicklung

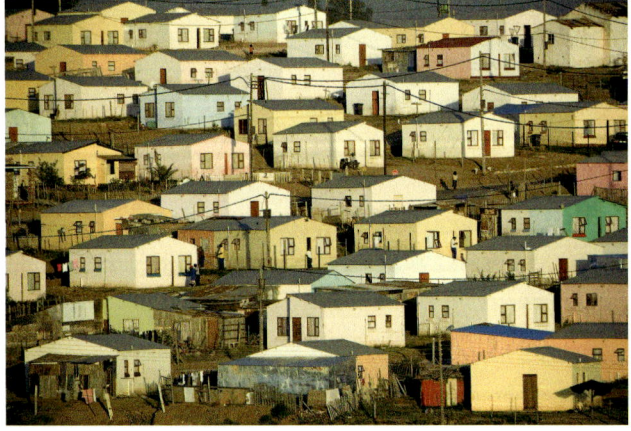

M2 Matchbox-Häuser in Südafrika

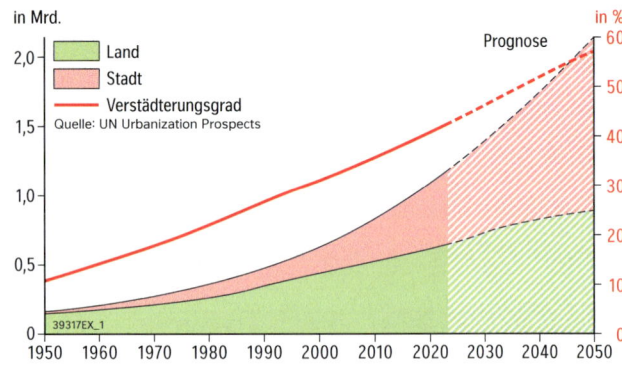

M3 Stadt- und Landbevölkerung sowie Verstädterungsgrad* in Subsahara-Afrika (1950 – 2050)

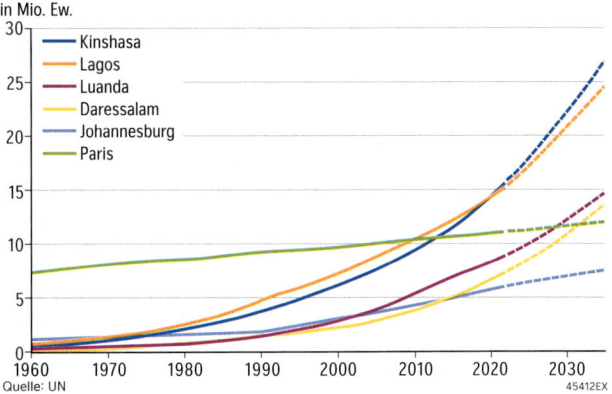

M4 Megastädte* in Subsahara-Afrika (1960 – 2035)

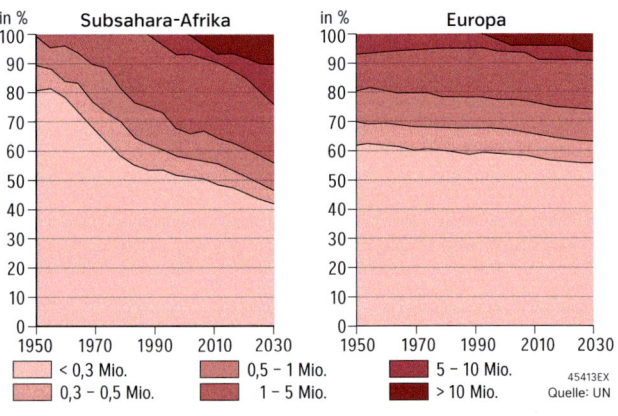

M5 Bevölkerungsanteil verschiedener Stadtgrößenklassen in Subsahara-Afrika und Europa (1950 – 2030)

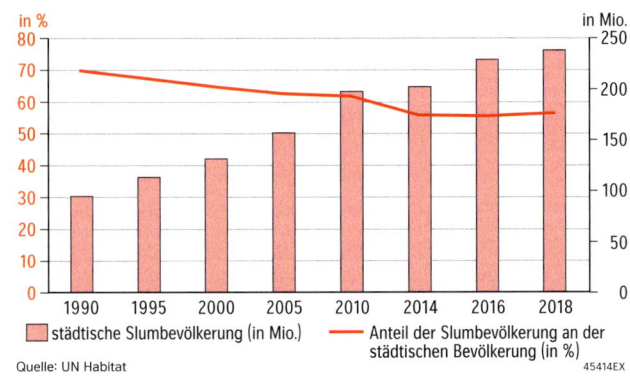

M6 Entwicklung der Slumbevölkerung in Subsahara-Afrika

 100900-158-04 schule.diercke.de   100900-293-04 schule.diercke.de

M 7 Die informelle Siedlung Kya Sands (links) und Bloubosrand (rechts) im suburbanen Raum von Johannesburg (Südafrika)

M 9 Riversands Spark – ummauerte Apartmentwohnanlage im Norden von Johannesburg

In einigen Staaten Afrikas erreicht der Anteil der städtischen Bevölkerung, die in Slums lebt, über 90 Prozent. Im Allgemeinen ist das Phänomen Slum* oder informelle Siedlung* durch den rechtlichen Status, der von illegal bis zu unterschiedlichen Formen der Legalisierung reichen kann, bauliche Merkmale, infrastrukturelle Ausstattung und die sozioökonomische Situation seiner Bewohner gekennzeichnet. Des Weiteren zeichnen sich diese Siedlungen durch ihre Entstehung aus, die in der Regel ohne staatliche oder städtische Autorisierung und stadtplanerische Lenkung stattfindet. Das Ausbreiten dieser Siedlungen ist verantwortlich für das massive Flächenwachstum afrikanischer Städte mit all seinen negativen Folgeerscheinungen.

Wo Staat und Gesellschaft keinen adäquaten Wohnraum bereitstellen können, helfen sich die Menschen selbst mit dem Bau von Hütten. Diese Art der Selbsthilfe hat jedoch massive Auswirkungen sowohl für die Betroffenen als auch für die Gesellschaft als solche. Oft werden die Behausungen an Orten errichtet, die anfällig für extreme Naturereignisse sind, zum Beispiel an Hängen oder in Flussbetten. In den meisten Siedlungen gibt es keinen Zugang zu Wasser und kein Abwassersystem, was enorme gesundheitliche Beeinträchtigungen mit sich bringt. Zudem liegen die Hüttensiedlungen oft weit außerhalb und die Bewohner müssen lange Wege zu Arbeit und Einkommen auf sich nehmen. Die Hütten stehen so eng beieinander, dass sich Brände in Windeseile ausbreiten. [...]

Aber auch für die psychosoziale Entwicklung der Bewohner bergen informelle Siedlungen Gefahren. Rückzugsräume und Privatheit sind kaum gegeben, die Dichte der Bebauung bringt Lärm und Ablenkung mit sich, die etwa den Schülern das Lernen erschwert und auch das Anfertigen von Hausaufgaben stark beeinträchtigt. All diese Auswirkungen haben das Potenzial, die Benachteiligung der Bewohner festzuschreiben und auf die folgenden Generationen zu übertragen. Informelle Siedlungen bieten aber auch Chancen für die Bewohner, zunächst einmal dadurch, dass überhaupt bezahlbarer Wohnraum entsteht. Der Ausbau der Hütten kann schrittweise, je nach Finanzlage und Vorlieben erfolgen. Ebenso bietet eine eigene Hütte die Möglichkeit, selbstständig von zu Hause zu arbeiten.

Um dem Problem der prekären Wohnverhältnisse zu begegnen, setzen fast alle afrikanischen Staaten auf die Selbsthilfefähigkeit der Bewohner, etwa durch den Bau von Kleinsthäusern, an die sukzessive angebaut werden soll oder durch die Bereitstellung eines Grundstücks, das mit der wichtigsten Infrastruktur (Site & Service) ausgestattet ist. Illegale Landbesetzungen werden in den großen Städten inzwischen kaum noch geduldet und neu entstehende Siedlungen oft geräumt.
Quelle: Beate Lohnert: Subsaharisches Afrika. Braunschweig: Westermann 2014, S. 90 – 91

M 8 Quellentext zu informellen Siedlungen

Bis zum Ende der Apartheid* Anfang der 1990er-Jahre prägte ethnische Segregation* das Stadtbild von Johannesburg; schwarze und indischstämmige Menschen mussten in speziellen Wohnsiedlungen leben, die während der Zeit der Apartheid eingerichtet worden waren („Townships"). Dieser Zwang ist heute aufgehoben. Seit dem Ende der Apartheid werden verstärkt vollständig ummauerte oder anderweitig vom öffentlichen Raum abgeschlossene Wohnanlagen mit Zugangsbeschränkungen angelegt, häufig auf ehemaligem Weideland oder durch Verdrängung informeller Siedlungen an der Peripherie von Johannesburg. Weite Teile im Norden der Stadt – u. a. der Stadtteil Fourways – werden heute von Strukturen geprägt, die den Stadtkörper in einzelne Wohn- und Geschäftsinseln zergliedern. In geschlossenen Wohnanlagen leben dort vor allem Angehörige der Ober- und Mittelschicht. [...] Die Wohnanlagen in Fourways sind trotz der hohen Immobilienpreise sehr beliebt, der Stadtteil entwickelt sich sehr dynamisch. [...]

Gated Communities sind relativ großräumige Anlagen (in Johannesburg: 200 bis 800 Häuser), die durch Mauern, Zäune, Überwachungskameras und andere Sicherheitsanlagen geschützt werden und nur über kontrollierte und bewachte Zufahrten betreten werden können. [...] Sie wurden von privaten, oft international operierenden Entwicklungsgesellschaften „in einem Guss" geplant, gebaut und vermarktet. [...]
Quelle: Diercke Handbuch. Braunschweig: Westermann 2015, S. 248 – 249

2015 hat der Milliardär Douw Steyn 30 Kilometer nördlich des Stadtzentrums von Johannesburg ein Megaprojekt mit gemischter Nutzung auf den Weg gebracht. Die Pläne für Steyn City umfassen 10 000 hochwertige Wohneinheiten sowie Privatkrankenhäuser, Schulen, einen Golfplatz, ein Reitzentrum und 2 000 Hektar Parklandschaft hinter einer drei Meter hohen Umfassungsmauer. Bei der Vorstellung des Projekts wurde in den Medien Kritik an der exklusiven Umgebung geübt, die mit dem Projekt geschaffen werden sollte, ein Ziel, das angesichts der Nähe zur Armensiedlung Diepsloot [138 000 Ew.] besonders unpassend erschien. Daraufhin argumentierten die Entwickler, dass das Projekt mehr als 11 000 Arbeitsplätze geschaffen habe und dass wohlhabende Menschen in der Nähe von Orten investieren sollten, die Arbeit und Lebensunterhalt benötigen. [...] Die Arbeiter, die in Diepsloot leben und jeden Tag nach Steyn City fahren, um für Subunternehmer zu arbeiten, die Infrastruktur, Wohnungen und soziale Einrichtungen bauen [bestätigen die Beschäftigungsmöglichkeiten.] Sie sind sich aber bewusst, dass diese Arbeitsplätze unsicher, meist gering qualifiziert und unzureichend sind, um die Grundkosten des täglichen Lebens in Diepsloot zu decken.
Quelle: Richard Ballard, Gareth A. Jones, Makale Ngwenya: Trickle-out Urbanism: Are Johannesburg's Gated Estates Good for Their Poor Neighbours? Urban Forum 32/2021, S. 165 (Übers.: Thilo Girndt)

M 10 Quellentexte zu Gated Communities* in Johannesburg

5.7 Nairobi – Stadt mit zwei Gesichtern

Kenias Hauptstadt Nairobi ist auch das wirtschaftliche Zentrum, in dem die Hälfte der formal Beschäftigten des Landes arbeitet und ein Viertel des Bruttoinlandsprodukts erwirtschaftet wird. In der Metropole leben heute verschiedene Bevölkerungsgruppen in eigenen Stadtvierteln nebeneinander und doch strikt getrennt: Eine afrikanische Oberschicht, Expatriats*, junge, gut ausgebildete Kenianer einer kleinen, aber wachsenden Mittelschicht auf der einen Seite und eine ebenfalls zunehmenden Menge an Slumbewohnern, die informellen Tätigkeiten* nachgehen, auf der anderen Seite. So zählt Nairobi zu den fragmentiertesten* Städten Subsahara-Afrikas.

1. Beschreiben Sie die Bilder (M4, M6, Bild S. 89).
2. Charakterisieren Sie das Leben
   a) in Kibera (M4, M7, M8),
   b) in Muthaiga, Karen und Umoja (Google Street View, M1, M2).
3. Erklären Sie den Begriff Fragmentierung* am Beispiel Nairobi (M1–M3, M8).
4. Erläutern Sie Probleme bei der Aufwertung von Slums* (M5).
5. Erörtern Sie die verschiedenen Strategien im Umgang mit Slums nach sozialen und wirtschaftlichen Kriterien (M6).

[Nairobi wurde in der Kolonialzeit] in „Rassenzonen" eingeteilt. [...] Die nördlichen Stadtteile wurden [...] als Wohngegenden mit geringer Bevölkerungsdichte und für die Europäer geplant, ebenso wie der Westen für Populationen mit mittlerem bis hohem Einkommen gedacht war. Der Osten der Stadt und teilweise auch der Süden waren weiterhin gedacht für die (afrikanische) Bevölkerung mit niedrigem bis mittlerem Einkommen. [...] [Heute beruht die Raumaufteilung auf sozioökonomischen Kriterien.] Während die internationale Gruppe der betuchten Expatriats* (und der kenianischen Asiaten) in den infrastrukturell gut ausgestatteten nördlichen Teilen der Stadt lebt [...], gibt es eine ebenso wachsende Anzahl von Afrikanern, die der oberen Mittelklasse angehören, und die heute in jenen stadtplanerisch ebenso recht gut versorgten westlichen Gegenden leben, die zu Kolonialzeiten den Europäern vorbehalten waren. Große Teile der lokalen Bevölkerung leben aber nach wie vor im Süden, v. a. aber im infrastrukturell unterversorgten [...] Osten der Stadt. [...]

Bei genauerem Hinsehen [zeigt sich aber], dass sich speziell die informellen Siedlungen* zwischenzeitlich über die gesamte Stadt verteilt finden. Die Streuung ist dabei nicht willkürlich, sondern folgt einem Muster: i. d. R. entstehen informelle Siedlungen in der Nähe besserer Wohngegenden oder Industriegebieten, da die Menschen dort eher Arbeit als Hauspersonal oder Arbeiter finden. Diese Ungleichheit schlägt sich u. a. in einem von der sozioökonomisch bessergestellten Bevölkerung wahrgenommenen Unsicherheitsgefühl nieder und führt in Teilen dazu, dass diese weite Teile der Stadt insgesamt meiden – was letztlich zum Entstehen von jeweils bewachten und oft mit Zäunen und Mauern umgebenen Gated Communities* mit eigenen Garten- und Parkanlagen, Büro- und Freizeitgebäuden sowie Shopping-Malls an den Stadträndern geführt hat, sodass

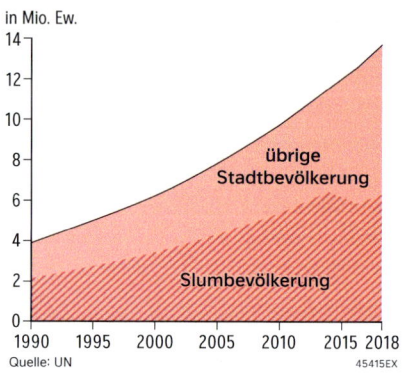

in Mio. Ew.

M3 Kenia: Stadt- und Slumbevölkerung

quasi motorisiert von der einen eingezäunten Entität in den anderen bewachten Raum gelangt werden kann. [Die kenianische Journalistin Joyce sagt über diese Bewohner Nairobis:] „At the obvious level their cultural life bears virtually no contact with the residents of Nairobi's Eastlands or the lower-middle-income Africans."

Quelle: Michael Waltinger: Das Mobiltelefon im Alltagsleben des urbanen Kenias. Wiesbaden: Springer 2019, S. 84 – 85

M1 Quellentext zu Nairobi

M2 Nairobi

M 4   Familie in Kibera

Eunice Orembo, ihre vier Söhne und ihre Tochter verbringen ihre Morgen und Abende in einem einzigen, zehn mal sieben Meter großen Raum. Die Wände bestehen aus einer Masse aus rotem Lehm, Steinen und Müll, die zum Trocknen auf einem Gitterwerk aus Holzpfählen und Ästen ausgebracht wurde. Diese Lehmwände tragen ein Dach aus Wellblechplatten. Ihr Zuhause ist sehr klein, aber einladend – mit drei kleinen Fenstern, bunten Stoffen und Plastikbahnen, die die Lehmwände abdecken, einem Gaskocher, einem CD-Spieler, einem Fernsehgerät, ein paar Stühlen, einigen nackten Leuchtstoffröhren, einem Regal mit Schulbüchern und einigen hübschen Dekorationen mit einem traditionellen Löwenmotiv. Eunice hat Leintücher aufgehängt, die als Raumteiler dienen. Ihre 14 bis 21 Jahre alten Söhne schlafen auf der einen Seite, sie selbst und ihre fünf Jahre alte Tochter schlafen und kochen auf der anderen Seite. Es ist ein sehr beengtes Wohnen, eingezwängt in große Wellen von Lärm, Gestank, furchterregender Dunkelheit und krimineller Gewalt dort draußen. Diese Hütte [...] steht inmitten eines Sees aus ähnlichen Unterkünften, die sich über eine Strecke von zwei Kilometern dicht zusammendrängen, nur getrennt durch schmale Wege aus Lehm, Müll und menschlichem Unrat. Es ist eine labyrinthische, stechend riechende Ansammlung von fast unvorstellbar hoher Bevölkerungsdichte.

Quelle: Douglas Saunders: Arrival City: München: Blessing 2011, S. 108 – 109

M 7   Quellentext zum Leben in Kibera

Die jüngste Phase des Slum Upgrading in Kibera umfasst 900 Wohneinheiten, 230 Verkaufsstände, einen Kindergarten, eine Sozialhalle, ein Jugendzentrum, drei Abfallbehandlungshallen, Sanitäranlagen und eine Begrenzungsmauer. Mit diesem Großprojekt soll das Leben der derzeitigen Bewohner des Village Soweto im Kibera-Slum verbessert werden. Frühere ähnliche Projekte haben jedoch erhebliche Zweifel daran aufkommen lassen, ob sie den Slumbewohnern wirklich zugutekommen und dazu beitragen, unsere Städte von den Slums zu befreien. Es ist kein Geheimnis, dass die Empfänger solcher Projekte in der Regel ihre Häuser vermieten, während sie in die Slums zurückkehren. Was diese Projekte also bewirken, ist die Verlagerung von Slums, nicht deren Aufwertung. [Bei einer Umfrage unter Slumbewohnern] hielten nur 15 % bessere Häuser für die Lösung. Der Ansatz der Regierung, sich auf den Wohnungsbau zu konzentrieren, ist daher besorgniserregend. Zu den wichtigsten Anliegen der Mehrheit, die ich gehört habe, zählen bessere Straßen, angemessene Abwassersysteme, eine gute Sanitärversorgung, mehr Sicherheit und ein besseres Einkom-

Grenze der Kibera-Siedlung	Grenze der Golfanlage	sanitäre Einrichtung (Stand 2020)
Grenze der Siedlungen Ayany Estate, Olympic Estate, Karanja Estate (teilweise formell, teilweise informell)	Slum-Upgrading	● funktionsfähig
	0 200 400 600 m	● nicht oder nur gelegentlich funktionsfähig
		⊕ Gesundheitszentrum
		▲ Bildungseinrichtung

44634EX_2

M 8   Slum Kibera in Nairobi (ca. 250000 Einwohner, 2,5 km²)

men. Ihre Argumentation war einfach: Sie leben in Kibera, weil sie sich keine besseren Häuser leisten können, die anderswo verfügbar wären. Wenn sich ihre Lebenssituation verbessert, würden sie in bessere Häuser und Wohnsiedlungen umziehen. Ein weiteres großes Problem stellen die Slumbewohner dar, die kein rechtmäßiges Eigentum an ihrem Land besitzen. Sie können daher

keine großen Investitionen in den Bau von Häusern tätigen, da dies mit einer großen Unsicherheit verbunden ist.

Quelle: Martin Tairo: Why Slum Upgrading in Kenya has failed. Buildesign 28.9.2013 (Übersetzung: Thilo Girndt)

Neue Slum-Upgrading-Projekte versuchen aus diesen Fehlern zu lernen. Ein von der Regierung 2017 initiiertes Projekt in dem Slum Mukuru hat von Beginn an Wert darauf gelegt, zahlreiche Slum-Organisationen mit einzubeziehen und die Bewohner detailliert nach ihren Bedürfnissen zu befragen.

M 5   Quellentext zu Slum Upgrading in Kibera

M 6   Neue Wohnhäuser und alte Wellblechhütten in Kibera

Abriss und Umsiedlung	• Abriss der Slumsiedlungen wegen höherwertiger Nachnutzung • Umsiedlung/Vertreibung auf freie Flächen in Randlagen
Sanierung (Upgrading)	• Aufwertung bestehender Wohnräume • Verbesserung der Infrastruktur (Wasser- und Sanitäreinrichtungen, Asphaltierung und Straßenanbindung, Kanalisation) • Legalisierung der Besitzverhältnisse, Registrierung der Bewohner • Partizipation der Bewohner
Redevelopment	• Bereitstellung mehrgeschossiger Wohnbauten auf Teilflächen, Abriss und anderweitige Nutzung des Slumareals
Site-and Service-Programme	• Bereitstellung von Parzellen in Einheitsgröße, die an Wasserversorgung und Kanalisation angeschlossen sind (Kauf oder Miete) • Bau der Häuser in Eigeninitiative
Low-Cost-Housing-Programme	• Bau standardisierter mehrgeschossiger Wohnblöcke oder einfacher Reihen- und Einzelhäuser inklusive Infrastruktur auf geräumten Arealen oder billigem Bauland in der Peripherie

M 9   Strategien im Umgang mit Slums

Zusammenfassung

Bevölkerungsentwicklung und städtisches Wachstum

Während das Bevölkerungswachstum in weiten Teilen der Erde entweder nur noch schwach zunimmt oder gar rückläufig ist, verzeichnet (das weiterhin relativ dünn besiedelte) Afrika südlich der Sahara weiterhin ein starkes Wachstum. So hat sich die Bevölkerungszahl in den vergangenen 40 Jahren verdreifacht und der Großraum beherbergte 2022 mit 1,2 Mrd. Menschen schon ein Siebtel der Weltbevölkerung (1980: ein Zwölftel). Prognosen zufolge ist bis zur Mitte des 21. Jahrhunderts mit einer weiteren Verdoppelung zu rechnen.

Besonders rasant vollzieht sich dabei das Wachstum der (Haupt-)Städte sowohl durch Zuwanderung vom Land als auch durch ein atemberaubendes natürliches Bevölkerungswachstum. Lagos und Kinshasa werden dadurch in absehbarer Zeit zu den größten Metropolregionen weltweit herangewachsen sein und jeweils mehr als 25 Mio. Bewohner auf sich vereinen. Trotz hoher Verstädterungsraten (2020–2025: 1,28 %) ist die Verstädterung in Subsahara-Afrika noch gering (2021: 42 %). Polarisierung und Fragmentierung sind Folge ungeordneter Wachstumsprozesse in afrikanischen Megastädten.

Gesundheits- und Bildungspolitik

Verbesserungen in der medizinischen Versorgung bewirken seit Jahrzehnten einen Anstieg der Lebenserwartung auch in Subsahara-Afrika. Die Fertilitätsrate ist jedoch viel geringer gefallen als in allen anderen Entwicklungsregionen der Welt. Noch immer beträgt sie 4,6 (2022; Welt 2,3). Neben der unzureichenden Verbreitung von Empfängnisverhütungsmitteln und traditionellen Verhaltensweisen ist hierfür auch die wirtschaftliche Situation und der Bildungsstatus, insbesondere der Frauen, verantwortlich. Eine erfolgreiche Bevölkerungspolitik wird daher vor allem in einem Ausbau der Bildungsmöglichkeiten, aber auch der Überwindung der traditionellen Rollenverteilung von Mann und Frau gesehen.

Ein Fertilitätsrückgang bei gleichzeitiger Zunahme der jungen Bevölkerung (demografischer Bonus) gilt zudem als eine Chance wirtschaftlicher Entwicklung. Zu einer demografischen Dividende wird dieser Bonus aber nur dann, wenn entsprechende Bildungsinitiativen und ein Ausbau der lokalen Arbeitsmärkte stattfinden.

Trotz Fortschritten ist die unzureichende medizinische Versorgung die Hauptursache dafür, dass Infektionskrankheiten wie Tuberkulose, Malaria und Diarrhö in Subsahara-Afrika weiterhin so viele Todesfälle nach sich ziehen und damit zu einem hohen Verlust an Wirtschaftskraft, Innovation und an Know-how führen. Die Ausbreitung des HI-Virus seit den 1970er-Jahren stellt besonders im Südlichen Afrika ein umfassendes Gesellschafts- und Entwicklungsproblem dar. Neue Behandlungsmethoden und Erfolge bei der Aufklärung haben die Zahl der Aids-Toten zwar fallen lassen, doch die Zahl der Neu-Infektionen ist nur schwach rückläufig. Vor allem aufgrund der jungen Bevölkerung war die Übersterblichkeit bei der weltweiten Corona-Pandemie in Subsahara-Afrika vergleichsweise gering.

Formen der Migration

Analysiert man die Migration auf dem afrikanischen Kontinent, so ergibt sich kein einheitliches und eindimensionales Muster. Es sind – vielleicht entgegen der Erwartung – nicht transkontinentale Migrationsströme etwa Richtung Europa mengenmäßig von entscheidender Bedeutung, sondern Binnenwanderungen innerhalb der Länder und Migration zwischen den afrikanischen Staaten. Kriege, religiöse und ethnische Konflikte sowie Verfolgung, Pandemien, Naturkatastrophen und der Klimawandel sind wichtige Migrationsursachen in Subsahara-Afrika (2021: 7 Mio. internationale Flüchtlinge; 12 Mio. Binnenflüchtlinge). Zugleich gibt es weit verbreitet Wanderungen aufgrund wirtschaftlicher Ursachen innerhalb von Ländern und über Ländergrenzen hinweg, die an alten Migrationskorridoren ausgerichtet sind und sich an saisonalen und regionalen Arbeitsmarktlagen orientieren. Zirkuläre Migration beschreibt wiederholte Wanderungen zwischen der Heimat- und der Zielregion.

Die Abwanderung der Menschen in Städte geht mit einem Wissensverlust in den verlassenen ländlichen Regionen einher. Die Migranten tragen in oft unsicheren, relativ schlecht bezahlten Arbeitsverhältnissen nicht nur zur Wertschöpfung in den Städten bei. Durch den Transfer von Einkommen profitiert auch der ländliche Raum. Die Migration von gut ausgebildeten Menschen in die Länder des Nordens ist für die Herkunftsländer mit einem Braindrain verbunden.

Weiterführende Literatur und Internetlinks

Geographische Rundschau
- Stadtentwicklung im Globalen Süden Heft 10/2021
- Binnenwanderung Heft 3/2019
- Migration und Integration 3/2017

Paul Gans, Ansgar Schmitz-Veltin, Christina West: Diercke Spezial – Bevölkerungsgeographie. Braunschweig: Westermann 2019

Klaus Claaßen, Thilo Girndt: Diercke Spezial Stadt und Stadtentwicklung. Braunschweig Westermann 2019

Jürgen Bauer, Andreas Eberth, Sigrun Hallermann, Frank Morgeneyer: Stadtgeographie Braunschweig Westermann 2019

Jürgen Bähr, Ulrich Jürgens: Stadtgeographie II (Das Geographische Seminar). Braunschweig: Westermann 2009

Statistiken zur Bevölkerung

Berlin-Institut für Bevölkerung und Entwicklung
- www.berlin-institut.org

UN World Population Prospects 2019
- population.un.org/wpp

Deutsche Stiftung Weltbevölkerung
- www.weltbevoelkerung.de/laenderdatenbank

UNESCO (Bildungsdaten)
- uis.unesco.org

UNAIDS
- www.unaids.org

Daten zu Migration und Flüchtlingen

OECD: International Migration Database
- stats.oecd.org

UN: Migration Profiles
- esa.un.org/miggmgprofiles/mpcsi.htm
- www.migrationdataportal.org

Hoher Flüchtlingskommissar der Vereinten Nationen (UNHCR)
- www.unhcr.org
- data.unhcr.org
- www.unhcr.org/refugee-statistics

UN: International Migration Report 2022
- publications.iom.int/books/world-migration-report-2022

African Migration Trends to Watch in 2023
- africacenter.org/spotlight/african-migration-trends-to-watch-in-2023

Statistiken zu Städten

UN World Urbanization Prospects 2018
- population.un.org/wup

UN-Habitat Urban Data
- urbandata.unhabitat.org

United Nations Conference of Trade and Development
(Daten zu Rücküberweisungen)
- unctad.org/en/Pages/statistics.aspx

Nairobi: Kibera
Informal settlements' vulnerability mapping in Kenya – The Case of Kibera
- unhabitat.org/sites/default/files/2021/08/the_case_of_kibera_edited.pdf

Verbindliche Operatoren

Anforderungsbereich I	Anforderungsbereich II	Anforderungsbereich III
beschreiben strukturiert und fachsprachlich angemessen Materialien vorstellen und/oder Sachverhalte darlegen	**analysieren** Materialien, Sachverhalte oder Räume beschreiben, kriterienorientiert oder aspektgeleitet erschließen und strukturiert darstellen	**begründen** komplexe Grundgedanken durch Argumente stützen und nachvollziehbare Zusammenhänge herstellen
darstellen Sachverhalte detailliert und fachsprachlich angemessen aufzeigen	**charakterisieren** Sachverhalte in ihren Eigenarten beschreiben, typische Merkmale kennzeichnen und diese dann gegebenenfalls unter einem oder mehreren bestimmten Gesichtspunkten zusammenführen	**beurteilen** den Stellenwert von Sachverhalten oder Prozessen in einem Zusammenhang bestimmen, um kriterienorientiert zu einem begründeten Sachurteil zu gelangen
gliedern einen Raum, eine Zeit oder einen Sachverhalt nach selbst gewählten oder vorgegebenen Kriterien systematisierend ordnen	**einordnen** begründet eine Position/Material zuordnen oder einen Sachverhalt begründet in einen Zusammenhang stellen	**entwickeln** zu einem Sachverhalt oder zu einer Problemstellung eine Einschätzung, ein Lösungsmodell, eine Gegenposition oder ein begründetes Lösungskonzept darlegen
wiedergeben Kenntnisse (Sachverhalte, Fachbegriffe, Daten, Fakten, Modelle) und/oder (Teil-)Aussagen mit eigenen Worten sprachlich distanziert, unkommentiert und strukturiert darstellen	**erklären** Sachverhalte so darstellen – gegebenenfalls mit Theorien und Modellen –, dass Bedingungen, Ursachen, Gesetzmäßigkeiten und/oder Funktionszusammenhänge verständlich werden	**erörtern** zu einer vorgegebenen Problemstellung eine reflektierte, abwägende Auseinandersetzung führen und zu einem begründeten Sach- und/oder Werturteil kommen
zusammenfassen Sachverhalte auf wesentliche Aspekte reduzieren und sprachlich distanziert, unkommentiert und strukturiert wiedergeben	**erläutern** Sachverhalte erklären und in ihren komplexen Beziehungen an Beispielen und/oder Theorien verdeutlichen (auf Grundlage von Kenntnissen bzw. Materialanalyse)	**Stellung nehmen** Beurteilung mit zusätzlicher Reflexion individueller, sachbezogener und/oder politischer Wertmaßstäbe, die Pluralität gewährleistet und zu einem begründeten eigenen Werturteil führt
	vergleichen Gemeinsamkeiten, Ähnlichkeiten und Unterschiede von Sachverhalten kriterienorientiert darlegen	**überprüfen** Inhalte, Sachverhalte, Vermutungen oder Hypothesen auf der Grundlage eigener Kenntnisse oder mithilfe zusätzlicher Materialien auf ihre sachliche Richtigkeit bzw. auf ihre innere Logik hin untersuchen

Glossar

Abhängigenquote
Verhältnis der Anzahl von Personen, die nicht im Erwerbstätigenalter sind (bis 15 Jahre und über 65 Jahre), zur Anzahl von Personen im Erwerbstätigenalter in einer Gesellschaft.

African Continental Free Trade Agreement (AfCFTA)
Afrikanisches -> Freihandelsabkommen der 54 Staaten der -> AU bzw. die 2019 in Kraft getretene Afrikanische Freihandelszone.

Afrikanische Union (AU)
Zusammenschluss aller 55 afrikanischen Staaten, Hauptsitz in Addis Abeba (Äthiopien), Gründung 2002 als Nachfolgerin der Organisation für Afrikanische Einheit (OAU), Ziele: Friedensschaffung und Stärkung der wirtschaftlichen Zusammenarbeit.

Agenda 2063
Rahmenwerk der ->Afrikanischen Union für die sozioökonomische Transformation Afrikas bis 2063 aus dem Jahr 2013.

ANC (African National Congress)
eine 1912 gegründete südafrikanische Organisation, von 1960 bis 1990 illegale, aber führende Bewegung gegen die -> Apartheid (bekanntester Politiker war Nelson Mandela). Seit 1994 stellt der ANC in Südafrika die Regierung.

antiretrovirale Therapie
Seit 1996 besteht mit der antiretroviralen Therapie eine Behandlungsmöglichkeit für HIV-Infizierte. Bei dieser Kombinationstherapie werden meist drei Wirkstoffe eingesetzt, die auf genetischer Ebene die Virusvermehrung sowie den Proteinstoffwechsel der Wirtszelle beeinträchtigen. Dadurch wird die Viruslast reduziert und die Aids-Symptome werden teilweise bis zur Symptomfreiheit zurückgefahren.

Apartheid
in der Republik Südafrika seit 1948 bis in die 1990er-Jahre gesetzlich festgelegte Politik der sozialen, wirtschaftlichen, politischen und räumlichen Trennung der Einwohner nach ethnischer Zugehörigkeit (Weiße, Bantu, Inder, Mischlinge) als Ausdruck von Rassismus. Ziel der Apartheid war die getrennte Entwicklung der Weißen, Schwarzen (Bantu), Inder und „Farbigen" (sog. Mischlinge). Hierzu gehörten insbesondere getrennte Wohnviertel und Lebensräume in den Städten und die Ausgliederung der Siedlungsgebiete der Bantu („Homelands") aus der Republik Südafrika und ihre Erklärung zu (teil-)selbstständigen Staaten.

Ausländische Direktinvestitionen (ADI)
Kapitalanlagen im Ausland durch Erwerb von Immobilien, Gründung von Auslandsniederlassungen und Tochterunternehmen, Übernahme von ausländischen Geschäftsanteilen (z. B. Aktien) bzw. von Unternehmen sowie gezielte Reinvestitionen und Direktinvestitionen in Unternehmen.

Autokratie
(Selbstherrschaft) Regierungsform, bei der alle Staatsgewalt unkontrolliert in den Händen einer Person (Autokrat) liegt und von dieser selbstherrlich ausgeübt wird.

Bad Governance
schlechte Staatsführung, die geprägt ist durch Korruption, -> Klientelismus, schwerfällige Bürokratie, Personenkult etc.

Bauxit
Aluminiumerz, das erst in Aluminiumoxid (Bayer-Verfahren) und dann per Elektrolyse in metallisches Aluminium weiterverarbeitet werden kann.

Braindrain
teilweise Abwanderung des Humankapitals (beispielsweise Wissenschaftler und allgemeiner Akademiker, Unternehmer, Erfinder oder Facharbeiter) einer Gesellschaft oder Volkswirtschaft.

BRICS
Abkürzung für die aufstrebenden Schwellenländer Brasilien, Russland, Indien, China und Südafrika.

Bruttoinlandsprodukt (BIP)
Gesamtwert aller Güter, d. h. Waren und Dienstleistungen, die innerhalb eines Jahres innerhalb der Landesgrenzen einer Volkswirtschaft hergestellt wurden, nach Abzug aller Vorleistungen. BIP ist ein Maß für die wirtschaftliche Leistung einer Volkswirtschaft in einem bestimmten Zeitraum. Das BIP kann entweder in den jeweiligen Marktpreisen des Erhebungsraums (nominales BIP) oder kaufpreisbereinigt errechnet werden. Hierbei wird mithilfe von Preisindizes anhand der Preise eines Basisjahres die Inflation herausgerechnet. So ist eher eine Vergleichbarkeit über mehrere Jahre und zwischen mehreren Ländern möglich.

Bruttonationaleinkommen (BNE)
volkswirtschaftliche Kennzahl, die den Wert aller Waren und Dienstleistungen misst, die in einer Rechnungsperiode mithilfe von Pro-

duktionsfaktoren hergestellt werden, die sich im Besitz von Inländern befinden.

Budgethilfe (S.41)

Cash Crops
gezielt für den Exportmarkt erzeugte Agrarprodukte, die meist großflächig auf Plantagen, aber auch von Kleinbauern angebaut werden (Beispiele: Kaffee, Kakao, Tabak, Baumwolle).

Coltan
Erz des Übergangsmetalls Tantal. Tantal wird zur Herstellung der in nahezu jedem elektronischen Gerät verwendeten Tantal-Elektrolytkondensatoren benötigt.

Dauerkultur
Pflanzenbestand außerhalb der Fruchtfolge, der über mehrere Jahre hinweg genutzt wird und der wiederkehrende Erträge erbringt (im Mittelmeerbereich z. B. Kaffee, Wein, Kautschuk). Im Gegensatz zu einjährigen Kulturpflanzen sind Dauerkulturen, die meist ein paar Jahre bis zur Ertragsfähigkeit brauchen, zunächst arbeits- und kapitalintensiver, haben besondere Standortansprüche und ihre Erzeugnisse erfordern eine Weiterverarbeitung. Sie erbringen über viele Jahre Erträge, ihre Erzeugnisse sind meist hochwertiger und werden oft nicht zur Subsistenz, sondern als Marktfrucht angebaut.

Devisen
ausländische Zahlungsmittel.

Disparität
ungleiche Lebensbedingungen innerhalb eines Raumes oder zwischen sozialen Gruppen.

Diversifikation/Diversifizierung
Maßnahmen zum Abbau einseitiger Wirtschaftsstrukturen, Ausweitung der Produktions- und Exportstruktur.

emerging economy
Länder, die sich in einem umfassenden Wandlungsprozess befinden und häufig ein überdurchschnittliches Wachstum der wirtschaftlichen Leistung und des Pro-Kopf-Einkommens aufweisen (Schwellenländer).

Ernährungssicherheit
siehe Nahrungssicherheit.

Expatriat
Fach- oder Führungskraft, die von einem Unternehmen im Rahmen einer Auslandsentsendung vorübergehend an eine ausländische Zweigstelle entsandt wird.

Exportproduktionszone
räumlich abgegrenztes Areal, für das zoll-, steuer-, umwelt- und arbeitsrechtliche Sonderbestimmungen gelten, zur Herstellung von Exportgütern.

failed state/failing state
„gescheiterter Staat", Bezeichnung für einen Staat, der keine vollständige Kontrolle mehr über sein Staatsgebiet ausüben kann oder dessen Regierung in ihren Handlungsmöglichkeiten grundsätzlich beeinträchtigt ist. Als failed oder failing states gelten in Subsahara-Afrika vor allem die D. R. Kongo, Somalia, Südsudan und der Tschad.

Fair Trade/Fairtrade Deutschland
Fairtrade Deutschland (Transfair) ist die größte nationale Fair-Trade-Organisation in Deutschland, die das Fairtrade-Siegel für deutsche Produkte vergibt. Daneben gibt es weitere nationale und internationale Organisationen, die Siegel für fair gehandelte Produkte vergeben. Fairtrade ist somit ein Name einer Fair-Trade-Organisation, Fair Trade (deutsch: Fairer Handel) der Oberbegriff für kontrollierten Handel, der die Lebens- und Arbeitsbedingungen der Menschen am Anfang der Lieferkette verbessern und ihre politische und wirtschaftliche Position stärken will.

Fertilität
Fruchtbarkeit. Zahl der Geburten je Frau in einer Bevölkerung.

Fertilitätsrate
Die (totale) Fertilitätsrate gibt an, wie viele Kinder eine Frau (15 bis 45 Jahre) im Laufe ihres Lebens bekommen würde, wenn die für den gegebenen Zeitpunkt maßgeblichen Fruchtbarkeitsverhältnisse der betrachteten Population als konstant angenommen werden. Das Erhaltungsniveau beträgt 2,1 Kinder pro Frau.

Food Crops
Grundnahrungsmittel, vorwiegend für die Selbstversorgung und den Konsum im Inland.

Fotovoltaik
direkte Umwandlung von Lichtenergie, meist aus Sonnenlicht, in elektrische Energie mittels Solarzellen.

Fragmentierung
(in Stadtgeographie) bisher homogene Teilräume innerhalb einer Stadt lösen sich in kleinere funktionale und sozialräumliche Einheiten auf, die oft direkt aneinandergrenzen, aber hermetisch voneinander abgeschottet sind.

Franc CFA BCEAO
(Franc de la Communauté Financière d'Afrique, Banque Centrale des États de l'Afrique de l'Ouest) Währung der Westafrikanischen Wirtschafts- und Währungsunion (UEMOA), also von Benin, Burkina Faso, Côte d'Ivoire, Guinea-Bissau, Mali, Niger, Senegal und Togo.

Freihandelsabkommen
Vertrag zur Gewährleistung des Freihandels zwischen den vertragschließenden Staaten, Verzicht auf Handelshemmnisse.

Gated Community
geschlossener Wohnkomplex mit verschiedenen Arten von Zugangsbeschränkungen.

Gemeindebasierter Tourismus (Community Based Tourism, CBT)
Form des Tourismus, bei der Reisende in ländlichen Regionen Urlaub machen, um mit der lokalen Bevölkerung in Kontakt zu treten und deren Leben, Kultur und Traditionen auf authentische Weise kennenzulernen. Gleichzeitig sollen vor Ort neue Einkommensmöglichkeiten zur Verminderung von Armut geschaffen, soziale und andere Infrastrukturen aufgebaut und die regionale Entwicklung vorangetrieben sowie zum Naturschutz beigetragen werden. CBT ist ein selbstbestimmter und partizipativer Tourismus, bei dem die Menschen in den Dörfern die Richtung und die Geschwindigkeit vorgegeben.

Gini-Index
statistisches Maß zur Darstellung von Ungleichverteilungen, z.B. von Einkommensungleichverteilung.

Good Governance
gute Regierungsführung, u. a. die effiziente Gestaltung der öffentlichen Verwaltung und die Einbeziehung wichtiger gesellschaftlicher Gruppen und Minderheiten in die demokratische Entscheidungsfindung, Eindämmung von Korruption.

Grundbedürfnisse
Die Grundbedürfnisse können in zwei Kategorien unterteilt werden: immaterielle Grundbedürfnisse: Freiheit, Selbstbestimmung, kulturelle Identität, Gesundheit, Bildung, Arbeit und materielle Grundbedürfnisse: Nahrung, Wasser, Kleidung, Wohnung, Infrastruktur.

Human Development Index (HDI)
Index für menschliche Entwicklung, Wohlstandsindikator für Staaten des Entwicklungsprogramms der Vereinten Nationen (UNDP) errechnet aus Bruttonationaleinkommen pro Kopf, Lebenserwartung und zwei Bildungsindikatoren.

Imperialismus
Streben von Staaten, ihre Macht weit über die eigenen Landesgrenzen hinaus auszudehnen.

informelle Siedlung
städtisches Elendsviertel, das sich durch nicht legale oder ungeklärte Grundbesitzverhältnisse auszeichnet.

informelle Wirtschaft
Teil der Volkswirtschaft, der statistisch und steuerlich nicht erfasst wird, dessen Aktivitäten staatlich nicht registriert und kontrolliert sind und in dem keine formalen Beschäftigungsverhältnisse vorliegen.

Kationenaustauschkapazität
Kationen-Austauschvermögen des Bodens, d.h. die Fähigkeit, Kationen festzuhalten (Adsorption) und bei Bedarf wieder abgeben zu können (Desorption). Die wichtigsten Kationen neutraler bis alkalischer Böden sind Calcium, Magnesium, Kalium und Natrium

Klientelismus
(Vetternwirtschaft) an Gruppeninteressen orientierte Politik.

Kolonialität
Fortbestehen europäischer kultureller Dominanz, ethnisch basierter Klassenaufteilung und Machterhalt weißer Führungsschichten trotz formeller Entkolonisierung.

Landwechselwirtschaft
Form tropischen Feldbaus mit Flächenwechsel, aber ohne Siedlungswechsel (mit Siedlungswechsel: Wanderfeldbau).

Landgrabbing (S.63)

Leapfrogging (S.46)

Marktwirtschaft
Wirtschaftssystem, in dem die Produktion und der Preis von Waren durch Angebot und Nachfrage geregelt werden ohne oder mit geringer staatlicher Lenkung der wirtschaftlichen Prozesse. Der Staat setzt nur

die Rahmenbedingungen, innerhalb derer die wettbewerbliche Koordination wirkungsvoll erfolgen kann, sowie die Bereitstellung öffentlicher Güter.

Megastadt
Städte mit mehr als 5 oder 10 Mio. Einwohnern.

Migration
Wanderung von Individuen oder Gruppen mit dem Ergebnis eines nicht nur kurzzeitigen Wohnortwechsels.

Nahrungssicherheit
Nahrungssicherheit ist gemäß einer Definition der Weltbank ein Zustand, bei dem die gesamte Bevölkerung eines Landes jederzeit Zugang zu der für ein aktives und gesundes Leben notwendigen Nahrung hat. Die Verfügbarkeit, der Zugang, die Nutzung und die Stabilität sind die vier Säulen der Nahrungssicherheit. Der Begriff „Ernährungssicherheit" (der manchmal auch synonym verwendet wird), schließt in der Weltbank-Definition darüber hinaus auch die gesundheitliche Versorgung v. a. von Frauen und Kindern und Umweltfaktoren mit ein.

Neoliberalismus
Denkrichtung des Liberalismus, die eine freiheitliche, marktwirtschaftliche Wirtschaftsordnung mit den entsprechenden Gestaltungsmerkmalen wie privates Eigentum an den Produktionsmitteln, freie Preisbildung, Wettbewerbs- und Gewerbefreiheit anstrebt, staatliche Eingriffe in die Wirtschaft nicht ganz ablehnt, aber auf ein Minimum beschränken will.

Nettowanderungsrate
Prozentwert von Bevölkerungsgewinnen oder -verlusten durch -> Migration im Verhältnis zur Einwohnerzahl.

NGO
Non-governmental organization, dt. Nichtregierungsorganisation (NRO), private Organisationen, die durch ihre Aktivitäten versuchen, Leid zu mindern, die Interessen der Armen in der Öffentlichkeit zu vertreten, die Umwelt zu schützen, grundlegende soziale Dienste zu leisten oder Aktionen für Entwicklungsvorhaben zu initiieren.

Official Development Assistance (ODA)
Leistung, die von öffentlichen Stellen stammt und die sich ökonomisch entwickelnden Staaten entweder direkt oder über internationale Organisationen zur Verfügung gestellt wird. Das Hauptziel der ODA ist die Förderung der ökonomischen und sozialen Entwicklung.

Pandemie
sich weit ausbreitende, ganze Landstriche/Länder erfassende Krankheit.

Passatzirkulation
geschlossene tropische Luftzirkulation. Am Äquator steigen warme Luftmassen auf, kühlen ab und strömen in großer Höhe polwärts. Im Bereich der Wendekreise sinken sie zu Boden und strömen als Passate zum Äquator zurück.

Polarisierung
(in Stadtgeographie) Muster der Verteilung armer und reicher Bevölkerungsgruppen auf die einzelnen Stadtteile, als besonders ausgeprägtes Muster der -> Segregation.

Pro-Kopf-Einkommen
statistische Durchschnittsgröße, die das Volkseinkommen (z. B. -> Bruttoinlandsprodukt) eines Landes zu seiner Bevölkerungszahl ins Verhältnis setzt.

Public Private Partnership (PPP)
öffentlich-private Partnerschaft, vertraglich geregelte Zusammenarbeit zwischen öffentlicher Hand und Unternehmen der Privatwirtschaft hier in der Entwicklungszusammenarbeit. Ziel von PPP ist die Arbeitsteilung, wobei der private Partner die Verantwortung zur effizienten Erstellung der Leistung übernimmt, während die öffentliche Hand dafür Sorge trägt, dass gemeinwohlorientierte Ziele beachtet werden.

Pull-and-Push-Modell
Migrationsmodell, betrachtet im Herkunftsgebiet wirkende abstoßende Kräfte (Push-Faktoren) gleichzeitig mit im Zielgebiet wirkenden anziehenden Kräften (Pull-Faktoren).

Raffinadeproduktion
technisches Verfahren zur Reinigung, Veredlung, Trennung oder Konzentration von Rohstoffen.

Regenfeldbau
Form des Ackerbaus, bei dem der Wasserbedarf der Nutzpflanzen aus den Niederschlägen gedeckt werden kann und nicht extra bewässert werden muss. Regenfeldbau kann z. B. in den immerfeuchten Subtropen als -> Dauerfeldbau ganzjährig betrieben werden. Der Jahreszeitenfeldbau kann in den Regenzeitfeldbau (wechselfeuchte Tropen), in den Sommerfeldbau (gemäßigte Breiten, sommerfeuchte Subtropen), in den Winterfeldbau (sommertrockene Subtropen) und in das Trockenfarmsystem (Dry Farming) unterteilt werden.

Reserven
nachgewiesene, zu heutigen Preisen und mit heutiger Technik wirtschaftlich gewinnbare Rohstoffe.

Ressourcen
allgemein Rohstoffe; im Gegensatz zu Reserven: nachgewiesene, aber derzeit technischwirtschaftlich und/oder wirtschaftlich nicht gewinnbare sowie nicht nachgewiesene Rohstoffe, aber geologisch mögliche, künftig gewinnbare Rohstoffe.

Ressourcenkrieg
kriegerische Auseinandersetzung oder gewaltsamer Konflikt, bei denen die Kontrolle von Ressourcen ein wichtigeres Kriegsziel als die Kontrolle von Territorien oder die Durchsetzung von politischen Forderungen ist.

Segregation
Vorgang und Zustand der räumlichen Trennung und Abgrenzung von sozialen Gruppen in einer Stadt aufgrund von gemeinsamen Merkmalen (demografisch, ethnisch, sozial kulturell), in denen sich die segregierte Gruppe von der übrigen Bevölkerung unterscheidet.

Seidenstraße-Initiative
(auch „Belt and Road Initiative", BRI) Projekt Chinas zum Auf- und Ausbau internationaler Handels- und Infrastrukturnetze zwischen der Volksrepublik und über 60 weiteren Ländern seit 2013.

Seroprävalenz
Krankheitshäufigkeit. Annteil der positiv getesteten serologischen Parameter (z. B. dem HI-Virus) in einer bestimmten Population.

Slum
im engeren Sinne innerstädtisches Elendsviertel mit heruntergekommener Bausubstanz.

sozialer Wandel
(auch gesellschaftlicher Wandel) Veränderungen, die sich in einer Gesellschaft über einen längeren Zeitraum vollziehen. Er bezieht sich auf einen Wandel der Sozial- und Bevölkerungsstruktur, des Zusammenlebens und somit der Haushaltsstruktur, der Normen und Werte, der Kommunikationsformen, Rollen, Denkweisen, Institutionen und Organisationen.

Strukturanpassungsprogramm
wirtschaftliche Maßnahmen in Entwicklungsländern seit den 1980er-Jahren, die vom Internationalen Währungsfonds (IWF) und der Weltbank als Bedingung für die Vergabe von Krediten oder Schuldenerlass verlangt werden (-> Washington Consensus).

Subsistenzwirtschaft
Wirtschaftsweise mit dem Ziel der Selbst- bzw. Eigenversorgung.

Subvention
Begünstigungen (z. B. direkte Geldleistungen), die ein Staat einem Unternehmen oder einem Wirtschaftszweig ohne marktwirtschaftliche Gegenleistung zukommen lässt.

Sustainable Development Goals (SDG)
(S. 30)

SWOT-Analyse
(engl. Akronym für Strengths (Stärken), Weaknesses (Schwächen), Opportunities (Chancen) und Threats (Bedrohungen). Instrument der strategischen Planung in der Wirtschaft durch Analyse von Stärken und Schwächen, verbunden mit einer Chancen-Risiken-Betrachtung, aber auch Methode in der Geographie.

Terms of Trade (ToT)
Verhältnis der Export- zu den Importgüterpreisen. Verbessern sich die ToT, muss ein Land weniger Güter an das Ausland verkaufen, um auf dem Weltmarkt die gleiche Menge Importgüter einkaufen zu können. Verschlechtern sich die ToT, müssen dagegen mehr Waren exportiert werden, um die heimische Nachfrage nach Importgütern zu decken.

Trickle-Down-Effekt
durch den Transfer von Kapital zwischen verschiedenen Ebenen und Teilräumen einer Wirtschaft bestimmter Effekt, bei dem räumlich, sektoral oder sozial begrenzte Wachstumsprozesse (Entwicklungspole) auf tiefere Ebenen durchsickern.

unmet need
Die Nachfrage nach empfängnisverhütenden Mitteln kann aufgrund eines unzureichenden Angebots oder hoher Kosten nicht erfüllt werden.

Verstädterungsgrad
Anteil der Stadtbevölkerung an der Gesamtbevölkerung.

Vertragsanbau

vertraglich geregelte Zusammenarbeit zwischen Landwirt und Abnehmer im Rahmen vertikaler Integration, wobei Ware, Lieferzeitpunkt, Menge, Qualität und meist der Preis im Vorfeld vereinbart werden. Zum Teil stellt der Abnehmer landwirtschaftlichen Input zur Verfügung, den der Landwirt verwenden muss, aber auch Kredite und Beratungsdienstleistungen. Dieser bleibt im Besitz des Bodens und muss die notwendigen Arbeiten ausführen.

Völkerbund

nach dem Ersten Weltkrieg 1920 eingerichtete internationale Organisation zur Sicherung des Friedens und der territorialen Unverletzlichkeit der Mitgliedstaaten (Sitz: Genf; Auflösung 1946).

Völkermord

(Genozid) vollständige oder in signifikantem Umfang betriebene Vernichtung von Angehörigen eines Volkes, einer ethnischen oder religiösen Gruppe, verübt von Regierungen, staatlichen Sicherheitskräften oder nichtstaatlichen Gruppen (Privatarmeen, Banden).

Volunteer-Tourismus

Reisen in Verbindung mit sinnvollen, nachhaltigen oder sozialen Tätigkeiten am Aufenthaltsort, z. B. weltwärts (entwicklungspolitische Freiwilligendienst des BMZ).

Washington Consensus

Wirtschaftsprogramm, das seit den 1980er-Jahren vom Internationalen Währungsfonds (IWF) und der Weltbank propagiert und gefördert wurde. Es enthält ein Bündel wirtschaftspolitischer Maßnahmen (Deregulierung, Liberalisierung, Privatisierung), die Regierungen zur Förderung von wirtschaftlicher Stabilität und Wachstum durchführen sollten und als Handlungsanweisungen angesehen werden.

zirkuläre Migration

wiederholte Bewegung zwischen zwei oder mehreren Orten, an denen jeweils viel Zeit verbracht wird. Damit unterscheidet sich die Migrationsform vom Pendeln.

Quellenverzeichnis

(Texte ohne Quellenangabe unter Text)

S. 4 Gemeinsam mit Afrika Zukunft gestalten. Die Afrika-Strategie des BMZ. Berlin 2023, S. 5

S. 6 M 3: Rüdiger Falksohn, Thilo Thielke: „Wartesaal des Todes". Der Spiegel 14.7.2003; Horst Köhler: Der kreative Kontinent. Konrad Adenauer Stiftung: Die politische Meinung Ausgabe 561 1.4.2020; Inken Castensen-Egwuom: Afrikabilder im Geographieunterricht. Geographische Rundschau 5/2019; Interview mit Jörg-Hendrik Brase. Projekt Lern- und Ressourcen-Plattform Afrika (PLURA) Universität Bayreuth 2018 ; Binyavanga Wainaina: Wie man über Afrika schreiben soll. Südwind Magazin 4/2010; Eric Otieno/the NEST collective: Not African Enough. M-Bassy Hamburg; Arne Perras: Im Herz der Finsternis. Süddeutsche Zeitung 28.5.2010; Abdulai Awudu, Leonie Schwarzer: „Soziale Medien können zu besserer Berichterstattung beitragen" Fachtagung „Afrika 3.0": Zerrbilder im Wandel 21.6.2013; Jennifer Makumbi: Wie Europa Afrikas Schweigen füllte. Bundesministerium für wirtschafliche Entwicklung und Zusammenarbeit Berlin 25.1.2023

S. 10 M 2 Julius K. Nyerere: A Selection from Writings and Speeches 1952–65, London–Nairobi–Dar es Salaam 1967, S. 116

S. 15 M 1 Fred Scholz: Länder des Südens. Braunschweig: Westermann 2017, S. 84;Asfa-Wossen Asserate: Die neue Völkerwanderung. Berlin: Propyläen 2016, S.96; John Asafu-Adjaye, Edward K. Brown: Reaping africa's demographic dividend. European Union Institute for security Studies. 2.12.2021; Partnerschaft mit Afrika auf eine neue Ebene bringen. Positionspapier des Afrika-Verein der deutschen Wirtschaft zu einer neuen Afrikapolitik

S. 23 M 8 Africa can achieve more if it will speak with one voice. International Politics and Society 2.12.2022

S. 29 M 9 Kevin C . Urama, Adamon Mukasa, Antony Simpasa: Turning political ambitions into concrete climate financing actions for Africa. African Growth Initiative: Foresight Africa, Washington 2022

S. 38 M 1 Rupert Neudeck: Das Versagen der Helfer In Wo beginnt Verantwortung. Das Buch der Fragen. Hamburg: Brand 1 Verlag, 2008; Jan Puhl, Thilo Thielke: Probleme verschwinden nicht durch Säcke mit Reis und Mais. Spiegel Online 18.9.2011; Franz Nuscheler: Lern- und Arbeitsbuch Entwicklungspolitik. Bonn: Dietz 2005, S. 90, 96; Markus Ziener: „Die ausländische Hilfe besetzt den Raum, der eigentlich von afrikanischen Denkern oder Politikern besetzt sein sollte" Neue Zürcher Zeitung 13.6.2019; Theo Rauch: Entwicklungspolitik. Braunschweig: Westermann 2012; Stefan Hunglinger: „Ziel ist Migrationsverhinderung" TAZ 22.8.2021

S. 41 M 6 Rede von Bundesministerin Svenja Schulze zur Vorstellung der neuen Afrika-Strategie des BMZ am 25. Januar 2023 in Berlin

S. 44 M 2 Stefan Schott: Kampf der Systeme: Warum ist China in Afrika so erfolgreich? Friedrich-Naumann-Stiftung 20.2.2023; Patrick Welter: Weiße Elefanten aus China. Fazit – Das Wirtschaftsblog. 2.8.2019

S. 47 M 8 Jessica von Blazekovic:„Afrikas größte Chance": Frankfurter Allgemeine Sonntagszeitung 19.1.2019, S. D2; Rosalind Kainyah: Die negativen Aspekte von Afrikas Überspringen von Entwicklungsschritten (Leapfrogging). Afrika heute 20.4.2018

S. 48 M 2 Abigael Kima: Wie die Klimaungerechtigkeit Kenia trifft. E + Z 14.3.2023

S. 53 M 8 Ahunna Eziakonwa: Securing Africa's food sovereignty. African Growth Initiative: Foresight Africa, Washington 2022

S. 68 M 3 Gewaltige Potenziale Afrikas für erneuerbare Energien endlich besser nutzen. Deutsche Energie-Agentur Meldung 20.6.2022

S. 68 M 4 Ulrich Binkert: Zukunftsmarkt: Mit Wasserkraft für mehr Nachhaltigkeit in Afrika. Africa Business Guide 23.8.2021

S. 69 M 7 Leonie March: Wo Sonne und Wind viel Kraft haben. Deutschlandfunk 19.11.2020

Bildnachweis

|Africa GreenTec AG, Hainburg: 43.1. |akg-images GmbH, Berlin: 11.1. |Alamy Stock Photo, Abingdon/Oxfordshire: Boethling, Joerg 3.3, 7.1, 44.1, 51.1, 57.1; Jeremy Graham 98.1; McComiskey, Angus 86.2; NASA Photo 78.3; Quillien, Andre 18.3; Stark, Friedrich 74.1; Townsend, Rich 101.2; Zani, Erberto 76.2. |Alamy Stock Photo (RMB), Abingdon/Oxfordshire: Abdou, Irene 21.2; Benedicte Desrus 46.1; Boethling, Joerg 47.2, 52.2, 99.2; Media Drum World 101.1; Van Zandbergen, Ariadne 18.2. |CIFOR-ICRAF, Bogor, Jawa Barat: Photo by Axel Fasio/CIFOR-ICRAF 18.1. |D. Quist, Ittlingen: 87.1. |Deutsche Gesellschaft für Internationale Zusammenarbeit (GIZ) GmbH, Windhoek: 65.1; Brunauer, Tim 65.2; © GIZ / Muse Zerihun 61.1. |DHG Vertriebs- & Consultinggesellschaft mbH, Wachtendonk: 64.2, 64.3, 64.4. |ENGIE Mobisol GmbH, Berlin: Futh, Thorsten 42.1. |FIAN Deutschland e.V., Köln: © Roman Herre 63.1. |Getty Images, München: Abdulmonam Eassa 26.1; AFP 3.4, 71.1, 96.1; AFP/ISSOUF SANOGO 8.2; AFP/ SAMUEL OBIANG 24.3; Bloomberg 79.2; Pettersson, Per-Anders 3.2, 31.1; Stirton, Brent 8.1. |Google Maps: 103.2. |https://Wasser-fuer-kenia.de, Wolfsburg: 49.1, 49.2, 49.3, 49.4. |Imago, Berlin: epd 62.2. |iStockphoto.com, Calgary: brittak 82.2; guenterguni 15.3, 83.1; HandmadePictures 15.1; Moulick, Soumabrata 86.1; mtcurado 45.2; nattrass 59.1; Nirian 3.5, 89.1; prill 15.2; Subodh Agnihotri 7.2; Webb, Josh 103.1; wilpunt Titel; Yusuf, Adeyinka 95.1. |JUWI, Wörrstadt: 69.2. |Karto-Grafik Heidolph, Dachau: 14.1. |Kartographie Michael Hermes, Hardegsen Hevensen: 13.1, 13.4, 17.1, 19.2, 21.1, 21.3, 22.2, 22.3, 23.1, 23.2, 23.3, 24.1, 24.2, 28.3, 29.1, 34.1, 35.1, 36.1, 37.3, 39.1, 41.1, 42.2, 42.3, 45.1, 45.3, 46.2, 48.1, 48.2, 52.1, 52.3, 52.4, 53.1, 53.2, 53.3, 53.4, 54.1, 58.1, 59.2, 60.1, 62.1, 63.2, 64.1, 66.2, 69.1, 69.3, 72.3, 76.1, 77.1, 78.1, 78.2, 79.1, 80.1, 80.2, 80.3, 82.1, 90.1, 90.2, 90.3, 91.1, 91.2, 92.2, 93.2, 94.1, 94.2, 94.3, 96.2, 97.1, 99.1, 100.1, 100.2, 100.3, 100.5, 102.1. |laif, Köln: Rosenthal, Daniel 56.1. |Mithoff, Stephanie, Egestorf: 19.1. |NASA - Earth Observatory: 3.1, 5.1. |PantherMedia GmbH (panthermedia.net), München: Philippe Demande 66.1. |Picture-Alliance GmbH, Frankfurt a.M.: AA/ Minasse Wondimu Hailu 28.2; Amazing Aerial Agency/Mouret, Bruno 81.1; AP Photo 37.1; AP/Delay, Jerome 6.2; AP Photos Plc/Yirga Mengistu 68.1; dpa/Kappeler, Michael 27.1; Photoshot 93.1; REUTERS/LUC GNAGO 22.1; REUTERS/THOMAS MUKOYA 103.3. |Projekthilfe Gambia e.V., Hattingen: Ketteler, Matthias 37.2. |SafeBoda, Kampala, Uganda: 47.1. |Shutterstock.com, New York: Bozhko, Myroslava 84.1; evenfh 10.1; Figel, Adam Jan 83.2; Klaaste, Howard 100.4; mehmet ali poyraz 72.1; Perlman, Ilene 9.1; Simplice 28.1; Sunshine Seeds 9.2. |stock.adobe.com, Dublin: Freesurf 85.1; Groshev, Igor Yu. 72.2; Kohnen, Luc 13.3; Matthieu, Louis 55.1; Mayer, Riccardo Niels 6.1, 92.1; Oleksandr 82.3. |Süddeutsche Zeitung - Photo, München: Schunk, Claus 12.1. |Tinka, John, Bigodi: 86.3. |ullstein bild, Berlin: 13.2. |World Food Programme, Rome: Evelyn Fey 67.1, 67.2.